Christian Immler

Dein Smartphone mit Android 10

Christian Immler

Dein Smartphone mit Android 10

Einfach alles können

ISBN 978-3-95982-200-8

© 2020 by Markt+Technik Verlag GmbH
Espenpark 1a
90559 Burgthann

Produktmanagement Christian Braun, Burkhardt Lühr
Herstellung Jutta Brunemann
Einbandgestaltung David Haberkamp
Coverfotos © Noel Bauza – pixabay.com, kirill_makarov – stock.adobe.com
Satz inpunkt[w]o, Haiger (www.inpunktwo.de)
Druck Himmer GmbH Druckerei & Verlag
Printed in Germany

Inhaltsverzeichnis

1. Das Smartphone mit Android 10 17

Smartphone oder Handy – und was ist Android? 18
Zehn Neuheiten in Android 10 im Überblick 18
    Dunkles Design 19
    Das Ende der drei typischen Tasten 19
    Intelligente Antwort 19
    Ruhe vor dem Smartphone 20
    Neue Emojis 20
    Konzentrationsmodus 20
    Family Link 20
    G Pay 21
    WLAN teilen 21
    Besseres Teilen aus Apps 21
Android 10 als Update installieren 21
    So wird das Update installiert 21
Tipps zur Geräteauswahl 23
    Pixel – Smartphones made by Google 23
    Die Benutzertypen 24
    Akkulaufzeit in der Smartphone-Werbung 25
    Wiederaufbereitetes Smartphone als kostengünstige Alternative zum Neukauf 26
    Gute Qualität zum halben Preis – Import aus China 26
Die wichtigsten Android-Versionen 30
Was macht Android so besonders? 32
Android One 33
Android CustomROMs 34

2. Alltag mit dem Android-10-Smartphone 35

Die wichtigsten Fingergesten zur Touchscreen-Steuerung 35
Die Ersteinrichtung eines neuen Gerätes 37
    Akku laden 37
    SIM-Karte einstecken 38

Dual-SIM-Smartphones..39

Der erste Start des Smartphones...39

WLAN als schneller Internetzugang zu Hause...41

Daten kopieren oder als neues Gerät einrichten...41

Daten eines früheren Smartphones übernehmen...42

Daten aus einer Cloud-Sicherung übernehmen...42

Daten von einem anderen Smartphone per Kabel übernehmen............................44

Google-Dienste einrichten 46

Sicherheitssperre einrichten 47

Fingerabdruck als Sicherheitsmerkmal..48

PIN oder Passwort...48

Sperrmuster...49

Einrichtung fortsetzen...49

Google Assistant einrichten 50

Anderes E-Mail-Konto hinzufügen..50

Schriftgröße ändern..51

Weitere Apps überprüfen...51

Infos auf Sperrbildschirm festlegen..51

Smartphone als neues Gerät einrichten..51

Neues Google-Konto anlegen...53

Google-Konto auf dem PC nutzen..55

Startbildschirm und Apps..57

Apps auf den Startbildschirm legen..59

Apps vom Startbildschirm entfernen oder deinstallieren.......................................60

App-Shortcuts 61

Ordner für Apps 61

Die Schnellstartleiste für wichtige Apps...62

Moderne Gestensteuerung oder klassische Symbole 63

Gestensteuerung...64

2-Schaltflächen-Steuerung...65

3-Schaltflächen-Steuerung...65

Zwei Apps gleichzeitig auf dem Bildschirm 66

Der Sperrbildschirm...68

Notfallinformationen auf dem Sperrbildschirm anzeigen.......................................68

Benachrichtigungen 69

Benachrichtigungen pausieren...71

Mehr oder weniger wichtige Benachrichtigungen 71

Intelligente Antworten 73

Die Schnelleinstellungen 73

WLAN-Einstellungen 74

Bluetooth 74

Ruhe vor dem Handy – Bitte nicht stören 74

Taschenlampe ohne App 78

Bildschirm automatisch drehen 78

Energiesparmodus 79

Mobile Daten 79

Flugmodus 80

Alle Einstellungen schnell zugänglich 80

Telefonieren mit dem Android-Smartphone 82

Regionale Suchergebnisse in der Telefon-App 84

Kontakte aus dem Adressbuch anrufen 85

Kurzwahl mit Bildern 85

Das Telefon klingelt 86

Funktionen während des Gesprächs 87

Entgangene Anrufe 89

Klingelton auswählen 90

Eigene Telefonnummer herausfinden 91

Automatische SMS bei unpassenden Anrufen 92

Rufweiterleitung einrichten 92

Unerwünschte Anrufer blockieren 94

Anrufer-ID und Spam 95

Rufnummernunterdrückung 95

Mit dem Smartphone über die FRITZ!Box im Festnetz telefonieren 96

Tipps zur Wahl eines Tarifs für Android-Smartphones 97

Die EU-Roaming-Verordnung 100

Datenverbrauch ermitteln 101

Datenverbrauch reduzieren 102

Adressbuch – Kontakte 103

Kontakte sortieren 105

Neue Adresse eintragen 105

Adresse bearbeiten 106

App-Shortcuts 106

Anrufer in Adressbuch übernehmen 107

Kontaktfotos 108

Besondere Klingeltöne für besondere Personen 109

Kontaktlabels 109

Doppelte Kontakte bereinigen 110

Automatische Vorschläge zur Verwaltung von Kontaktinformationen 111

Visitenkarten drahtlos übertragen 112

Adressbuch auf dem PC bearbeiten 113

Daten eines alten Handys übernehmen 115

Google Kalender 115

Neuen Termin im Kalender eintragen 116

Kurze Erinnerungen im Kalender 119

App-Shortcuts und Widgets 120

Zu Terminen einladen 120

Termine mit dem Google Assistant anzeigen und anlegen 121

Wichtige Kalendereinstellungen 122

Kalender und Termine importieren 122

Google Kalender mit dem Windows-10-Kalender synchronisieren 123

Google Kalender mit Mozilla Thunderbird synchronisieren 124

Tipps zur Bildschirmtastatur 125

Tippen im Querformat 127

Die Emojis auf der Tastatur 128

Anpassbare Symbolleiste auf der Tastatur 130

Zifferntasten ein- oder ausblenden 130

Wischen statt tippen 130

Einfache Cursorsteuerung zum Markieren 131

Einhandtastatur 132

Frei bewegliche Tastatur 132

Tastaturdesigns 132

Sticker und GIFs 133

Spracheingabe über die Tastatur 134

Uhr und Wecker 134

Uhr auf den Startbildschirm bringen 134

Wecker einstellen 135

Interessante Einstellungen für die Uhr 136

App-Shortcuts 136

3. Apps finden und installieren 137

Der Google Play Store 137

    Apps auf dem Smartphone installieren.. 139

    Automatische App-Updates... 140

    So kann man Apps kaufen 141

    Google-Play-Guthaben mit Umfragen verdienen................................ 142

    Der Google Play Store auf dem PC... 143

Nicht mehr benötigte Apps deinstallieren... 144

Apps per QR-Code installieren.. 145

    Barcode Scanner... 146

    Daten zwischen zwei Smartphones per QR-Code weitergeben........... 147

Alternativen zum Google Play Store 148

    Amazon Appstore 150

    Uptodown.. 151

4. Online mit dem Smartphone... 153

Tipps zum Chrome-Browser... 153

    Surfen in mehreren Tabs 154

    Lesezeichen im Chrome-Browser 155

    Lesezeichen auf dem Startbildschirm 156

    Das Lesezeichen-Widget... 156

    Vereinfachte Ansicht.. 157

    Intelligente Textauswahl.. 157

    Seitenlinks weitergeben 158

    Desktop-Darstellung von Webseiten auf dem Smartphone................. 159

    Downloads und Offline-Webseiten 160

    Durch Kompression Daten sparen 160

    Anonym surfen... 161

    App-Shortcuts 162

Websuche mit Google 163

    Regionale Suche 163

    Google-Bildersuche 165

    Mit der Kamera suchen.. 165

    Google Discover einrichten und nutzen 167

    Der Google Assistant 168

    Google Go... 172

WLAN optimal nutzen.. 173

    WLAN teilen – das Ende der handschriftlichen Zettel mit WLAN-Schlüsseln................. 174

    Sicherheit im WLAN.. 175

    Wifi Analyzer.. 176

    Öffentliche WLANs nutzen.. 177

Alternative Browser für Android 181

    Firefox 181

    Firefox Klar.. 185

    Opera-Browser.. 185

Wikipedia 186

    Die offizielle Wikipedia-App... 187

    QRpedia 188

5. Kommunikation mit dem Smartphone.............................. 189

Gmail – Google Mail.. 189

    E-Mails lesen 190

    E-Mails beantworten.. 191

    E-Mails schreiben 191

    E-Mail an mehrere Personen schreiben 192

    App-Shortcuts und Widgets.. 193

    Fotos per E-Mail senden... 193

Andere E-Mail-Konten einrichten und nutzen 195

    POP3/IMAP bei GMX und Web.de.. 196

    E-Mail-Konto manuell einrichten.. 197

    E-Mail-Konten verknüpfen... 200

    E-Mail-Konto entfernen.. 201

Tipps zur Gmail-App 202

    Schnelle Aktionen durch Wischen in der Gmail-App...................................... 203

    Nicht jede E-Mail muss aufs Smartphone 203

    Automatische Kategorien im Posteingang 204

E-Mail-Apps der bekannten Freemailer 205

Facebook 207

    Fotos auf Facebook posten... 208

    Einchecken mit Facebook... 210

    Wichtige Einstellungen in der Facebook-App 212

Twitter 213

    App-Shortcuts 215

    Wichtige Einstellungen in der Twitter-App 215

    Links aus dem Chrome-Browser twittern 216

SMS 216

    SMS vom PC mit Messages Web 218

Chat als SMS-Ersatz 219

    WhatsApp 219

    Facebook Messenger 221

    Facebook Messenger Lite 222

    Google Duo 223

    Skype 223

    Snapchat 224

6. Unterwegs mit dem Android-Smartphone 225

Google Maps 225

    Plus Codes 227

    Routenplanung mit Google Maps 228

    Google Maps offline nutzen 230

    Google Street View 231

    Google Earth 232

Fahrplanauskunft 234

    DB Navigator 234

    Fahrpläne in Großstädten 236

    Öffi 237

Wettervorhersage 238

    Wetter in Google Discover 238

    MSN Wetter 239

Telefonnummern, Hotels, Geldautomaten finden 240

    Regionale Google-Suche 240

    Das Telefonbuch 241

Bezahlen mit dem Smartphone 242

    Mit G Pay im Laden bezahlen 242

    PayPal 242

7. Das Smartphone als Kamera 243

Smartphone-Fotos automatisch sichern 244

Fotos schneller finden 245

Fotografieren mit dem Smartphone 246

    Zoom 248

    Wichtige Kamerafunktionen auf einen Blick 249

    HDR-Foto 249

    Selbstauslöser – Timer 250

    LED-Blitz – Fotoleuchte 250

    Seitenverhältnis 250

    Frontkamera 251

    Fokuseffekt 251

    Nachtsicht 252

Panoramafotos aufnehmen 252

    Photo Sphere, nicht nur für Google Street View 253

    Google Cardboard 255

Wichtige Kameraeinstellungen 256

    Standort speichern 257

    Selfies spiegeln 258

    Aktion für Lautstärketaste und Doppeltippen 258

    Raster im Sucher anzeigen 258

Weitere Fotofunktionen in der Kamera-App 258

    Lens 258

    Playground 259

Bildbearbeitung auf dem Smartphone 259

    Fotos mit externen Apps weiterbearbeiten 260

    Snapseed 261

    Papierfotos mit dem Fotoscanner scannen 264

Fotos online zeigen und teilen 265

    Fotos direkt aus der Kamera-App teilen 265

    Fotos mit Freunden teilen 265

    Fotos als Link teilen 267

    Fotos als E-Mail-Anhang verschicken 268

    Fotoalben anlegen 268

    Diashow erstellen und betrachten 270

Collagen in der Fotos-App 271

Filme erstellen 271

Panoramafotos in der Street-View-App veröffentlichen 272

Instagram 274

Flickr 275

OneDrive 276

Fotos und Musik von alten Handys übernehmen 277

8. Coole Apps 279

Musik und Videos auf dem Smartphone 279

Google Play Musik 279

Bluetooth-Lautsprecher anschließen 283

YouTube Music 286

Webradio 287

Welches Lied läuft gerade? 288

YouTube 289

VLC Player 291

Video mit der Kamera aufnehmen 292

Dateimanager 293

Files von Google 294

Total Commander 295

Datenaustausch über Cloud-Speicherdienste 297

Google Drive 297

OneDrive 301

Dropbox 302

Büro-Apps 303

Google Docs 303

Google Tabellen 304

Microsoft Office für Android 305

Notizen 307

Google Übersetzer 309

Rechner 313

E-Books 313

Google Play Bücher 314

Amazon Kindle 316

Tolino 318

Gesundheit... 319

    Google Fit... 319

Spiele für Android 320

    Google Play Spiele 320

9. Insidertipps zur Bedienung 321

Wenn die Automatik versagt – Internetzugang manuell einrichten 321

Hintergrundbilder und Live-Hintergründe 322

    Eigene Hintergrundbilder verwenden 323

    Live-Hintergründe 324

Widgets für schnelle und persönliche Infos 325

Einstellungen mit Suchfunktion.. 326

    App-Shortcuts 327

    Erweiterte Schnelleinstellungen bearbeiten... 327

Akku sparen... 330

    Tipps zum Akkusparen 331

    Intelligenter Akku... 332

    Der Energiesparmodus... 333

Steuerung über Bewegungen.. 333

Intelligente Speicherverwaltung... 334

Das Smartphone mit dem PC verbinden 336

Chrome Remote Desktop.. 337

Mit dem Notebook über das Smartphone ins Internet... 339

    Smartphone als mobiler WLAN-Hotspot.. 340

    Tethering per USB-Kabel... 341

Datenübertragung per Bluetooth.. 342

    Daten zwischen zwei Smartphones übertragen... 342

    Daten zwischen Smartphone und PC übertragen.. 344

Drucken mit dem Smartphone... 347

Digital Wellbeing... 349

    Entspannungsmodus – nicht nur für die Augen 350

    Konzentrationsmodus – weniger Ablenkung durch das Smartphone 350

    Familieneinstellungen – Family Link 351

Datensicherung.. 352

Alternative Benutzeroberflächen 353

   Microsoft Launcher 354

Ausführliche Geräteinfos... 355

Der Gast auf einem Android-Smartphone 355

Smartphone zurücksetzen 357

   WLAN, mobile Daten und Bluetooth zurücksetzen... 357

   App-Einstellungen zurücksetzen... 358

   Hard-Reset – auf Werkszustand zurücksetzen 358

10. Die Sicherheitsproblematik bei Android 359

Stand der Sicherheitsupdates anzeigen.. 360

Google Play Protect warnt vor gefährlichen Apps 360

Google-Kontoschutz... 361

Die größten Sicherheitsprobleme... 362

Phishing bei E-Mails und sozialen Netzen... 363

Gestohlenes oder verlorenes Smartphone wiederfinden.. 364

Android Smart Lock.. 367

   Vertrauenswürdige Orte 368

   Vertrauenswürdige Geräte.. 369

   Entsperren über die eigene Stimme... 369

App-Spam blockieren 369

   App-Benachrichtigungen abschalten 370

Berechtigungen von Apps einschränken.. 371

Android-Smartphones rooten... 372

Androidify 373

Stichwortverzeichnis 375

KAPITEL 1

Das Smartphone mit Android 10

Willkommen in der Welt der Smartphones, der Handys mit eingebautem Computer oder der Computer, die man wirklich immer
bei sich haben kann, die aus dem Alltag vieler Menschen kaum
noch wegzudenken sind und schon lange nicht mehr im Wesentlichen zum Telefonieren verwendet werden.

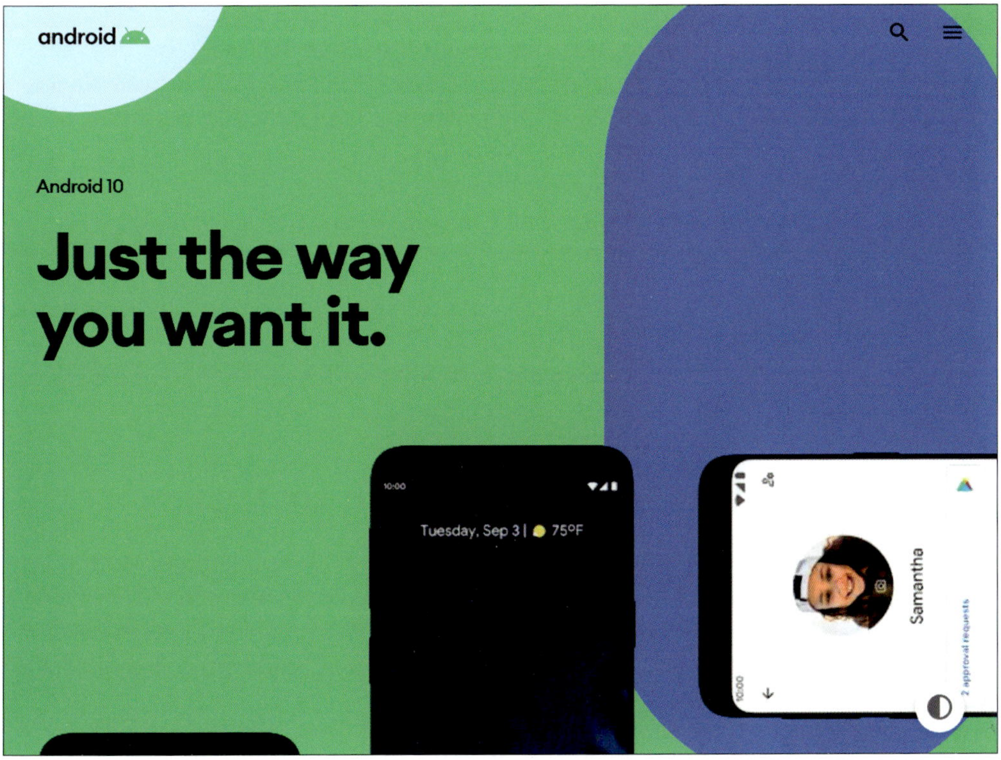

Android 10

Just the way you want it.

Google wirbt auf www.android.com für die aktuelle Android-Version 10.

Im Jahr 2019 verbrachten die Menschen auf der Welt durchschnittlich 130 Minuten am Tag im mobilen Internet. Im Jahr 2015 waren es durchschnittlich nur 80 Minuten. Im gleichen Zeitraum verringerte sich die Internetnutzung am PC von durchschnittlich 47 Minuten am Tag auf 40 Minuten. Die Bedeutung des PCs als privater Zugang zum Internet geht zugunsten von Smartphones und Tablets deutlich zurück.

Smartphone oder Handy – und was ist Android?

Am 5. November 2007 präsentierte Google erstmals eines seiner für die Zukunft wichtigsten Produkte: Android, das im Laufe der Jahre zum bekanntesten Betriebssystem für Smartphones und andere mobile Geräte wurde.

Android läuft nicht nur auf Smartphones und Tablets, sondern auch auf Armbanduhren, Fernsehern und Bordcomputern in Autos.

> **INFO:** Jeden Tag werden fast 4.000.000 neue Android-Smartphones auf der Welt neu aktiviert – etwa zehnmal so viel, wie an einem Tag Menschen auf der Welt geboren werden. 2014 wurden erstmals weltweit über eine Milliarde Android-Geräte verkauft, 2019 waren es bereits 1,4 Milliarden. Nach aktuellen Studien hält Android mit einem Marktanteil von rund 87 % die Spitze unter den Smartphone-Betriebssystemen weltweit. Apple hat mit iOS rund 13 %. Damit verfügen diese beiden Hersteller über eine Marktpräsenz von nahezu 100 %. Windows Mobile, Tizen, BlackBerry sowie Nokias Symbian-Plattform, ehemaliger Marktführer, sind mittlerweile völlig bedeutungslos und wurden in der letzten Statistik des Marktforschungsunternehmens Gartner mit 0 % gelistet. Die beiden weltgrößten Smartphone-Hersteller, Samsung und Huawei, verwenden Android als Betriebssystem für die meisten ihrer Geräte.

Zu den offiziell von Google lizenzierten Android-Geräten kommen noch diverse Smartphones chinesischer Hersteller hinzu, die mit eigenen Android-Varianten oder Custom-ROMs auf Basis des AOSP (**A**ndroid **O**pen **S**ource **P**roject) laufen und keine Google-Dienste vorinstalliert haben.

Zehn Neuheiten in Android 10 im Überblick

Anfang September 2019 veröffentlichte Google offiziell die Version 10 des Android-Betriebssystems – erstmals ohne Süßigkeitennamen und entsprechendes Logo. Zu dem Buchstaben Q, der jetzt an der Reihe gewesen wäre, gibt es auch kaum eine weltweit bekannte Süßigkeit, außer vielleicht Qu Qi, das chinesische Wort für Keks (ausgesprochen wie Cookie).

Android 10 bietet diverse Neuheiten, von denen einige eher technischer Natur sind, andere aber an der Oberfläche sofort auffallen. Hier die zehn wichtigsten Neuheiten der Version 10

in Kurzform. Weiterhin sind viele der vorinstallierten Google-Apps im Rahmen des Updates verbessert worden. Diese Verbesserungen kommen auch Nutzern älterer Android-Versionen zugute.

Dunkles Design

Der helle Smartphone-Bildschirm strengt die Augen an, außerdem lässt sich besonders auf OLED-Displays mit dunklem Hintergrund erheblich Strom sparen. Mit Android 10 zieht der dunkle Bildschirmmodus ins Betriebssystem ein – eine der auffälligsten neuen Funktionen.

Das Ende der drei typischen Tasten

Seit der ersten Android-Version prägen drei Symbole am unteren Bildschirmrand die Bedienung des Smartphones. Mit Android 10 beginnt eine neue Ära. Die – zurzeit noch optionale – Gestensteuerung macht nach einer kurzen Umgewöhnungsphase den alltäglichen Umgang mit dem Smartphone noch einfacher und intuitiver.

Intelligente Antwort

In den meisten Fällen gibt es auf bestimmte Benachrichtigungen ein paar Standardantworten. Termine werden bestätigt, Links geöffnet oder eine Adresse auf Google Maps gesucht. Android 10 analysiert den Inhalt von Systembenachrichtigungen und zeigt direkt in der Benachrichtigung Buttons für solche Standardaktionen an.

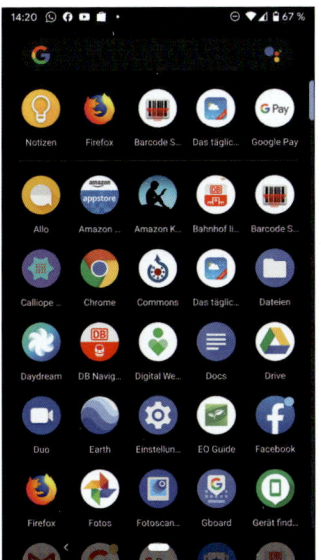  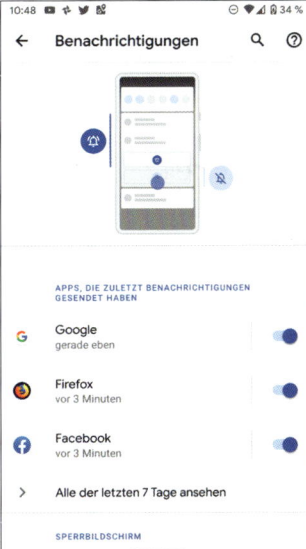

Auffällige Neuheiten in Android 10: dunkler Modus, Gestensteuerung und neues Benachrichtigungssystem.

Ruhe vor dem Smartphone

Android 10 zeigt wichtige Benachrichtigungen ganz oben an, weniger wichtige weiter unten. Welche Benachrichtigungen dabei als wichtig gelten, wird zunächst vom System bestimmt. Da diese Vorgaben nicht jedermanns Geschmack treffen, lassen sie sich leicht umstellen. Eine kleine waagerechte Wischgeste auf einer Benachrichtigung blendet ein *Einstellungen*-Symbol ein.

Neue Emojis

Android 10 bringt 236 neue Emojis mit. Zusätzlich wurden etwa 800 grafisch verändert – über 300 davon im Sinne einer neuen geschlechterneutralen Darstellung.

Konzentrationsmodus

Der neue Konzentrationsmodus, ein Teil des Digital-Wellbeing-Programms zur entspannten Smartphone-Nutzung, pausiert, wenn man sich konzentrieren möchte, mit einem Finger-tipp die Benachrichtigungen all der Apps, die besonders ablenken.

Family Link

Mit Google Family Link bringt Google Jugendschutzeinstellungen, Zeit- und App-Be-schränkungen sowie Filter für Browser und YouTube auf Android-Smartphones, ähnlich, wie man es bereits von Windows kennt.

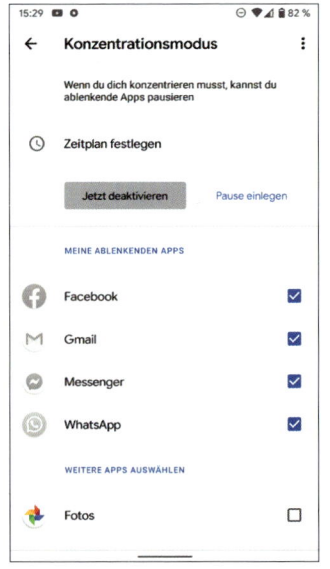 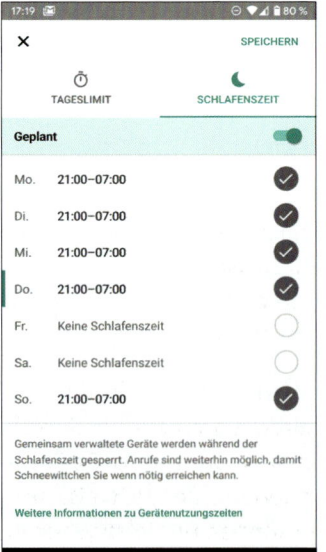 

Weitere Neuheiten in Android 10: Konzentrationsmodus, Family Link und G Pay.

G Pay

Zahlen mit dem Smartphone in stationären Geschäften wird immer beliebter. Google integriert das Bezahlsystem G Pay tiefer ins Betriebssystem.

WLAN teilen

Android 10 ermöglicht es, die Daten einer auf einem Smartphone angemeldeten WLAN-Verbindung per QR-Code mit Freunden zu teilen.

Besseres Teilen aus Apps

Der Teilen-Bildschirm zum Teilen von Daten aus Apps heraus wurde übersichtlicher gestaltet und zeigt jetzt bis zu vier Kontakte aus häufig verwendeten Messengern, nicht nur Google-Kontakte. Die Kamera-App bekommt eigene *Teilen*-Symbole für häufig verwendete Messenger und soziale Netzwerke.

Android 10 als Update installieren

Ob man auf einem vorhandenen Smartphone Android 10 installieren kann, hängt davon ab, ob der jeweilige Gerätehersteller ein Update anbietet. Google selbst liefert nur Updates für die Smartphones der hauseigenen Pixel-Serie.

So wird das Update installiert

Welche Android-Version auf einem Smartphone installiert ist, finden Sie ganz einfach heraus. Wischen Sie in den *Einstellungen* nach ganz unten und tippen Sie auf *System*. Auf dem folgenden Bildschirm sehen Sie die installierte Android-Version.

Üblicherweise benachrichtigen die Gerätehersteller jedes Smartphone, wenn das Update auf Android 10 oder auch ein kleineres Update zur Verfügung steht. In diesem Fall erscheint eine auffällige Meldung auf dem Bildschirm. Sie können aber auch über den Menüpunkt *Über das Telefon/Systemupdates* in den *Einstellungen* (bis Android 7 Nougat) bzw. *System/ Systemupdate* gezielt nach einem Update suchen.

Bei einem Betriebssystem-Update bleiben alle persönlichen Daten sowie aus dem Google Play Store installierte Apps erhalten. Daten auf der Speicherkarte bleiben ebenfalls erhalten. Apps, die bei manchen Smartphones vom Gerätehersteller vorinstalliert sind, z. B. Werbe-Apps, sind je nach Gerätehersteller teilweise im Update nicht mehr enthalten. Wegen der großen Datenmenge können Betriebssystem-Updates nur per WLAN heruntergeladen werden.

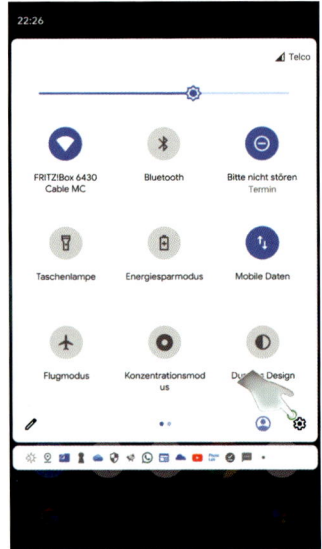

Anzeige der installierten Android-Version in den Einstellungen von Android 10.

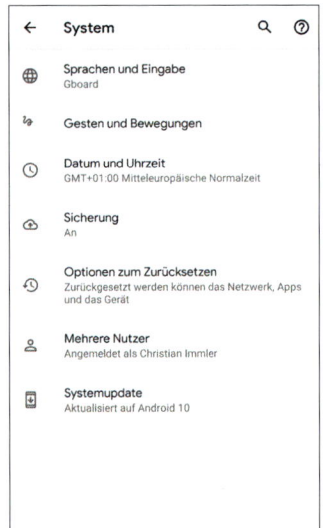
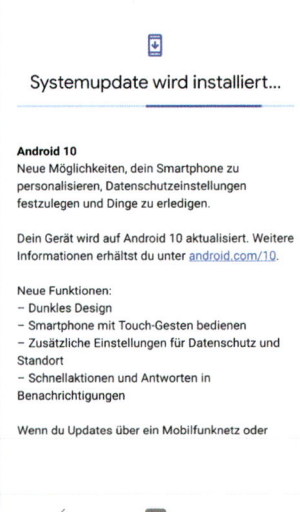

Update auf Android 10 suchen und herunterladen.

Achtung: Genug Strom für das Update

Beim Betriebssystem-Update muss unbedingt sichergestellt sein, dass der Akku nicht während des Update-Vorgangs leer wird. Lassen Sie das Smartphone am besten während des Update-Vorgangs am Ladegerät hängen. Sorgen Sie auch für ein Backup wichtiger Daten und Dateien, denn man weiß ja nie.

Die Update-Installation dauert üblicherweise einige Minuten bis eine halbe Stunde. Während dieser Zeit kann man keine Telefongespräche führen. Die deutsche Notrufverordnung schreibt vor, dass Benutzer ausdrücklich darauf hingewiesen werden, dass ihr Smartphone während des Update-Vorgangs nicht für Notrufe genutzt werden kann. Nach dem Update bootet das Smartphone neu. Danach müssen Sie wieder die PIN der SIM-Karte sowie in einigen Fällen auch das Passwort des Google-Kontos eingeben. Sorgen Sie dafür, dass Sie diese Daten im Zugriff haben.

Tipps zur Geräteauswahl

Seit dem ersten Android-Handy mit dem schlichten Namen G1, das im Sommer 2018 zehn Jahre alt wurde, werden jede Woche neue Smartphones mit Android-Betriebssystem angekündigt. Bekannte Hersteller wie Samsung, Huawei, Motorola, HTC, Sony (früher Sony Ericsson), Asus, LG, ZTE setzen auf Android als Plattform. Zusätzlich bauen unzählige chinesische Hersteller Android-Smartphones, die in Europa unter verschiedenen Markennamen in Elektronikmärkten und online verkauft werden. Vor einiger Zeit hat sich auch Nokia von Microsoft abgewendet und verwendet jetzt Android auf seinen aktuellen Smartphones. Außer den iPhones von Apple sowie älteren BlackBerrys läuft mittlerweile fast jedes Smartphone mit Android.

Google veröffentlichte zusammen mit den Hardwarepartnern HTC, LG, Motorola und Samsung zu jeder der wichtigen Android-Versionen bis einschließlich Android 6 Marshmallow ein Referenzgerät unter der Eigenmarke Nexus. Die Nexus-Smartphones wurden über die Webseite *www.google.de/nexus* sowie über Vertriebspartner in den einzelnen Ländern verkauft und sind im Vergleich zu ähnlich leistungsstarken Smartphones anderer Hersteller oft relativ preisgünstig. Die Nexus-Smartphones bekamen immer als Erstes die neuen Android-Versionen. Mit Android 9 Pie wurde die Unterstützung der Nexus-Serie beendet. Google setzt jetzt auf seine Geräteserie Pixel.

Pixel – Smartphones made by Google

Seit Android 7 Nougat veröffentlicht Google zum Start jeder neuen Android-Version ein oder zwei neue Smartphones der Geräteserie Pixel, die im Gegensatz zu den Nexus-Modellen am oberen Ende der Preisskala liegt. Die Benutzeroberfläche Pixel Launcher, der Google Assistant, Wischgesten für den Fingerabdrucksensor sowie zahlreiche neue Kamerafunktionen werden auf Pixel-Smartphones erstmals gezeigt und erst später auch für andere Geräte zum Download angeboten.

Das Google Pixel 4 (Bild: Google).

Das zu Android 10 eingeführte neue Modell Google Pixel 4 besticht durch seine Kameras sowie eine neuartige berührungsfreie Gestensteuerung. Das Pixel 4 XL hat einen größeren Bildschirm und größeren Akku, entspricht sonst aber technisch dem Pixel 4.

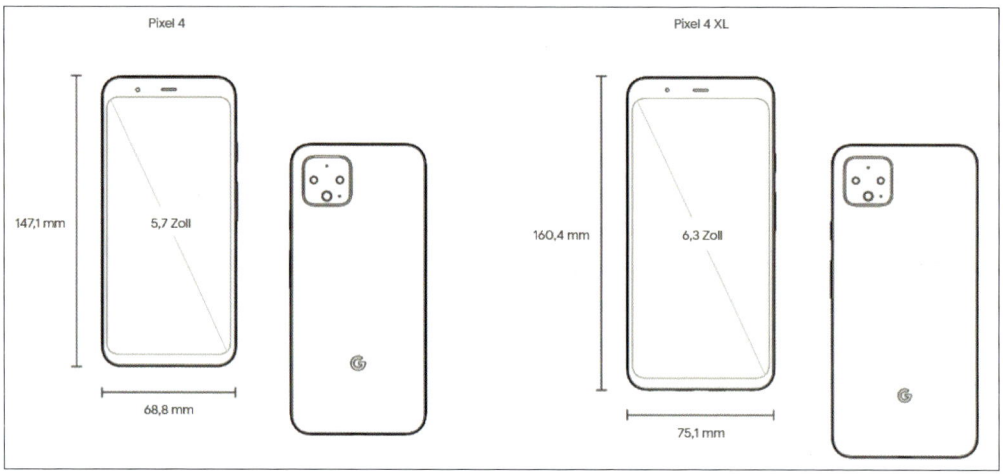

Technische Daten der neuen Google-Smartphones Pixel 4 und Pixel 4 XL (Bild: Google).

Die Smartphones der Google-Pixel-Serie werden über Googles eigenen Store *store.google.com* sowie über Mobilfunknetzbetreiber und Elektronikmarktketten angeboten und direkt mit Android 10 ausgeliefert. Die älteren Modelle Pixel, Pixel XL, Pixel 2, Pixel 2 XL, Pixel 3 und Pixel 3 XL haben das Update auf Android 10 direkt nach der Veröffentlichung erhalten.

Die Benutzertypen

Bevor Sie sich für ein Smartphone entscheiden, überlegen Sie sich, wofür Sie es hauptsächlich nutzen werden und wie viel Sie dafür ausgeben möchten. Jeder Nutzer verfolgt andere Interessen und Ziele, und genauso vielfältig ist mittlerweile die Auswahl an Android-Smartphones. Für unterschiedliche Anwenderszenarien sind auch unterschiedliche Hardwarekriterien von Bedeutung.

Der echte »Poweruser«, der viel im Internet surft und Multimedia-Anwendungen nutzt, braucht einen leistungsfähigen Prozessor und mindestens einen 6 Zoll (15 cm) großen Bildschirm, auf dem alle Apps und Videos laufen und der auch bei der Orientierung auf Landkarten hilfreich ist. Die Bildschirmauflösung sollte idealerweise mindestens 1.080 x 2.240 Pixel betragen, dazu eine Kamera von 12 oder 16 Megapixeln und ein Quad-Core-Prozessor machen das Profi-Smartphone perfekt.

Der typische Smartphone-Nutzer, der sich neben dem Telefonieren Informationen aus dem Internet holt, Apps nutzt, E-Mails schreibt und ab und an ein Spielchen spielt, möchte nicht so viel Geld ausgeben. Seit es kaum noch Smartphones der Bildschirmklasse 4,0–4,5 Zoll (10–11,5 cm) gibt, bauen immer mehr Hersteller auch preisgünstige Modelle mit 5-Zoll-

Bildschirmen und etwas weniger Prozessorleistung und Speicher, aber immer noch ausreichend für alle Alltags-Apps.

Top-Smartphones der bekannten Hersteller: Google Pixel 3 XL, Huawei P30 Pro, Samsung Galaxy S10+ (kein Größenvergleich, Fotos: Hersteller).

Würde man den diversen Kaufberatungsvideos im Internet oder auch im Fernsehen glauben, könnte man denken, die Funktionen der verschiedenen Android-Smartphones seien völlig unterschiedlich. Dort werden Werbeaussagen von Geräteherstellern ungefiltert übernommen und als das einzig Wahre verkauft. Ein Hersteller wirbt mit E-Mail-Funktionen, ein anderer mit den Google-Apps, ein dritter mit Facebook. Dass jedes Android-Smartphone dieser Welt all das kann, gerät dann ganz schnell in den Hintergrund. Tatsächlich unterscheiden sich die Geräte eher in der Hardwareausstattung und im Design, aber nicht in der Software.

Akkulaufzeit in der Smartphone-Werbung

Natürlich hat die Leistung ihren Preis, besonders was den Stromverbrauch angeht. Bei keiner anderen Zahl in den Datenblättern beweisen Hersteller so viel Fantasie wie bei Stand-by- und Gesprächszeiten. Angaben von mehreren Hundert Stunden können nur unter extremen Laborbedingungen gelten, wenn optimaler Netzempfang besteht und keine einzige App sich im Hintergrund Daten holt. Klingeln sollte das Telefon dann auch nicht. Um die mit einer Akkuladung erzielbare Gesprächszeit auf die Minute genau anzugeben, ist einiges an Kreativität nötig.

Im realen Nutzeralltag hält keines der modernen Android-Smartphones wesentlich länger als einen Tag ohne Steckdose durch, besonders wenn man sich zeitweise in Gebieten mit schlechter Netzversorgung aufhält. Die auf den Datenblättern der Smartphone-Hersteller angegebenen Zeiten können Sie einfach aus Ihrem Gedächtnis streichen. Sie haben mit der Realität nichts zu tun.

Wiederaufbereitetes Smartphone als kostengünstige Alternative zum Neukauf

Aktuelle Smartphones haben ihren Preis – und das gilt bei den großen bekannten Marken auch noch für die Topmodelle der vergangenen Jahre. Es muss aber nicht unbedingt ein fabrikneues Smartphone sein. Professionell aufbereitete gebrauchte Markengeräte bieten eine kostengünstige Alternative zu Neugeräten, ohne dass man dabei die vom klassischen Gebrauchtmarkt bekannten Qualitätseinbußen hinnehmen muss.

asgoodasnew.com (»So gut wie neu«), eine der bekanntesten deutschen Spezialfirmen für professionelle Geräteaufbereitung, bietet hochwertig wiederaufbereitete Smartphones und Tablets bis zu 30 % unter dem Neupreis an. Dabei sind selbst aktuelle Modelle oft bereits wenige Tage bis Wochen nach Verkaufsstart verfügbar. Die Geräte werden nicht nur professionell gereinigt, sondern auch technisch bis ins letzte Detail geprüft und generalüberholt. Die Technik entspricht der eines Neugerätes, dabei gibt asgoodasnew sogar 30 Monate Garantie. Mithilfe der zertifizierten Löschsoftware von Blanko wird die jeweils aktuelle Firmware vorinstalliert und dabei sichergestellt, dass das Gerät frei von Datenspuren oder eventueller Malware des Vorbesitzers ist.

Professionell wiederaufbereitete Elektronik stellt eine dritte Geräteklasse zwischen fabrikneuer Ware und klassischem Gebrauchtmarkt dar, wobei technische Qualität und auch Garantieleistungen denen von Neuware entsprechen oder dank vielfältiger Tests sogar überlegen sind. Hier kann es kein »Montagsgerät« geben.

Gute Qualität zum halben Preis – Import aus China

Fast alle Smartphones werden zumindest in Teilen in China produziert, die meisten davon in Shenzhen, einer 12-Millionen-Stadt in Südchina, die sich in den letzten Jahren zum zweiten Silicon Valley entwickelt hat, die hierzulande aber kaum jemand kennt. Die chinesischen Marken Huawei, OnePlus und ZTE haben mittlerweile weite Verbreitung in Deutschland, allerdings erreichen deren Gerätepreise langsam auch deutsches Niveau. Weniger bekannte chinesische Marken liefern Smartphones in einer mit Markenherstellern vergleichbaren Qualität, aber zum halben Preis.

Xiaomi (gesprochen »schomi«, *www.mi.com*) gilt als Senkrechtstarter auf dem chinesischen Smartphone-Markt und ist in seinem Heimatland seit ein paar Jahren für High-End-Smartphones zu günstigen Preisen bekannt. Während Xiaomi-Geräte inzwischen in Deutschland bei großen Elektronikmärkten und Amazon verfügbar sind, sind Smartphones vieler anderer chinesischer Hersteller bis jetzt nur über Importhändler erhältlich. Und diese sind auch das einzige wirkliche Problem beim Kauf chinesischer Hardware. Während die großen China-Importeure GearBest, Honorbuy, Banggood, TradingShenzhen oder Efox absolut seriös nach europäischen Standards arbeiten, tummeln sich auch schwarze Schafe auf dem Markt, deren Webauftritt auf den ersten Blick von zuverlässigen Händlern kaum zu unterscheiden ist. Bezahlen sollte man immer mit PayPal, da hier im Notfall der Käuferschutz weiterhilft.

Ein weiteres Kriterium ist ein europäisches Auslieferungslager bei großen Händlern. Dies verringert nicht nur die Lieferzeit auf wenige Tage gegenüber dem chinesischen Standardversand von etwa 20–40 Tagen, sondern bietet auch in den meisten Fällen einen europäischen Ansprechpartner bei Versandfragen und eventuellen Rücksendungen, die von Deutschland nach China sehr teuer sind, wogegen der umgekehrte Weg den Händler nur ein paar Cent kostet. Bei Shops ohne EU-Lager empfiehlt sich eine Bestellung per DHL Express, die für ein paar Euro mehr auch ein Paket direkt aus Shenzhen in etwa einer Woche nach Deutschland bringen und dazu im Gegensatz zu chinesischen Billigspeditionen eine Sendungsverfolgung online anbieten.

Die größte Verkaufsplattform weltweit ist AliExpress aus China, die inzwischen auch eine deutschsprachige Webseite *de.aliexpress.com* betreibt. Ähnlich wie bei eBay oder Amazon kann hier jeder beliebige Produkte zum Verkauf anbieten. Durch ein eigenes Bezahlsystem und verschiedene Überprüfungsmechanismen versucht die Alibaba Group Holding Limited, der Betreiber der Plattform, Betrüger fernzuhalten. Ähnlich wie bei eBay sollte man auch hier darauf achten, dass der jeweilige Händler auf Elektronik spezialisiert ist. Bei Shops, die neben Smartphones auch Kleidung oder Schmuck anbieten, ist an der Seriosität eher zu zweifeln. Da das Angebot an China-Handys nicht gerade übersichtlich ist, sollte man vor dem Kauf kurz googeln, ob ein günstig angebotenes Gerätemodell tatsächlich existiert. Auch erhebliche Preisunterschiede gegenüber dem durchschnittlichen Verkaufspreis des gleichen Gerätes in anderen Shops lassen Zweifel aufkommen. Fordert ein Händler dazu auf, den Kaufpreis am AliPay-Bezahlsystem vorbei direkt zu überweisen, wählen Sie besser einen anderen Händler.

Die noch relativ junge Handelsplattform Wish (*www.wish.com*) funktioniert nach dem gleichen Prinzip. Auch hier bieten Tausende unabhängige Händler, vorwiegend aus China, Waren auf einer gemeinsamen Plattform an, die im Wesentlichen mobil über eine App genutzt wird. Der große Erfolg von Wish basiert auf einer guten Erkennung der Interessen eines Nutzers anhand seines Surfverhaltens auf der Plattform.

Chinesische Technik – worauf sollte man achten?

Die Vielzahl chinesischer Smartphones und deren technische Ausstattung ist verglichen mit der schmalen Auswahl in deutschen Elektronikmärkten nicht gerade übersichtlich. Xiaomi, deren Smartphones seit Kurzem auch in europäischen Läden erhältlich sind, orientiert sich in Sachen Ausstattung und Namensgebung am großen Vorbild Samsung.

Die Flaggschiffe der Mi-Serie liegen meist technisch etwas über dem Samsung-Flaggschiff des Vorjahres. So kann das aktuelle Xiaomi Mi 9 von 2019 gut mit dem Samsung Galaxy S9 aus dem Jahr 2018 mithalten. In der Mi-Note-Serie bietet Xiaomi analog zu den Galaxy-Note-Modellen Phablets mit besonders großen Bildschirmen an. Die Redmi-Reihe stellte zuerst die kostengünstige Mittelklasse dar, liefert inzwischen aber auch sehr hochwertige Geräte.

Bekannte chinesische Smartphones: Xiaomi Mi 9, OnePlus 7T, Meizu 16T (kein Größenvergleich, Fotos: Hersteller).

Wie bei den bekannten Geräten sind auch bei China-Handys Prozessorleistung, RAM, interner Speicher, Bildschirm und Kamera die wichtigsten technischen Merkmale, auf die man beim Kauf achten sollte. Die meisten Smartphones der chinesischen Oberklasse verwenden aktuelle Snapdragon-Prozessoren, die auch die großen Markenhersteller nutzen. Mit 4 oder 6 GByte RAM ist der Arbeitsspeicher überall ausreichend bemessen.

Zum Vergleich: Selbst das aktuelle Samsung Galaxy S9 hat nur 4 GByte RAM. Da Speicherbausteine in China billig sind, liegen die meisten Topmodelle mit 64 oder gar 128 GByte internem Speicher über dem in Europa üblichen Durchschnitt. Bei diesen Speichergrößen kann man gut auf eine MicroSD-Karte verzichten. Die typische Full-HD-Bildschirmauflösung 1.920 x 1.080, die selbst chinesische Mittelklassemodelle bieten, entspricht der von bekannten Oberklasse-Smartphones, kommt aber nicht an die extrem hohen Auflösungen des Samsung Galaxy S10 und Huawei P30 Pro oder der aktuellen Google-Pixel-Serie heran.

Die Akkus der meisten China-Smartphones sind mit über 4.000 mAh überdurchschnittlich groß, aber oft fest verbaut – ein Trend, dem auch immer mehr klassische Hersteller folgen. Fast alle aktuellen Modelle unterstützen die Schnellladetechnik über USB Typ-C. Blackview und Ulefone liefern bereits Smartphones mit Akkus über 10.000 mAh.

Verschiedene ROM-Versionen für das gleiche Gerät

In China werden die meisten Smartphones mit einer rein chinesischen Android-Version ausgeliefert, die oft viele vorinstallierte Apps enthält. Über eigene App Stores machen die Hersteller ein zusätzliches Geschäft mit Apps und den in China sehr beliebten kostenpflichtigen Bildschirmthemen und Iconsets. Für den Wachstumsmarkt in anderen ostasiatischen Ländern und Indien werden sogenannte Global oder International ROMs angeboten. Ist ein solches ROM vorinstalliert, profitieren auch europäische Nutzer von der Vielfalt der in Android standardmäßig enthaltenen Sprachen und den Google-Play-Diensten, einschließlich des Google Play Store.

Achten Sie beim Kauf immer auf die Global-Versionen, auch wenn diese teilweise ein paar Euro teurer sind. Xiaomi und einige andere Hersteller bieten auch Global ROMs zum Download an, wobei der Installationsaufwand von Hersteller zu Hersteller unterschiedlich ist.

Android-Benutzeroberflächen

Android bietet weitgehende Freiheiten für Gerätehersteller und Softwareentwickler, eigene Benutzeroberflächen zu gestalten. Nur wenige Hersteller installieren ein unverändertes Android vor, die meisten verändern zumindest die Symbole der wichtigsten Apps und ein paar Kleinigkeiten beim Startbildschirm und den Einstellungen, was sich aber oft durch die Installation des Google Now oder Google Pixel Launchers aus dem Play Store zurücksetzen lässt. Andere, wie Huawei, ZUK oder LeEco, liefern mit EMUI, ZUI und EUI stark angepasste Android-Oberflächen und vielfach auch einiges an vorinstallierter Bloatware mit, die sich nicht immer entfernen lässt. Sollte eine Deinstallation der überflüssigen Apps nicht möglich sein, nehmen Sie ihnen in den *Einstellungen* unter *Apps* die Berechtigung für Benachrichtigungen weg, was seit Android 6 problemlos möglich ist. Dann stört die Bloatware wenigstens nicht mehr. Bei vielen chinesischen Android-Launchern fehlt der typische Button für die Liste aller Apps. Die Apps werden auf mehreren Startbildschirmseiten angezeigt, können dafür frei angeordnet und in vielen Fällen auch in Ordner einsortiert werden.

OnePlus setzt dagegen mit seinem OxygenOS, einem unabhängigen Android-Ableger, auf eine möglichst unverfälschte Android-Oberfläche, die aber um Zusatzfunktionen zur freien Belegung von Tasten, Gestensteuerung, Einschränkung von App-Berechtigungen sowie einen systemweit nutzbaren Equalizer erweitert ist.

Xiaomi nimmt mit seiner Android-Variante MIUI die größten Veränderungen gegenüber dem von Google vorgegebenen Standard vor. Über Themen ist die Oberfläche vielfältig personalisierbar. Einige nützliche Funktionen, die im Standard-Android fehlen, sind bereits vorinstalliert, u. a. ein Dateimanager, eine einfache Textverarbeitung, Kompass, QR-Code-Scanner, Notizblock und eine System-App, die grundlegende Systemchecks, Speicherbereinigung und einen Virenscanner bietet. Über Touch- und Tastengesten lässt sich die Oberfläche an persönliche Gewohnheiten anpassen. Wie auch OxygenOS verwendet MIUI die SwiftKey-Tastatur mit lernfähiger Autokorrektur, intelligenter Textvorhersage und Spezialtasten zur Positionierung des Cursors im Text. Der neuartige Second Space verhält sich wie ein zweites Handy. So kann man private von geschäftlichen Daten trennen oder das Smartphone zeitweise einem anderen Benutzer zur Verfügung stellen, ohne dass Einstellungen oder private Daten in den jeweils anderen Bereich kommen. MIUI hat wegen seiner Funktionsvielfalt und Anpassbarkeit besonders in Asien so große Beliebtheit erlangt, dass Xiaomi dieses System bei *en.miui.com* auch für Smartphones anderer Hersteller zum Download anbietet. Für nicht unterstützte Geräte gibt es zumindest den *MiHome Launcher* als App.

Die große Unbekannte – der Zoll

Offiziell muss für aus einem Nicht-EU-Land eingeführte Produkte eine Einfuhrumsatzsteuer von 19 % bezahlt werden, wenn der Zollwert, der sich aus Warenwert plus Porto zusammensetzt, über 22 Euro liegt. Dazu kommt bei zahlreichen Produkten im Wert von über 150 Euro noch ein kompliziert zu errechnender Zollbetrag, der allerdings bei Smartphones generell nicht erhoben wird. Die großen Importshops versenden zollfrei, was bedeutet, dass alle Formalitäten bereits vorab erledigt sind, und der Käufer es nicht mit dem Zoll zu tun bekommt. Auf Sendungen aus einem EU-Versandlager hat der Zoll ohnehin keinen Zugriff. Aber auch bei Bestellungen von kleineren chinesischen Händlern oder über AliExpress hält sich die Wahrscheinlichkeit in Grenzen, dass der Zoll gerade das eigene Päckchen aus den Tausenden Sendungen, die täglich an deutschen Flughäfen und Seehäfen ankommen, herausfischt. Sollte eine Sendung tatsächlich einbehalten werden, bekommt man nach Tagen bis Wochen eine Aufforderung, sein Päckchen beim nächsten Zollamt abzuholen und 28,50 Euro, 19 % von 150 Euro, zu bezahlen. Da kein Zollbeamter chinesische Versandpapiere lesen kann, wird gern diese Obergrenze der Zollfreiheit zur Bemessung angesetzt. Bei höheren Beträgen müsste der Zoll sich die Mühe machen, einen tatsächlichen Wert zu ermitteln, um dann einige Cent Zollsatz zu kassieren. Natürlich hat man als Kunde theoretisch das Recht, beim Zollamt einen geringeren Warenwert zu beweisen und damit die Steuer zu senken. Bei Bestellungen per DHL überträgt der Zoll die Verzollung einer überprüften Sendung an DHL, und der Käufer zahlt die Einfuhrumsatzsteuer an den Paketboten, ohne selbst zum Zollamt fahren zu müssen. Allerdings gibt es hier keine Möglichkeit, den Warenwert zu verhandeln.

Erfahrungsberichten aus Foren zufolge zeigt der Zoll in letzter Zeit verstärkt Interesse, bestimmte Produkte komplett zu beschlagnahmen und trotz Zahlung der Einfuhrumsatzsteuer dem Käufer nicht auszuhändigen. Diese Gefahr besteht vor allem bei Geräten ohne CE- und ähnliche Prüfzeichen sowie bei Smartphones, die fremde Markenlogos zeigen oder sich eindeutig als chinesische Kopien bekannter Markengeräte erweisen, was auf die in diesem Buch erwähnten Smartphones aber nicht zutrifft. In solchen Fällen ist das Risiko hoch, die bestellte Ware nie zu erhalten. Oft wird man nicht einmal benachrichtigt und kann nur noch versuchen, sein Geld über den Käuferschutz von AliPay oder PayPal zurückzubekommen.

Die wichtigsten Android-Versionen

Im Laufe der Geschichte des Betriebssystems wurde Android ständig weiterentwickelt. Dabei waren immer verschiedene Versionen gleichzeitig auf dem Markt. Bis einschließlich Android 9 waren alle Android-Versionen nach amerikanischen Namen von Süßigkeiten benannt, in alphabetischer Folge. Zu jeder Version hatte Google ein eigenes Logo veröffentlicht. Android 10 hat erstmals keinen Süßigkeitennamen und auch kein eigenes Logo mehr.

Erst bei Version 1.5 und dem Buchstaben C wie Cupcake beginnen die Versionen, die öffentlich auf für die Allgemeinheit verfügbaren Geräten lieferbar waren. Android 1.0 Angel Cake und 1.1 Bettenberg waren nie auf Geräten verfügbar. Alle Android-Versionen bis einschließlich 4.3 Jelly Bean sind mittlerweile völlig bedeutungslos. Aktuelle Apps laufen kaum noch darauf. Die Version 3.0 Honeycomb wurde speziell für Tablets entwickelt und wird ebenfalls nicht mehr ausgeliefert. Mit Android 4.0 Ice Cream Sandwich wurden die beiden Produktlinien 2.3 Gingerbread für Smartphones und 3.x Honeycomb für Tablets wieder zu einem System zusammengeführt. Dazu wurde eine gänzlich neue Benutzeroberfläche entwickelt, in die viele Elemente der Tablet-Version eingeflossen sind. Auf Smartphone-Bildschirmen stellt sich diese Oberfläche automatisch so um, dass die Bedienelemente auch bei geringeren Bildschirmauflösungen funktionieren. Mit Android 5 Lollipop startete Google unter dem Namen *Material Design* ein komplett überarbeitetes Design der Benutzeroberfläche, das auch in den Nachfolgeversionen in weiter verbesserter Form verwendet wird.

Die Logos der ganz frühen Android-Versionen 1.0 Angel Cake, 1.1 Battenberg, 1.5 Cupcake und 1.6 Donut.

Die Logos der älteren Android-Versionen 2.0/2.1 Eclair, 2.2 Froyo, 2.3 Gingerbread und 3.x Honeycomb.

Die Logos der nicht ganz so alten Android-Versionen 4.0 Ice Cream Sandwich, 4.1/4.3 Jelly Bean, 4.4 KitKat und 5.0/5.1 Lollipop.

Die Logos der Android-Versionen der letzten Jahre: 6.0 Marshmallow, 7.0/7.1 Nougat, 8.0/8.1 Oreo und Android 9 Pie.

Google veröffentlichte lange Zeit monatlich Zahlen zur Verbreitung der einzelnen Android-Versionen – in letzter Zeit nur noch unregelmäßig. Die Zahlen stammen nicht von verkauften Smartphones, sondern werden über die Besucherzahlen des Google Play Store ermittelt. Demnach hatte Android 8 Oreo im Sommer 2019 noch mit 28,3 % den größten Marktanteil, gefolgt vom Vorgänger Android 7 Nougat mit 19,2 %. Ältere Versionen als 4.4 KitKat sind mit jeweils unter 2 % so gut wie bedeutungslos. Alle Versionen vor 2.3.3. sowie die Tablet-Version 3.0 Honeycomb mit jeweils weniger als 0,1 % Verbreitung werden in der Statistik nicht angezeigt. Die im Herbst 2019 erschienene Version Android 10 tauchte in der letzten veröffentlichten Statistik noch nicht auf. Die beiden vorletzten Android-Versionen Oreo und Pie machten mit zusammen 38,7% mehr als ein Drittel des Marktes aus.

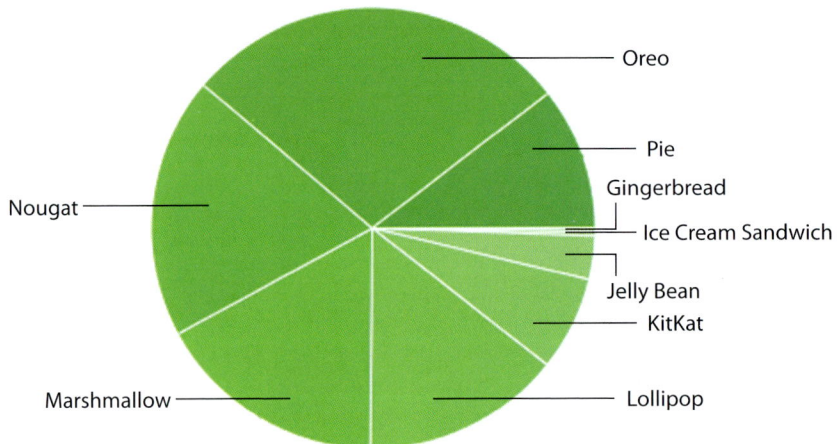

Verteilung der Android-Versionen (Quelle: Google).

Was macht Android so besonders?

Android ist nicht nur eine elegante Oberfläche für Touchscreen-Smartphones, sondern ein echtes Betriebssystem wie auf einem PC, mit dem man das Handy für noch viel mehr als nur zum Telefonieren nutzen kann. Natürlich hat Android diese Art von Mobilität nicht erfunden, es gibt parallel noch andere Systeme, allen voran Apples iOS mit dem iPhone, das erstmals Smartphones alltagstauglich machte. Google als wichtigster Entwickler der Android-Plattform gibt Softwareentwicklern viele Freiheiten – deutlich mehr als die Hersteller der anderen Plattformen, sodass in kurzer Zeit jede Menge Apps entstanden sind, der größte Teil davon ist für den Nutzer kostenlos. Auch Gerätehersteller sind weitgehend frei, wenn es darum geht, Android-Handys zu produzieren. Hardwaredaten wie Bildschirmauflösung und -größe, Zahl und Anordnung der Tasten, Kameraauflösung, Unterstützung verschiedener Funktechnologien (EDGE, UMTS, HSPA, LTE, 5G), Tastatur oder nicht sind für die Hersteller nicht konkret vorgeschrieben. Dies führte dazu, dass sich eine breite Vielfalt verschiedener Smartphones für jeden Nutzergeschmack entwickelt hat.

Verschiedene Benutzeroberflächen

Im Gegensatz zu den proprietären Plattformen von Apple oder BlackBerry kann sich ein Smartphone-Nutzer bei Android ein Handy aussuchen, das ihm gefällt, und findet dann immer weitgehend das gleiche vertraute System vor und kann dieselben Apps nutzen. Allerdings gibt es bei Android, ähnlich wie bei Linux – die beide auf UNIX basieren – diverse verschiedene Benutzeroberflächen, die über das eigentliche Betriebssystem gelegt werden. Besonders Samsung, HTC und einige chinesische Hersteller zeigen Benutzeroberflächen, die sich vom Android-Standard stark unterscheiden. Google versucht zwar, einen Standard für Bedienung und Optik zu setzen und Hersteller dazu zu bringen, auf eigene Oberflächen zu verzichten, was aber bei einigen Herstellern auf taube Ohren stößt. **Die Abbildungen in diesem Buch wurden auf Smartphones der Google-Pixel-Serie erstellt, um die Originaloberfläche von Android 10 zu zeigen.**

Android One

Mit Android One steuert Google dem Durcheinander verschiedener Android-Benutzeroberflächen entgegen. Alle Smartphones mit dem Android-One-Logo verwenden ein unverändertes Android

und können so auch direkt von Google sehr schnell und regelmäßig mit Systemupdates versorgt werden. Zurzeit verwenden Nokia, die Mi-A-Serie von Xiaomi, General Mobile, die One-Serie von Motorola sowie einige Geräte von BQ und Sharp Android One.

Android-One-Smartphones: Nokia 9 PureView, Xiaomi Mi A1, Motorola One Vision (Fotos: Hersteller).

Android CustomROMs

Android ist grundsätzlich ein quelloffenes und freies Betriebssystem, das jeder nach seinen Wünschen anpassen kann ... theoretisch. In der Praxis sieht es anders aus. Im Wesentlichen ist Google der größte und wichtigste Android-Entwickler, der vorgibt, was Android kann und was nicht. Anschließend verpassen die Smartphone-Hersteller dem Betriebssystem eigene Oberflächen, die das System oft ausbremsen und jede Menge Werbe-Apps, soge-nannte Bloatware, und Funktionseinschränkungen mit sich bringen.

Von Google unabhängige Entwicklergruppen bauen sich aus den offenen Paketquellen des AOSP (**A**ndroid **O**pen **S**ource **P**roject, *source.android.com*), eigene Android-Versionen zusammen, die eher auf die Wünsche der Benutzer eingehen als auf die Wünsche der Hard-warehersteller. Die CustomROMs ähneln meist eher dem in diesem Buch beschriebenen *Vanilla Android*, also dem puren Android-Betriebssystem ohne vorinstallierte Zusatz-Apps, als die Android-Varianten der großen Smartphone-Hersteller.

Einige CustomROMs verwenden eigene Launcher, die aber auch hier mehr dem schnellen Aufruf von Apps dienen als dem Anzeigen von Werbung, wie dies bei einigen von Geräte-herstellern installierten Oberflächen der Fall ist.

Logos bekannter CustomROMs: LineageOS, AOKP, OmniROM, MIUI.

Viele CustomROMs liefern aus lizenzrechtlichen Gründen die Google-Apps nicht mit. Die Entwickler der CustomROMs bieten aber meistens Downloadlinks für passende Versionen der Google-Apps an. Natürlich können Sie auch ganz auf den Einsatz von Google-Apps und damit auch auf den Google Play Store verzichten. In diesem Fall installieren Sie weitere Apps aus anderen Quellen, zum Beispiel F-Droid oder Uptodown.

Ein CustomROM muss für jedes Gerät speziell angepasst sein, da Bildschirmauflösung so-wie Hardwaretreiber für Chipsatz, Mobilfunk, WLAN, Bluetooth und andere eingebaute Komponenten genau passen müssen. Bei einigen Smartphones gibt es sogar providerspe-zifische Varianten, die bei der Auswahl eines CustomROMs berücksichtigt werden müssen.

KAPITEL 2

Alltag mit dem Android-10-Smartphone

In diesem Kapitel werden die wichtigsten Grundlagen der Bedienung von Smartphones mit Android 10 erklärt, die Sie in den folgenden Kapiteln sicher gebrauchen können.

Selbst wer schon einige Zeit ein Android-Smartphone besitzt, wird noch das ein oder andere Interessante finden, da sich die neue Oberfläche in vielen Kleinigkeiten von den Vorgängerversionen unterscheidet.

Die wichtigsten Fingergesten zur Touchscreen-Steuerung

Um den Touchscreen fehlerfrei zu bedienen, noch ein wenig technischer Hintergrund: Alle Android-Smartphones verwenden kapazitive Touchscreens, die auf das Energiefeld der Hand reagieren und nicht auf mechanischen Druck wie ältere Handys.

Ein moderner Touchscreen lässt sich ausschließlich mit dem Finger bedienen, einfache Stifte oder andere mechanische Hilfsmittel sowie Handschuhe sind wirkungslos. Wassertropfen auf dem Bildschirm beeinträchtigen ebenfalls die Funktion. Spezialstifte zur Bedienung von Touchscreens haben eine elektrisch leitende Hülle und eine weiche Gummispitze.

Berühren Sie den Touchscreen am besten nur mit einem Finger. Die anderen Finger der Hand können, selbst wenn sie das Glas nicht direkt berühren, schon eine ungewollte Reaktion auslösen. Nur ganz wenige Gesten, etwa das Zoomen sowie Spezialgesten bei Google Earth, benötigen zwei Finger.

Die grundlegenden Fingergesten auf dem Bildschirm werden im Buch mit Handsymbolen in den jeweiligen Abbildungen erklärt, sodass Sie sofort sehen, wohin Sie tippen oder von wo nach wo Sie mit dem Finger über den Bildschirm streichen, um eine bestimmte Aktion auszulösen.

Einfaches Antippen – Tippen Sie mit einem Finger kurz auf die angegebene Stelle auf dem Bildschirm.

Halten/Langes Antippen – Halten Sie einen Finger länger auf die angegebene Stelle auf dem Bildschirm. Das angetippte Bildschirmelement zeigt eine Reaktion, leuchtet z. B. auf oder lässt sich auf dem Bildschirm verschieben. Beim Loslassen erscheint oft ein Auswahlmenü.

Fingerstrich – Streichen Sie mit dem Finger über den Bildschirm, wie der Pfeil angibt. Das bedeutet, berühren Sie den Bildschirm am Fußpunkt des Pfeils und streichen Sie mit dem Finger, ohne loszulassen, zur Spitze des Pfeils, erst dort lassen Sie los. Damit ziehen Sie ein Bildschirmobjekt an eine andere Position.

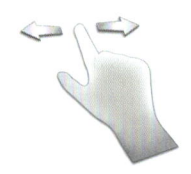

Wischen – Beim Wischen oder Scrollen streichen Sie mit dem Finger vertikal oder horizontal über den Bildschirm, ohne eine genaue Position beachten zu müssen. Damit verschieben Sie den gesamten Bildschirminhalt nach oben oder unten bzw. nach links oder rechts. Fotos, Landkarten und auch einige Webseiten lassen sich auch in andere Richtungen über den Bildschirm verschieben.

Benachrichtigungsleiste nach unten ziehen – Erscheinen Benachrichtigungen über neue E-Mails, entgangene Anrufe oder heruntergeladene Apps in der Benachrichtigungsleiste am oberen Bildschirmrand, können Sie diese anzeigen lassen, indem Sie die Benachrichtigungsleiste nach unten ziehen. Tippen Sie dazu an den oberen Bildschirmrand und streichen Sie mit dem Finger, ohne loszulassen, bis zum unteren Rand.

Zoom – Berühren Sie den Bildschirm mit zwei Fingern dicht nebeneinander und spreizen Sie dann die Finger, ohne den Bildschirm loszulassen, auseinander. Damit zoomen Sie in ein Foto, eine Landkarte oder eine Webseite hinein. Die umgekehrte Bewegung zoomt wieder zurück. Die genaue Position, an der Sie dazu den Bildschirm berühren, spielt keine Rolle.

Drehen – Berühren Sie den Bildschirm mit zwei Fingern und führen Sie dann, ohne den Bildschirm loszulassen, eine bogenförmige Bewegung aus. Damit drehen Sie in ein Foto oder eine Landkarte. Die genaue Position, an der Sie dazu den Bildschirm berühren, spielt keine Rolle.

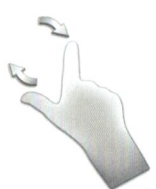

Die Ersteinrichtung eines neuen Gerätes

Zuerst müssen Sie die SIM-Karte und bei Bedarf auch noch eine MicroSD-Karte in das Smartphone einbauen. Aufgrund internationaler Sicherheitsvorschriften dürfen Akkus im Gerät nicht in vollgeladenem Zustand verschickt werden. Der Akku fabrikneuer Smartphones ist bei Auslieferung nur zu etwa 50 % aufgeladen, was aber ausreicht, um das Gerät sofort in Betrieb nehmen und einrichten zu können.

Akku laden

Das alte Gerücht, ein Akku sollte vor jedem Aufladen erst komplett leer sein, gilt bei modernen Akkus schon lange nicht mehr. Sorgen Sie im Gegenteil lieber dafür, dass der Akku nie ganz leer ist, sondern laden Sie ihn besser schon bei 30 % Restkapazität wieder auf. Kurze Ladevorgänge über den Tag verteilt verlängern die Lebensdauer des Akkus. Im Gegensatz dazu schadet es dem Akku, wenn er regelmäßig komplett entladen wird. Das Smartphone sollte auch nicht längere Zeit mit vollgeladenem Akku am Ladegerät hängen. Bei modernen Smartphones schaltet die Ladeelektronik automatisch ab, wenn der Akku voll ist, sodass auch dieses Problem kaum noch besteht.

USB Typ-C

Mit Micro-USB Typ-C etabliert sich gerade ein neuer Standard, der höhere Ladegeschwindigkeiten und auch höhere Datenübertragungsraten ermöglicht. Micro-USB-Typ-C-Stecker sind symmetrisch, lassen sich also in beiden Richtungen einstecken. Bei Smartphones mit USB-Typ-C-Anschluss wird meistens noch ein Adapter für den klassischen Micro-USB-Stecker mitgeliefert, um das Gerät an einem vorhandenen Ladegerät oder einer Powerbank aufzuladen. Dieser Adapter wird auch für Kabelverbindungen mit dem PC benötigt, da einige USB-Typ-C-Kabel auf beiden Seiten den neuen Stecker haben. Die wenigsten PCs verfügen bereits über USB-Typ-C-Anschlüsse. Mit dem Adapter kann ein klassisches Micro-USB-Kabel verwendet werden.

USB Typ-C (oben) und Micro-USB (unten) im Vergleich. Links ein Adapter von Micro-USB auf USB Typ-C.

Die meisten Android-Smartphones verwenden Micro-USB-Ladegeräte. Diese sind beliebig zwischen den Geräten austauschbar. Wer mehrere Geräte nutzt, braucht nicht immer mehrere Ladegeräte mit sich herumzutragen. Seit der Vereinheitlichung der Ladegeräte für alle Smartphones außer dem iPhone kann man bequem ein Ladegerät fest am Schreibtisch oder in der Küche deponieren, ein weiteres am Arbeitsplatz oder ähnlich. Nur bei Schnelladetechniken, wie sie besonders von Huawei und Samsung verwendet werden, sollte man das mit dem Smartphone gelieferte Ladegerät nutzen, um die volle Ladeleistung zu erreichen.

SIM-Karte einstecken

Die meisten Android-Smartphones verwenden inzwischen die modernen Nano-SIM-Karten. Das klassische Mini-SIM-Format wird ebenso wie Micro-SIM in aktuellen Geräten kaum noch genutzt. Wer sein Smartphone nicht direkt mit einem Mobilfunkvertrag kauft, muss also darauf achten, von seinem Mobilfunkanbieter eine passende SIM-Karte zu bekommen. Viele Netzbetreiber und Mobilfunk-Discounter bieten sogenannte Kombi-SIM-Karten: Mehrere Stanzlinien ermöglichen es, den SIM-Chip in unterschiedlichen SIM-Kartenformen aus dem Kartenträger herauszudrücken. Die Nano-SIM-Karten sind einfach nur kleiner, die Kontakte aber gleich angeordnet und elektronisch voll kompatibel zu Mini-SIM- und Micro-SIM-Karten.

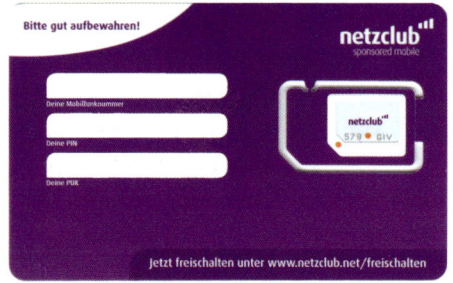 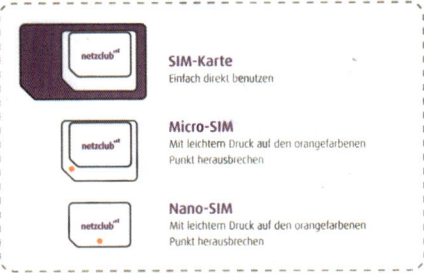

Kombi-SIM-Karte mit Bedienungsanleitung (Foto: netzclub SIM-Karte).

Nano-SIM-Karten werden meistens in einer kleinen Schublade ins Gehäuse geschoben. Diese Schublade lässt sich mit einem mitgelieferten Werkzeug öffnen. Drücken Sie dieses kurz in das dafür vorgesehene Loch der SIM-Kartenschublade.

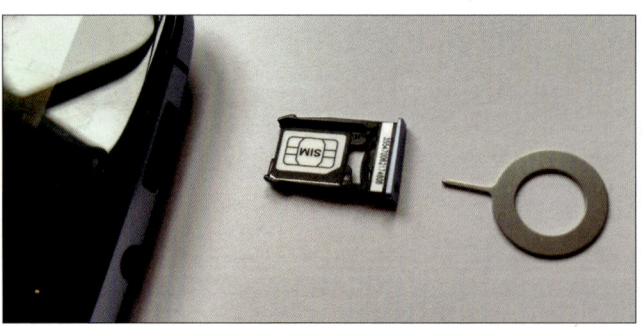

Schublade für eine Nano-SIM-Karte mit Werkzeug zum Öffnen.

Micro-SIM und Nano-SIM selbst basteln

Obwohl dies offiziell nicht empfohlen wird, findet man im Internet Anleitungen und Schneidevorlagen, um normale Mini-SIM-Karten auf die Größe einer Micro-SIM oder Nano-SIM zurechtzustutzen. Der eigentliche Chip in den SIM-Karten liegt genau unter der Kontaktfläche und kann, sofern man mit einem scharfen Messer sauber schneidet und die SIM-Karte dabei nicht zerspringt, nicht beschädigt werden. Also am besten einmal mit einer abgelaufenen oder einer kostenlosen Promo-SIM-Karte üben, bevor man das Messer an der echten SIM-Karte ansetzt. Für weniger Mutige gibt es im Zubehörhandel einfache Stanzmaschinen für unter 10 Euro, mit denen man kaum etwas falsch machen kann.

Dual-SIM-Smartphones

Viele vermeintlich günstige Telefontarife sind in der Internetnutzung so teuer, dass sie für Smartphones uninteressant werden. Umgekehrt haben die preiswerten Surf-Flatrates oft hohe Minutenpreise beim Telefonieren. Es gibt viele Gründe, zwei SIM-Karten zu verwenden. Dafür aber immer zwei Smartphones mit sich herumzutragen, kann schnell lästig werden. Dual-SIM-Smartphones bieten eine Lösung, die Tarifvorteile von zwei SIM-Karten zu nutzen und so z. B. eine Telefon-Flatrate bei einem billigen E-Netz-Anbieter mit einem Internettarif im LTE-Netz zu kombinieren. Außerdem braucht man statt eines beruflichen und eines privaten Smartphones nur noch ein Gerät. Im Urlaub oder nachts schaltet man die berufliche SIM-Karte einfach aus. In grenznahen Gebieten lassen sich mit Dual-SIM-Smartphones Roamingkosten vermeiden, wenn das Mobilfunknetz des Nachbarlandes einmal stärker ist. Stecken Sie einfach SIM-Karten beider Länder ins Smartphone. Die Dual-SIM Technik, um Tarifvorteile von zwei SIM-Karten zu kombinieren, ist bei chinesischen Smartphones weitgehend Standard, Samsung und Huawei bieten auch in Europa zunehmend Dual-SIM-Smartphones an. Allerdings wird bei vielen Geräten einer der Steckplätze alternativ für die MicroSD-Karte benutzt. Bei Verwendung von zwei SIM-Karten kann also oftmals keine Speicherkarte eingesteckt werden.

Der erste Start des Smartphones

Alle Android-Smartphones zeigen beim ersten Start einen Einrichtungsassistenten, der die Ersteinrichtung des Gerätes in wenigen Schritten erledigt.

1. Drücken Sie zum Erststart länger (etwa eine Sekunde) auf den Einschalter. Der Bildschirm wird leicht heller, und nach kurzer Zeit erscheinen ein Logo des Smartphone-Herstellers sowie ein Android-Logo.

2. Nach dem Einschalten müssen Sie als Erstes wie auf jedem Handy die PIN Ihrer SIM-Karte eingeben. Ist die PIN-Abfrage auf der SIM-Karte deaktiviert, entfällt dieser Schritt natürlich auch hier.

3. Die meisten Funktionen von Android-Smartphones lassen sich im WLAN auch ohne SIM-Karte nutzen. Ist keine SIM-Karte eingelegt, wird die PIN-Eingabe automatisch übersprungen. Anhand der SIM-Karte wird bei der Ersteinrichtung automatisch auch ein Internetzugang über diese SIM-Karte eingerichtet, der allein durch Hintergrunddienste schon Kosten verursachen kann (siehe dazu weiter unten in diesem Kapitel den Abschnitt »Tipps zur Wahl eines Tarifs für Android-Smartphones«). Vor dem ersten Internetzugriff während der Erstinstallation wird das WLAN eingerichtet. Nutzen Sie dieses zur Installation, auch wenn Sie bereits einen Internettarif auf Ihrer SIM-Karte haben, da durch Updates und synchronisierte Daten des alten Handys schnell einige GByte an Datenvolumen anfallen.

4. Wählen Sie im nächsten Schritt als Sprache *Deutsch* aus, sollte diese nicht automatisch anhand der eingelegten SIM-Karte erkannt worden sein. So bekommen Sie sämtliche Menüs und Systemdialoge in deutscher Sprache angezeigt. Tippen Sie anschließend auf *Starten*.

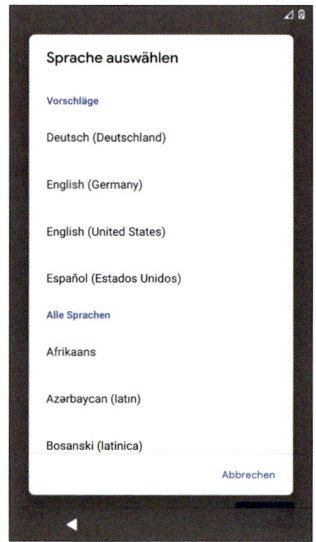

Sprache und WLAN bei der Ersteinrichtung auswählen.

Android auf Deutsch

Immer wieder behaupten besonders schlaue Nutzer in Internetforen, moderne Elektronik ließe sich nur auf Englisch richtig bedienen und manche Funktionen blieben in der deutschen Oberfläche verborgen. Das ist natürlich völliger Quatsch und galt vielleicht vor 20 Jahren. Heute ist der deutsche Markt einer der wichtigsten Märkte für Elektronikhersteller weltweit. Android 10 ist in allen verfügbaren Sprachen gleichermaßen nutzbar.

WLAN als schneller Internetzugang zu Hause

Zu Hause bietet das eigene WLAN eine schnelle, zuverlässige Internetverbindung auch für Smartphones. Hinzu kommt, dass dieser Internetzugang kostenlos ist, das übertragene Datenvolumen also nicht auf das wertvolle Datenvolumen der Mobilfunk-Flatrate angerechnet wird. Aus diesen Gründen bieten Android-Smartphones gleich bei der Ersteinrichtung – noch vor der datenintensiven Synchronisation mit dem Google-Konto – an, eine WLAN-Verbindung einzurichten.

> ### WLAN oder Wi-Fi?
>
> Wi-Fi ist die englische Bezeichnung für WLAN. Der in Deutschland gebräuchliche Begriff WLAN (**W**ireless **L**ocal **A**rea **N**etwork) für drahtloses Netzwerk ist ein deutscher Anglizismus und wird weder von englischen noch amerikanischen Muttersprachlern verstanden. Diese sprechen immer von Wi-Fi.

1. Automatisch erscheint ein Bildschirm für die WLAN-Einstellungen. Wählen Sie in der Liste der gefundenen WLANs in der Nähe das Netzwerk aus, mit dem Sie sich verbinden möchten. Ist dieses WLAN verschlüsselt, wird es in der Liste mit einem Schloss-Symbol dargestellt, und Sie müssen bei der ersten Verbindung den Schlüssel eingeben.

2. Android unterstützt alle gängigen Verschlüsselungsverfahren: WEP, WPA und WPA2. Klicken Sie anschließend auf *Verbinden*. Danach wird diese Verbindung gespeichert, es ist keine weitere Schlüsseleingabe mehr nötig.

3. Die Option *Mobilfunknetz für die Einrichtung verwenden* sollten Sie nur nutzen, wenn kein WLAN zur Verfügung steht. Bei der Ersteinrichtung fallen je nachdem, wie viele Daten von früheren Smartphones übernommen werden, mehrere Hundert MByte Datenvolumen an.

4. Eine aktive WLAN-Verbindung wird mit einem Symbol in der Benachrichtigungsleiste am oberen Bildschirmrand angezeigt. Dieses zeigt auch die ungefähre Signalstärke.

5. Nachdem die WLAN-Verbindung eingerichtet wurde, sucht das Smartphone automatisch nach Updates, die erschienen sind, seitdem das Gerät das Herstellerwerk verlassen hat. Diese Updates werden automatisch installiert, sodass die Ersteinrichtung automatisch mit der aktuellsten Betriebssystemversion startet.

Daten kopieren oder als neues Gerät einrichten

Jeder hat auf seinem Smartphone eine Vielzahl persönlicher Daten, Telefonnummern, Adressen, Fotos und Musik. Früher war es mühsam, diese Daten vom alten Handy auf ein neues zu übernehmen. Heute bietet Android bequeme Lösungen zur Datenübertragung an.

Daten, die im Google-Konto gespeichert sind – z. B. von einem früheren Android-Smartphone –, stehen automatisch nach Anmeldung mit dem Google-Konto auch auf dem neuen Smartphone zur Verfügung. Da fast jeder, der ein neues Smartphone mit Android 10 anmeldet, bereits vorher mindestens ein Smartphone hatte, bietet die Ersteinrichtung von Android 10 eine vereinfachte Auswahlmöglichkeit an, frühere Daten direkt zu übernehmen.

Tippen Sie auf *Weiter*, wenn Sie ältere Daten übernehmen möchten. Dabei brauchen Sie sich jetzt noch nicht festzulegen, auf welchem Weg diese Daten übertragen werden. Die Option *Nicht kopieren* übernimmt keine Apps und keine aus Apps gespeicherten Daten. Daten, die im Google-Konto gespeichert sind, wie Fotos oder E-Mails, können trotzdem übernommen werden.

Auswahl, ob Daten eines alten Smartphones
übernommen werden sollen.

Daten eines früheren Smartphones übernehmen

Wenn Sie sich dafür entschieden haben, Daten eines früher verwendeten Smartphones zu übernehmen, erscheint der Bildschirm *Altes Smartphone verwenden*, um mit der Ersteinrichtung des Smartphones fortzufahren. Hier müssen Sie sich entscheiden, ob Sie die Daten von dem alten Smartphone über ein Kabel kopieren möchten oder – einfacher – aus einer Cloud-Sicherung zurückspielen.

Daten aus einer Cloud-Sicherung übernehmen

Die einfachste Methode ist, Daten aus einer Cloud-Sicherung bei Google Drive zurückzuspielen, wenn das vorher benutzte Smartphone so eingestellt ist, dass es regelmäßig eine Sicherung anlegt. Diese Sicherung enthält neben den ohnehin im Google-Konto gespeicherten Kontakten, Terminen, Fotos und Browserlesezeichen auch installierte Apps, App-Daten, WLAN-Passwörter, Anruflisten, SMS, Hintergrundbild und Anordnung der Apps auf dem Startbildschirm. Sie können das neue Smartphone also bis auf Kleinigkeiten nahtlos weiterverwenden.

1. Tippen Sie auf dem ersten Bildschirm auf *Altes Smartphone nicht verfügbar?*. Tippen Sie auf dem nächsten Bildschirm auf *Okay*.

2. Danach müssen Sie sich mit Ihrem Google-Konto anmelden, damit das neue Smartphone auf Google Drive vorhandene Sicherungen anderer Geräte finden kann.

Zusätzlich zur Anmeldung mit E-Mail-Adresse und Passwort fordert Android noch eine zusätzliche Zustimmung zur Verwendung des Google-Kontos auf dem Smartphone.

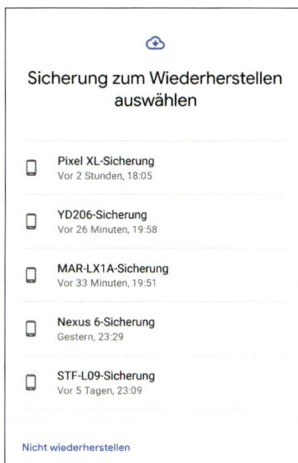

Vorbereitung zum Wiederherstellen von Daten aus einer Sicherung auf Google Drive.

3. Wählen Sie jetzt unter Ihren Geräten das aus, dessen Sicherung auf dem neuen Smartphone wiederhergestellt werden soll.

4. In der Liste der in der Sicherung enthaltenen Apps wählen Sie aus, welche davon auf dem neuen Smartphone wieder installiert werden sollen. Hier bietet sich die Gelegenheit, schon länger nicht mehr verwendete Apps abzuschalten, um das neue Smartphone übersichtlich zu halten.

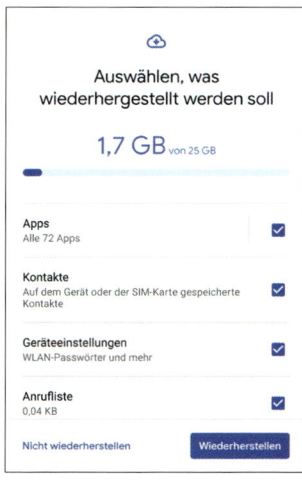
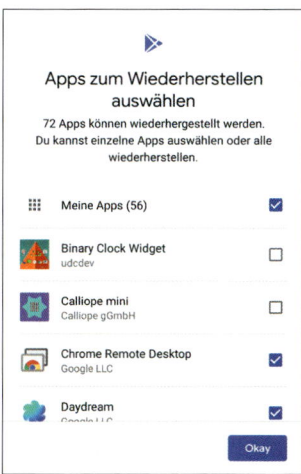

Wiederherzustellende Daten auswählen.

5. Nachdem Sie auf *Wiederherstellen* getippt haben, werden Einstellungen und Daten aus der Sicherung auf das neue Smartphone gespielt.

> **Gesicherte Apps wiederherstellen**
>
> Die auf dem anderen Smartphone installierten Apps sind in der Sicherung selbst nicht enthalten, sie werden automatisch in der aktuellen Version aus dem Google Play Store installiert, was je nach Anzahl und Größe der Apps einige Minuten dauert. Wundern Sie sich also nicht, wenn einige Apps anders aussehen als gewohnt. In diesen Fällen waren auf dem anderen Smartphone nicht die letzten App-Updates installiert.

Daten von einem anderen Smartphone per Kabel übernehmen

Alternativ können Sie die Daten von einem anderen Smartphone auch direkt per Kabel übertragen, was zwar nicht ganz so komfortabel ist, aber auch ohne WLAN funktioniert und immer noch einfacher ist, als alles komplett neu zu installieren. Auf diesem Weg lassen sich zusätzlich auch Daten übertragen, die nicht in Google Drive gesichert werden, z. B. SMS. Auch die Übertragung von Daten eines iPhones auf Android 10 ist mit Einschränkungen möglich. Apps von iPhones können nicht übertragen werden.

1. Tippen Sie in diesem Fall auf dem ersten Bildschirm *Altes Smartphone verwenden* einfach unten rechts auf *Weiter*.

2. Als Nächstes muss ein passendes Kabel gefunden werden, um beide Smartphones zu verbinden. Haben beide einen USB-Typ-C-Anschluss, ist dies meistens kein Problem, da viele USB-Typ-C-Kabel an beiden Seiten den gleichen Stecker haben. Für die anderen Fälle liefern die meisten Hersteller bei modernen Smartphones Adapter mit. Schließen Sie das Ladekabel des alten Smartphones an diesem an und verbinden Sie dann das andere Kabelende über den Adapter mit dem neuen Smartphone.

 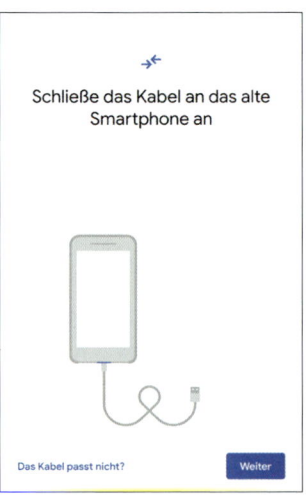 

Kabel zur Datenübertragung von einem anderen Smartphone anschließen.

3. Auf dem neuen Smartphone erscheint ein Hinweis, dass Sie zunächst das alte Smartphone prüfen sollen. Dort muss aus Sicherheitsgründen die Displaysperre bestätigt werden. Danach können Sie vom alten Smartphone aus den Kopiervorgang starten.

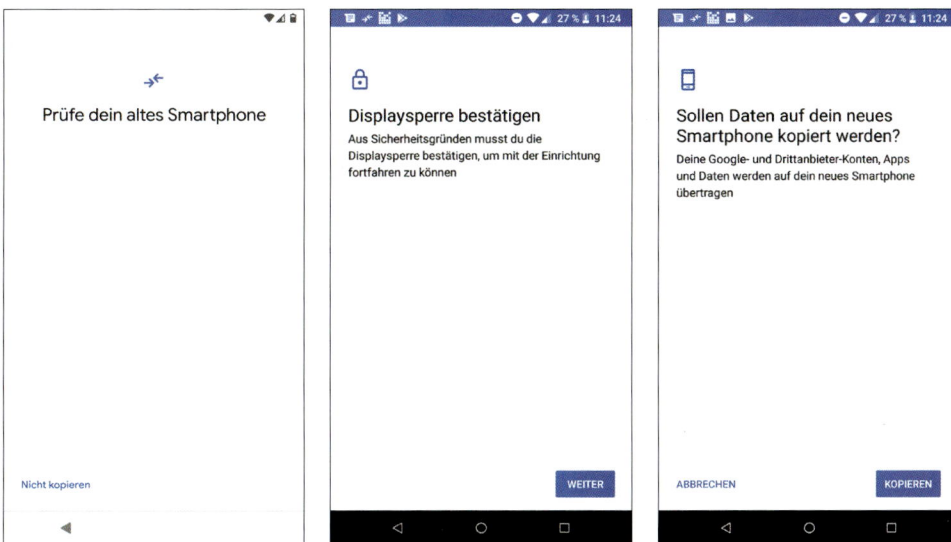

Kopiervorgang einrichten (links: neues Smartphone mit Android 10, Mitte und rechts: altes Smartphone).

4. Wählen Sie jetzt auf dem neuen Smartphone aus, welche Daten Sie vom alten übertragen möchten. Ein Hinweis zeigt, welche Arten von Daten nicht übertragen werden. Wählen Sie bei den Apps des alten Smartphones aus, welche Sie auf dem neuen Gerät wirklich brauchen. Am unteren Ende der Liste werden automatisch installierte Apps angezeigt. Diese werden nicht vom alten Smartphone übertragen.

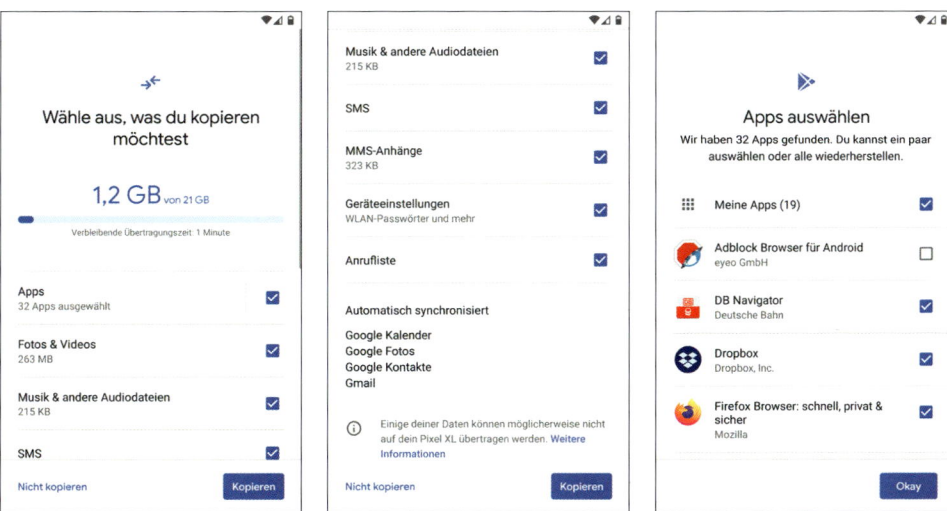

Die nächsten Schritte bei der Datenübertragung von einem vorhandenen Smartphone auf das neue.

45

5. Beim Tippen auf *Weiter* wird der Kopiervorgang gestartet. Warten Sie, bis er komplett abgeschlossen ist. Trennen Sie die Kabelverbindung erst wieder, wenn der entsprechende Hinweis auf dem Bildschirm erscheint.

6. Nach dem Übertragen der Daten müssen Sie zunächst die Google-Dienste einrichten, da diese zur anschließenden Installation der Apps aus dem Google Play Store benötigt werden.

7. Apps und Widgets des alten Smartphones werden nicht direkt kopiert, sondern nur als Platzhalter. Sie können das Smartphone bereits nutzen, während die Apps im Hintergrund aus dem Google Play Store neu installiert werden. Die Widgets müssen Sie selbst einrichten, nachdem die zugehörigen Apps installiert wurden.

8. Zusätzlich zeigt der Google Play Store zahlreiche zu installierende Updates an. Dabei handelt es sich um Updates von in Android 10 vorinstallierten Apps, die seit Veröffentlichung des Betriebssystems aktualisiert wurden.

  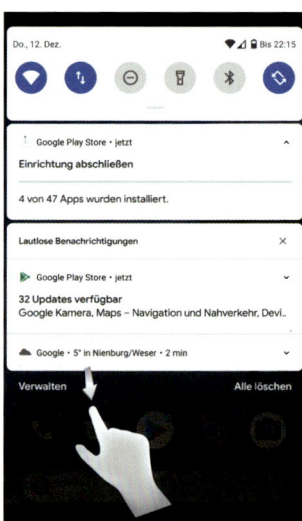

Nach abgeschlossenem Kopiervorgang werden die auf dem alten Smartphone installierten Apps auf dem neuen aus dem Play Store heruntergeladen.

Google-Dienste einrichten

Nach dem Übertragen der Daten, egal, auf welchem Weg dies durchgeführt wurde, erfolgt im nächsten Schritt die Einrichtung der Google-Dienste. Dabei können verschiedene Dienste aktiviert werden. Um alle Möglichkeiten des Android-Betriebssystems voll zu nutzen, lassen Sie alle Schalter aktiviert.

Die Option *In Google Drive sichern* sollten Sie auf jeden Fall eingeschaltet lassen. So werden Ihre Apps und Einstellungen im Google-Konto gesichert und lassen sich im Notfall oder bei einem Hard-Reset leicht wiederherstellen.

Mit dieser Einstellung können Sie auch Daten von früheren Android-Smartphones, die im Google-Konto gesichert wurden, auf dem neuen Smartphone wiederherstellen.

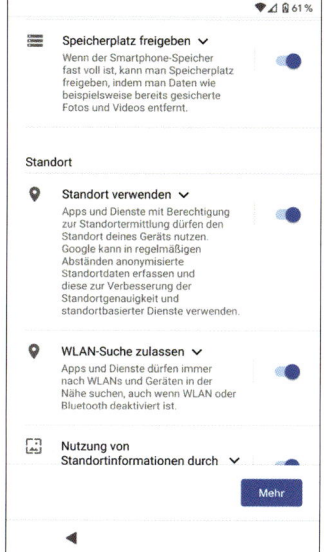

Google-Dienste einrichten.

Weiter unten sollten Sie noch zustimmen, dass Google Standortdaten Ihres Gerätes nutzen darf. Viele Apps werden dadurch erst sinnvoll, dass Informationen aus der näheren Umgebung angezeigt werden können. So funktionieren unter anderem weder die Routenplanung auf Google Maps noch die Ortung eines gestohlenen Smartphones ohne Standortinformationen. Wer sich unbedingt verstecken möchte und dafür bereit ist, diverse Einschränkungen bei Apps in Kauf zu nehmen, kann die Standorterfassung hier abschalten. Die Einstellung kann später jederzeit wieder geändert werden.

Sicherheitssperre einrichten

Android-Smartphones haben eine Bildschirmsperre, die verhindert, dass man versehentlich auf den Bildschirm tippt und damit irgendwelche Funktionen auf dem Smartphone auslöst. Diese Sperre lässt sich in der Standardeinstellung durch eine kleine Bewegung mit dem Finger lösen. Man braucht nur auf dem Sperrbildschirm nach oben zu wischen.

Der Sperrbildschirm dient nicht nur als Schutz vor versehentlichem Berühren, er kann auch als Zugangssperre eingesetzt werden, um Fremden die Nutzung des Smartphones zu verweigern. Der Einrichtungsassistent fragt nach der Einrichtung der Google-Dienste, ob Sie eine Sicherheitssperre einrichten möchten. Dieser Schritt kann natürlich auch übersprungen werden.

47

Fingerabdruck als Sicherheitsmerkmal

Einige Smartphones enthalten eingebaute Fingerabdrucksensoren zum besonders einfachen, aber sicheren Entsperren. Wenn das Smartphone über einen Fingerabdrucksensor verfügt, erscheint automatisch bei der Ersteinrichtung die Frage, ob Sie einen Fingerabdruck zum Entsperren verwenden möchten. Die Abbildungen zeigen das von den Google-Smartphones der Pixel-Serie verwendete System *Pixel Imprint*. Smartphones von Samsung, Huawei und einigen anderen Herstellern verwenden eigene Systeme, die aber ähnlich eingerichtet werden.

Bevor Sie den Fingerabdruck scannen, müssen Sie noch eine alternative Displaysperre einrichten, falls das Scannen des Fingerabdrucks z. B. durch Feuchtigkeit auf dem Sensor oder eine Verletzung der Hand fehlschlägt. Auf Geräten ohne Fingerabdrucksensor werden nur diese alternativen Displaysperren zur Auswahl angeboten.

  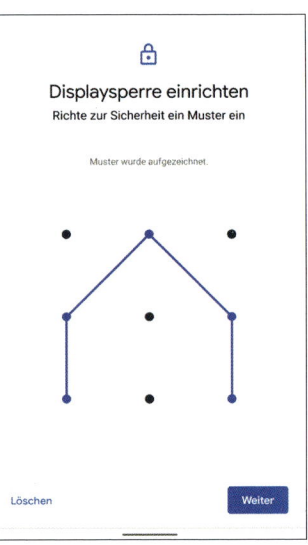

Verschiedene Methoden der Bildschirmsperre.

PIN oder Passwort

Wer es vom PC gewohnt ist, bei jedem Einschalten ein Passwort oder eine PIN einzugeben, kann dies auch auf dem Smartphone tun. Beim Festlegen der PIN oder des Passworts muss diese/dieses zweimal eingegeben werden, um Tippfehler zu vermeiden.

> **INFO:** Eine PIN (**P**ersönliche **I**dentifikations**n**ummer) ist eine Zahlenkombination, ein Passwort kann aus beliebigen Zeichen bestehen. Android unterscheidet diese beiden Verfahren, um bei einer PIN-Eingabe eine Zifferntastatur mit deutlich größeren Tasten einzublenden, als sie die Buchstabentastatur für die Passworteingabe hat.

Sperrmuster

Viel eleganter und einfacher als die Eingabe eines Passworts ist ein grafisches Sperrmuster. Hier muss man Rasterpunkte auf dem Bildschirm mit einer Linie verbinden. Um Fehler zu vermeiden, muss auch dieses Muster beim Einrichten zweimal gezeichnet werden. Auf dem Sperrbildschirm erscheint dann ein Punktraster, auf dem man das zuvor definierte Muster zeichnen muss, um die Bildschirmsperre zu lösen.

Danach können Sie mehrere Fingerabdrücke hinzufügen, mit denen sich das Smartphone sofort entsperren und einschalten lässt, wenn Sie im ausgeschalteten Zustand den Fingerabdrucksensor berühren. Wenn Sie einen Fingerabdruck hinzufügen, werden Sie ein paar Mal aufgefordert, den Finger vom Sensor abzuheben und wieder aufzulegen. So werden unterschiedliche Griffpositionen und Details erfasst. Verwenden Sie aber immer denselben Finger innerhalb eines gespeicherten Fingerabdrucks. Einen anderen Finger können Sie in einem weiteren Fingerabdruck speichern.

Fingerabdrücke erkennen und speichern.

Sie können später in den *Einstellungen* unter *Sicherheit/Pixel Imprint* weitere Fingerabdrücke hinzufügen.

Einrichtung fortsetzen

Nach der Sicherheitssperre können Sie gleich noch weitere nützliche Google-Dienste einrichten. Möchten Sie das Smartphone sofort verwenden, können Sie hier auch aufhören und sich später erinnern lassen, was aber nicht zu empfehlen ist.

Google Assistant einrichten

Der Google Assistant kann auf dem Smartphone per Spracheingabe Fragen beantworten und Aufgaben erledigen. Abhängig vom aktuellen Bildschirminhalt versucht der Assistent, den aktuellen Sinn einer Frage zu erkennen und möglichst relevante Antworten zu liefern.

1. Der Google Assistant wird automatisch konfiguriert. Dazu muss in der Grundeinstellung der Standortverlauf aktiviert sein.

2. Hier können Sie optional die Stimmerkennung aktivieren. Damit kann der Google Assistant auch bei gesperrtem Bildschirm aktiviert werden – allerdings aus Sicherheitsgründen nur durch Ihre eigene Stimme und nicht durch die Stimme irgendeiner fremden Person.

3. Im nächsten Schritt müssen Sie je zweimal hintereinander *Ok Google* und *Hey Google* sagen. Das ist das Sprachkommando, um den Google Assistant zu aktivieren.

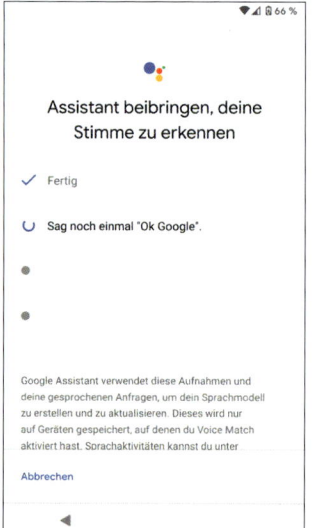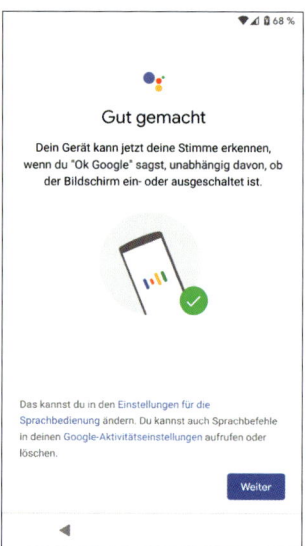

Google Assistant einrichten.

Anderes E-Mail-Konto hinzufügen

Möchten Sie neben dem zur Anmeldung verwendeten E-Mail-Konto noch ein weiteres E-Mail-Konto auf dem Smartphone nutzen, können Sie in der Gmail-App noch weitere Konten anlegen. Es ist keine eigene E-Mail-App mehr nötig.

Weitere Informationen dazu finden Sie in Kapitel 5 unter der Überschrift »Andere E-Mail-Konten einrichten und nutzen«.

Schriftgröße ändern

Moderne Smartphones mit ihren extrem hohen Bildschirmauflösungen stellen die Schrift der Android Benutzeroberfläche oft so klein dar, dass sie unter bestimmten Umständen nur noch schwer zu lesen ist. Deshalb können Sie bei der Einrichtung – oder auch später – die Standardschriftgröße ändern. Einige Apps, z. B. Browser und E-Book-Reader, haben eigene Einstellungen für die Schriftgröße.

 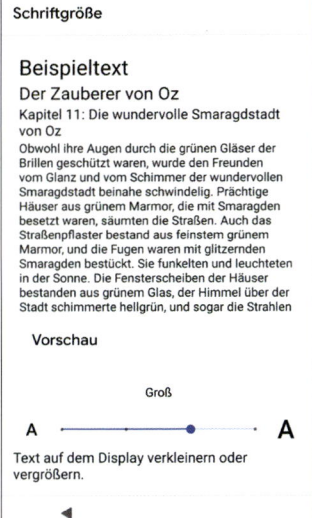 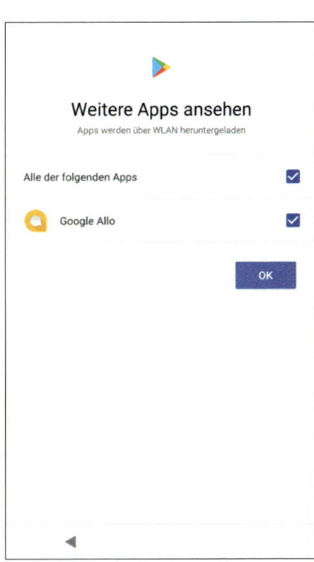

Weitere Funktionen, Schriftgröße und Google-Apps einrichten.

Weitere Apps überprüfen

Google schlägt für Android 10 verschiedene eigene Apps vor, die nicht auf allen Smartphones vorinstalliert sind. Diese Apps können Sie bei der Ersteinrichtung direkt mit installieren, ohne sie später im Google Play Store suchen zu müssen.

Infos auf Sperrbildschirm festlegen

Apps können neue Benachrichtigungen auf dem Sperrbildschirm anzeigen. Hier können Sie festlegen, ob die Inhalte der Nachrichten, z. B. Betreffzeilen von E-Mails oder Chatnachrichten, auf dem Sperrbildschirm mit angezeigt werden sollen oder nicht.

Smartphone als neues Gerät einrichten

Möchten Sie keine Daten übernehmen, sondern das Gerät neu einrichten, fordern alle Android-Smartphones nach der Einrichtung des WLANs auf, sich mit einem Google-Konto anzumelden.

Google-Konto

Wer seine Adressen, E-Mails und andere Daten online speichert, kann sie mit jedem neuen Computer, Smartphone oder Tablet synchronisieren, ohne Adressbücher zu importieren oder gar Daten abzutippen.

Google bietet dazu jedem Anwender kostenlos ein persönliches Google-Konto an, in dem man seine Daten speichern kann. Diese Daten stehen dann auf jedem internetfähigen Gerät, das mit Google-Diensten synchronisiert werden kann, zur Verfügung. Welche Daten man bei Google ablegt, bleibt jedem selbst überlassen. Besonders beliebt ist es, Kalender, Adressbuch, Fotos sowie die persönliche Lesezeichensammlung bei Google abzulegen, um sie automatisch auf jedem PC, Smartphone oder Tablet zur Verfügung zu haben.

Android-Smartphones sind sehr eng mit Google-Konten verbunden, viele Funktionen können ohne Google-Konto nur mit Einschränkungen verwendet werden. Zur Installation von Apps über den Google Play Store ist ein Google-Konto zwingend nötig.

Wer bereits ein Google-Konto hat, wird dieses natürlich auch auf dem Smartphone weiternutzen. Wer noch kein Google-Konto besitzt, kann jetzt eines anlegen. Es ist auch möglich, ein Android-Smartphone mit mehreren Google-Konten zu synchronisieren oder den Schritt ganz zu überspringen und das Smartphone zunächst ohne Google-Konto zu betreiben, wobei allerdings zahlreiche Funktionen nicht genutzt werden können.

1. Wenn Sie bereits über ein Google-Konto verfügen, geben Sie jetzt Ihre E-Mail-Adresse und das Passwort ein.

Die ersten Schritte bei der Anmeldung mit einem vorhandenen Google-Konto.

Geänderte Einstellungen werden automatisch auch auf dem Smartphone übernommen. Wenn Sie das Passwort des Google-Kontos am PC ändern, müssen Sie dieses natürlich auf dem Smartphone neu eingeben.

Startbildschirm und Apps

Die Benutzeroberfläche von Android-Smartphones wird über den Touchscreen bedient und zeigt für jede Funktion wie auch für jede App klare Symbole an, sodass Sie sich nicht wie auf dem PC unter Windows durch verschachtelte Menüs klicken müssen. Allerdings kann die Oberfläche auf jedem Smartphone etwas anders aussehen, da Google lange Zeit den Geräteherstellern umfangreiche Freiheiten bot, die Oberfläche anzupassen oder gar gänzlich eigene Oberflächen zu installieren. Besonders bei Smartphones von Samsung und HTC sehen die Benutzeroberflächen wie auch die Standard-Apps für Adressbuch, Kalender, E-Mail usw. völlig anders aus als im Standardbetriebssystem.

  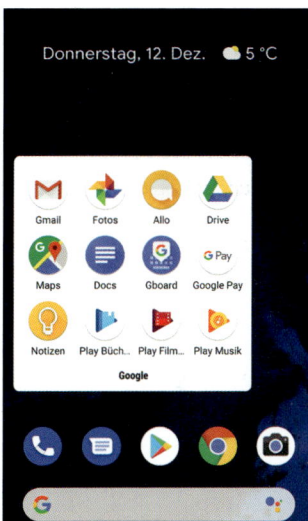

Startbildschirme im Design von Android 10 mit Standard-Hintergrundbildern.

Mit jeder Android-Version hat Google die Oberfläche verbessert und damit auch verändert. Die größten Änderungen kamen mit der Android-Version 5 Lollipop, bei der Google die optischen Neuerungen sehr medienwirksam vorgestellt hat, um so den Druck auf die Gerätehersteller zu erhöhen, die Oberfläche nicht zu verändern, um das Benutzererlebnis nicht einzuschränken. Besonders die großen Hersteller wie Samsung liefern aber weiterhin eigene Oberflächen für Startbildschirm und *Einstellungen*. Das Design der Google-Apps legt aber Google fest.

Das damals eingeführte sogenannte Material Design wird in erweiterter Form auch in Android 10 verwendet. Es setzt auf klare Farben und gute Kontraste ohne verspielte Farbverläufe und Transparenzeffekte, die früher gern genutzt wurden.

In der Grundeinstellung zeigt der Android-Startbildschirm ein Hintergrundbild und ein Google-Suchfeld sowie einige App-Symbole an. Als Benutzer kann man seine wichtigsten Apps und Widgets auf dem Startbildschirm für den schnellen Zugriff ablegen. Das Suchfeld ist standardmäßig mit dem Android-10-Update nach ganz unten gewandert, wird aber von vielen Smartphone-Herstellern weiterhin oben angezeigt.

Der Android-Startbildschirm wird manchmal auch als Homescreen bezeichnet und besteht aus mehreren Bildschirmseiten. Zwischen diesen können Sie mit einer horizontalen Finger- bewegung auf dem Touchscreen hin- und herschalten. Viele Android-Smartphones haben standardmäßig nur eine Startbildschirmseite mit App-Symbolen. Links davon befindet sich die Seite mit dem Google Assistant, die Wetter, Termine und News zeigt. Weitere Startbild- schirmseiten werden erst angelegt, wenn Apps dorthin gezogen werden. Eine dünne Linie im unteren Bildschirmbereich oberhalb der Schnellstartleiste zeigt bei Berührung an, auf welcher Startbildschirmseite man sich gerade befindet.

  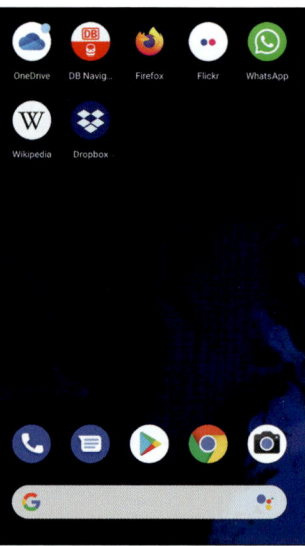

Drei Seiten eines Startbildschirms: Google Assistant, Startseite und weiterer Startbildschirm mit hinzugefügten Apps.

Android zeigt am unteren Bildschirmrand des Startbildschirms fünf Symbole, die auf jeder Startbildschirmseite zu sehen sind, die sogenannte Schnellstartleiste. Eine Wischbewegung vom unteren Bildschirmrand nach oben öffnet eine Liste aller installierten Apps. Diese ist alphabetisch sortiert. Alternative Oberflächen bieten auch andere Sortiermethoden. Von hier aus lässt sich jede App durch Antippen ihres Symbols starten. Die Apps-Liste besteht seit einiger Zeit nicht mehr aus mehreren Bildschirmseiten, sondern ist eine lange scroll- bare Liste. In der obersten Zeile der Apps-Liste werden zuletzt verwendete Apps vorge- schlagen. So hat man diese immer schnell im Zugriff. Um in langen Apps-Listen eine App schnell zu finden, können Sie oben im Suchfeld die Anfangsbuchstaben eintippen. Die Liste wird dann automatisch gefiltert, sodass man sich mühsames Scrollen erspart.

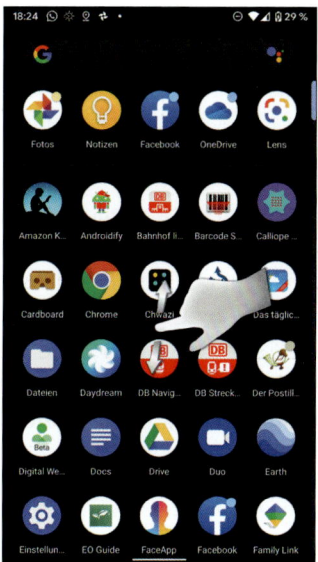

Die scrollbare Apps-Liste mit Suchfunktion. In Android 10 kann diese Liste auch auf den Dunkelmodus geschaltet werden.

Apps auf den Startbildschirm legen

Apps, die Sie häufig benötigen, können Sie direkt auf dem Startbildschirm ablegen. Auf den meisten Smartphones mit unverändertem Android liegen bereits die Telefon-App, SMS, der Google Play Store, der Chrome-Browser und die Kamera-App auf dem Startbildschirm.

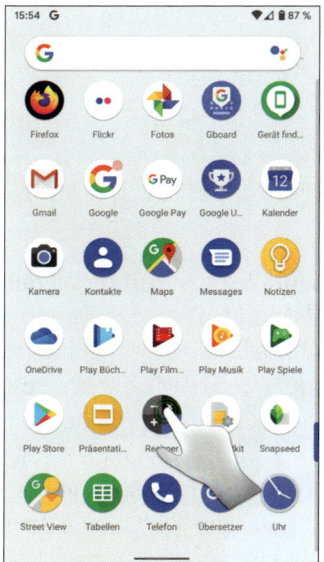
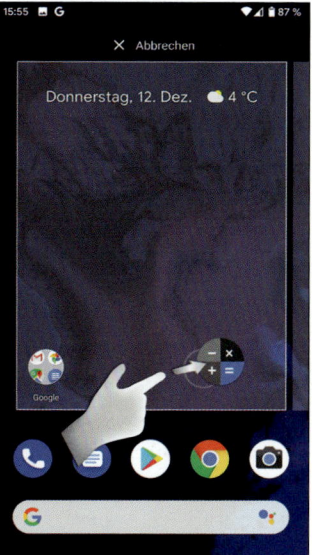
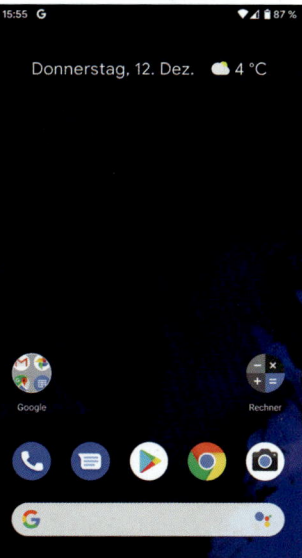

App auf dem Startbildschirm ablegen.

Tippen Sie länger auf ein App-Symbol in der Apps-Liste. Der Startbildschirm erscheint in etwas verkleinerter Größe. Schieben Sie das App-Symbol an die gewünschte Position und lassen Sie es dort wieder los. Schon ist die App auf dem Startbildschirm.

Genauso einfach können Sie Apps an eine andere Position oder auf eine andere Bildschirmseite auf dem Startbildschirm ziehen. Tippen Sie länger auf die zu verschiebende App. Schieben Sie jetzt die App an die neue Position und lassen Sie wieder los.

Am rechten Bildschirmrand erscheint eine helle Fläche, die andeutet, dass hier eine weitere Startbildschirmseite folgen kann. Schieben Sie ein App-Symbol über den Rand hinaus, wird eine neue Startbildschirmseite angelegt, auf der Sie dieses Symbol platzieren können.

Apps vom Startbildschirm entfernen oder deinstallieren

Um eine App vom Startbildschirm wieder zu entfernen, ziehen Sie sie an den oberen Bildschirmrand auf die mit *Entfernen* gekennzeichnete Fläche. Beim Loslassen wird sie vom Startbildschirm entfernt, aber nicht deinstalliert. In der Liste der Apps bleibt sie weiterhin verfügbar und kann auch jederzeit wieder auf den Startbildschirm geholt werden.

Ziehen Sie die App dagegen auf das *Deinstallieren*-Symbol, wird sie vom Startbildschirm entfernt und auch deinstalliert. Dies funktioniert nur mit zusätzlich installierten Apps, nicht mit im System vorinstallierten. Vor dem Deinstallieren erscheint noch eine Sicherheitsabfrage. Nach erfolgreicher Deinstallation erscheint am unteren Bildschirmrand für ein paar Sekunden eine Meldung.

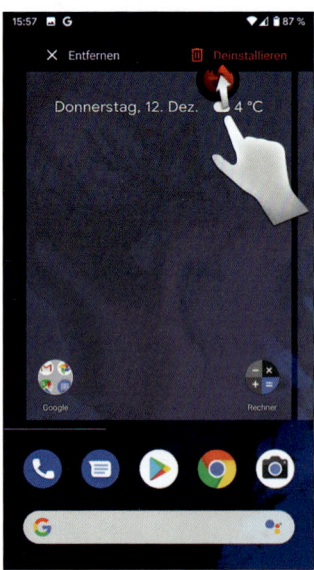  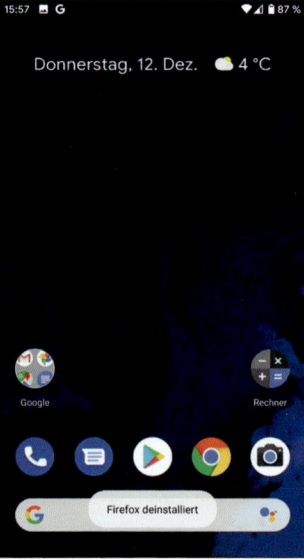

App vom Startbildschirm deinstallieren.

App-Shortcuts

Unterstützt eine App die sogenannten App-Shortcuts, erscheinen wichtige Funktionen dieser App als Symbole, wenn Sie auf dem Startbildschirm oder in der Apps-Liste länger auf diese App tippen.

1. Tippen Sie auf eines dieser Symbole, wird direkt die jeweilige Funktion der App aufgerufen, zum Beispiel ein Termin angelegt oder eine E-Mail geschrieben.

2. Ziehen Sie eines der Symbole auf den Startbildschirm, können Sie es dort einfach wie ein App-Symbol antippen, um die jeweilige Funktion der App aufzurufen. Das Symbol lässt sich wie jedes andere App-Symbol frei verschieben oder auch wieder entfernen.

3. Wird bei den Shortcuts oben rechts das Widget-Symbol mit vier Quadraten angezeigt, bietet die Apps Widgets für den Startbildschirm an, die in Echtzeit Daten der App zeigen. Tippen Sie auf das Symbol, können Sie ein Widget auswählen und auf dem Startbildschirm platzieren.

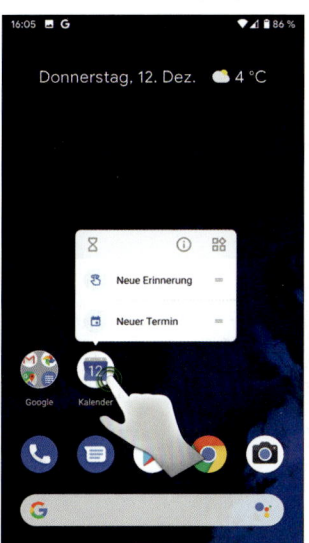

App-Shortcuts nutzen und auf den Startbildschirm legen.

Ordner für Apps

Bei vielen installierten Apps verliert man schnell die Übersicht auf dem Startbildschirm. Ordner für Apps bringen Ordnung auf den Startbildschirm.

Ordner sind runde Symbole mit automatisch darin gestapelten Symbolen der Apps, die in dem Ordner liegen. Auf vielen Android-Smartphones sind bereits solche Ordner mit Google-Apps vorinstalliert.

  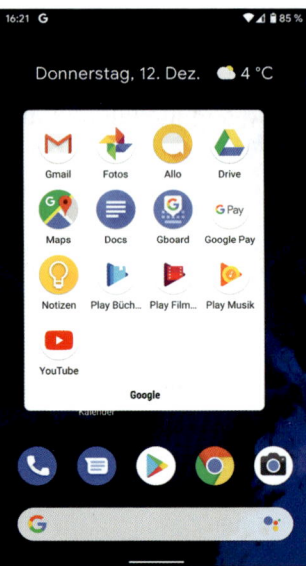

Neue App in einen Ordner auf dem Startbildschirm ziehen.

So legen Sie einen neuen Ordner für Apps auf dem Startbildschirm an:

1. Ziehen Sie zunächst eine App auf den Startbildschirm.

2. Ziehen Sie eine zweite App aus der Apps-Liste auf ein vorhandenes App-Symbol, wird automatisch ein Ordner erstellt.

3. Tippen Sie auf einen Ordner, werden die darin enthaltenen Apps angezeigt und können durch Antippen gestartet werden.

4. Weitere Apps können einfach auf das Ordnersymbol gezogen und dann im Ordner an eine beliebige Position geschoben werden.

5. Tippen Sie auf die Bezeichnung *Unbenannter Ordner* und geben Sie dem Ordner einen Namen.

Um einen Ordner zu löschen, ziehen Sie ihn an den oberen Bildschirmrand auf das *Entfernen*-Symbol. Beim Loslassen wird der Ordner vom Startbildschirm entfernt. Die Apps bleiben installiert. Auf die gleiche Weise können Sie auch einzelne Apps aus einem Ordner herausnehmen.

Die Schnellstartleiste für wichtige Apps

Fünf besonders wichtige Apps sind in der sogenannten Schnellstartleiste auf jeder Seite des Startbildschirms am unteren Rand oberhalb des Google-Suchfeldes immer zu sehen. Welche Apps das in der Grundeinstellung sind, können die Gerätehersteller festlegen.

Häufig liegen die Apps *Telefon*, *SMS* (oder Google Messenger), *Google Play Store*, *Internet* (Chrome-Browser) und *Kamera* in der Schnellstartleiste.

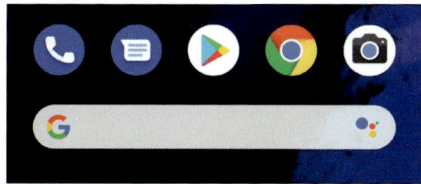

Die Schnellstartleiste mit wichtigen Apps.

Das ehemalige Menüsymbol zum Aufruf der Apps-Liste ist in der Grundeinstellung von Android 10 weggefallen.

Auf den fünf Positionen können Sie statt der vorgegebenen Apps auch andere platzieren, die Sie häufig benötigen. So platzieren Sie eine andere App in der Schnellstartleiste:

1. Tippen Sie länger auf eine nicht mehr benötigte App in der Schnellstartleiste und ziehen Sie diese auf eine freie Stelle auf dem Startbildschirm oder auf das *Entfernen*-Symbol ganz oben.

2. Ziehen Sie jetzt die gewünschte App vom Startbildschirm oder aus der Apps-Liste auf die freie Position in der Schnellstartleiste.

Ordner in der Schnellstartleiste

Auch in der Schnellstartleiste können Ordner verwendet werden. Ziehen Sie dazu eine zweite App aus der Apps-Liste auf ein vorhandenes App-Symbol in der Schnellstartleiste, wird dort – wie auf dem Startbildschirm – automatisch ein Ordner erstellt.

Moderne Gestensteuerung oder klassische Symbole

Neben dem Einschalter und der Lautstärketaste verfügen die meisten Android-Smartphones – außer diversen Modellen von Samsung und Xiaomi – über keine weiteren Tasten. Die Steuerung erfolgt über Gesten oder Symbole auf dem Bildschirm.

Seit der ersten Android-Version prägen drei Symbole am unteren Bildschirmrand die Bedienung des Smartphones. Mit Android 10 beginnt eine neue Ära. Die – zurzeit noch optionale – Gestensteuerung macht nach einer kurzen Umgewöhnungsphase den alltäglichen Umgang mit dem Smartphone einfacher und intuitiver.

Android 10 bietet in den *Einstellungen* unter *System/Gesten und Bewegungen/Systemsteuerung* drei Bedienungsvarianten.

Die drei Varianten zur Systemsteuerung.

Gestensteuerung

Die neue Gestensteuerung blendet bis auf eine schmale Linie ganz unten alle Bedienelemente aus und stellt den Apps den kompletten Bildschirm zur Verfügung. Eine Wischgeste vom unteren Bildschirmrand nach oben zeigt den Startbildschirm. Dort blendet die gleiche Geste die Apps-Liste ein.

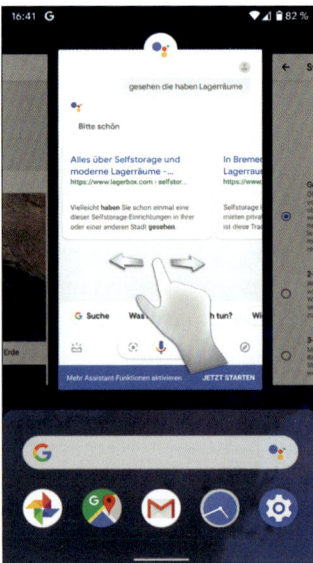

Links: Startbildschirm ohne Navigationssymbole, Mitte: Wischgeste von unten, rechts: Liste laufender Apps.

Um zwischen mehreren Apps zu wechseln, wischen Sie von unten nach oben und halten das verkleinerte Apps-Vorschaubild einen Moment. Jetzt können Sie – wie aus Android 9 gewohnt – zwischen den laufenden Apps wechseln, indem Sie horizontal durch die Liste scrollen. Schieben Sie eine App nach oben aus der Liste heraus, um sie zu entfernen.

Das Google-Suchfeld sowie einige zuletzt geöffnete und inzwischen geschlossene Apps werden unten als Symbole angezeigt. Vom Startbildschirm ist diese Übersicht laufender Apps über eine Wischgeste aus einer der unteren Bildschirmecken in Richtung Mitte zu erreichen. Leider ist diese Geste leicht mit dem neuen Aufruf des Google Assistant zu verwechseln. Auch die Zurück-Taste wird durch eine Bildschirmgeste ersetzt: Wischen Sie vom linken oder rechten Rand zur Mitte des Bildschirms.

2-Schaltflächen-Steuerung

Alternativ zur neuen Gestensteuerung bietet Android 10 noch eine sogenannte 2-Schaltflächen-Steuerung an. Hier bleibt die klassische Zurück-Taste, das runde Symbol zum Aufruf des Startbildschirms bekommt zur deutlichen Unterscheidung eine lang gestreckte Form. Tippen Sie darauf, um zum Startbildschirm zu kommen. Eine horizontale Wischbewegung auf diesem Symbol wechselt zwischen den Apps, eine Wischbewegung nach oben zeigt die Liste aller geöffneten Apps – wie in der Gestensteuerung.

Navigationssymbol bei 2-Schaltflächen-Steuerung.

3-Schaltflächen-Steuerung

Wer sich nicht umstellen möchte, kann weiterhin die klassische 3-Schaltflächen-Steuerung nutzen. Bis jetzt gibt es noch keine Ankündigung, wann diese endgültig aus dem System verschwinden soll. Hier werden am unteren Bildschirmrand drei Symbole eingeblendet.

Navigationssymbole bei 3-Schaltflächen-Steuerung.

Mit dem Dreieck geht man immer einen Schritt zurück. Die meisten Apps unterstützen dieses Symbol auf eigene Weise. So gelangt man z. B. im Browser damit zur zuletzt angezeigten Webseite zurück. In einigen Dateimanagern kommt man damit eine Ordnerebene nach oben.

Der Kreis, auch als Home-Taste bezeichnet, führt immer zurück zum Startbildschirm – egal, in welcher App man sich gerade befindet.

Das Quadrat rechts unten hat die Funktion, die App-Übersicht anzuzeigen. Hier wird eine Liste der zuletzt verwendeten Apps eingeblendet. Auf diesem Weg können Sie schnell zu einer der angezeigten Apps wechseln.

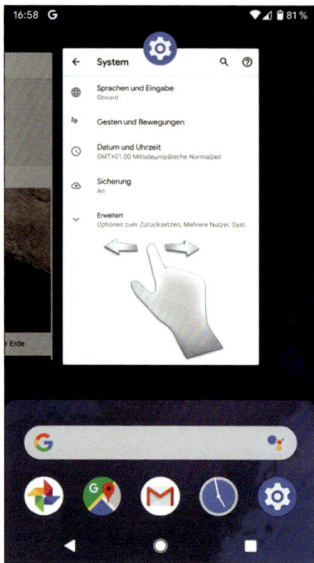 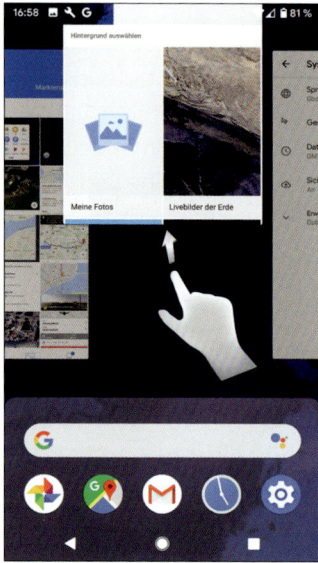

Die App-Übersicht.

Am unteren Bildschirmrand werden häufig verwendete, aber nicht unbedingt im Hintergrund laufende Apps als Symbole angezeigt, um schnell zu diesen Apps zu wechseln.

Schneller App-Wechsel

Tippen Sie zweimal kurz hintereinander auf das Quadratsymbol, wechseln Sie damit zwischen den beiden zuletzt verwendeten Apps, ohne den langen Weg über die Apps-Liste gehen zu müssen.

Zwei Apps gleichzeitig auf dem Bildschirm

Android 10 bietet die Möglichkeit, zwei Apps gleichzeitig auf dem Bildschirm darzustellen. Dieser wird dazu, wie schon aus Windows 10 bekannt, in der Mitte mit einer Trennlinie geteilt. Einige Gerätehersteller, unter anderem Samsung, bieten ähnliche Funktionen schon länger an. In Android 7 Nougat war der sogenannte Splitscreen-Modus erstmals standardmäßig im Betriebssystem enthalten.

1. Starten Sie zuerst eine der beiden gewünschten Apps.

2. Rufen Sie die Liste der zuletzt verwendeten Apps auf und tippen Sie oben auf das Symbol der gewünschten App.

3. Tippen Sie im Pop-up-Fenster auf *Splitscreen*.

4. Die App erscheint jetzt nur im obersten Bildschirmviertel.

5. Wählen Sie eine App aus der Liste der zuletzt verwendeten Apps aus, die in der unteren Bildschirmhälfte angezeigt werden soll. Sie können auch mit einer Wischgeste von unten die Apps-Liste einblenden und dort eine App auswählen.

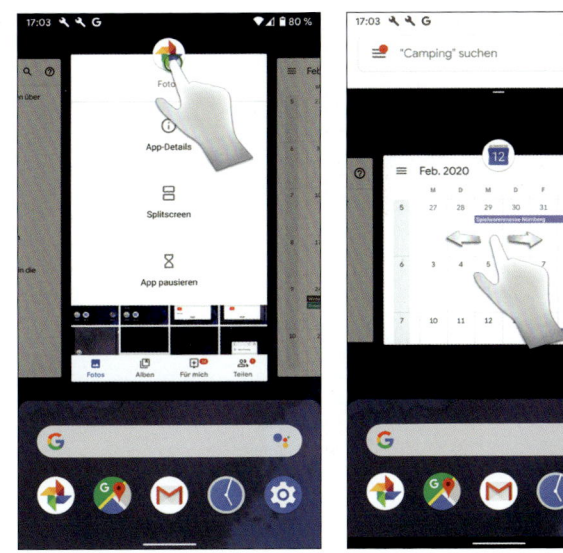
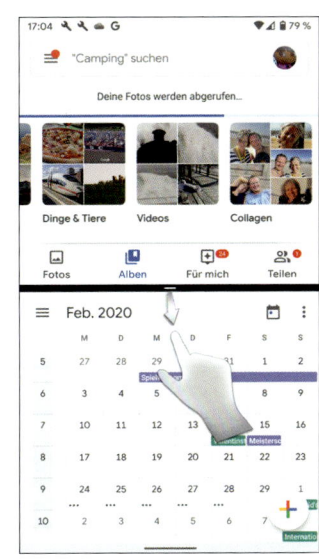

Bildschirmteilung für zwei Apps.

Durch Verschieben der Trennlinie zwischen den beiden Apps können Sie ein Fenster größer ziehen. Das andere wird automatisch entsprechend kleiner. Ziehen Sie die Trennlinie ganz nach oben oder unten, wird die Bildschirmteilung aufgehoben und beide Apps werden wieder in voller Größe angezeigt.

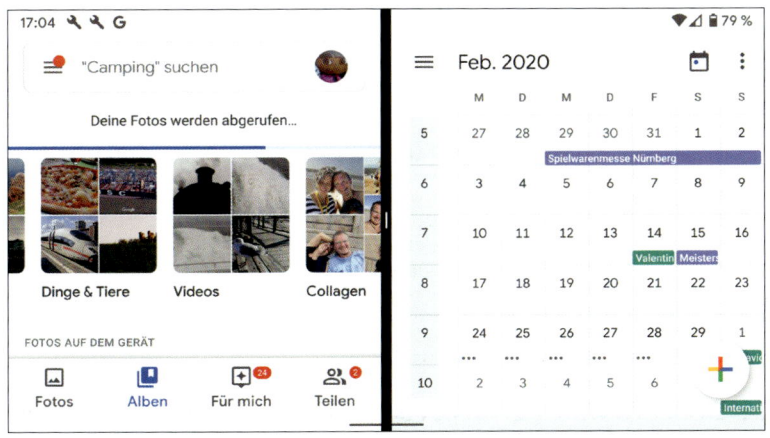

Im Querformat werden die beiden Apps nebeneinander dargestellt.

67

Der Sperrbildschirm

Um ein versehentliches Aktivieren durch Berührung zu verhindern, wird beim Drücken der Einschalttaste im gesperrten Zustand zunächst der Sperrbildschirm eingeblendet. Dieser zeigt Uhrzeit, Datum und Akkuladestand sowie Benachrichtigungen über eingegangene E-Mails und andere Nachrichten.

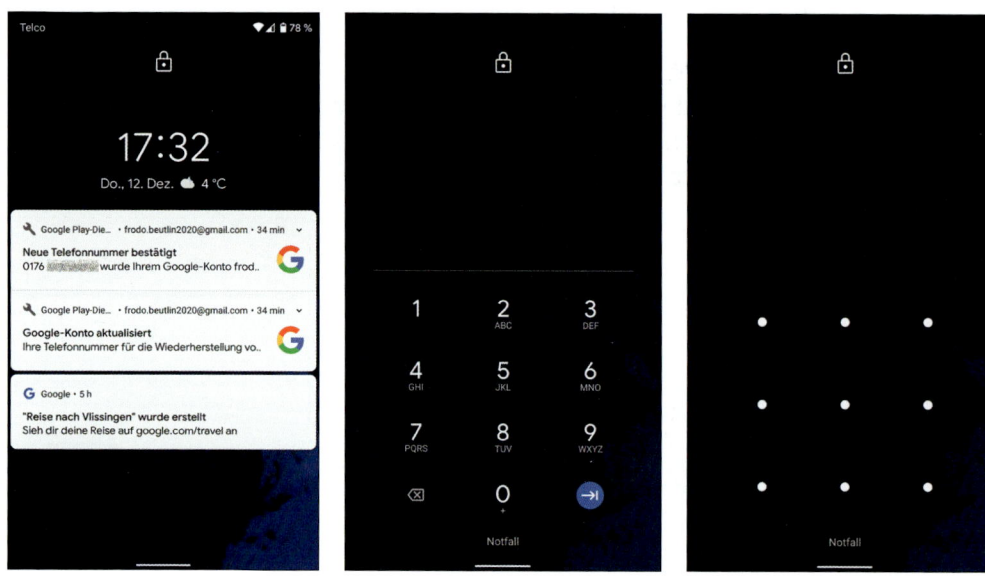

Links: Sperrbildschirm mit Benachrichtigung, Mitte: PIN zum Entsperren, rechts: Muster zum Entsperren.

Um den Bildschirm freizugeben und das Smartphone normal benutzen zu können, wischen Sie auf dem Sperrbildschirm mit dem Finger nach oben. Dies funktioniert nur, solange keine weitere Sicherheitssperre wie ein Fingerabdruck, ein Sperrmuster oder eine PIN eingerichtet ist. Der Sperrbildschirm ist bei Smartphone-Herstellern beliebt, um eigene Anpassungen vorzunehmen oder spezielle Funktionen hinzuzufügen. So bieten einige Hersteller Funktionen an, die durch geschicktes Ziehen von Symbolen direkt vom Sperrbildschirm aufgerufen werden können.

Notfallinformationen auf dem Sperrbildschirm anzeigen

Rettungskräfte suchen an Unfallstellen nach Smartphones, um Informationen über verletzte Personen zu erhalten und bei Bedarf Angehörige oder den jeweiligen Hausarzt zu informieren. Android 10 bietet eine einfache Möglichkeit, solche privaten Informationen zum schnellen Zugriff auf einem Smartphone anzubieten, auch wenn dieses über eine Bildschirmsperre gesichert ist.

Nach der internationalen Notrufverordnung muss jedes Smartphone auch im gesperrten Zustand die Möglichkeit bieten, einen Notruf abzusetzen. Auf diesem Notrufbildschirm, der auf dem Sperrbildschirm über die Schaltfläche *Notfall* erreichbar ist, können Sie private Notfallinformationen speichern.

1. Wählen Sie in den *Einstellungen* die Option *Über das Telefon/Notfallinformationen*.

2. Tragen Sie alle persönlichen Informationen ein, die Sie im Notfall Rettungskräften zur Verfügung stellen möchten.

3. Weiter unten im Bereich *Notfallkontakte* wählen Sie Kontakte aus, die im Notfall angerufen werden sollen. Beschränken Sie diese Liste auf wenige wichtige Personen, damit Helfer diese auch wirklich benachrichtigen. Diese Liste wird auch als ICE, die internationale Abkürzung für **I**n **C**ase of **E**mergency, bezeichnet.

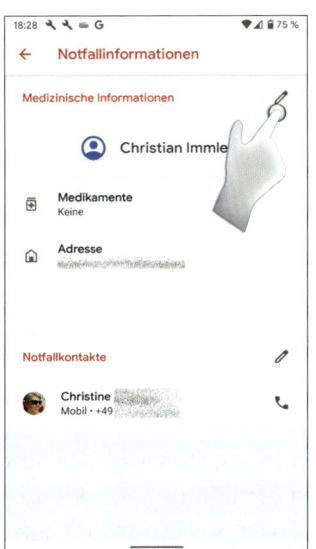
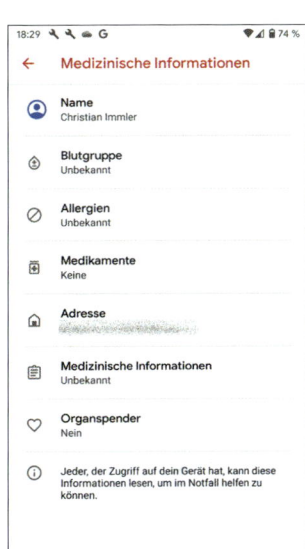

Im Notfall persönliche Notfallinformationen auf einem Smartphone finden.

Sollten Sie selbst an einer Unfallstelle als Ersthelfer ein Smartphone einer verletzten Person finden, tippen Sie auf dem Sperrbildschirm auf das Notfallsymbol. Hier erscheint eine Telefontastatur, um die Notrufnummer 112 zu wählen. Tippen Sie oben auf die Schaltfläche *Notfallinformationen*, werden die eingetragenen persönlichen Daten sowie die Liste der Notfallkontakte angezeigt. Auch von hier aus können Sie diese Informationen bearbeiten, allerdings nur, nachdem Sie die PIN oder das Sperrmuster eingegeben haben.

Benachrichtigungen

Kommt eine E-Mail oder eine SMS an oder möchte der Kalender an einen Termin erinnern, geschieht dies über die Benachrichtigungsleiste am oberen Bildschirmrand, ohne dass Meldungen mitten auf dem Bildschirm die Nutzung des Smartphones einschränken.

In den meisten Fällen ertönt zusätzlich ein Signalton. Auch wenn eine Datei aus dem Internet heruntergeladen oder eine App aus Google Play installiert wurde, wird dies in der Benachrichtigungsleiste angezeigt. Am oberen Bildschirmrand links erscheinen entsprechende Benachrichtigungssymbole.

Die Leiste oben bleibt immer stehen, egal, in welcher App man sich gerade befindet. Nur die Kamera und einige Spiele im Vollbildmodus blenden die Benachrichtigungsleiste aus. Benachrichtigungen können aber trotzdem eingeblendet werden.

Tippen Sie auf den oberen Bildschirmrand und ziehen Sie die Benachrichtigungsleiste nach unten, um die einzelnen Benachrichtigungen zu sehen. Eine umgekehrte Wischbewegung nach oben klappt die Benachrichtigungsleiste wieder zu. Je nach Einstellung sind diese Benachrichtigungen auch auf dem Sperrbildschirm zu sehen.

Benachrichtigungsleiste nach unten ziehen. Rechts: Benachrichtigungen auf dem Sperrbildschirm.

Jetzt können Sie einzelne Benachrichtigungen direkt antippen, um z. B. eine E-Mail zu lesen oder eine heruntergeladene Datei zu öffnen. In den Benachrichtigungen von E-Mails und Chatnachrichten können Sie diese durch Antippen des entsprechenden Symbols direkt beantworten oder archivieren.

Möchten Sie einzelne Benachrichtigungen entfernen, ohne die zugehörige App zu öffnen, halten Sie den Finger darauf und ziehen die Benachrichtigung nach links oder rechts aus dem Bildschirm heraus. Tippen Sie ganz unten auf *Alle löschen*, um alle Benachrichtigungen auf einmal zu entfernen. Dies gilt nur für die Benachrichtigungen, die zugehörigen E-Mails, Nachrichten oder heruntergeladene Dateien werden nicht gelöscht.

Benachrichtigungen pausieren

Haben Sie gerade keine Zeit, auf eine Benachrichtigung zu antworten, möchten diese aber nicht gleich entfernen, um später noch einmal daran zu denken, können Sie diese pausieren. Das Benachrichtigungssymbol verschwindet aus der Benachrichtigungsleiste und erscheint erst nach der eingestellten Zeit wieder.

1. Schieben Sie die Benachrichtigung ein Stück nach links.

2. Lassen Sie los, bevor diese ganz aus dem Bildschirm verschwindet. Rechts erscheint ein Uhrensymbol.

3. Tippen Sie auf das Uhrensymbol und wählen Sie die Zeit aus, wie lange diese Benachrichtigung pausieren soll.

4. Schließen Sie die Benachrichtigungen, indem Sie diese wieder nach oben zurückschieben.

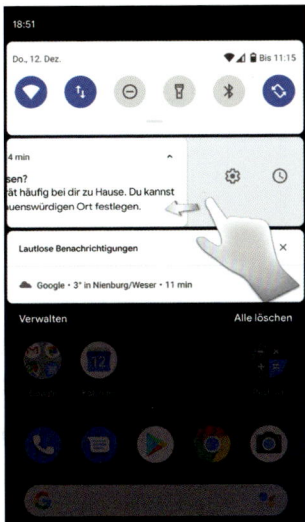 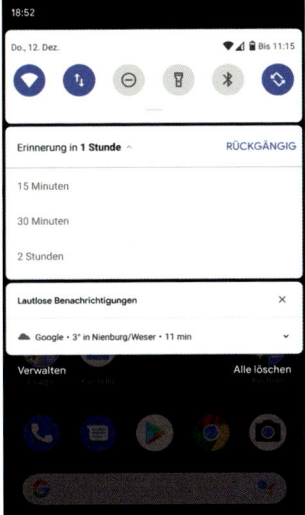 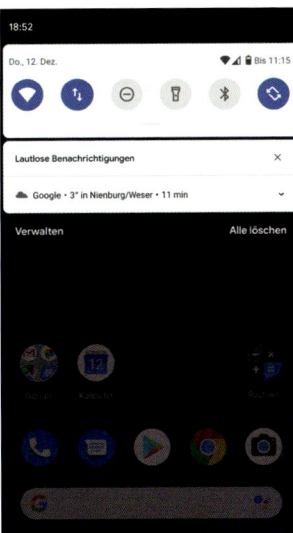

Benachrichtigungen pausieren.

Mehr oder weniger wichtige Benachrichtigungen

Das Benachrichtigungssystem in Android ist die Systemkomponente, die konsequent mit jeder neuen Android-Version verändert wird.

Android 10 zeigt wichtige Benachrichtigungen ganz oben an, weniger wichtige weiter unten. Welche Benachrichtigungen dabei als wichtig gelten, wird zunächst vom System bestimmt. Da diese Vorgaben nicht jedermanns Geschmack treffen, lassen sie sich leicht umstellen.

Eine kleine waagerechte Wischgeste auf einer Benachrichtigung blendet das *Einstellungen-* Symbol ein. Hier wählen Sie mit einem Fingertipp zwischen dem klassischen Benachrichtigen- und dem neuen Lautlos-Modus, der nicht nur keinen Ton abspielt, sondern die Benachrichtigungen im unteren Bildschirmteil zusammengefasst anzeigt. Hier können dann alle auf einmal weggedrückt werden.

Die neuen Einstellungen zeigen unter *Apps & Benachrichtigungen* jetzt die Apps an, die zuletzt Benachrichtigungen gesendet haben. Hier lassen sich solche Apps leicht erkennen und abschalten, die das Benachrichtigungssystem für Werbung missbrauchen, was besonders bei Freeware-Spielen sehr beliebt ist. Anstatt die Benachrichtigungen bestimmter Apps komplett abzuschalten, können sie auch auf eine Zeile am unteren Rand der Benachrichtigungsliste minimiert werden, wo sie wenig stören, aber doch noch sichtbar sind.

 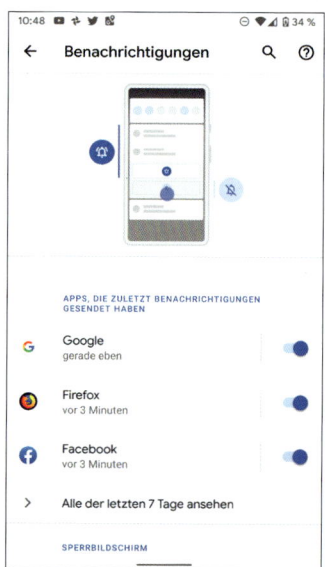 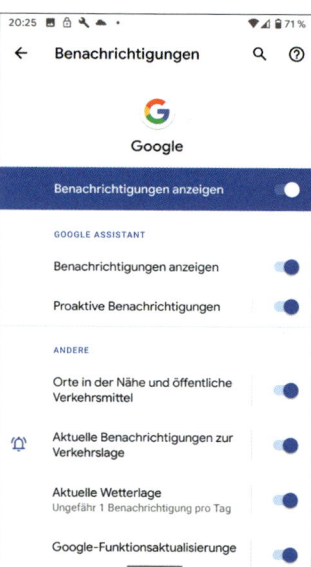

Links: Benachrichtigungen einer App auf lautlos umschalten, Mitte: Apps, die zuletzt benachrichtigt haben, rechts: Benachrichtigungskategorien der Google-App.

Apps, die nach den neuesten Entwicklerrichtlinien für Android 10 programmiert wurden, sortieren ihre Benachrichtigungen in verschiedenen Kategorien. Tippen Sie auf den Namen einer App statt auf den Ausschalter in der Liste unter *Apps & Benachrichtigungen* in den *Einstellungen*, lassen sich einzelne unwichtige Benachrichtigungskategorien abschalten, während man interessante Benachrichtigungen weiterhin sieht. Leider wird auch dieses Kategoriesystem von manchen Entwicklern missbraucht und Werbung in allen Kategorien angezeigt.

Intelligente Antworten

In den meisten Fällen gibt es auf bestimmte Benachrichtigungen ein paar Standardantworten. Termine werden bestätigt, Links geöffnet oder eine Adresse auf Google Maps gesucht.

Android 10 analysiert den Inhalt von Systembenachrichtigungen und zeigt direkt in der Benachrichtigung Buttons für solche Standardaktionen an. So spart man sich in vielen Fällen den Wechsel zwischen Apps oder das Kopieren von Links.

Die Schnelleinstellungen

Die Statusleiste, der rechte Teil der Benachrichtigungsleiste am oberen Bildschirmrand, zeigt Informationen zur WLAN- und Mobilfunk-Signalstärke sowie den Akkuladestand an.

Ziehen Sie die Benachrichtigungsleiste nach unten, erscheinen Symbole für wichtige Einstellungen, selbst wenn keine Benachrichtigungen eingegangen sind. Die Symbole dienen als Statusanzeigen und gleichzeitig als Schalter, um verschiedene Einstellungen aufzurufen: *WLAN*, *Bluetooth*, *Nicht stören*, *Taschenlampe*, *Bildschirm drehen*, *Akku*.

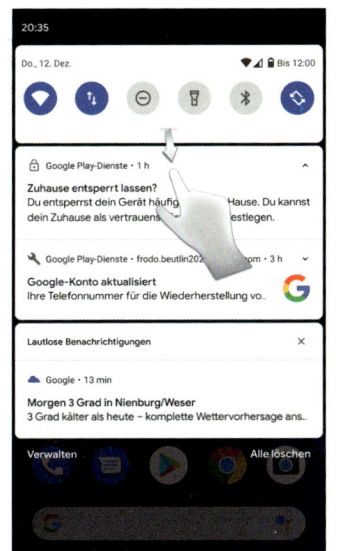 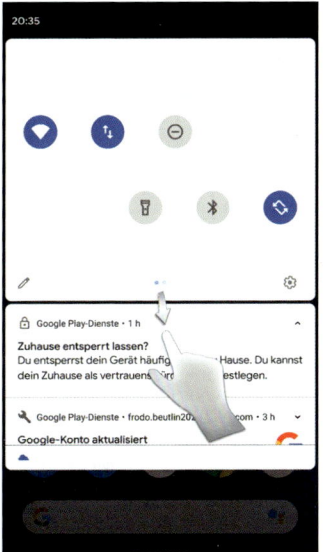 

Links: Schnelleinstellungssymbole bei heruntergezogener Benachrichtigungsleiste. Mitte und rechts: Benachrichtigungsleiste weiter herunterziehen.

Die Schnelleinstellungssymbole zeigen Text unterhalb des Symbols, wenn Sie die Benachrichtigungsleiste ein zweites Mal herunterziehen. Halten Sie das Symbol in der Schnelleinstellungsleiste länger gedrückt, um Zugriff auf die erweiterten Funktionen zu erlangen.

> **Schnelleinstellungen schneller öffnen**
>
> Statt zweimal zu ziehen, können Sie auch aus einer beliebigen App heraus oder auf dem Startbildschirm mit zwei Fingern gleichzeitig von oben herunterziehen.

Die Bildschirmhelligkeit kann mit einem Schieberegler stufenlos eingestellt werden. In dunklen Räumen reicht die geringste Stufe fast immer aus, im Freien bei Tageslicht braucht man häufig die höchste Stufe, die allerdings auch den meisten Strom verbraucht. Tippen Sie länger auf diesen Regler, wird das Feld mit den Schnelleinstellungen ausgeblendet, um die Helligkeit des meist dunkleren Startbildschirms besser beurteilen zu können.

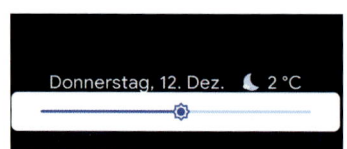

WLAN-Einstellungen

Das WLAN-Symbol zeigt die Signalstärke und den Namen des verbundenen WLANs. Tippen Sie einfach auf das Symbol, um das WLAN aus- oder einzuschalten. Auf diese Weise können Sie unterwegs ohne WLAN deutlich Strom sparen. Tippen Sie lange auf das Symbol, erscheint eine Liste sichtbarer

WLANs, in der Sie ein anderes WLAN wählen können oder einen Schlüssel eingeben. Das WLAN-Symbol zeigt die Signalstärke des verbundenen WLANs. Während Daten fließen, erscheinen daneben kleine Pfeile. Tippen Sie lange auf dieses Symbol, erscheint eine Liste sichtbarer WLANs, in der Sie ein anderes WLAN wählen können oder einen Schlüssel eingeben.

Bluetooth

Tippen Sie auf das Bluetooth-Symbol, schalten Sie Bluetooth ein und aus. Da Bluetooth extrem viel Strom verbraucht, sollten Sie es nur einschalten, wenn Sie es wirklich benötigen. Tippen Sie lange auf das Symbol, erscheint die Liste der Bluetooth-Geräte in der Umgebung. Hier können Sie ein Gerät zur Verbindung auswählen (siehe Kapitel 9 im Abschnitt »Datenübertragung per Bluetooth«). Auf diesem Bildschirm finden Sie auch die Bluetooth-Verbindungseinstellungen.

Ruhe vor dem Handy – Bitte nicht stören

Benachrichtigungen auf dem Smartphone können interessant, aber auch lästig sein. Nicht immer möchte man ständig durch Nachrichten unterbrochen werden. Nachts oder auch beim Betrachten eines Films oder beim Spielen sollen nur wirklich wichtige Unterbrechungen erscheinen.

Tippen Sie auf das Schnelleinstellungssymbol *Bitte nicht stören*. Damit schalten Sie das Smartphone ganz einfach in den Nicht-stören-Modus – manchmal auch als Ruhemodus bezeichnet –, in dem es weder klingelt noch vibriert. Nur Wecker und Medien sind in diesem Modus noch zu hören.

Zur Erinnerung, dass der Nicht-stören-Modus aktiv ist, erscheint in der Symbolleiste rechts oben ein entsprechendes Symbol.

Verhalten

Tippen Sie länger auf das *Bitte nicht stören*-Symbol, erscheint der Einstellungsbildschirm. Hier legen Sie fest, ob im Nicht-stören-Modus Wecker und Medien (Musik und Filme) weiterhin ertönen dürfen oder nicht. Auch die Töne bei Berührung des Bildschirms lassen sich in diesem Modus deaktivieren. Legen Sie außerdem fest, ob bei Benachrichtigungen nur kein Benachrichtigungston oder auch keine optischen Signale erscheinen dürfen.

 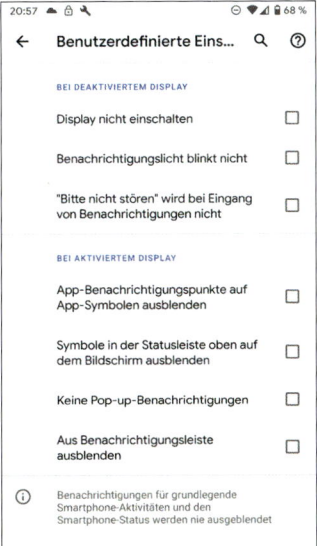 

Verhalten im Bitte-nicht-stören-Modus einstellen.

Ausnahmen

Wenn Sie nur wichtige Unterbrechungen zulassen möchten, müssen Sie noch festlegen, welche Arten von Unterbrechungen als wichtig gelten und weiterhin zu hören sein sollen. Diese legen Sie im Bereich *Ausnahmen* fest.

Bei Anrufen und Nachrichten haben Sie die Wahl, ob alle Anrufe von Kontakten im Adressbuch oder nur von den mit einem Sternchen als wichtig markierten Kontakten unterbrechen dürfen. Das Gleiche gilt für Nachrichten, allerdings nur für SMS, MMS und andere

Apps, die SMS anzeigen, nicht dagegen für Nachrichten aus Messengern wie WhatsApp. Diese Apps haben eigene Einstellungen für Benachrichtigungen.

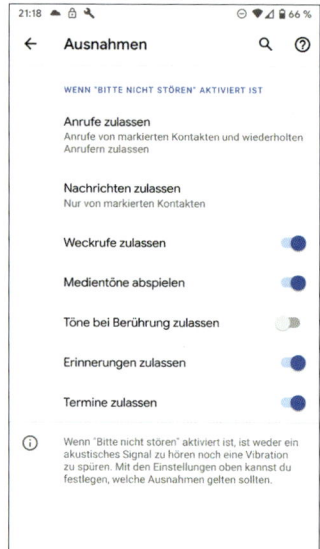  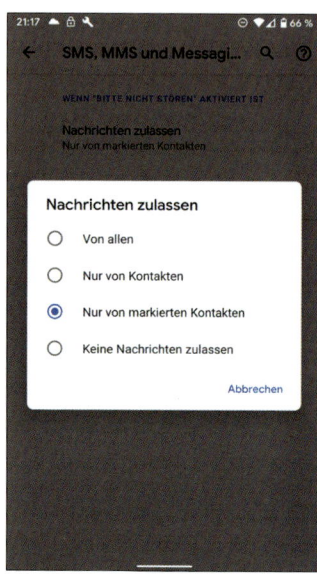

Nicht-stören-Einstellungen für Anrufe, Nachrichten und Termine.

Ruhig schlafen und Wecker hören

Der Alarm des Weckers kann auch ertönen, wenn alle anderen Benachrichtigungen ausgeschaltet sind. So können Sie z. B. in der Nacht alle Benachrichtigungen ausstellen, aber trotzdem morgens den Wecker hören. Auch ein persönlicher Weckruf der Freundin ist möglich. Wählen Sie dazu unter *Anrufe* die Option *Nur von markierten Kontakten*. Wenn Sie jetzt im Adressbuch nur eine einzige Person als Favoriten markieren, kann niemand anderes Sie morgens aus dem Schlaf reißen (siehe weiter unten auch den Abschnitt »Adressbuch – Kontakte«).

Zeitplan

Tippen Sie auf das *Bitte nicht stören*-Symbol in der Schnelleinstellungsleiste, kann dieser Modus nach einer bestimmten Zeit – standardmäßig nach einer Stunde – automatisch beendet und wieder in den Normalmodus zurückgeschaltet werden oder erst, wenn Sie ihn manuell deaktivieren. Wählen Sie in den Nicht-stören-Einstellungen unter *Standarddauer* die gewünschte Option aus.

Im Modus *Jedes Mal fragen* erscheint beim Antippen des *Bitte nicht stören*-Symbols eine Abfrage. Die automatische Abschaltzeit lässt sich mit den Plus- und Minussymbolen verändern.

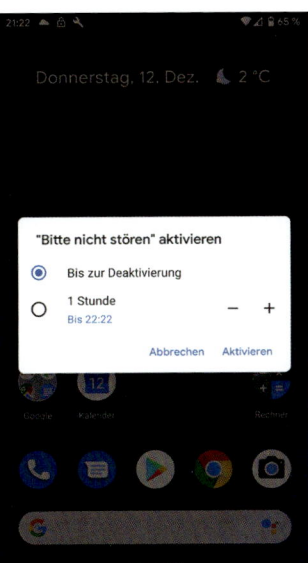

Dauer des Nicht-stören-Modus festlegen und Abfrage im Modus »Jedes Mal fragen«.

Über die *Zeitpläne* in den Einstellungen zu *Bitte nicht stören* können Sie Regeln definieren, über die sich das Smartphone zu bestimmten Zeiten oder bei bestimmten Ereignissen, die über Termine im Kalender definiert werden, selbstständig in den Nicht-stören-Modus schaltet.

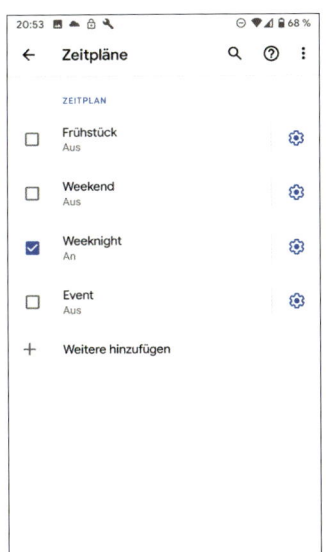

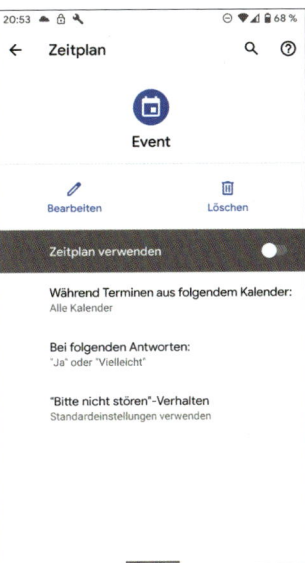

Zeitpläne für den Nicht-stören-Modus.

Ein paar Zeitpläne sind bereits vordefiniert, aber ausgeschaltet. Einer schaltet das Smartphone in den Nächten in den Nicht-stören-Modus. Die Zeiten können Sie natürlich beliebig anpassen. Ist die Option *Weckruf kann Schlusszeit außer Kraft setzen* eingeschaltet, wird der Nicht-stören-Modus sofort beendet, wenn ein Wecker klingelt, auch dann, wenn die eingestellte Schlusszeit noch nicht erreicht ist.

Der Zeitplan *Event* schaltet während Terminen in den Nicht-stören-Modus, vorausgesetzt, die Termine wurden mit *Ja* oder *Vielleicht* beantwortet. Natürlich können Sie diese Zeitpläne, bevor Sie sie einschalten, Ihren persönlichen Lebensgewohnheiten anpassen oder auch ganz neue Zeitpläne definieren. Dabei wird zwischen Uhrzeitregeln, die abhängig von Wochentagen und Tageszeiten arbeiten, sowie Terminregeln, die abhängig von Terminen im Kalender arbeiten, unterschieden.

Taschenlampe ohne App

Verschiedene Hersteller bieten seit der ersten Android-Version Apps an, die die Fotoleuchte ein- und ausschalten, um das Smartphone als Taschenlampe zu verwenden. Die meisten dieser Apps scheinen im Wesentlichen dazu zu dienen, das Smartphone regelmäßig mit Werbung zu überfluten. Einige sind sogar schon in Bezug auf den Datenschutz in die Kritik geraten, da sie im Hintergrund Benutzerdaten sammeln.

Android löst dieses Problem seit der Version 5 Lollipop sehr elegant, indem in den Schnelleinstellungen ein Schalter angeboten wird, mit dem man jederzeit die Fotoleuchte ein- und wieder ausschalten kann.

Bildschirm automatisch drehen

Android-Smartphones haben einen Lagesensor, der den Bildschirminhalt automatisch dreht, wenn das Smartphone quer gehalten wird. Beim Betrachten von Fotos oder Videos, in der Kamera-App und bei bestimmten Spielen ist der Querformatmodus nützlich. Einige Apps zeigen im Querformat andere  Inhalte oder verwenden ein anderes Layout. So zeigt beispielsweise der Taschenrechner im Querformat eine wissenschaftliche Tastatur. Andere Apps, z. B. viele Spiele, unterstützen die Bildschirmdrehung dagegen nicht.

Wenn Sie das automatische Drehen des Bildschirms beim Halten des Smartphones – etwa beim Lesen im Bett – stört, tippen Sie auf das Symbol *Automatisch drehen* und schalten die Bildschirmdrehung aus.

Ob sich der Startbildschirm ebenfalls abhängig von der Lage des Smartphones drehen darf, legen Sie in den Einstellungen des Startbildschirms fest. Tippen Sie dazu länger auf den Startbildschirm, wählen Sie *Startbildschirm-Einstellungen* und aktivieren Sie dann den Schalter *Drehung des Startbildschirms zulassen*.

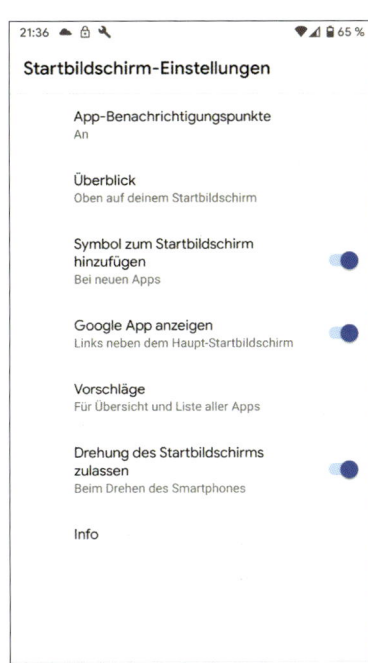

Startbildschirm ins Querformat drehen.

Energiesparmodus

Das Akkusymbol in der Statusleiste oben rechts zeigt den Ladezustand des Akkus an. Tippen Sie auf das Akkusymbol in den Schnelleinstellungen, wird der Energiesparmodus aktiviert (siehe in Kapitel 9, Abschnitt »Akku sparen«).  Im Energiesparmodus werden Hintergrundaktivitäten weitestgehend eingeschränkt und das dunkle Bildschirmdesign aktiviert. Als deutlicher Hinweis erscheint das Akkusymbol in der Statusleiste rot. Halten Sie länger auf das Akkusymbol in den Schnelleinstellungen, öffnen sich die Einstellungen zum Akkuverbrauch und Energiesparmodus.

Mobile Daten

Tippen Sie kurz auf dieses Symbol, schalten Sie die Datenverbindung im Mobilfunknetz aus. Dies hilft, Strom zu sparen in Regionen, in denen kein Mobilfunkdatennetz verfügbar ist. Auch bei abgeschalteter mobiler Datenverbindung können Sie noch telefonieren. Tippen Sie länger auf das Symbol,  kommen Sie direkt zur Anzeige des verbrauchten Datenvolumens.

Das Mobilfunksymbol in der Statusleiste rechts oben zeigt die Signalstärke des Mobilfunknetzes sowie den Typ der Datenverbindung an, **LTE**, **H** = HSPA, **E** = EDGE, **G** = GPRS. Die Pegelanzeige allein bezieht sich auf die Signalstärke zum Telefonieren.

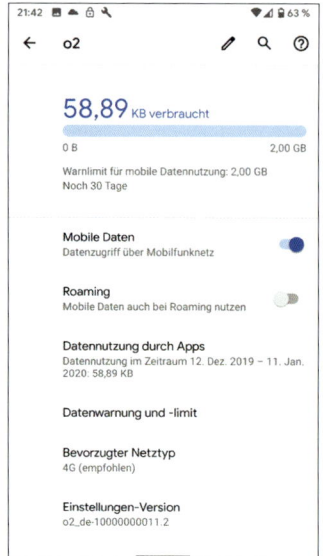

Anzeige der verbrauchten Mobilfunkdaten.

Flugmodus

Dieses Symbol schaltet das Smartphone in den Flugmodus, oft auch als Offlinemodus bezeichnet. Hier werden alle Funkverbindungen ausgeschaltet, WLAN, Bluetooth, NFC und natürlich auch das Mobilfunknetz. In diesem Modus kann das Smartphone im Flugzeug oder an anderen Orten verwendet werden, an denen keine Funksignale zulässig sind, wie etwa in einigen wissenschaftlichen Labors oder Intensivstationen von Krankenhäusern.

Im Alltag empfiehlt sich der Flugmodus, um Strom zu sparen, wenn man unterwegs in schnell fahrenden Zügen, in Kellern oder abgelegenen Regionen ohnehin keine Mobilfunkverbindung hat.

Alle Einstellungen schnell zugänglich

Android enthält seit der ersten Version eine System-App, in der Sie alle Einstellungen des Smartphones finden. Diese *Einstellungen* wurden in Android 10 wieder einmal überarbeitet. In aktuellen Android-Versionen brauchen Sie diese App nicht mehr aus der Apps-Liste zu starten – tippen Sie einfach auf das *Einstellungen*-Symbol unten rechts in den Schnelleinstellungen.

Die *Einstellungen* zeigen in Android 10 ganz oben Vorschläge für wichtige Einstellungen an, die Sie möglicherweise noch vornehmen möchten. Mit einer senkrechten Wischbewegung finden Sie in der langen Liste weitere Einstellungen.

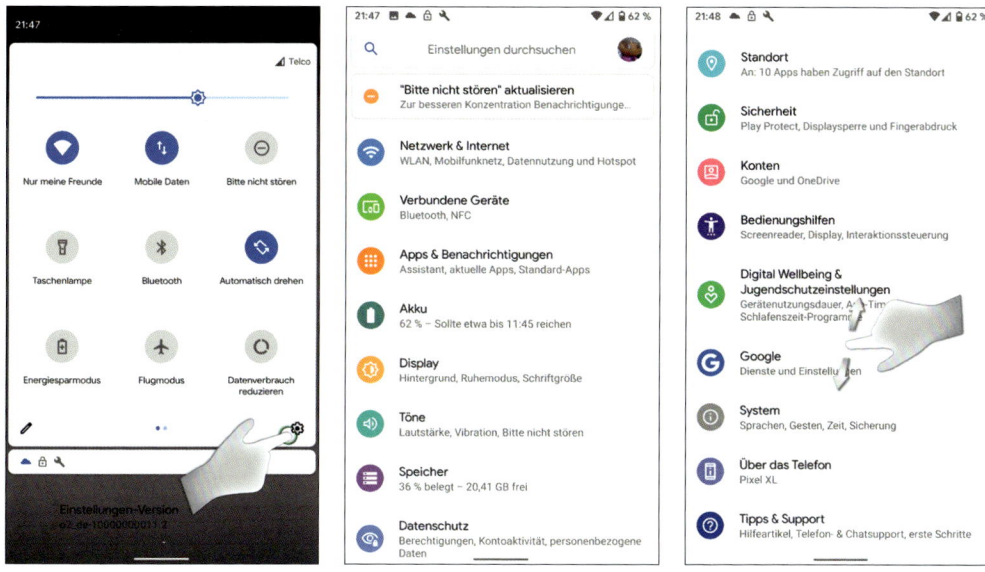

Einstellungen über das Schnelleinstellungen-Symbol aufrufen.

Datum und Uhrzeit richtig einstellen

Prüfen Sie bei dieser Gelegenheit gleich, ob Datum und Uhrzeit auf dem Smartphone richtig eingestellt sind. Eine falsch gehende Uhr ist nicht nur lästig, sondern kann auch zu Fehlern mit Zeitstempeln bei internationalen Onlinediensten und beim E-Mail-Versand führen. Die meisten Android-Smartphones sind so vorkonfiguriert, dass sie Datum, Uhrzeit und Zeitzone aus dem Mobilfunknetz beziehen. Leider kommt es immer wieder vor, dass Netzbetreiber hier falsche oder gar keine Informationen übertragen.

1. Sollte die angezeigte Zeit oder das Datum falsch sein, scrollen Sie in den *Einstellungen* nach unten in den Bereich *System* und tippen dort auf *Datum und Uhrzeit*.

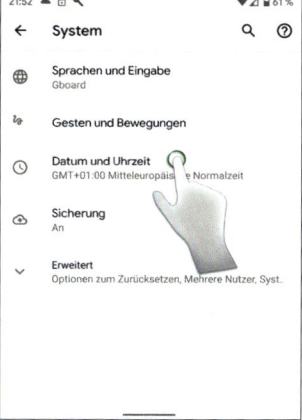

Datum und Uhrzeit in den Einstellungen.

81

2. Deaktivieren Sie oben den Schalter *Zeit aus Netzwerk verwenden*, um die Automatik auszuschalten. Schalten Sie auf die gleiche Weise die Einstellung *Zeitzone aus Netzwerk verwenden* aus.

3. Tippen Sie dann auf die Zeile *Uhrzeit*. Auf dem nächsten Bildschirm können Sie auf einer analogen Uhr die Stunden und Minuten richtig einstellen.

4. Auf die gleiche Weise legen Sie auch das Datum auf dem Smartphone fest, wenn es nicht automatisch richtig übernommen wurde.

Uhrzeit, Region und Zeitzone auf dem Smartphone einstellen.

5. Wählen Sie in jedem Fall auch die richtige Zeitzone. Android 10 verwendet sogenannte Regionen. Wählen Sie hier *Deutschland* aus, wird automatisch die dort gültige Zeitzone sowie die Sommerzeitregelung eingestellt. In den afrikanischen Städten der gleichen Zeitzone gelten andere Sommerzeitregeln. In Regionen mit mehreren Zeitzonen, wie Russland oder Antarktis, können Sie anschließend die gewünschte Zeitzone auswählen.

6. Legen Sie im Bereich *Zeitformat* das 24-Stunden-Format zur Anzeige der Uhrzeit fest, sonst würde z. B. *16:00* als *04:00* angezeigt. Diese Einstellung gilt überall auf dem Smartphone, wo Datum und Uhrzeit angezeigt werden.

Telefonieren mit dem Android-Smartphone

Wundern Sie sich nicht, dass erst an dieser Stelle im Buch erwähnt wird, dass man mit Android-Smartphones auch telefonieren kann. Telefonieren ist längst nicht mehr die wichtigste Funktion eines Smartphones, das heute als persönlicher, jederzeit verfügbarer Begleiter noch ganz andere Aufgaben erfüllt.

Die klassische grüne und rote Taste, die man von früheren Handys zum Telefonieren kennt, sind auf aktuellen Smartphones längst verschwunden. Der Startbildschirm zeigt – solange vom Benutzer nicht verändert – unten links ein Telefonsymbol an, das die Telefonfunktion des Smartphones aufruft.

  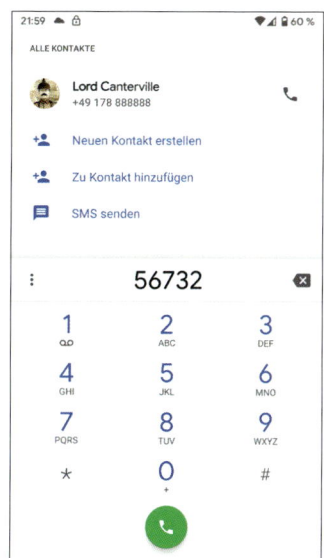

Die Telefonfunktion auf einem Android-Smartphone.

Da kaum noch jemand Telefonnummern auswendig kennt und man in den meisten Fällen immer wieder mit den gleichen Leuten telefoniert, zeigt Android 10 beim Start der Telefon-App keine Zifferntastatur mehr an, sondern einen Kurzwahlbildschirm mit einer Liste mit Fotos oder Symbolen wichtiger Kontaktpersonen.

Tippen Sie auf ein Bild, wird die Person angerufen. Im Suchfeld ganz oben auf dem Bildschirm können Sie einen Namen oder eine Telefonnummer eingeben, um diese Person im Adressbuch zu finden.

Das runde Telefontastatursymbol rechts unten blendet eine Zifferntastatur auf dem Touchscreen ein, mit der Sie jede beliebige Telefonnummer wählen und so auch Personen anrufen können, die nicht als Kontakt gespeichert sind. Tippen Sie anschließend auf das grüne Telefonsymbol, um die Verbindung aufzubauen.

Telefonnummer suchen

Kennen Sie die Telefonnummer einer Person nicht auswendig, verwenden Sie die Buchstaben auf der Zifferntastatur und tippen damit den Namen ein. Auch hier werden passende Kontakte sofort angezeigt.

Haben Sie mit der Person, die Sie anrufen möchten, schon einmal gesprochen, können Sie die Anrufliste auf dem Smartphone verwenden. Diese wird in der Telefon-App unter dem Uhrensymbol *Letzte* angezeigt. Hier erscheint eine Liste der zuletzt gewählten Nummern und der eingegangenen Anrufe. Oftmals möchte man mit der Person, mit der man zuletzt gesprochen hat, kurz darauf noch mal telefonieren. Sie brauchen dann nur auf den entsprechenden Eintrag in der Anrufliste zu tippen.

Statt eine Nummer zu wählen, können Sie auch über das Symbol *Kontakte* unten in der Telefon-App eine Person im Adressbuch suchen und anrufen.

Regionale Suchergebnisse in der Telefon-App

Im Suchfeld der Telefon-App können auch Orte, z. B. Restaurants oder Geschäfte, eingegeben werden. Google sucht dann automatisch in der Umgebung des eigenen Standorts nach passenden Telefonnummern und zeigt diese zusätzlich zu Suchergebnissen aus dem eigenen Adressbuch an.

Dazu müssen die Standortdienste auf dem Smartphone aktiviert werden. Wenn dies bei einem neu eingerichteten Smartphone noch nicht gemacht wurde, wählen Sie in den *Einstellungen* die Option *Standort*. Schalten Sie auf dem nächsten Bildschirm oben den Schalter *Standort verwenden* ein.

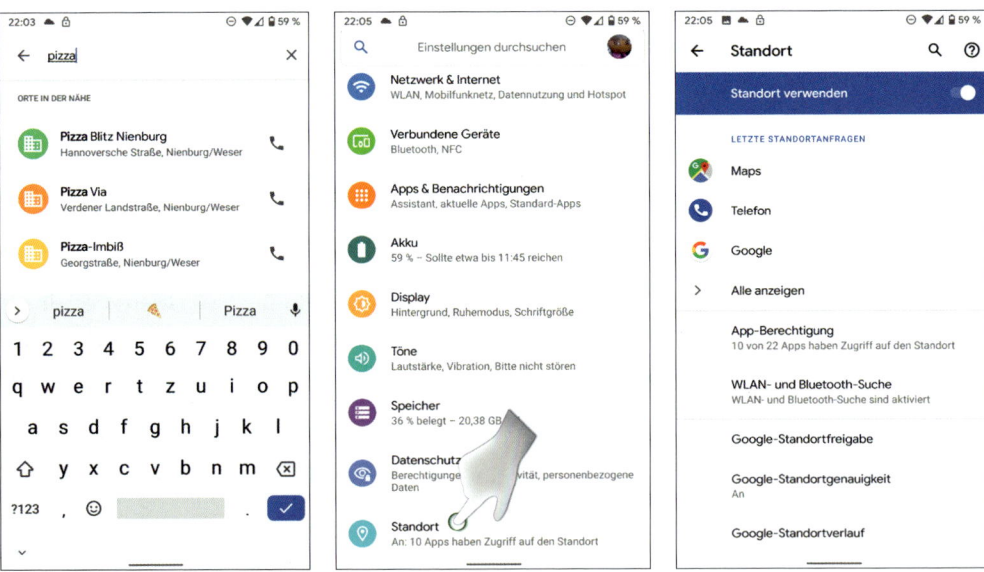

Links: lokale Suchergebnisse, Mitte und rechts: Standorteinstellungen aktivieren.

Danach können Sie im Suchfeld der Telefon-App nach Läden, Restaurants und anderen bekannten Orten in der Umgebung suchen und diese direkt anrufen.

Kontakte aus dem Adressbuch anrufen

Anstatt eine Nummer zu wählen, können Sie auch auf der Seite *Kontakte* rechts unten in der Telefon-App eine Person im Adressbuch suchen und anrufen. Scrollen Sie durch die Liste zur gewünschten Person. Besonders schnell geht es, wenn Sie mit dem Finger am rechten Bildschirmrand entlangscrollen. Hierbei wird der aktuelle Anfangsbuchstabe großflächig angezeigt, damit Sie im richtigen Moment stoppen können. Außerdem finden Sie bestimmte Personen schnell im Adressbuch, indem Sie oben im Suchfeld einige Buchstaben des Namens eintippen. Das Adressbuch filtert die Liste immer genauer, je mehr Buchstaben bereits eingegeben sind.

Person im Adressbuch finden und anrufen. Rechts: Nummer als Standard festlegen.

Tippen Sie auf eine Person in der Liste, erscheinen außer der Telefonnummer auch die E-Mail-Adresse und andere gespeicherte Daten. Tippen Sie auf das Anrufsymbol, um die Verbindung aufzubauen. Bei mehreren gespeicherten Telefonnummern müssen Sie jetzt noch die gewünschte auswählen. Sie können auch direkt in der Liste auf die Telefonnummer tippen. Tippen Sie länger auf eine der Telefonnummern in der Liste, können Sie diese als Standard festlegen, um sie einfach über das Anrufsymbol anrufen zu können.

Kurzwahl mit Bildern

Bei den meisten Menschen beschränkt sich die alltägliche Kommunikation auf weniger als zehn Personen, obwohl im Adressbuch des Telefons Hunderte gespeichert sind. Der Kurzwahlbildschirm beim Start der Telefon-App macht sich diese Tatsache zunutze und zeigt wichtige Kontaktpersonen übersichtlich auf dem Bildschirm an.

Tippen Sie auf eines der Bilder, um die jeweilige Person anzurufen. Sind zu einer Person mehrere Telefonnummern gespeichert, erscheint ein Fenster, in dem Sie die gewünschte Nummer auswählen können. Aktivieren Sie hier *Auswahl speichern*, wählt das Smartphone beim Antippen des Kurzwahlfotos in Zukunft immer diese Nummer. Natürlich können Sie über die Kontaktliste weiterhin auf alle für die jeweilige Person gespeicherten Nummern zugreifen.

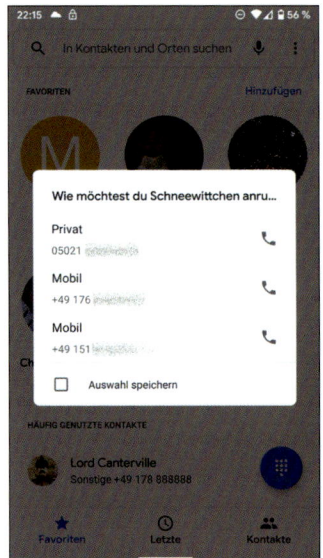  

Links: Kurzwahl anrufen, Mitte: Kurzwahlbildschirm bearbeiten, rechts: Person als Favoriten auf den Kurzwahlbildschirm legen.

Tippen Sie länger auf ein Bild, können Sie die Bilder auf dem Kurzwahlbildschirm neu anordnen, um ganz besonders wichtige Personen immer direkt ganz oben in der Liste zu haben. Möchten Sie eine Person vom Kurzwahlbildschirm entfernen, tippen Sie länger darauf und wählen im Kontextmenü *Entfernen*. Die Person bleibt weiterhin im Adressbuch eingetragen.

Möchten Sie eine neue Person auf den Kurzwahlbildschirm legen, tippen Sie oben rechts auf *Hinzufügen* und wählen die gewünschte Person aus den Kontakten. Oder Sie wechseln in der Telefon-App auf die Seite *Kontakte* und suchen dort die gewünschte Person. Tippen Sie dann auf das Sternchen oben rechts. Jetzt erscheint diese Person automatisch auf dem Kurzwahlbildschirm.

Das Telefon klingelt

Klingelt das Telefon, weil jemand anruft, erscheinen automatisch dessen Kontaktbild und Name – soweit diese im Adressbuch gespeichert sind – sowie die Telefonnummer auf dem Bildschirm.

Direkt aus der Benachrichtigung heraus können Sie das Gespräch annehmen oder auch ablehnen.

  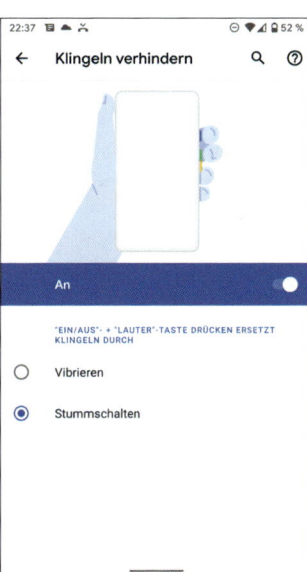

Eingehender Anruf bei aktivem und inaktivem Bildschirm. Rechts: Klingeln verhindern.

Ist der Bildschirm während des Anrufs ausgeschaltet, erscheint der Anruf im Vollbildmodus. Damit hier, falls das Smartphone in der Tasche steckt, kein Anruf versehentlich angenommen wird, müssen Sie ein Kreissymbol nach oben oder unten schieben und nicht nur einfach ein Symbol antippen.

Klingeln ausschalten

Klingelt das Telefon in einem unpassenden Moment, legen Sie es mit dem Bildschirm nach unten auf den Tisch, um das Klingeln abzuschalten, ohne den Anruf anzunehmen oder abzulehnen.

In den *Einstellungen* unter *Töne/Klingeln per Tastendruck verhindern* können Sie festlegen, was passiert, wenn Sie den Einschalter und die Lauter-Taste gleichzeitig drücken. Damit kann auf Vibrieren umgeschaltet oder das Telefon komplett stummgeschaltet werden.

Funktionen während des Gesprächs

Während des Gesprächs werden Telefonnummer und Gesprächsdauer angezeigt. Ist zu der angerufenen Person ein Foto im Adressbuch hinterlegt, erscheint dieses ebenfalls auf dem Bildschirm. Tippen Sie nach dem Gespräch auf das rote Symbol unten, um die Verbindung zu trennen, »den Hörer aufzulegen«, wie es früher hieß.

87

Annäherungssensor

Viele Android-Smartphones verfügen über einen Annäherungssensor, der den Bildschirm automatisch ausschaltet, sobald man das Gerät ans Ohr hält. Dies spart nicht nur Strom, sondern verhindert auch, dass man versehentlich durch Berührung mit dem Ohr eine Aktion auf dem Touchscreen auslöst. Nehmen Sie das Smartphone vom Ohr, wird der Bildschirm wieder benutzbar.

Während eines Gesprächs können Sie jederzeit andere Apps nutzen. Über das Anrufsymbol kommen Sie immer wieder zurück zum Anrufbildschirm und können das Gespräch auch direkt beenden. Zusätzlich zeigt eine Benachrichtigung das laufende Gespräch. In dieser Benachrichtigung können Sie den Lautsprecher einschalten oder das Mikrofon stumm.

Links: Funktionssymbole während eines Gesprächs, Mitte: Bildschirmsymbol für laufendes Gespräch, rechts: Benachrichtigung bei laufendem Gespräch.

Die Symbole auf dem Anrufbildschirm stellen einige nützliche Funktionen während eines Telefongesprächs zur Verfügung.

Stumm – schaltet das Mikrofon stumm, um Rückfragen zu stellen, die der Gesprächspartner nicht hört.

Wähltasten – blendet eine Zifferntastatur ein, um zum Beispiel Sprachcomputer oder Mailboxen per Tonwahl zu steuern oder um bei Callthrough-Anbietern während des Gesprächs eine weitere Telefonnummer zu wählen.

Lautsprecher – schaltet den Lautsprecher ein, dann kann man das Smartphone auf den Tisch legen und frei sprechen, auch mit mehreren Personen im Raum.

Lautsprecher

Hinzufügen – startet eine Telefonkonferenz. Jetzt können Sie weitere Personen zum Gespräch hinzufügen.

Hinzufügen

Halten – hält den Anruf, um zwischendurch einen anderen Anruf zu tätigen oder anzunehmen.

Halten

Entgangene Anrufe

Haben Sie einen Anruf auf dem Smartphone verpasst, wird dies in der Benachrichtigungsleiste angezeigt. So sehen Sie sofort, ob und wann jemand in Abwesenheit angerufen hat.

Wenn oben links ein Symbol für entgangene Anrufe erscheint, ziehen Sie diese Leiste herunter. Tippen Sie dort auf *Entgangene Anrufe*, kommen Sie direkt ins Anrufprotokoll der Telefon-App. Hier können Sie den Anrufer zurückrufen, ohne die Telefonnummer tippen zu müssen.

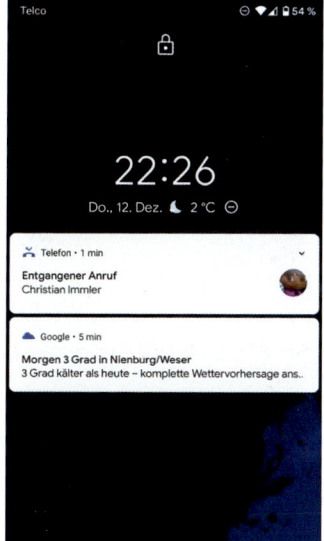

Links: Benachrichtigung in der Benachrichtigungsleiste, Mitte: Benachrichtigung auf dem Sperrbildschirm, rechts: Benachrichtigungspunkt.

Das Symbol der Telefon-App zeigt einen sogenannten Benachrichtigungspunkt. Das bedeutet, in dieser App liegt eine aktuelle Benachrichtigung vor, in diesem Fall ein entgangener Anruf.

89

Klingelton auswählen

Klingeltöne sind für viele etwas ganz Persönliches und müssen je nach Tagesstimmung geändert werden. Anderen kommt es eher darauf an, einen im Alltag deutlich hörbaren Klingelton zu verwenden oder einen, mit dem nicht 100 andere Geräte in der Umgebung klingeln. Früher gab es sogar Leute – und nicht gerade wenige – die für Klingeltöne Geld ausgegeben haben.

Android 10 liefert diverse Klingeltöne mit, Gerätehersteller installieren oft noch weitere. Tippen Sie in der Telefon-App oben rechts auf das Menüsymbol mit den drei Punkten, wählen Sie dann *Einstellungen* und auf dem nächsten Bildschirm *Töne und Vibration*. Tippen Sie auf *Klingelton*, um einen Klingelton auszuwählen.

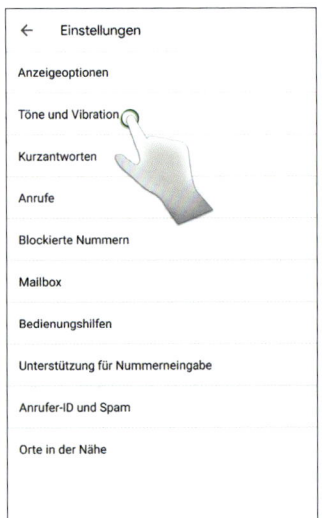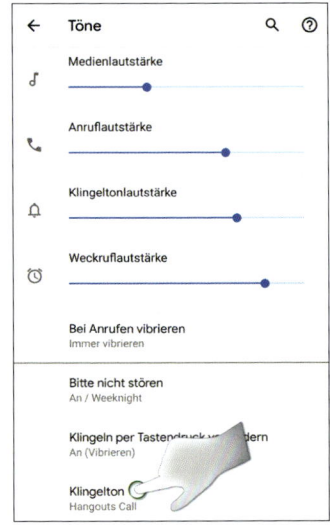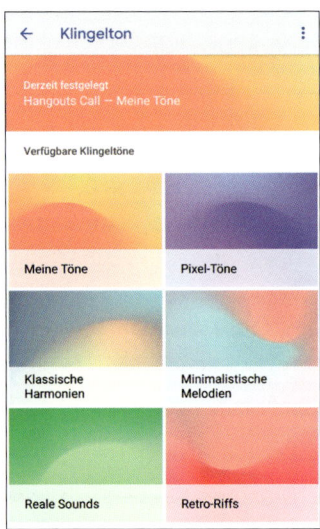

Klingelton auswählen.

Ganz oben unter *Meine Töne* wird ein Klingelton *Kein Ton* zur Auswahl angeboten. Damit klingelt das Telefon nie, sondern zeigt Anrufe nur optisch und je nach Einstellung auch mit Vibration an, unabhängig von einem aktivierten Nicht-stören-Modus.

Die Klingeltonlautstärke stellen Sie mit den Lautstärketasten an der Seite des Smartphones ein. Dazu müssen Sie sich in der Telefon-App oder auf dem Startbildschirm befinden, da Android zwischen Klingeltonlautstärke und Medienlautstärke unterscheidet. Im Musik-player oder in einem Spiel regeln diese Tasten die Medienlautstärke.

Beim Drücken einer Lautstärketaste wird ein Schieberegler eingeblendet, der die aktuelle Lautstärke anzeigt. Tippen Sie auf die Glocke, wird das Klingeln ausgeschaltet und auf Vibrationsalarm umgestellt. Tippen Sie auf das *Einstellungen*-Symbol ganz unten, werden weitere Lautstärkeregler für die Medienlautstärke und Wecker eingeblendet.

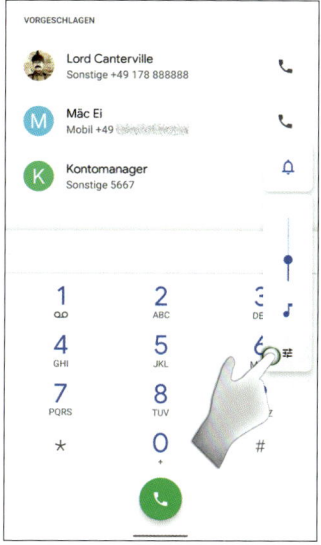 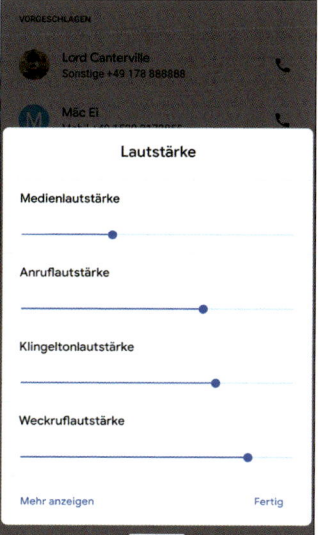 

Lautstärke über die Lautstärketasten oder über die Einstellungen regeln.

In den *Einstellungen* unter *Töne* können Sie die Medienlautstärke, Weckerlautstärke und Klingeltonlautstärke ebenfalls unabhängig voneinander einstellen. Unter *Andere Töne und Vibrationen* ganz unten legen Sie fest, ob bei Berührung des Bildschirms und bei der Bildschirmsperre Töne erklingen sollen, ob Wähltastentönebeim Telefonieren ertönen und ob das Gerät bei Berührung der Bildschirmtastatur und bestimmter Schaltflächen vibrieren soll.

Lautlos-Modus

Möchten Sie wirklich absolute Ruhe vor dem Smartphone haben, wählen Sie durch doppeltes Tippen auf die Glocke im Lautstärkeregler den Modus *Lautlos*. Hier ertönen keinerlei Benachrichtigungen und auch keine Weckrufe.

Eigene Telefonnummer herausfinden

Seit man alle Telefonnummern nur noch in Kontaktlisten speichert und kaum noch eine Nummer eintippt, wissen viele Anwender nicht einmal mehr ihre eigene Handynummer auswendig. Wer mehrere SIM-Karten und mehrere Smartphones hat, kommt schnell durcheinander. Früher war es oft der einfachste Weg, mit einem Handy das andere anzurufen, um die Nummer zu erfahren, da die Geräte selbst oft keine Möglichkeit boten, die Telefonnummer der eingesteckten SIM-Karte anzuzeigen.

Android 10 zeigt in den *Einstellungen* unter *Über das Telefon/Telefonnummer* die eigene Telefonnummer an.

Automatische SMS bei unpassenden Anrufen

Das Smartphone klingelt oft in unpassenden Momenten. Wenn man gerade in einer Konferenz ist oder beim Essen sitzt, möchte man nicht gestört werden, den Anrufer aber auch nicht einfach »wegdrücken«. Android 10 bietet hier Kurzantworten an, die mit wenigen Fingerstrichen per SMS an einen Anrufer geschickt werden können. Allerdings sollten Sie diese Funktion nur bei Anrufen von Smartphones nutzen. SMS-Antworten an Festnetztelefone werden von den meisten Anrufern nicht verstanden. Wählen Sie im Menü der Telefon-App den Menüpunkt *Einstellungen* und dann *Kurzantworten*. Hier sind einige Kurzantworten vordefiniert. Tippen Sie auf eine Kurzantwort, können Sie den Text bearbeiten und speichern.

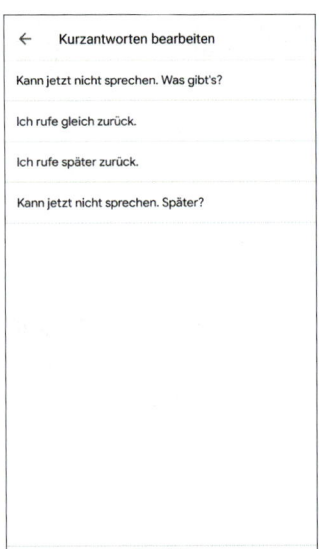  

Links: Kurzantworten bearbeiten, Mitte und rechts: eingehenden Anruf mit Kurzantwort beantworten.

Wenn das Telefon klingelt, erscheint auf dem Bildschirm die Nummer oder der Name des Anrufers. Tippen Sie auf das Symbol *Antworten*, erscheint eine Liste der vordefinierten Kurzantworten. Wählen Sie eine Kurzantwort aus, wird diese automatisch per SMS an den Anrufer geschickt. Über den Punkt *Eigene Antwort schreiben* können Sie selbst eine kurze SMS an den Anrufer tippen.

Rufweiterleitung einrichten

Die von alten Handys bekannten Einstellungen zur Rufweiterleitung auf die Mailbox finden Sie über den Menüpunkt *Einstellungen* in der Telefon-App. Wählen Sie dort *Anrufe/ Rufweiterleitung*. Jetzt können Sie für *Wenn besetzt*, *Wenn keine Antwort* oder *Wenn nicht erreichbar* unterschiedliche Rufumleitungen festlegen oder auch Kontakte auswählen, an die der Anruf weitergeleitet werden soll. Bei den meisten SIM-Karten sind standardmäßig Umleitungen auf die Mailbox voreingestellt.

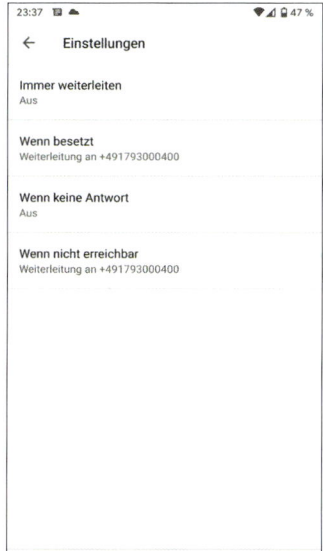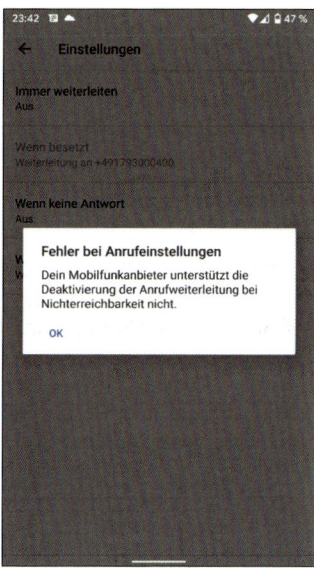

Einstellungen zur automatischen Rufumleitung. Rechts: Anzeige bei einem Anbieter, der die Abschaltung der Mailbox nicht zulässt.

Mit der Option *Deaktivieren* auf dem Bildschirm zum Eintragen der Nummer für die Rufumleitung können Sie die voreingestellten Umleitungen auf die Mailbox abschalten. Allerdings unterstützen manche Mobilfunkanbieter diese Möglichkeit nicht und zwingen dem Nutzer eine Mailbox sozusagen auf, um zusätzliche Gesprächsminuten zu generieren.

> **Achtung: Kostenfalle**
>
> Für Rufumleitungen können je nach Mobilfunkvertrag teilweise erhebliche Kosten entstehen. Viele Anbieter schließen umgeleitete Gespräche von der Flatrate aus, sodass die Weiterleitungen im teuren Minutentakt bezahlt werden müssen, obwohl Sie selbst gar nicht telefonieren.

Die Rufumleitung wird direkt im Mobilfunknetz eingerichtet und ist nicht nur eine Einstellung auf dem Smartphone selbst. Das bedeutet, zur Einrichtung muss ausreichender Empfang vorhanden sein und der eigene Vertrag muss Umleitungen zulassen.

Die auf der SIM-Karte voreingestellte Nummer der Mailbox können Sie in den Einstellungen der Telefon-App unter *Mailbox/Erweiterte Einstellungen/Einrichtung* sehen. Außerdem wird im Adressbuch ein Eintrag für die Mailbox angelegt. Wenn Sie allerdings ein paar Mal die SIM-Karte gewechselt haben, stehen im Adressbuch mit der Zeit mehrere Mailbox-Einträge, von denen nur einer gilt.

Unerwünschte Anrufer blockieren

Android 10 bietet die Möglichkeit, unerwünschte Anrufer automatisch zu blockieren. Wählen Sie im Menü der Telefon-App *Einstellungen/Blockierte Nummern*. Hier können Sie Telefonnummern hinzufügen, von denen Sie keine Anrufe oder SMS erhalten möchten.

Aktivieren Sie noch den Schalter *Unbekannt*, um alle Anrufer automatisch abzuweisen, die ihre Rufnummer unterdrücken. Die Anrufer hören dann: »Der gewünschte Gesprächspartner ist vorübergehend nicht erreichbar«.

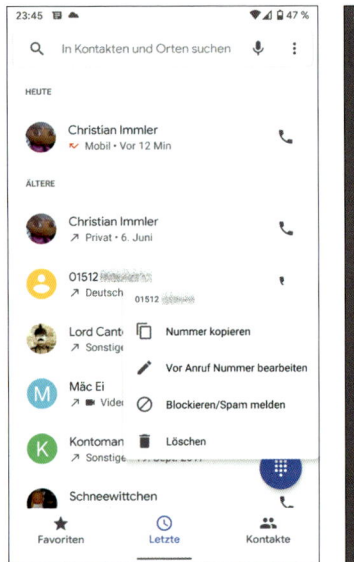  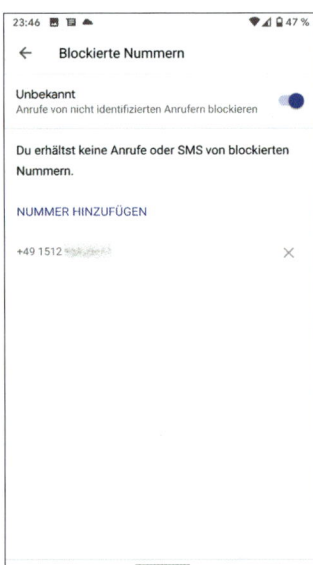

Unerwünschte Anrufer automatisch abweisen.

Hat die betreffende Person bereits mindestens einmal angerufen, können Sie die Telefonnummer direkt übernehmen, ohne sie neu eintippen zu müssen.

1. Tippen Sie im Anrufprotokoll auf den Eintrag des unerwünschten Anrufers und dann auf *Blockieren/Spam melden*.

2. Tippen Sie auf *Blockieren*, um die Nummer in die Blockierliste aufzunehmen.

3. Wenn Sie die Option *Anruf als Spam melden* eingeschaltet haben, wird die Nummer an den Google-Dienst *Anrufer-ID und Spam* gemeldet, um auch andere Nutzer vor diesem Anrufer warnen zu können.

Bei Bedarf können Sie später jederzeit mit dem X-Symbol in den Einstellungen zur Anrufblockierung einzelne blockierte Nummern wieder freigeben. Die betreffende Person kann dann wieder ganz normal anrufen.

Anrufer-ID und Spam

Über den Dienst *Anrufer-ID und Spam* in den Einstellungen der Telefon-App können auch Namen von Anrufern angezeigt werden, die nicht in den Kontakten gespeichert sind. Ist dieser Dienst in den Einstellungen der Telefon-App aktiviert, wird bei einem eingehenden Anruf über die Internetverbindung eine Datenbank bei Google abgefragt und, wenn möglich, der Name des Anrufers angezeigt. Diese Daten werden aber nicht automatisch in den Kontakten gespeichert. Der Dienst hilft auch, Spam-Anrufer zu identifizieren, um diese, bevor sie das erste Mal angerufen haben, in die Blockierliste aufzunehmen. Hat ein Werbeanrufer einmal eine Person am Telefon erreicht, wird er diese immer wieder anrufen. Leider findet dieser Dienst in Deutschland bis jetzt kaum typische Spam-Telefonnummern.

Anrufer-ID und Spam in den Einstellungen der Telefon-App.

Rufnummernunterdrückung

In den Einstellungen der Telefon-App können Sie unter *Anrufe/Zusätzliche Einstellungen/ Anrufer-ID* bei Bedarf die Anzeige Ihrer Rufnummer bei der angerufenen Person unterdrücken.

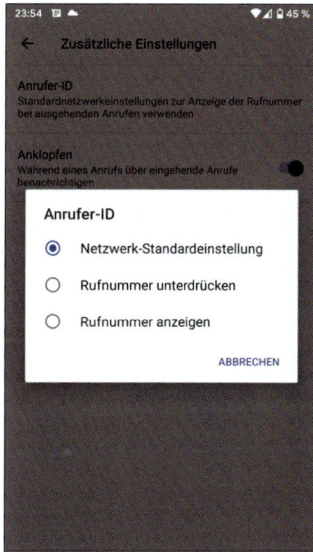

Einstellungen zur Übertragung der eigenen Telefonnummer.

Kein Freibrief für illegale Aktivitäten

Eine ausgeschaltete Rufnummer ist kein Freibrief für kriminelle Aktivitäten am Telefon. Die Rufnummer wird bei jedem Gespräch übertragen, bei abgeschalteter Anrufer-ID wird nur zusätzlich ein spezielles Signal gesendet, das das Telefon des Gesprächspartners anweist, die Nummer nicht zu zeigen. Die Notrufzentralen von Feuerwehr, Rettungsdiensten und Polizei sehen die Nummer trotzdem. Auch in den Anrufprotokollen der Telefongesellschaften taucht die Nummer weiterhin auf. Nach dem »Gesetz zur Bekämpfung unlauterer Telefonwerbung und zur Verbesserung des Verbraucherschutzes« sind Anrufe von Firmen und Geschäftstreibenden mit unterdrückter Rufnummer aus Deutschland nicht mehr zulässig.

Mit dem Smartphone über die FRITZ!Box im Festnetz telefonieren

Wer zu Hause über eine FRITZ!Box im Festnetz telefoniert, kann dies auch mit dem Smartphone tun. Ist das Smartphone im heimischen WLAN an der FRITZ!Box angemeldet, wird es mit der App *FRITZ!App Fon* zum schnurlosen Festnetztelefon, nutzt die Festnetznummer und auch die Festnetz-Flatrate aus dem jeweiligen Tarif des DSL- oder Kabelanschlusses.

Über die FRITZ!Box per WLAN im Festnetz telefonieren.

Tipps zur Wahl eines Tarifs für Android-Smartphones

Da es so gut wie keine klassischen Handys ohne Internetzugang mehr gibt, ist mobiles Internet heute bei den allermeisten Handytarifen dabei.

Der mobile Internetzugang per UMTS, HSPA und auch LTE wird fast überall nach verbrauchtem Datenvolumen abgerechnet und nicht mehr nach Onlinezeit, wie es früher bei den ersten Handys der Fall war. Zur Ermittlung des Datenverbrauchs spielt es keine Rolle, ob Daten aus dem Internet heruntergeladen oder vom Smartphone gesendet werden, wie z. B. E-Mails oder Fotos, die man bei Facebook hochlädt. Jedes MByte zählt.

Mittlerweile enthalten fast alle Mobilfunktarife standardmäßig ein Datenpaket mit typischerweise 200–500 MByte. Seit die Internetverbindung nicht mehr komplett getrennt, sondern nur noch drastisch abgebremst wird, bezeichnen fast alle Anbieter ihre Datentarife als Internetflatrate. Entscheidend für die Preisunterschiede ist das Datenvolumen, bei dem die Bremse zuschlägt.

Die Internetverbindung wird nach dem Verbrauch des Inklusivvolumens in den meisten Tarifen nicht gestoppt, sondern auf GPRS-Geschwindigkeit gebremst, sodass man nicht komplett vom Internet abgeschnitten ist, da viele Funktionen von Smartphones ohne Internetanbindung gar nicht mehr funktionieren.

Man kann das Freivolumen zwar ohne zusätzliche Kosten überschreiten, wird dann aber vom flotten LTE oder HSPA auf GPRS-Niveau heruntergebremst, was die Nutzung für den Rest des Monats unattraktiv macht und höchstens noch für WhatsApp-Textnachrichten und E-Mails ohne Anhang reicht. Denn es handelt sich dabei nicht um eine Bremse von wenigen Prozent, sondern eher um ein »vor die Wand fahren« von theoretisch bis zu 1,4 Gbit/s bei LTE (Cat 21) oder 42 Mbit/s bei HSPA+ (schneller als DSL 32.000) auf 64 Kbit/s (vergleichbar ISDN), also einen Geschwindigkeitsverlust von mehr als 99 %!

> ### Vorsicht bei Datenautomatik
>
> Einige Tarife von o2 und auch von Discountern, die dieses Netz nutzen, z. B. Yourfone, DeutschlandSIM und Smartmobil beinhalten eine sogenannte Datenautomatik. Damit wird die Geschwindigkeit nach Erreichen des Inklusivvolumens nicht reduziert, dafür aber automatisch ein kostenpflichtiges Datenpaket von 100 oder 200 MByte hinzugebucht. Diese Zusatzkosten sind im Verhältnis zu den eigentlichen Tarifkosten unverhältnismäßig hoch (bis zu 2 Euro pro 100 MByte) und werden bis zu dreimal in Folge automatisch abgebucht. Achten Sie genau auf die Tarifbedingungen. Bei einigen Discountertarifen lässt sich diese Datenautomatik nicht abschalten.

Tariftipps

Netzclub (*www.netzclub.net*) ist ein Mobilfunkdiscounter im o2-Netz, bei dem man 200 MByte Datenvolumen jeden Monat geschenkt bekommt, wenn man zustimmt, Werbung per E-Mail und SMS zu erhalten. Die Werbung hält sich in vertretbaren Grenzen, alle paar Tage kommt mal eine E-Mail oder SMS. Guthaben für Gespräche oder größere Datenpakete lässt sich bequem per Prepaid ohne Vertragspflichten aufladen. Dieser Tarif ist ideal für alle, die ihr Smartphone im Wesentlichen im WLAN nutzen und nur sehr wenig damit telefonieren. Über eine spezielle App, die Werbung auf dem Sperrbildschirm anzeigt, kann man zusätzlich 300 MByte Datenvolumen jeden Monat gratis erhalten.

Telefónica bewirbt unter der Marke WhatsApp SIM (*www.whatsappsim.de*) einen Prepaid-Tarif ohne Vertragsbindung, speziell für WhatsApp-Nutzer im o2-Netz. Dahinter verbergen sich Prepaid-Pakete mit 500 (5 Euro für 4 Wochen) oder 2.000 (10 Euro für 4 Wochen) sogenannten Einheiten, die als Gesprächsminuten, SMS oder MByte Datenvolumen genutzt werden können. Nach Verbrauch der Einheiten kostet jede Gesprächsminute 9 Cent, Internetnutzung ist weiterhin möglich, wird aber auf 56 Kbit/s gedrosselt. Da die Drosselung bei reinen Textnachrichten über WhatsApp so gut wie gar nicht auffällt, spricht der Anbieter hier von unbegrenzt kostenloser WhatsApp-Nutzung. Der Versand von Bildern und Sprachnachrichten wird extrem langsam, Videotelefonie ist gar nicht mehr möglich. Die WhatsApp SIM ist im Basistarif mit einer Geschwindigkeit von 32 Kbit/s kostenfrei nutzbar, womit WhatsApp-Textnachrichten noch gesendet und empfangen werden können. Allerdings muss man mindestens 5 Euro Guthaben alle sechs Monate aufladen, damit die SIM-Karte aktiv bleibt.

Ein weiteres wichtiges Auswahlkriterium für einen Internettarif ist neben dem Preis die Netzqualität bzw. Verfügbarkeit in der Region, in der man das Smartphone vorrangig nutzen möchte. Telefonieren kann man inzwischen in Deutschland fast überall, mit dem Internetzugang über schnelles HSPA sieht es jedoch ganz anders aus. Während die D-Netze von Vodafone und Telekom fast flächendeckend UMTS/HSPA oder auch LTE mit bis zu 50 Mbit/s, in Ballungszentren bis zu 1,4 Gbit/s. bieten, hängen die E-Netze von o2 und ehemals E-Plus noch deutlich hinterher. Hier stehen HSPA und auch UMTS nur in den großen Ballungsräumen zur Verfügung, in Kleinstädten muss man sich häufig mit EDGE zufriedengeben. Dafür können die Nutzer von E-Plus und o2 seit dem Zusammenschluss beide Netze nutzen. Die Umschaltung erfolgt automatisch, wenn eines der Netze nicht verfügbar ist.

Auf dem flachen Land gibt es noch große Versorgungslücken, wo mobiles Internet überhaupt nicht möglich ist. Auf diesen weißen Flecken der deutschen Landkarte bieten die D-Netze zumindest noch EDGE-Anbindung. Die Netzbetreiber werben zwar mit sehr hohen Prozentzahlen, wie viele Einwohner Deutschlands mittlerweile schnelles Internet über HSPA nutzen können, allerdings beziehen sich diese auf die Bevölkerung und deren Wohnorte, nicht auf die Fläche Deutschlands. 80 % der Deutschen wohnen auf 20 % der

Landesfläche. Demnach blieben selbst bei 80 % UMTS-Versorgung der Bevölkerung theoretisch 80 % der Fläche unterversorgt.

In ländlichen Regionen und Mittelgebirgen haben alle Mobilfunk-Provider noch erhebliche Versorgungslücken im UMTS-Netz. In großstädtischen Ballungsräumen und den Tourismusregionen entlang der Küsten sind die Netze hingegen sehr gut ausgebaut. Die Telekom hat im Osten der Republik noch große weiße Flecken auf der Ausbaukarte, Vodafone im Süden.

Alle deutschen Netzbetreiber bieten interaktive Landkarten an, auf denen man die Netzabdeckung für 2G (GSM/GPRS/EDGE), 3G (UMTS/HSPA) und 4G (LTE) ablesen kann. Diese Angaben gelten natürlich immer unter optimalen Bedingungen im Freien ohne Verschattung durch Gebäude und ohne schnelle Bewegung.

Netzabdeckungskarten

Interaktive Karten zur Netzabdeckung der großen deutschen Mobilfunkanbieter:

Telekom	goo.gl/gp8ADp
Vodafone	goo.gl/lR2oF
o2	goo.gl/mbG1k

Das LTE-Netz ist mittlerweile an vielen Stellen besser ausgebaut als das UMTS-Netz, aber nur mit einem teureren LTE-Mobilfunkvertrag nutzbar.

LTE – Mobilfunk der vierten Generation

Mit dem Mobilfunkstandard LTE (**L**ong **T**erm **E**volution = langfristige Entwicklung), auch als Mobilfunk der vierten Generation bezeichnet, sollen in erster Linie ländliche Regionen versorgt werden, in denen bisher keine DSL-Festnetzanschlüsse zur Verfügung stehen. Anstatt über ein Telefonkabel kommt das Internetsignal dabei über Funk ins Haus und das mit theoretisch bis zu 1,2 Gbit/s. LTE wird zwar von den Netzbetreibern als Festnetzersatz vermarktet, basiert aber wie UMTS auf Mobilfunktechnik und kann sogar die vorhandene UMTS-Mobilfunk-Infrastruktur in Teilen mit verwenden.

Natürlich eignet sich diese Technik auch für den schnellen Internetzugang bei entsprechend ausgestatteten Smartphones. Voraussetzung ist, dass das Smartphone und der Mobilfunkvertrag LTE unterstützen. Verträge mit LTE-Nutzung sind zurzeit allerdings bei vielen Anbietern noch teurer als reine UMTS-Verträge.

Mit zunehmender Verbreitung der LTE-Technik sind auch schon Engpässe absehbar. Die Bundesnetzagentur versteigerte daher bereits im Frühjahr 2015 weitere LTE-Frequenzbänder an die drei großen Mobilfunkanbieter.

Die EU-Roaming-Verordnung

Nach jahrelangen Diskussionen führte die EU-Kommision am 15. Juni 2017 den sogenannten Euro-Tarif ein, der Telefonieren, SMS und auch mobiles Internet im EU-Ausland zu Inlandskonditionen möglich macht.

Eigentlich müsste es statt EU-Roaming EWR-Roaming heißen, da die gleichen Bedingungen für alle Länder des europäischen Wirtschaftsraums EWR gelten. Das sind außer den EU-Mitgliedsstaaten auch Norwegen, Island und Liechtenstein, aber nicht die Schweiz. Zusätzlich gilt die EU-Roaming-Verordnung auf den britischen Kanalinseln, die nicht EU-Gebiet sind, in den französischen Überseegebieten, in San Marino und dem Vatikan. Auf Schiffen und Flugzeugen, die satellitengestützte Mobilfunkverbindungen für ihre Passagiere anbieten, gilt die EU-Roaming-Verordnung nicht.

Die früher extrem hohen Roaminggebühren bei der Nutzung einer deutschen SIM-Karte im EU-Ausland waren für die Netzbetreiber eine gern gesehene Einnahmequelle. Deshalb versuchen viele, die Schlupflöcher im neuen EU-Gesetz geschickt zu nutzen. Bei der Anmeldung eines Smartphones in einem ausländischen Netz erhalten Sie eine SMS, die die genauen Tarifdetails enthält. Lesen Sie diese sorgfältig durch.

Die wichtigsten Regelungen im Überblick

- Datenpakete und Inklusivvolumen können im EU-Ausland wie zu Hause genutzt werden.

- Freiminuten für Telefonie können wie zu Hause genutzt werden, wenn diese netzübergreifend gelten. Community-Flatrates zum kostenlosen Telefonieren zwischen Teilnehmern des gleichen Anbieters (z. B. Aldi Talk) gelten im EU-Ausland nicht.

- Telefongespräche aus Deutschland ins EU-Ausland werden wie früher teuer berechnet. Hier gelten die Freiminuten des deutschen Tarifs weiterhin nicht, solange keine EU-Flatrate gebucht ist.

Fair Use Policy

Die sogenannte Fair Use Policy verhindert, dass ein Tarif zum überwiegenden Teil im Ausland genutzt wird. Jeder Anbieter legt diese Richtlinie unterschiedlich aus. Bei einigen muss man nach einer bestimmten Zeit wieder im deutschen Netz angemeldet sein, bei anderen darf nur ein bestimmter Teil des Inklusivvolumens im Ausland verbraucht werden. Die genauen Bedingungen stehen in der SMS bei der Anmeldung im ausländischen Netz. Diese Fair Use Policy wurde vor allem auf Drängen der deutschen Mobilfunkbetreiber in das Gesetz aufgenommen. Da die deutschen Mobilfunktarife zu den teuersten innerhalb der EU gehören, befürchteten die deutschen Netzbetreiber mit Einführung des EU-Roamings Einnahmeeinbußen, wenn Kunden sich SIM-Karten aus anderen Ländern besorgen und diese ohne Zusatzkosten dauerhaft in Deutschland nutzen.

- Alte Roamingtarife gelten weiter und werden nicht automatisch umgestellt. Wer früher Roaming für bestimmte Länder gebucht hat, muss diesen Tarif auch weiterhin innerhalb der EU bezahlen oder auf einen anderen Tarif wechseln.

- Mobilfunkanbieter dürfen Tarife explizit ohne Roaming anbieten. Diese SIM-Karten funktionieren dann nur in Deutschland.

Datenverbrauch ermitteln

Wegen der oft knapp begrenzten Flatrates in günstigen Mobilfunkverträgen ist die Anzeige des Datenverbrauchs für viele Nutzer sehr interessant. In den *Einstellungen* unter *Netzwerk & Internet/Mobilfunknetz* können Sie rechtzeitig abschätzen, wann das Freivolumen Ihrer Flatrate aufgebraucht ist und welche Apps den größten Datenverkehr verursachen.

Die gleiche Einstellungsseite erreichen Sie, wenn Sie in den Schnelleinstellungen länger auf das Symbol *Mobile Daten* tippen. Tippen Sie auf *Datenwarnung und -limit*, um eine Datenwarnung entsprechend Ihrem Mobilfunkvertrag festzulegen. Dies sollte dem Freivolumen entsprechen, nach dem Ihr Mobil-  funkvertrag die Geschwindigkeit abbremst, oder knapp darunterliegen, um noch etwas Spielraum zu haben, da die Netzbetreiber oft leicht von dem auf dem Smartphone ermittelten Datenverbrauch abweichende Berechnungsverfahren nutzen. Haben Sie einen Mobilfunkvertrag mit sogenannter Datenautomatik, bei der nach Verbrauch eines vorgegebenen Datenvolumens automatisch kostenpflichtig weiteres Datenvolumen gebucht wird, können Sie ein zusätzliches *Datenlimit* festlegen, bei dem das Smartphone automatisch die Datenverbindung im Mobilfunknetz trennt, um zusätzliche Kosten zu vermeiden.

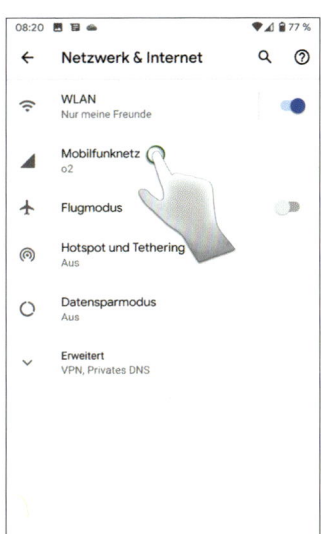
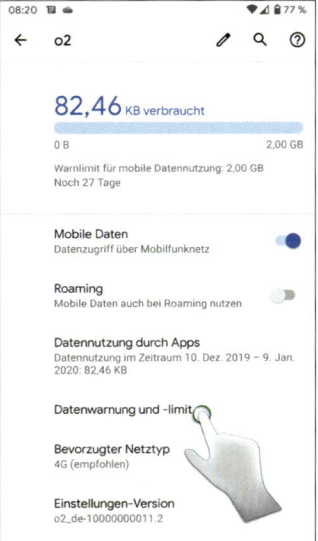
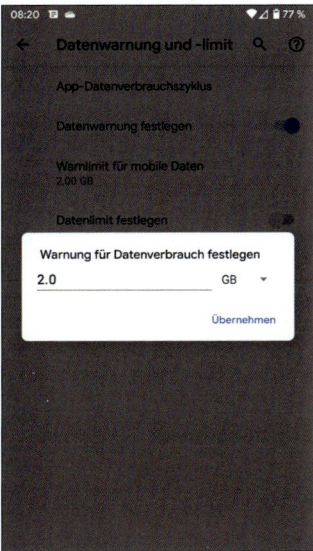

Datenverbrauch anzeigen und Warnlimit festlegen.

Mit dem Schalter *Mobile Daten* lässt sich die Datennutzung im Mobilfunknetz jederzeit ganz abschalten. Das Gleiche erreichen Sie durch Antippen des Symbols *Mobile Daten* in den Schnelleinstellungen. Tippen Sie auf *Datennutzung durch Apps*, um eine Verlaufskurve der Datennutzung und die Apps, die am meisten Daten verbraucht haben, zu sehen. Zum Vergleich können Sie wie auf der Seite *Mobilfunknetz* auch auf der Seite *WLAN* den Datenverbrauch im WLAN anzeigen lassen.

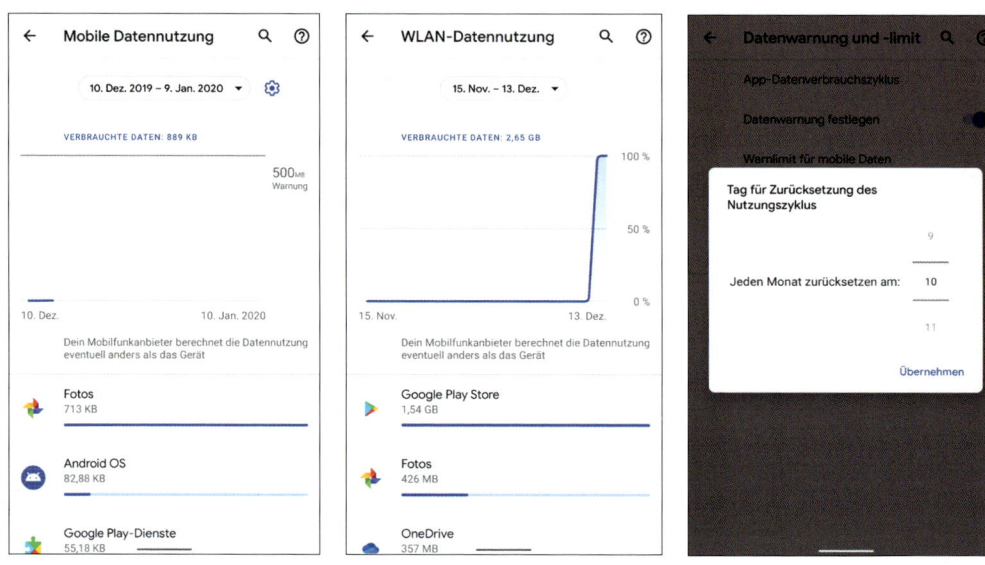

Detaillierte Verbrauchsanzeige für Mobilfunk und WLAN. Rechts: Datenverbrauchszyklus einstellen.

Damit die Anzeige des Datenverbrauchs optimal nutzbar ist, stellen Sie unter *Datenwarnung und Datenlimit/App-Datenverbrauchszyklus* den Tag des Monats ein, an dem Ihr Mobilfunkanbieter das monatliche Datenvolumen der Flatrate zurücksetzt. Diesen Tag finden Sie üblicherweise auf Ihrer Mobilfunkrechnung. Bei vielen Anbietern ist dies der erste Tag des Monats.

Datenverbrauch reduzieren

Android 10 bietet einen Datensparmodus, der die Datennutzung verringert, indem die meisten Apps keine Daten mehr im Hintergrund empfangen oder senden können. Aktive Apps empfangen weiterhin Daten, aber seltener. So werden Bilder beispielsweise erst beim Antippen heruntergeladen und in voller Auflösung sichtbar. Der Datensparmodus betrifft die Mobilfunkverbindung und WLAN gleichermaßen.

Der Datensparmodus wird über das Schnelleinstellungssymbol *Datenverbrauch reduzieren* oder in den *Einstellungen* unter *Netzwerk & Internet/Datensparmodus* aktiviert und durch ein Symbol in der Statusleiste oben rechts angezeigt.

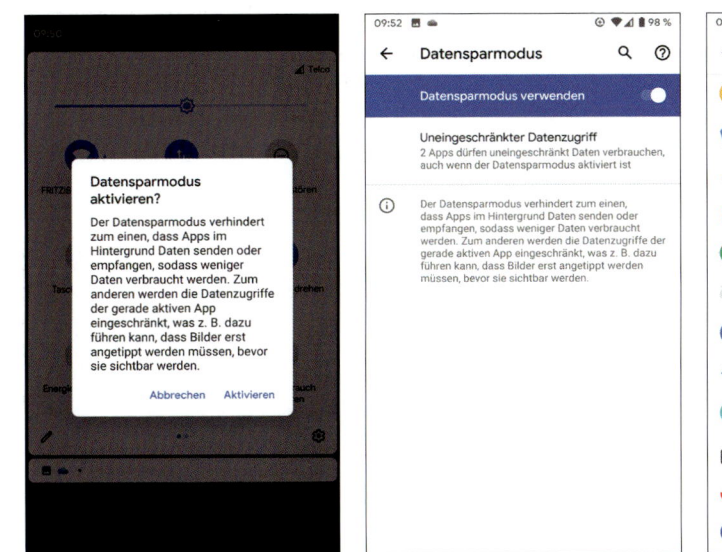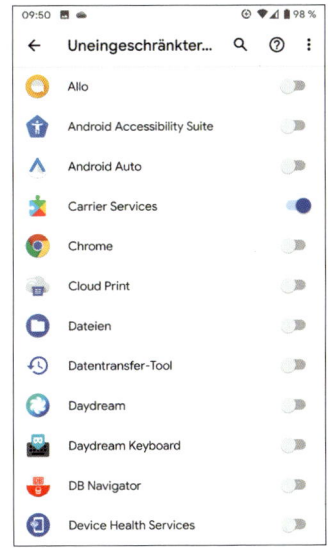

Bestimmten Apps im Datensparmodus uneingeschränkten Datenzugriff gewähren.

Tippen Sie auf die Zeile *Uneingeschränkter Datenzugriff*, um bestimmten Apps auch im Datensparmodus die uneingeschränkte Datennutzung zu ermöglichen. Dies ist z. B. bei Messenger-Apps wie WhatsApp wichtig. Die Carrier Services und Google Play Dienste haben standardmäßig uneingeschränkten Datenzugriff, da andernfalls einige andere Apps nicht zuverlässig funktionieren würden. Um den Datensparmodus jederzeit leicht ein- und ausschalten zu können, legen Sie sich das zugehörige Symbol in den Schnelleinstellungen weiter nach vorne (siehe weiter oben den Abschnitt »Die Schnelleinstellungen«).

Adressbuch – Kontakte

Seit den ersten Handys kann man dort seine wichtigsten Telefonnummern mit Namen speichern. Die Zeiten, in denen man beim Wechsel auf ein neues Handy Termine und Telefonnummern abtippen musste, sind lange vorbei. Heute synchronisiert man seine Daten mit dem PC oder in der Cloud.

Datenschutz

Immer wieder hört man die Medien gegen Google wettern. Tatsächlich ist aber kein Fall bekannt, dass Google mit den anvertrauten Daten irgendetwas Vertragswidriges gemacht hätte. Auch ist die Wahrscheinlichkeit, ein fremder Hacker könnte bei Google einbrechen und die persönlichen Daten stehlen, dank erhöhter Sicherheit der Großrechenzentren deutlich geringer, als dass ein Hacker per Trojaner auf dem eigenen Computer Daten stiehlt oder ein ganz simpler Dieb einfach das Smartphone samt Daten klaut.

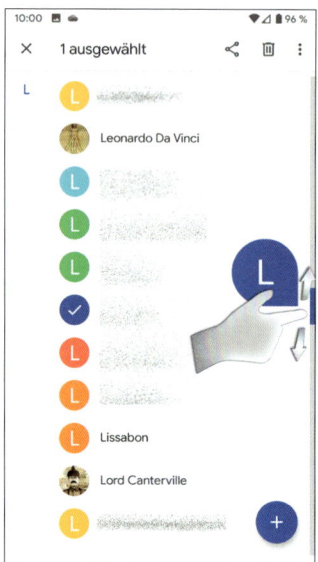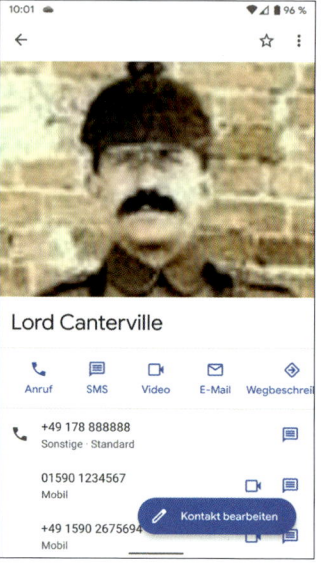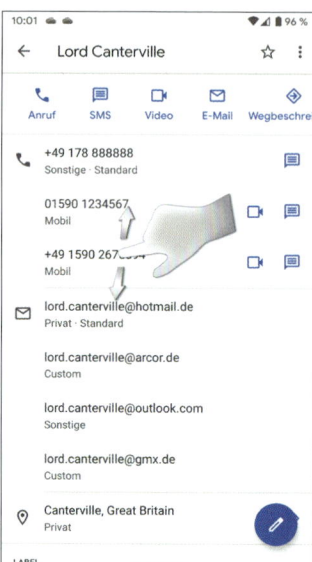

Das Adressbuch auf einem Android-Smartphone.

Auf Android-Smartphones ist eine komplette Kontaktverwaltung enthalten, mit der Sie Ihr Adressbuch nicht nur auf dem Smartphone, sondern auch auf dem PC über ein Google-Konto verwalten können. Die App *Kontakte* synchronisiert automatisch die Adressen, die in dem Google-Konto gespeichert sind, das bei der Einrichtung des Smartphones festgelegt wurde. Damit haben Sie die gleiche Kontaktliste auf dem Smartphone, auf dem PC und auf jedem anderen Gerät, das mit dem Google-Konto synchronisieren kann, zur Verfügung.

Mit einer vertikalen Fingerbewegung auf dem Touchscreen können Sie schnell durch die Kontaktliste blättern. Der aktuelle Anfangsbuchstabe wird großflächig angezeigt, damit Sie im richtigen Moment stoppen können. Außerdem finden Sie bestimmte Personen schnell im Adressbuch, indem Sie oben rechts auf das Lupensymbol tippen und die Anfangsbuchstaben des Namens eingeben. Die Kontakte-App filtert die Liste immer genauer, je mehr Buchstaben bereits eingegeben sind.

Tippen Sie auf einen Eintrag, werden alle zu dieser Person gespeicherten Daten angezeigt. Diese sind automatisch mit der passenden App verknüpft. Tippen Sie also auf die Telefonnummer, ruft das Smartphone die Person an, tippen Sie auf eine E-Mail-Adresse, öffnet sich die E-Mail-App.

> ### Kontakte und Telefon-App
>
> Tippen Sie in der Telefon-App ganz unten auf das Symbol *Kontakte*, öffnet sich die gleiche Kontaktliste.

Kontakte sortieren

Die App *Kontakte* bietet verschiedene Möglichkeiten zur Darstellung und Sortierung von Namen. So können Sie entweder die in Westeuropa übliche Schreibweise mit Vor- und Nachnamen verwenden – *Hans Müller* – oder die sogenannte bayerische Schreibweise, bei der der Nachname, mit einem Komma getrennt, vor dem Vornamen steht – *Müller, Hans*. Unabhängig von der Darstellung lassen sich die Kontakte nach Vorname oder Nachname in der Liste sortieren.

Um die Einstellungen zu ändern, tippen Sie in der Kontaktliste auf das Menüsymbol mit den drei Strichen oben links und wählen im Menü die *Einstellungen*. Hier finden Sie die Optionen *Sortieren nach* und *Namensformat*.

Neue Adresse eintragen

In der App *Kontakte* können Sie jederzeit einen neuen Eintrag hinzufügen. Tippen Sie dazu in der Liste auf das Symbol mit dem Pluszeichen unten rechts in der Namensliste. Haben Sie mehr als ein Konto auf dem Smartphone, müssen Sie das gewünschte auswählen.

Es öffnet sich ein Formular zur Eingabe der Kontaktdaten einer neuen Person. Mit einer vertikalen Fingerbewegung auf dem Touchscreen können Sie nach oben und unten zwischen den Feldern hin- und herblättern. Geben Sie hier die jeweiligen Daten ein. Sie brauchen nicht alle Felder auszufüllen.

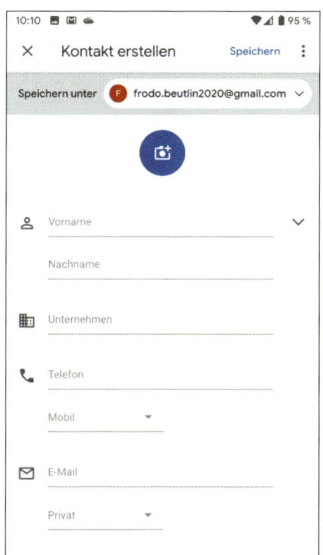 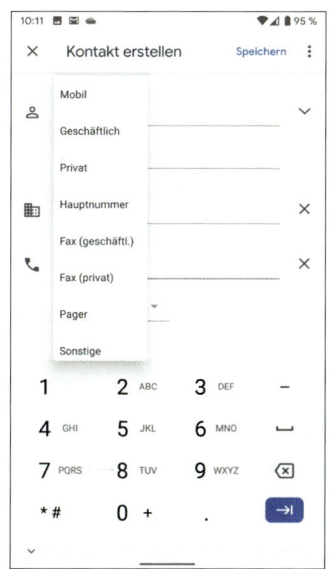 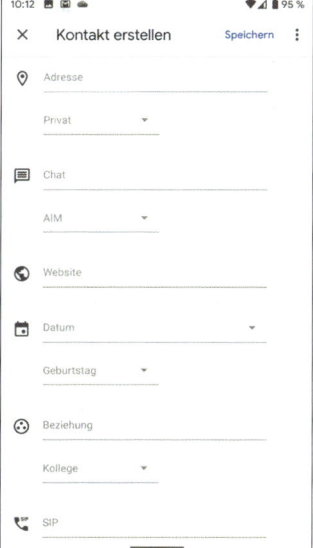

Neuen Kontakt hinzufügen.

In den Feldern für die Telefonnummer und E-Mail-Adresse können Sie noch weitere Telefonnummern und Mailadressen hinzufügen. Nach der Eingabe einer Telefonnummer oder E-Mail-Adresse wird sofort ein weiteres Eingabefeld angelegt. Wählen Sie die Art der Telefonnummer sowie der E-Mail-Adresse aus, indem Sie auf das Feld darunter tippen. Hier erscheint eine Liste verschiedener Typen von Telefonnummern: *Privat*, *Mobil*, *Geschäftlich* etc.

Spezielle, selten gebrauchte Felder werden standardmäßig nicht zur Eingabe angeboten. Diese können Sie über die Schaltfläche *Weitere Felder* ganz unten einblenden.

Adresse bearbeiten

Natürlich können Sie einen gespeicherten Adressbucheintrag auch nachträglich bearbeiten. Tippen Sie dazu in der Anzeige des jeweiligen Eintrags auf das Stiftsymbol rechts unten. Sie haben dann die gleichen Funktionen zur Verfügung wie beim Anlegen eines neuen Eintrags im Adressbuch.

App-Shortcuts

Über App-Shortcuts (langes Antippen des App-Symbols) lassen sich häufig kontaktierte Personen schnell aufrufen oder neue Kontakte anlegen. Bei Bedarf können diese Shortcuts direkt auf den Startbildschirm gelegt werden.

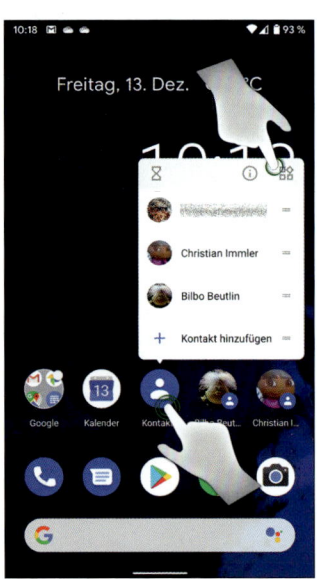

App-Shortcuts und Widgets für Kontakte. Rechts: Telefonnummer für ein Widget auswählen.

Das Widget-Symbol oben rechts bietet drei verschiedene Kontakte-Widgets zur Auswahl. *Direktnachricht* sendet beim Antippen eine SMS an eine bestimmte Person, *Direktwahl* ruft eine Person an und *Kontakt* zeigt die Kontaktdetails dieser Person, um zum Beispiel einfach eine E-Mail zu senden oder zu der Adresse zu navigieren. Beim Festlegen dieser Widgets müssen Sie die Kontaktperson auswählen – wenn mehrere Telefonnummern gespeichert sind, auch noch die Telefonnummer.

Anrufer in Adressbuch übernehmen

Ruft eine Person auf dem Smartphone an, deren Telefonnummer nicht gespeichert ist, wird in der Anrufliste nur die Nummer, aber kein Name angezeigt. Nehmen Sie den Anrufer ins Adressbuch auf, um in Zukunft zu sehen, wer anruft. Dazu brauchen Sie keine Nummer abzutippen.

1. Öffnen Sie die Anrufliste in der Telefon-App und tippen Sie auf die angezeigte Nummer. Das Feld klappt auf und zeigt weitere Optionen, unter anderem *Kontakt hinzufügen*.

2. Wählen Sie jetzt das Google-Konto, in dem der Kontakt gespeichert werden soll, falls es mehrere Konten auf dem Smartphone gibt.

3. Ist die Person noch nicht im Adressbuch, füllen Sie das Formular aus, in dem die Telefonnummer bereits eingetragen ist. Sie brauchen nur noch den Namen einzugeben sowie bei Bedarf weitere Informationen wie Postanschrift, E-Mail-Adresse usw.

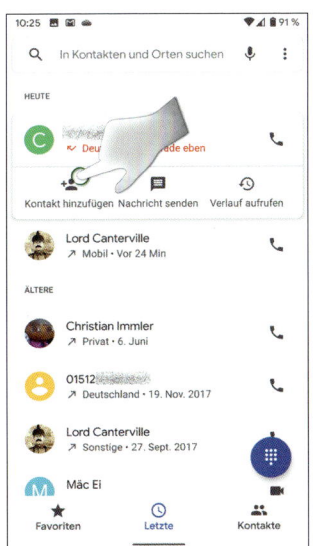

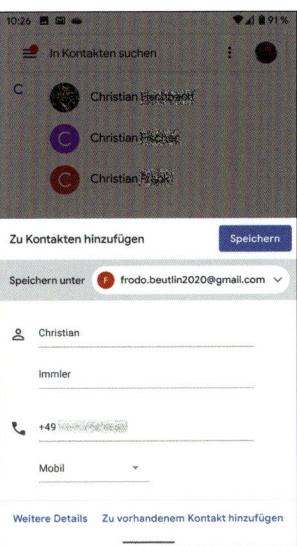

Anrufer als Kontakt ins Adressbuch übernehmen.

4. Steht die Person bereits im Adressbuch, aber noch nicht mit dieser Telefonnummer, tippen Sie auf *Zu vorhandenem Kontakt hinzufügen*. Jetzt können Sie im Adressbuch den gewünschten Kontakt auswählen. Die neue Telefonnummer wird automatisch ergänzt.

5. Wenn die Telefonnummer nur im nationalen Format mit führender *0* übernommen wird, ändern Sie sie am besten gleich in das internationale Format mit *+49* statt der *0* in der Vorwahl, damit Sie diese Nummer auch aus dem Ausland anrufen können.

6. Tippen Sie in beiden Fällen danach oben rechts auf *Speichern*, um den Kontakt im Adressbuch zu speichern.

Kontaktfotos

Hat eine Person in ihrem persönlichen Google-Konto ein persönliches Foto abgelegt, erscheint dieses bei jedem, der diese Person in seinem Adressbuch hat, automatisch als Kontaktfoto.

Alternativ können Sie selbst den Personen in Ihrem Adressbuch eigene Fotos zuordnen, die dann aber nur Sie selbst sehen.

1. Tippen Sie bei der Person in den Kontakten auf *Kontakt bearbeiten* und dann oben auf das Profilbild oder bei Personen ohne Profilbild auf das Fotosymbol.

2. Hier können Sie ein Bild aus der Galerie eigener Fotos auswählen oder mit der Kamera ein neues Foto aufnehmen.

3. Danach müssen Sie noch den gewünschten Ausschnitt wählen, da Kontaktfotos immer quadratisch sind. Sie können das Bild auch noch drehen.

4. Tippen Sie auf *Fertig* und zum Schluss oben rechts auf *Speichern*, um den bearbeiteten Kontakt zu speichern.

Kontaktfoto fotografieren und zuordnen.

> **Kontakte auf der SIM-Karte**
>
> Kontakten, die auf der SIM-Karte gespeichert sind, können keine Kontaktfotos zugeordnet werden.

Besondere Klingeltöne für besondere Personen

Möchten Sie schon am Klingelton erkennen, wer anruft? Über den Menüpunkt *Klingeltonwahl* im Menü eines Kontaktes können Sie für diese Person einen speziellen Klingelton auswählen.

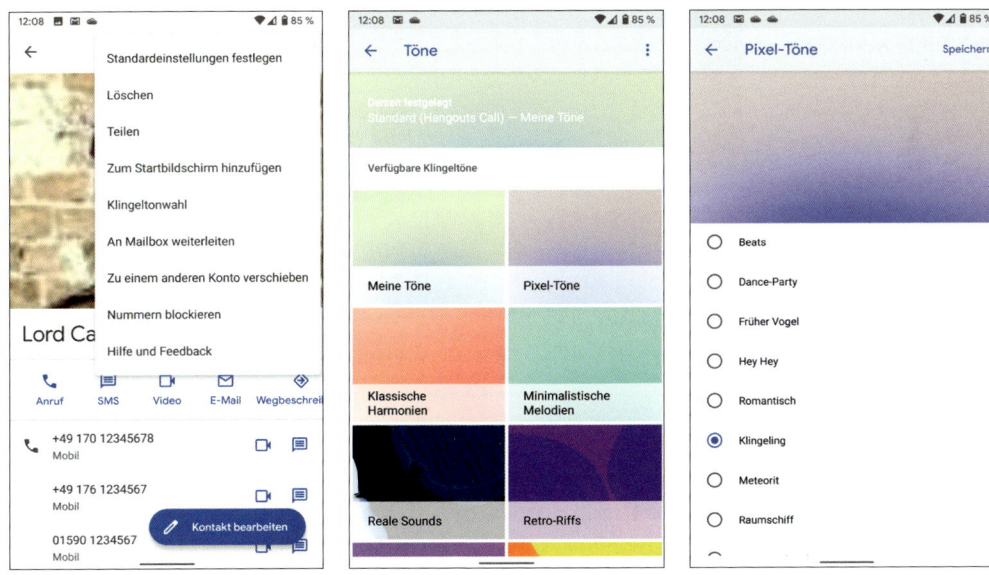

Speziellen Klingelton für eine Person auswählen.

Kontaktlabels

Über Kontaktlabels finden Sie Ihre wichtigsten Kontaktpersonen leichter in langen Listen. Im Gegensatz zu starren Gruppen kann ein Kontakt mehrere Labels haben. Tippen Sie oben links in der Kontakte-App auf das Menüsymbol, werden alle gespeicherten Labels angezeigt. Standardmäßig sind meist Labels für *Friends* und *Family* vordefiniert. Tippen Sie auf *Label erstellen*, um ein neues Label anzulegen.

Tippen Sie auf ein Label, sehen Sie alle Kontakte, denen dieses Label zugeordnet ist, und können über das Plussymbol oben rechts weitere Personen hinzufügen.

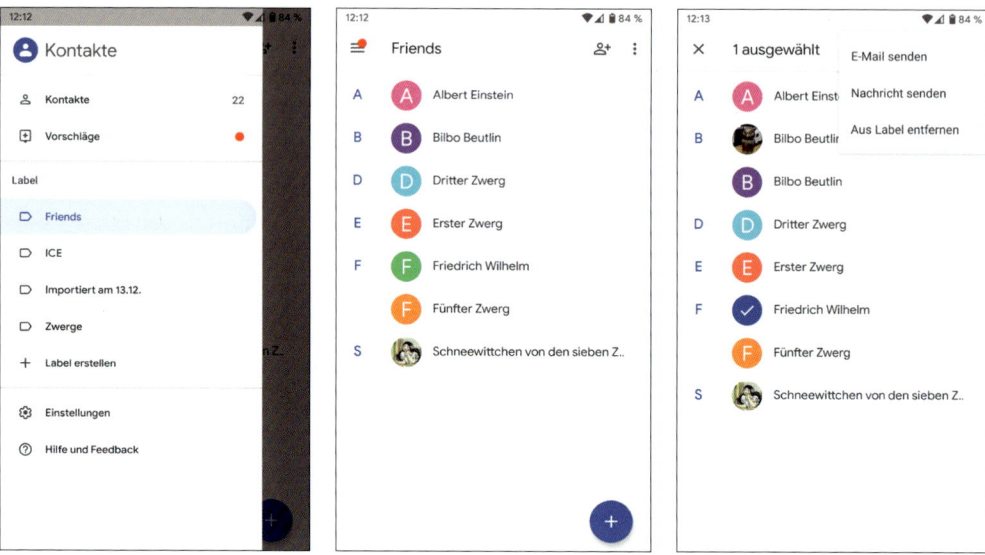

Kontakte einem Label zuordnen und wieder entfernen.

Um eine Person wieder aus einem Label zu entfernen, tippen Sie in der Kontaktliste dieses Labels länger auf die Person, um sie zu markieren. Anschließend können Sie weitere Personen wählen. Tippen Sie dann oben rechts auf das Menüsymbol mit den drei Punkten und wählen Sie *Aus Label entfernen*.

ICE-Notfallkontakte

Über das spezielle Label *ICE* im Adressbuch können Sie Telefonnummern zur Verfügung stellen, die im Notfall angerufen werden sollen – auch für den Fall, dass Sie selbst nicht in der Lage sind, solche Personen zu benennen.

ICE ist eine internationale Abkürzung für **I**n **C**ase of **E**mergency (auf Deutsch »in einem Notfall«). Finden Feuerwehrleute oder Rettungskräfte bei einer verletzten Person ein Smartphone, suchen sie nach solchen Einträgen, um möglichst schnell Angehörige oder den persönlichen Hausarzt zu verständigen. Tragen Sie in dieser Gruppe nur einige wenige wichtige Personen ein, damit diese auch wirklich verständigt werden. Auf dem Sperrbildschirm können weitere Notfallinformationen angezeigt werden.

Doppelte Kontakte bereinigen

Neben den Kontakten aus dem Google-Konto kann Android 10 auch Kontakte aus weiteren Quellen nutzen, z. B. weitere Google-Konten, Exchange-Konten oder WhatsApp. Es gibt mehrere Gründe, dass einige Personen mehrfach in der Kontaktliste auftauchen. Um Übersicht in die Kontaktliste zu bringen, können Sie doppelte Kontakte zu einem zusammenführen, sodass alle zugehörigen Daten bei einer Person angezeigt werden.

1. Markieren Sie durch längeres Antippen in der Kontaktliste die Kontakte, die zu einem Kontakt zusammengeführt werden sollen.

2. Tippen Sie oben rechts auf das Menü mit den drei Punkten und wählen Sie *Zusammen-führen*.

3. Die Kontakte werden zusammengeführt. Am unteren Bildschirmrand erscheint für kurze Zeit ein schwarzer Balken. Tippen Sie hier auf *Ansehen*, um den neuen zusammen-geführten Kontakt zu sehen. Außerdem können Sie den zusammengeführten Kontakt wie jeden anderen Kontakt in der Liste anzeigen und weiterbearbeiten.

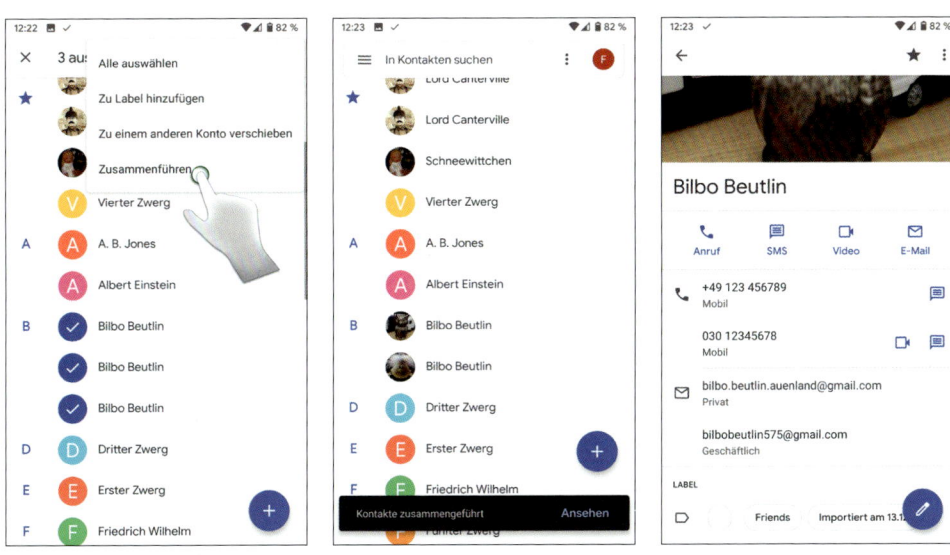

Duplikate im Adressbuch zusammenführen.

Automatische Vorschläge zur Verwaltung von Kontaktinformationen

Haben Sie viele doppelte Kontakte oder andere Probleme in Ihrer Kontaktliste, erkennt die App dies nach einiger Zeit und zeigt automatisch Optimierungsvorschläge an.

1. Tippen Sie links oben in der Kontakte-App auf das Menüsymbol mit den drei Strichen und dann auf *Vorschläge*.

2. Tippen Sie auf dem nächsten Bildschirm auf *Duplikate zusammenführen*.

3. Jetzt wird eine Liste aller doppelten Kontakte angezeigt. Sie können einzeln bestätigen, welche Duplikate zu je einem Kontakt zusammengeführt werden sollen, und welche nicht.

Haben Sie mit einer Person häufig E-Mails ausgetauscht, diese aber bisher nicht ins Adress-buch eingetragen, erscheint sie nach einiger Zeit bei den Vorschlägen unter *Personen hin-*

zufügen, die du häufig kontaktierst. Hier haben Sie die Möglichkeit, diese Person mit einem Klick ins Adressbuch aufzunehmen.

Bei den Vorschlägen in der Kontakte-App finden Sie den Link *Details aus Gmail hinzufügen*. Tippen Sie darauf, werden alle Kontakte angezeigt, zu denen in E-Mails weitere Daten wie Telefonnummer oder Anschrift gefunden wurden. Sie können einzeln bestätigen, welche davon in den Kontaktdaten gespeichert werden sollen.

Visitenkarten drahtlos übertragen

Viel einfacher als mit klassischen Visitenkarten aus Papier lassen sich Kontaktdaten drahtlos von einem Smartphone auf ein anderes übertragen und beim Empfänger direkt ins Adressbuch übernehmen.

1. Wählen Sie den Kontakt, den Sie als Visitenkarte versenden möchten, im Adressbuch, tippen Sie auf das Menüsymbol oben rechts und wählen Sie im Menü *Teilen*.

2. Bestimmen Sie in der Liste installierter Kommunikations-Apps die gewünschte Versandart. Schieben Sie die Liste auf dem Bildschirm weiter nach oben, erscheinen weitere Apps zum Teilen, sollte der Platz auf dem Bildschirm nicht ausreichen.

 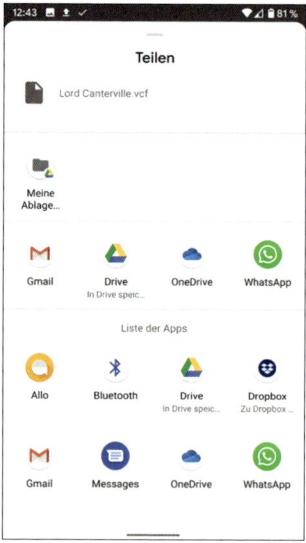 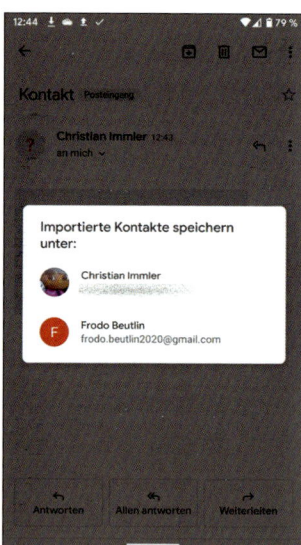

Kontaktdaten aus dem Adressbuch versenden und empfangen.

3. Bei Gmail öffnet sich eine neue E-Mail. Hier brauchen Sie nur noch den Empfänger und einen kurzen Text einzutragen. Die Kontaktdaten sind bereits angehängt.

4. Der Empfänger kann den Kontakt direkt in sein Adressbuch auf dem Smartphone importieren, indem er den Mailanhang öffnet.

Kontakte an PCs und einfache Handys verschicken

Android verwendet zum Teilen von Kontakten das Format VCF (vCard). Diese Dateien können auch auf dem PC von verschiedenen Anwendungen, z. B. Microsoft Outlook, importiert werden. Da es sich um ein reines Textformat handelt, lassen sich Kontakte sogar per SMS auf ganz einfache Handys schicken.

Adressbuch auf dem PC bearbeiten

Wesentlich komfortabler als auf dem Smartphone selbst kann man das Adressbuch auf dem PC im Google-Konto bearbeiten.

Melden Sie sich mit den gleichen Zugangsdaten bei *contacts.google.com* an, die Sie auch auf dem Smartphone verwenden. Hier finden Sie das komplette Adressbuch des Google-Kontos und können alle Daten direkt bearbeiten sowie neue Kontakte hinzufügen.

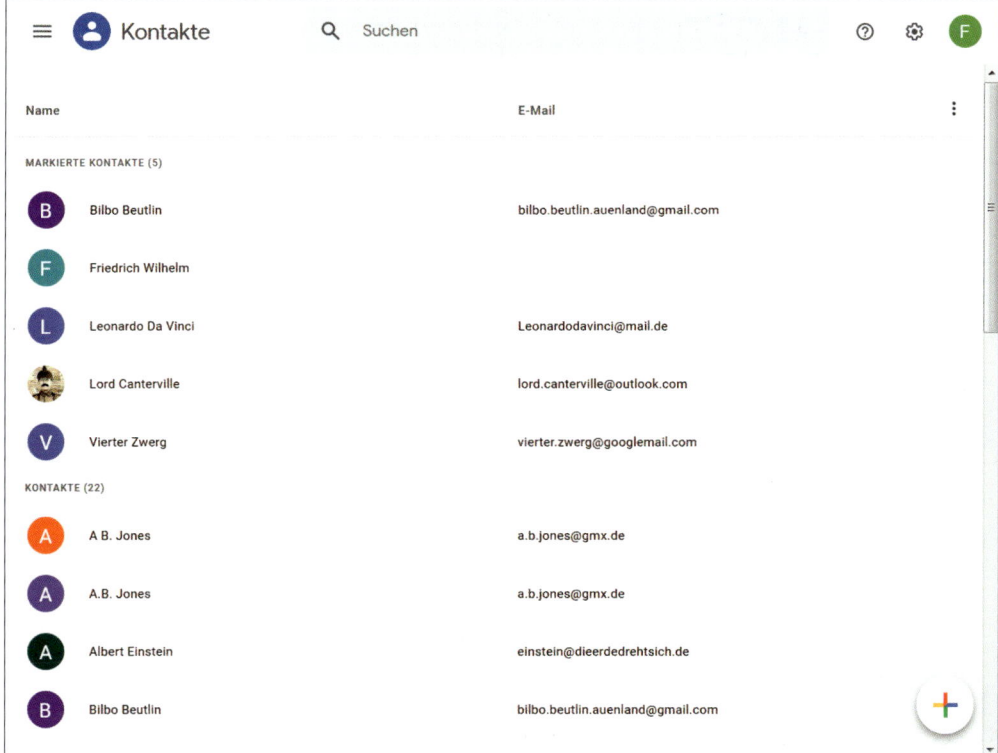

Kontakte vom Smartphone im Google-Konto auf dem PC bearbeiten.

Haben Sie früher Ihre Adressen auf dem PC mit Outlook oder einem anderen Programm verwaltet, können Sie sie nun ins Google-Konto einlesen.

Ältere Handys wie auch die früheren Smartphone-Plattformen Symbian, Palm OS und BlackBerry boten eigene Softwarelösungen, um das Adressbuch des Handys auf dem PC zu bearbeiten. Auch aus diesen Programmen lassen sich CSV-Dateien mit den Kontaktdaten exportieren und im Google-Konto einlesen.

1. Suchen Sie dazu in Ihrer bisherigen Adressverwaltung eine Funktion zum Export im CSV-Format. Dabei handelt es sich um ein einfaches Textformat, das sogar mit einem Texteditor bearbeitet werden kann. In Outlook heißt der Menüpunkt *Datei/Importieren/ Exportieren/Exportieren*. Wählen Sie dort *Kommagetrennte Werte (Windows)* und *Kontakte*.

2. Klicken Sie in der Liste aller Kontakte im Google-Konto auf dem PC links oben auf das Menü mit den drei Strichen und dann auf *Importieren*

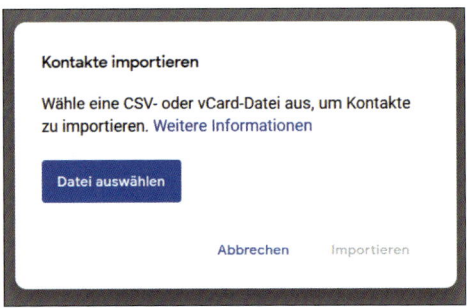

Kontakte importieren im Google-Konto auf dem PC.

3. Wählen Sie jetzt die CSV-Datei aus, die Sie aus Ihrer alten Adressverwaltung exportiert haben, und klicken Sie auf *Importieren*.

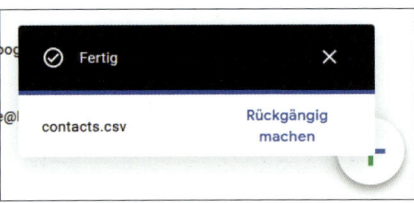

Kontakte aus einer CSV-Datei erfolgreich importiert.

4. Die Kontakte werden importiert und danach im Google-Konto angezeigt. Sollte es Schwierigkeiten beim Import geben, klicken Sie auf den Link *Weitere Informationen*. Hier finden Sie detaillierte Hinweise zu den CSV-Formaten, die Google importieren kann.

Die Synchronisation der Daten mit dem Smartphone erfolgt vollautomatisch im Hintergrund. Nach wenigen Sekunden ist eine bearbeitete Adresse auf dem Smartphone, ohne dass Sie irgendetwas tun müssen.

> **Kontakte mit Outlook synchronisieren**
>
> Wer sein Outlook noch nicht ganz aufgeben will, kann die Kontakte aus Outlook auch mit dem Google-Konto synchronisieren, sodass sie bei Veränderungen in beiden Anwendungen zur Verfügung stehen. Weder Google noch Microsoft bieten eigene Tools zu diesem Zweck an. Das kostenlose Programm *GO Contact Sync Mod* erfüllt diesen Zweck aber sehr gut (*googlesyncmod.sourceforge.net*).

Daten eines alten Handys übernehmen

Steigen Sie von einem ganz alten Handy vor der Smartphone-Ära auf ein Smartphone mit Android 10 um, können Sie die Kontakte übernehmen. Ganz alte Handys speicherten Telefonnummern noch direkt auf der SIM-Karte. Aktuelle SIM-Karten haben meist nur noch die Nummer der Mailbox gespeichert. Stecken Sie eine SIM-Karte mit darauf gespeicherten Kontakten in ein Android-Smartphone, stehen diese Kontakte in Android 10 nicht mehr automatisch zur Verfügung. Sie haben aber die Möglichkeit, die Kontakte von der SIM-Karte ins Google-Konto auf dem Smartphone zu importieren.

1. Tippen Sie links oben in der Kontakte-App auf das Menüsymbol mit den drei Strichen und dann auf *Vorschläge*.

2. Tippen Sie auf dem nächsten Bildschirm auf *Von SIM-Karte importieren*.

3. Nach einem kurzen Auslesevorgang erscheint eine Liste der auf der SIM-Karte gespeicherten Kontakte. Wählen Sie die gewünschten Kontakte aus, die importiert werden sollen, und tippen Sie auf *Importieren*.

Google Kalender

Neben dem Adressbuch verfügt ein Android-Smartphone auch über einen handlichen Terminkalender, der immer greifbar ist. Mit dem Google Kalender sind die Termine auf dem Smartphone und dem PC immer synchron. Jeder, der ein Google-Konto hat, hat damit automatisch auch einen Google Kalender, man muss ihn nur nutzen.

> **Google Kalender auf dem PC**
>
> Im Browser auf dem PC finden Sie Ihren persönlichen Google Kalender unter *calendar.google.com*. Dort können Sie Termine anlegen sowie auf dem Smartphone angelegte Termine einsehen und bearbeiten. Die Synchronisation mit dem Google Kalender wird mit der Einrichtung des Google-Kontos auf dem Smartphone automatisch mit eingerichtet.

Die App *Kalender* zeigt automatisch alle Termine, die Sie im Google Kalender vermerkt haben. Sie können natürlich auch jederzeit neue Termine eintragen.

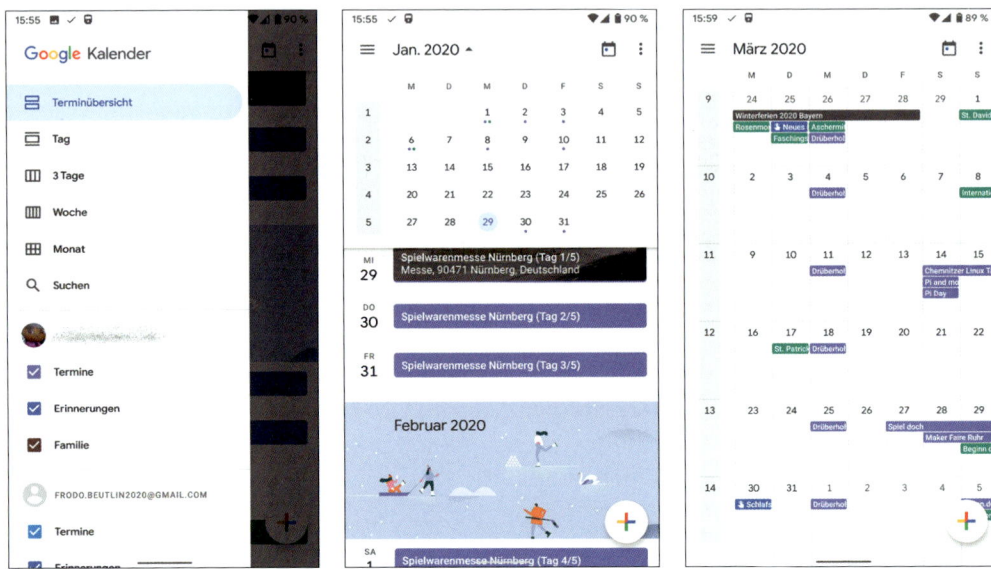

Links: zwischen verschiedenen Ansichten im Kalender umschalten, Mitte: Terminliste mit Monatsübersicht, rechts: Monatsansicht.

Tippen Sie oben im Kalender auf den Monat, um eine Monatsübersicht in der Terminliste einzublenden. Tippen Sie links oben auf das Menüsymbol mit den drei Strichen, um zwischen verschiedenen Ansichten umzuschalten. Mit einer vertikalen oder horizontalen Fingerbewegung kommen Sie innerhalb einer Ansicht zu einem späteren Datum oder zu einer späteren Uhrzeit. In der Monatsübersicht oben springen Sie schnell zu einem bestimmten Tag, oder Sie verschieben die Ansicht horizontal, um zu einem anderen Monat zu kommen.

Der farbige Balken zeigt das aktuelle Datum und die Zeit innerhalb der gerade dargestellten Ansicht. In der Monatsansicht wird das aktuelle Datum hervorgehoben. Ein Symbol oben rechts zeigt das aktuelle Tagesdatum. Tippen Sie darauf, kommen Sie schnell zum aktuellen Tag.

Neuen Termin im Kalender eintragen

Neue Termine können Sie auf dem Smartphone oder im Google Kalender auf dem PC eintragen. Nach kurzer Zeit sind sie auf beiden Geräten synchron.

1. Um einen neuen Termin einzutragen, platzieren Sie die Markierung auf den gewünschten Zeitpunkt und tippen auf das farbige Plussymbol unten rechts.

2. Wählen Sie das Symbol *Termin*. Es erscheint ein Formular, in dem Datum und Zeit bereits vorgewählt sind. Sie können diese aber auch jederzeit noch ändern. In der Grundeinstellung dauert jeder Termin eine Stunde. Sie können jedoch auch eine andere Endzeit festlegen.

3. Ganz oben können Sie wählen, in welchem Kalender der Termin eingetragen werden soll, im eigenen Google-Konto oder in einem weiteren abonnierten Kalender. Diese Zeile wird nur angezeigt, wenn mehr als ein Kalender zur Verfügung steht.

4. Schalten Sie für ganztägige Termine die Option *Ganztägig* ein. Diese Termine erhalten dann keine Zeitangabe und erscheinen ganz oben in der Tages- und Wochenansicht.

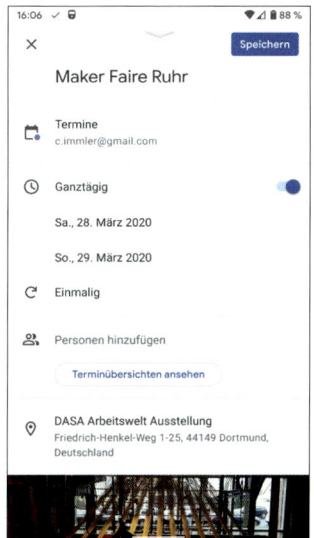

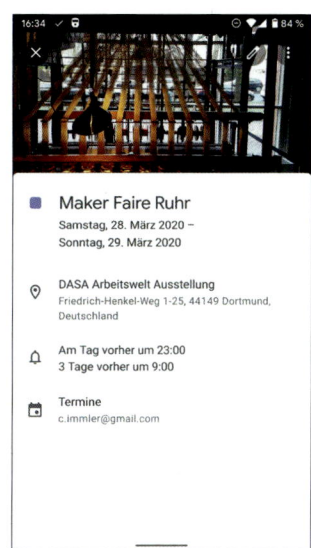

Termin im Kalender eintragen.

5. Legen Sie für den neuen Termin noch einen Namen fest.

6. Wenn Sie einen Ort für den Termin eingeben, können Sie über Google Maps Ihre Reise dorthin planen. Bei bekannten Orten macht Google automatisch Vorschläge und findet auch passende Fotos als Hintergrundbilder für die Termine.

7. Im Bereich *Benachrichtigungen* können Sie Erinnerungen eintragen, wenn Sie vor dem Termin benachrichtigt werden möchten. Diese Einstellung können Sie auch später noch vornehmen.

8. Bei Bedarf können Sie auch noch Gäste hinzufügen und ganz unten eine Notiz anhängen. Nach einem Klick auf *Speichern* erscheint der Termin im Kalender.

Tippen Sie später auf einen Termin, werden alle im Termin gespeicherten Angaben angezeigt. Mit dem Stiftsymbol oben rechts können Sie den Termin nachträglich noch bearbeiten. In der Detailansicht eines Termins finden Sie oben rechts im Menü einen Menüpunkt, um den Termin aus dem Kalender zu löschen.

Möchten Sie sich an einen Termin erinnern lassen, fügen Sie in der Terminanzeige eine Erinnerung hinzu. Das Smartphone erinnert dann über die Benachrichtigungsleiste und auf Wunsch auch mit einem Signalton rechtzeitig an den Termin. Den Zeitraum können Sie selbst festlegen.

Regelmäßige Termine brauchen nicht jedes Mal neu eingetragen zu werden. Der Google Kalender bietet diverse Möglichkeiten zur Terminwiederholung. Tippen Sie im Bearbeitungsbildschirm eines Termins auf das Feld *Einmalig*. Hier können Sie zwischen verschiedenen Wiederholungsmethoden wählen. Anstatt *Einmalig* wird dann der Wiederholungsrhythmus angezeigt.

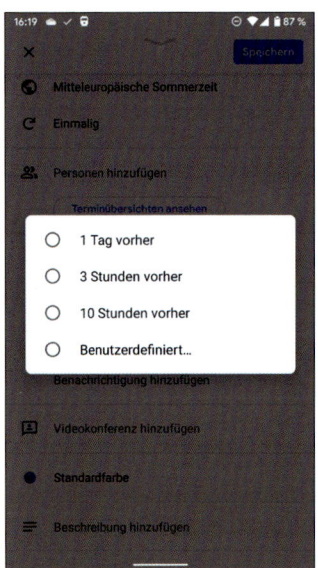 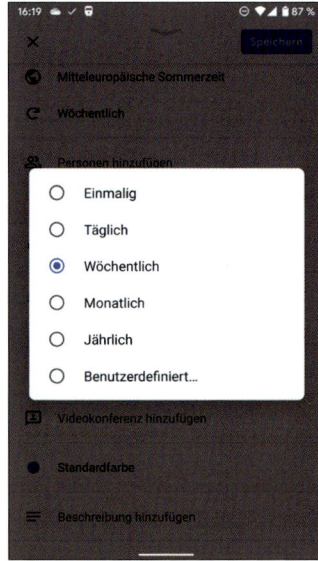 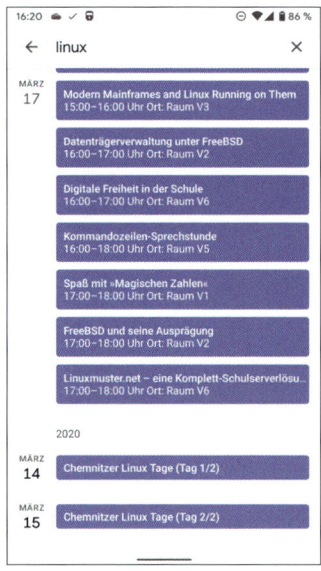

Erinnerung, Terminwiederholung und Suche nach Terminen.

Haben Sie viele Termine im Kalender, ist es oft nicht einfach, einen bestimmten wiederzufinden, besonders wenn man sich nicht an das Datum erinnert. Hier hilft die Suchfunktion weiter.

Tippen Sie oben links im Kalender auf das Menüsymbol und wählen Sie im Menü *Suchen*. Nach Eingabe eines Stichworts im Suchfeld zeigt der Kalender eine Übersicht aller Termine, in denen dieses Stichwort vorkommt. Zum Anzeigen von Terminen, die weiter in der Vergangenheit liegen, wischen Sie in der Terminliste nach unten.

Kurze Erinnerungen im Kalender

Oft möchte man sich nur zu einem bestimmten Zeitpunkt an etwas erinnern lassen, ohne eigens einen Termin dafür anzulegen.

1. Um eine neue Erinnerung einzutragen, platzieren Sie die Markierung im Kalender auf dem gewünschten Zeitpunkt und tippen auf das farbige Plussymbol unten rechts.

2. Tippen Sie auf das Symbol *Erinnerung* und tragen Sie ein, woran Sie erinnert werden möchten.

3. Dann wird ein Zeitpunkt für die Erinnerung vorgeschlagen, den Sie aber durch einfaches Antippen noch ändern können. Sie können die Erinnerung wie einen Termin auch als ganztägig festlegen.

4. Bei Bedarf können Sie wie bei Terminen eine Wiederholung für die Erinnerung einstellen.

5. Tippen Sie auf *Speichern*, um die Erinnerung im Kalender zu sichern.

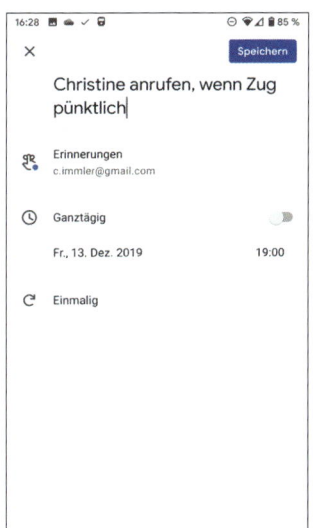
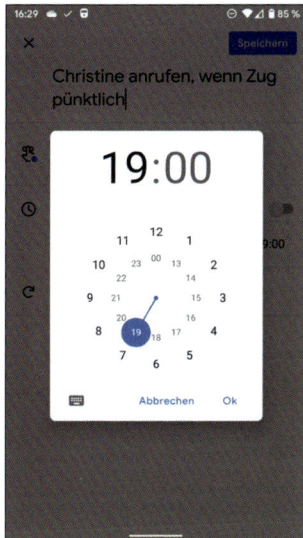

Neue Erinnerung im Kalender anlegen.

Ist der Erinnerungszeitpunkt erreicht, erscheint eine Benachrichtigung und ein akustisches Signal ertönt. So lange Sie die Erinnerung nicht als erledigt bestätigen, werden Sie immer weiter erinnert, auch noch an den nächsten Tagen.

App-Shortcuts und Widgets

Über App-Shortcuts (langes Antippen des App-Symbols) lassen sich Termine oder Erinnerungen schnell anlegen. Bei Bedarf können diese Shortcuts auf den Startbildschirm gelegt werden. Das Widget-Symbol oben rechts bietet zwei verschiedene Kalender-Widgets zur Auswahl.

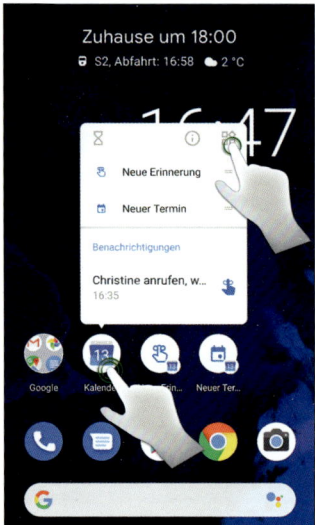  

App-Shortcuts und Widgets für den Kalender.

Zu Terminen einladen

Andere Personen zu einem Termin einzuladen, ist häufig mit Missverständnissen verbunden. Da vergisst jemand den Ort oder den Zeitpunkt oder versäumt es einfach, den Termin in den Kalender einzutragen. Mit Android lassen sich Termine ganz einfach »teilen«.

1. Wählen Sie im Kalender den Termin und tippen Sie oben auf das *Bearbeiten*-Symbol.

2. Tippen Sie auf *Personen hinzufügen* und wählen Sie die Namen von Gästen aus dem Adressbuch aus. Tippen Sie dazu einfach ein paar Buchstaben des Namens, bis Vorschläge erscheinen. Sie können auch E-Mail-Adressen von Gästen eintippen, die nicht im Adressbuch gespeichert sind.

Termineinladungen an PCs verschicken

Android verwendet für den Versand von Terminen das Format ICS (iCalendar). Diese Dateien können auch auf dem PC von verschiedenen Kalendern wie z. B. Microsoft Outlook importiert werden.

---

3. Jeder eingeladene Gast bekommt automatisch eine Benachrichtigung und kann den Termin direkt in seinen Kalender auf dem Smartphone importieren. Bei einer Zu- oder Absage wird diese im eigenen Kalender angezeigt.

4. Über das Menü können Sie jederzeit allen Gästen eine automatische E-Mail mit einer Terminerinnerung oder einer Nachricht, wenn Sie sich z. B. selbst verspäten, schicken.

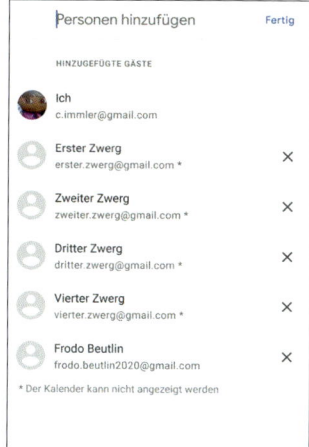 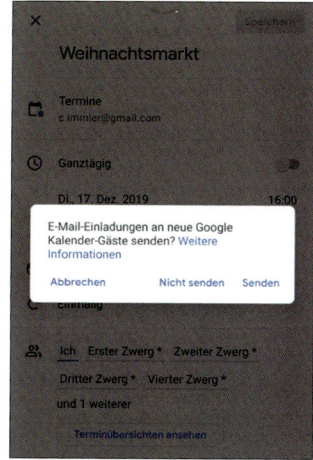

Gäste zu einem Termin einladen.

Termine mit dem Google Assistant anzeigen und anlegen

Der Google Assistant zeigt Termine aus dem Kalender an und liest sie vor. Tippen Sie auf das Google-Assistant-Symbol ganz rechts im Google-Suchfeld und sagen Sie zum Beispiel *meine nächsten Termine* oder *meine Termine am Freitag*. Der Google Assistant zeigt die entsprechenden Termine an und liest den ersten auch gleich vor.

 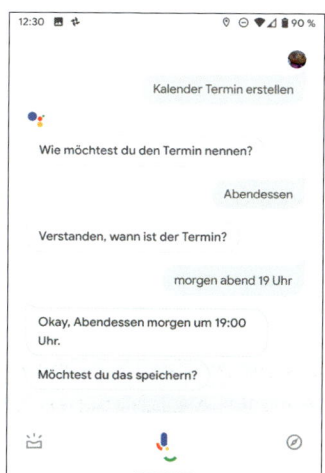

Termine per Spracheingabe im Google Assistant anzeigen und neuen Termin anlegen.

Tippen Sie auf das Mikrofonsymbol und sagen Sie zum Beispiel *Neuer Termin am Freitag 20 Uhr Abendessen*, wird automatisch ein Termin angelegt, den Sie nur noch mit dem blauen Häkchen bestätigen müssen.

Wichtige Kalendereinstellungen

In der Kalenderliste, die Sie über das Menüsymbol links oben im Kalender erreichen, legen Sie fest, welche Kalender auf dem Smartphone angezeigt werden sollen. Haben Sie im Google-Konto mehrere Kalender, brauchen Sie nicht unbedingt immer alle Termine auf dem Smartphone. Tippen Sie in der Liste auf *Einstellungen*, können Sie für jeden Kalender eine Farbe wählen und festlegen, ob er auf dem Smartphone synchronisiert werden soll oder nicht.

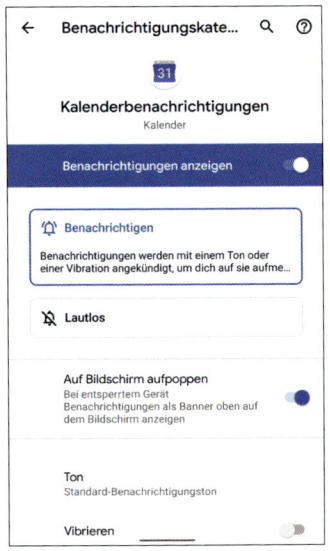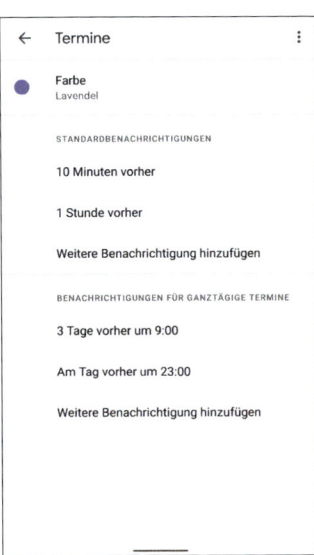

Allgemeine Kalendereinstellungen und Einstellungen für Benachrichtigungen und Terminerinnerungen.

In den *Einstellungen* unter *Allgemein* wählen Sie, auf welche Weise das Smartphone an Termine erinnern soll. Neben der normalen Benachrichtigung über die Benachrichtigungsleiste kann auch ein Klingelton abgespielt werden.

Die Standardzeit für Terminerinnerungen legen Sie in den Einstellungen für jeden einzelnen Kalender fest. Sie lässt sich für jeden Termin allerdings auch noch verändern.

Kalender und Termine importieren

Der Google Kalender bietet die Möglichkeit, weitere Kalender von Freunden, Firmenkalender oder öffentliche Kalender mit Feiertagen, Schulferien oder anderen Terminen zu importieren. Diese werden dann in anderer Farbe im eigenen Google Kalender auf dem PC wie auch auf dem Smartphone angezeigt.

Um einen Kalender zu importieren, melden Sie sich auf dem PC im Browser bei *calendar. google.com* mit Ihrem Google-Konto an. Unter *Weitere Kalender hinzufügen/Kalender importieren* können Sie weitere Kalender importieren. Welche dieser Kalender auf dem Smartphone angezeigt werden sollen, legen Sie in der Kalenderliste im Seitenmenü fest.

Einige andere Apps können Termine direkt in den Google Kalender auf dem Smartphone eintragen, ohne dass ein ganzer Kalender importiert werden muss. Diese werden dann auch synchronisiert und stehen auf dem PC im Browser zur Verfügung. Ein gutes Beispiel ist der *DB Navigator*, der den Fahrplan für eine ausgewählte Fahrt auf Wunsch in den Kalender einträgt.

 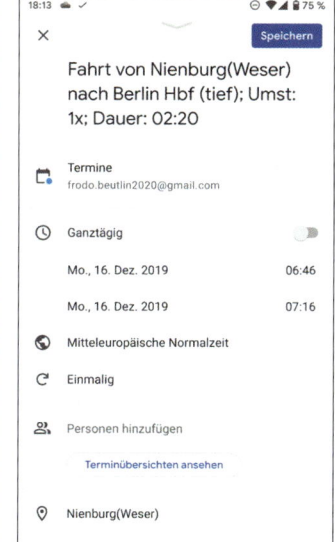 

Termin im DB Navigator anlegen.

Google Kalender mit dem Windows-10-Kalender synchronisieren

Verwenden Sie auf dem PC den Kalender von Windows 10, können Sie Ihren persönlichen Google Kalender direkt dort einbinden und auf diesem Weg Termine zwischen Smartphone und PC synchronisieren.

1. Klicken Sie im Kalender von Windows 10 unten links auf das Zahnradsymbol.

2. Wählen Sie rechts im Menü die Option *Konten verwalten* und klicken Sie auf *Konto hinzufügen*.

3. Wählen Sie im nächsten Fenster die Option *Google* und geben Sie Ihre Anmeldedaten für das Google-Konto ein.

4. Nach einer weiteren Bestätigung erscheint links in der Liste der Kalender ein Konto namens *Gmail*. Hier können Sie auswählen, welche Kalender aus Ihrem Google-Konto Sie in der Kalender-App anzeigen möchten.

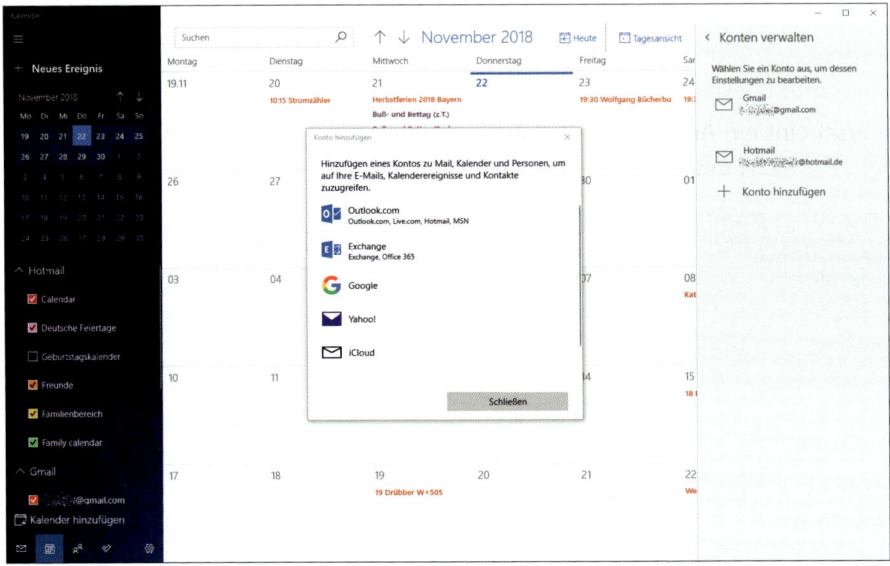

Google Kalender in Windows-10-Kalender integrieren.

Google Kalender mit Mozilla Thunderbird synchronisieren

Verwenden Sie auf dem PC den Kalender von Thunderbird mit der Lightning-Erweiterung, können Sie Ihren persönlichen Google Kalender direkt dort einbinden und auch auf diesem Weg Termine zwischen Smartphone und PC synchronisieren. In den aktuellen Thunderbird-Versionen ist diese Erweiterung bereits vorinstalliert.

1. Wählen Sie im Menü von Thunderbird den Menüpunkt *Add-Ons*, suchen Sie das Add-on *Provider for Google Calendar* und installieren Sie es. Danach müssen Sie Thunderbird einmal neu starten.

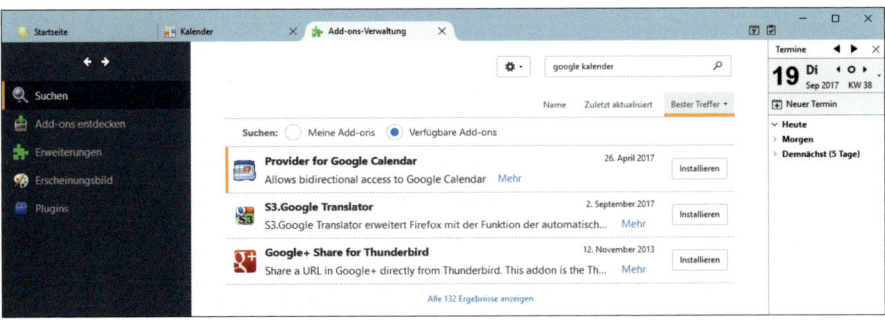

Add-on Provider for Google Calendar suchen und installieren.

2. Wechseln Sie in Thunderbird zur Kalenderseite, klicken Sie mit der rechten Maustaste in die Kalenderspalte ganz links und wählen Sie dort den Menüpunkt *Neuer Kalender*.

3. Wählen Sie im nächsten Dialogfeld die Option *Im Netzwerk* und klicken Sie auf *Weiter*.

4. Bestimmen Sie im dann folgenden Dialogfeld das Format *Google Kalender* und tragen Sie im nächsten Schritt Ihre Gmail-Adresse ein.

5. Jetzt erscheint ein Anmeldefenster von Google, in dem Sie die Anmeldung mit Ihrem Google-Passwort bestätigen müssen.

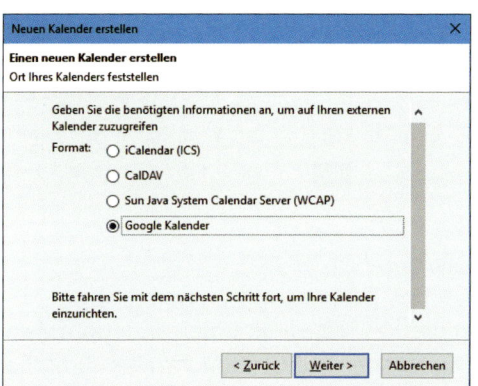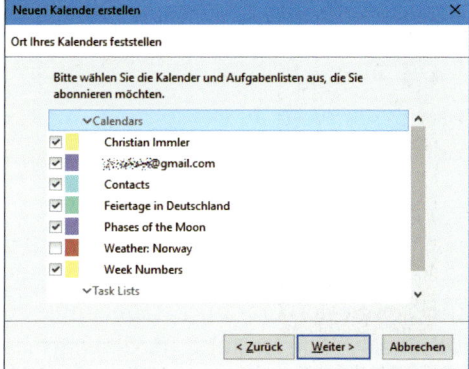

Google Kalender in Thunderbird Lightning einbinden.

6. Im nächsten Schritt wählen Sie die Kalender aus, die in Thunderbird Lightning ange-zeigt werden sollen.

7. Danach synchronisiert sich der Google Kalender automatisch mit Thunderbird Light-ning.

Keine Synchronisation mit Outlook

Mit einem großen Update im Herbst 2013 hat Google die Synchronisation mit Microsoft Outlook nach einer langen Ankündigungsphase endgültig eingestellt.

Tipps zur Bildschirmtastatur

Android-Smartphones haben üblicherweise keine wirkliche Tastatur. Beim Antippen eines Texteingabefeldes erscheint dafür automatisch eine Bildschirmtastatur, auf der Buchstaben, Ziffern und auch Sonderzeichen eingegeben werden können.

Ein angetippter Buchstabe wird vor dem Loslassen deutlich hervorgehoben, um Tippfehler zu vermeiden.

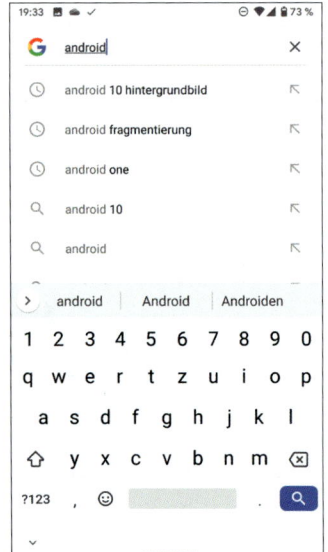

Bildschirmtastaturen und Wortvorschläge in verschiedenen Apps.

Zur Eingabe von Großbuchstaben muss zuerst die ⇧-Taste links unten angetippt werden, die die Bildschirmtastatur für den nächsten Buchstaben auf Großbuchstaben umschaltet. Tippt man zweimal auf die ⇧-Taste, wird diese mit einer Linie hervorgehoben und die Großschreibung festgestellt, bis man sie mit einem weiteren Antippen wieder löst. Auf dem PC bezeichnet man die gleiche Funktion als Feststelltaste oder Caps Lock.

Zur Eingabe von Umlauten oder Buchstaben mit Akzent halten Sie den Finger länger auf dem jeweiligen Buchstaben. Es erscheint ein Zusatzfeld mit einer Auswahl von Varianten dieses Buchstabens. Auf diese Weise finden Sie auch das **ß** auf der Taste **s**. Bei einer Auswahl mehrerer Zeichen wird das eingegeben, auf dem Sie den Finger vom Bildschirm loslassen.

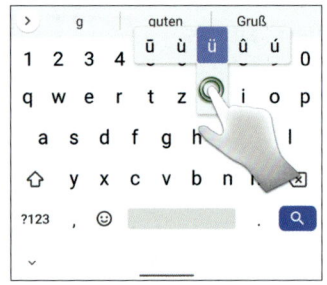

Umlaute und Sonderzeichen auf der Bildschirmtastatur eingeben.

Die Taste mit den Symbolen unten links schaltet auf ein Tastaturlayout zur Eingabe von Ziffern und mathematischen Sonderzeichen um. Dort schaltet die Taste =\< auf eine weitere Sonderzeichentastatur um. Mit der Taste *?123* kommt man zurück zur anderen Tastatur.

Das Symbol mit den Ziffern *1234* neben der Leertaste schaltet auf eine Zifferntastatur zur schnellen Eingabe von Zahlen um.

 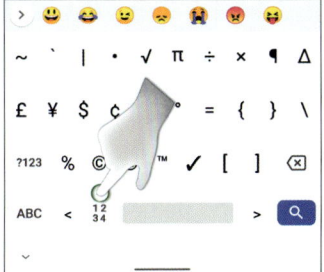 

Bildschirmtastaturen für Ziffern und Sonderzeichen.

Von den Sondertastaturen kommt man mit der Taste *ABC* links unten wieder zurück zur normalen Buchstabentastatur.

Tippt man auf eine Stelle auf dem Bildschirm, wo keine Texteingabe möglich ist, verschwindet die Bildschirmtastatur automatisch wieder. Sie können diese auch jederzeit mit einem Druck auf das Pfeilsymbol unten links ausblenden, wenn sie wichtige Bildschirmteile verdeckt.

Tippen im Querformat

Zum flüssigen Schreiben von Texten ist die Bildschirmtastatur sehr klein. Hinzu kommt, dass man im Hochformat kaum mit zwei Fingern gleichzeitig auf dem Smartphone tippen kann.

Halten Sie das Smartphone beim Schreiben quer, dreht sich der Bildschirminhalt automatisch und die Tastatur füllt die gesamte Bildschirmbreite, dafür verdeckt sie aber noch größere Teile des Bildschirms. Voraussetzung ist natürlich, dass das automatische Drehen in den Schnelleinstellungen eingeschaltet ist.

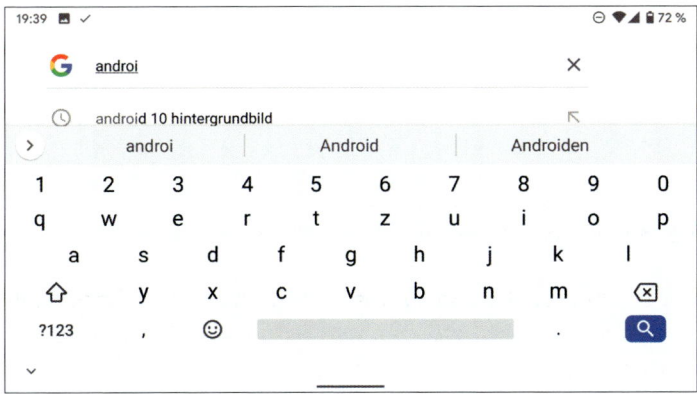

Die Bildschirmtastatur im Querformat.

Die Emojis auf der Tastatur

Emojis sind kleine Bildchen zur Darstellung von Stimmungs- und Gefühlszuständen in der schriftlichen Kommunikation. Ursprünglich waren das reine ASCII-Zeichen, etwa :-) für ein lächelndes Gesicht, auch als Smiley bezeichnet.

Neue Emojis in Android 10

Immer mehr Menschen können sich mit Emojis besser ausdrücken als mit geschriebenen Wörtern. Daher werden von Google und dem für die Standardisierung zuständigen Unicode-Konsortium ständig neue Emojis entwickelt und in den Zeichensatz aufgenommen. Emojis sind technisch gesehen keine Bilder, sondern Schriftzeichen. Sie können auf jeder Geräteplattform leicht unterschiedlich aussehen und lassen sich auch in Suchanfragen nutzen. Bei den neuen Emojis findet man weitere Alltagsgegenstände wie Badeanzug, Pflaster, Drachen, Axt, Warnweste, Teddybär und Fallschirm. Im Sinne der Inklusion wurden Personen mit mechanischen und elektrischen Rollstühlen ebenso wie auch Nutzer von Blindenstöcken und Assistenzhunde mit aufgenommen. Wer seine Gefühle eher durch Farben als durch Gesichter ausdrückt, ist nicht mehr auf bunte Herzchen angewiesen, sondern findet jetzt auch Kreise und Quadrate in neun verschiedenen Farben auf der Emoji-Tastatur.

Zeitgemäß zur in den Medien allgegenwärtigen Genderdiskussion gibt es 71 neue Pärchen verschiedenen Geschlechts, gleichgeschlechtlich wie auch geschlechtsneutral mit allen denkbaren Kombinationen unterschiedlicher Hautfarben. Zusätzlich zu den bereits in drei Varianten bekannten Berufen liefert Android 10 jetzt auch die bisher deutlich weibliche Friseurin wie auch die Polizisten in neutraler Ausprägung. Zu der bereits in Android 8 hinzugekommenen männlichen Form der Meerjungfrau – in der deutschen Unicode-Definition als Meerjungmann bezeichnet – kommt in Android 10 noch der geschlechtsneutrale Wassermensch. Passend dazu ist ein weiteres Emoji, der sich an den Kopf fassende Mensch, jetzt ebenfalls in drei Geschlechtern verfügbar.

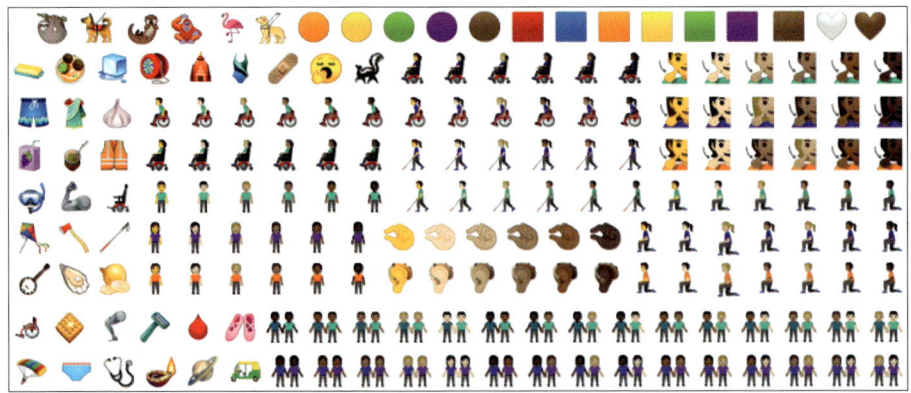

Ein Teil der neuen Emojis in Android 10.

Die Emojis können über das Gesichtssymbol auf der Tastatur ausgewählt werden. Die Emojis sind nach Kategorien geordnet. Über horizontale Wischbewegungen tauchen weitere Emojis auf der Tastatur auf. Bei den meisten menschlichen Gesichtern lässt sich durch längeres Antippen die Hautfarbe wählen. Viele der neuen Emojis lassen sich auf diese Weise auch zwischen männlichen und weiblichen Figuren umschalten.

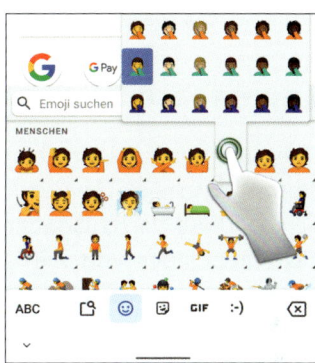

Bildschirmtastaturen für grafische Emojis.

Bei der Vielfalt der Emojis wird es immer schwieriger, das passende zu finden. Deshalb bietet Android 10 die die Möglichkeit, Emojis zu suchen. Geben Sie dazu im Suchfeld oberhalb der Emoji-Tastatur einen Begriff ein. Passende Emojis werden vorgeschlagen. Alternativ tippen Sie auf das Symbol rechts im Suchfeld und malen mit dem Finger ein Emoji. Auch dabei schlägt Android passende Bildsymbole vor, die durch einfaches Antippen in den Text eingefügt werden.

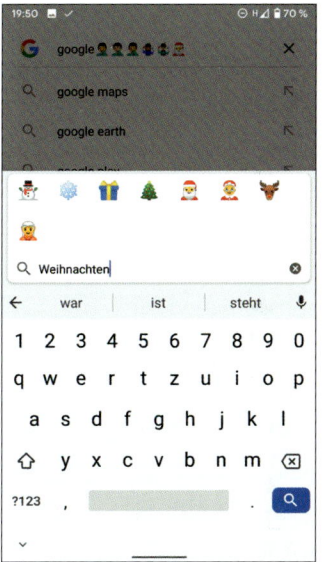
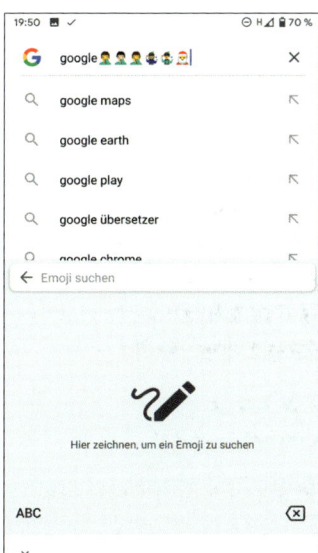

Emojis per Texteingabe oder über einfache Skizze suchen.

> **WICHTIG:** In der privaten Korrespondenz durchaus sinnvoll und lustig, sollten Emojis im offiziellen Schriftverkehr nur sparsam eingesetzt werden. Emojis sollte man nur verwenden, wenn man sicher ist, dass der Empfänger darunter das Gleiche versteht. Gleiche Emojis werden auf unterschiedlichen Systemplattformen unter Umständen grafisch unterschiedlich dargestellt.

Anpassbare Symbolleiste auf der Tastatur

Oberhalb der Tastatur befindet sich eine Leiste, die anhand der eingetippten Zeichen Wörter vorschlägt, die durch einfaches Antippen übernommen werden können. Hat man sich an diese Vorschläge einmal gewöhnt, schreibt es sich deutlich schneller, da längst nicht mehr jedes Wort vollständig eingegeben werden muss. Das Symbol ganz links schaltet zwischen diesen Wortvorschlägen und einer anpassbaren Symbolleiste für besondere Tastaturen um.

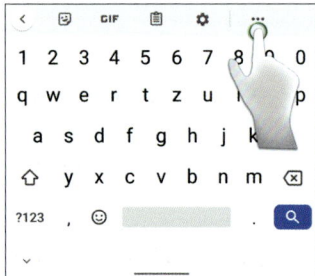  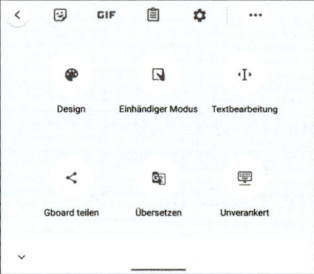

Die Symbolleiste mit weiteren Tastaturoptionen.

Tippen Sie auf die drei Punkte ganz rechts, erscheinen weitere Symbole, die Sie in die Symbolleiste ziehen können, um sie so jederzeit zur Verfügung zu haben.

Zifferntasten ein- oder ausblenden

In den Tastatureinstellungen unter *Einstellungen* können Sie die Zifferntasten in der obersten Zeile der Tastatur ein- oder ausschalten. Bei ausgeschalteten Zifferntasten geben Sie die Ziffern durch längeres Halten des entsprechenden Buchstabens in der obersten Buchstabenzeile ein.

Wischen statt tippen

Nach einer gewissen Eingewöhnungszeit schreibt man mit Wischbewegungen auf der Tastatur noch viel schneller, als jeden Buchstaben einzeln anzutippen. Tippen Sie auf das Symbol *Einstellungen* in der Tastatursymbolleiste und auf dem nächsten Bildschirm auf *Glide Typing*. Aktivieren Sie hier alle Schalter.

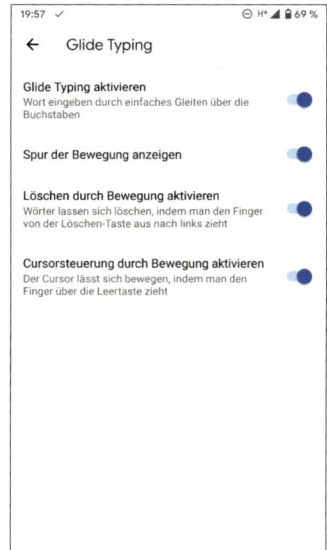
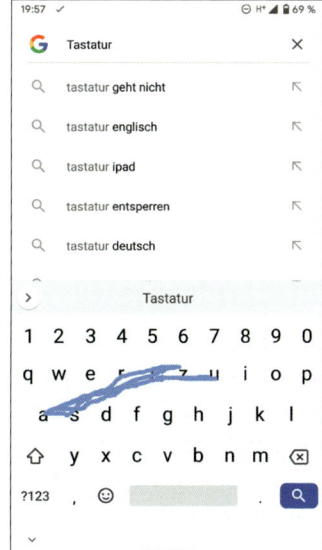

Mit Wischen schreibt es sich schneller.

Schreiben Sie jetzt ein Wort, indem Sie den ersten Buchstaben antippen, dann den Finger auf der Tastatur lassen und einfach von Buchstabe zu Buchstabe wischen. Die Texterkennung erkennt meist recht schnell das gewünschte Wort, selbst wenn Sie die Buchstabentasten nicht genau treffen, sodass Sie längst nicht alle Wörter zu Ende schreiben müssen.

- Zur Eingabe eines doppelten Buchstabens wischen Sie mit dem Finger auf der Taste kurz hin und her oder verlassen sich auf die Texterkennung, die viele Wörter auch erkennt, wenn doppelte Buchstaben nur einfach geschrieben werden.

- Am Ende eines Wortes wird automatisch ein Leerzeichen eingefügt.

- Zur Eingabe von Großbuchstaben am Wortanfang brauchen Sie keine ⇧-Taste mehr. Tippen Sie auf den ersten Buchstaben, wischen Sie kurz aus dem Tastaturfeld in den oberen Bildschirmbereich und dann, ohne abzusetzen, auf den nächsten Buchstaben.

Einfache Cursorsteuerung zum Markieren

Oftmals ist es schwierig, den Anfangspunkt richtig zu setzen, um einen Textbereich genau zu markieren. Zu leicht trifft man mit dem Cursor daneben. Die Bildschirmtastatur hat zwar keine Cursortasten, bietet aber eine komfortable Möglichkeit, über Wischbewegungen auf der Tastatur den Cursor zu versetzen.

Schalten Sie in den Tastatureinstellungen unter *Glide Typing* den Schalter *Cursorsteuerung durch Bewegung aktivieren* ein. Wischen Sie dann mit dem Finger über die Leertaste, um den Cursor genau zu positionieren.

Schnellzugriff auf Tastatureinstellungen

Wenn Sie die Tastatureinstellungen oft benötigen, aktivieren Sie dort unter *Erweitert* den Schalter *App-Symbol anzeigen*. In der Apps-Liste auf dem Startbildschirm wird jetzt das Symbol *Gboard* angezeigt, das direkt zu den Tastatureinstellungen führt.

Einhandtastatur

Menschen mit kleinen Händen tun sich auf modernen Smartphones mit ihren immer größeren Bildschirmen oft schwer, die Tastatur noch mit einer Hand zu bedienen. Android 10 bietet alternativ noch eine kleinere und eine größenverstellbare Tastatur an. Tippen Sie auf das Symbol *Einhändiger Modus* in der Tastatursymbolleiste. Wenn Sie es oft brauchen, können Sie dieses Symbol auch in die Symbolleiste ziehen.

Mit den Pfeilsymbolen an den Seiten lässt sich diese Tastatur auf die linke oder rechte Bildschirmseite umschalten. Das Symbol oben in der Ecke schaltet auf die Vollformattastatur zurück. Das Symbol unten in der Ecke ermöglicht es, die Tastatur an eine günstige Position zu schieben.

 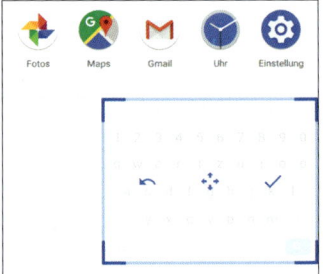 

Einhändige und unverankerte Tastatur.

Frei bewegliche Tastatur

Wenn die Tastatur in bestimmten Apps wichtige Elemente verdeckt, können Sie die unverankerte Tastatur nutzen, die sich frei auf dem Bildschirm verschieben lässt. Ziehen Sie diese an den unteren Bildschirmrand, wird automatisch wieder zur normalen Tastatur gewechselt.

Tastaturdesigns

Wem das normale Tastaturdesign zu langweilig ist, der kann auf farbige Tastaturdesigns oder Hintergrundbilder auf der Tastatur umschalten. Das Symbol *Designs* in den Tastatureinstellungen bietet eine breite Auswahl an Tastaturdesigns.

132

  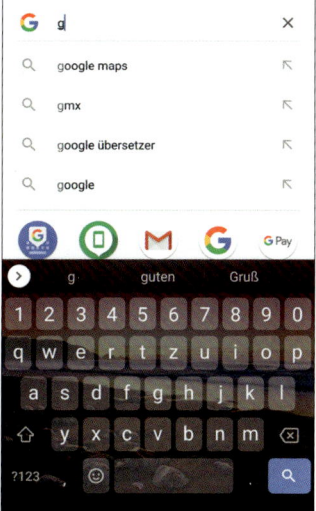

Tastaturdesign auswählen und anwenden.

Sticker und GIFs

Die beiden Symbole *Sticker* und *GIFs* in der Tastatursymbolleiste funktionieren nur in unterstützten Apps, wie etwa *Gmail* und *Nachrichten*. Sticker sind kleine Cartoons, die aus verschiedenen Sammlungen ausgewählt werden können, GIFs sind kurze animierte Bildsequenzen. Diese werden anhand von Schlagwörtern aus dem Internet heruntergeladen. Die Dateien werden nicht wie Emojis anstelle von Buchstaben in den Text eingebaut, sondern als Anhang gesendet.

Paletten mit Stickern und GIFs mit Suchfeld.

Spracheingabe über die Tastatur

Drücken Sie auf der Tastatur die Taste mit dem Mikrofonsymbol rechts neben der Leiste mit den Wortvorschlägen, startet die Google-Spracheingabe. Gesprochener Text wird automatisch in Text umgewandelt und in allen unterstützten Apps wie geschriebener Text eingefügt. Bei Eingabefeldern, die die Spracheingabe nicht unterstützen, ist das Mikrofon durchgestrichen. Bei Erkennungsfehlern können Sie den Text nachträglich korrigieren.

Text per Spracheingabe übernehmen.

Uhr und Wecker

Ein Smartphone, das man fast immer bei sich trägt, eignet sich geradezu ideal als Taschen-uhr oder Wecker. Android liefert Uhren für den Startbildschirm mit Wecker, Stoppuhr und Countdown mit. Auf einigen Geräten ist die Uhr auf dem Startbildschirm bereits vorinstal-liert. Wenn nicht, können Sie das leicht selbst vornehmen.

Uhr auf den Startbildschirm bringen

Android liefert zwei Widgets mit einer Analog- oder Digitaluhr mit, die gleich-zeitig auch als Wecker genutzt werden kann. Das Symbol der App zeigt die aktuelle Uhrzeit als Analoguhr.

1. Halten Sie den Finger länger auf dem Symbol der *Uhr*-App, bis eine Symbolpalette mit App-Shortcuts erscheint. Tippen Sie dort oben rechts auf das *Widgets*-Symbol.

2. Wählen Sie das Widget *Analoguhr* oder *Digitaluhr* aus.

3. Jetzt können Sie das Widget an der gewünschten Position auf dem Startbildschirm ab-legen und dort loslassen.

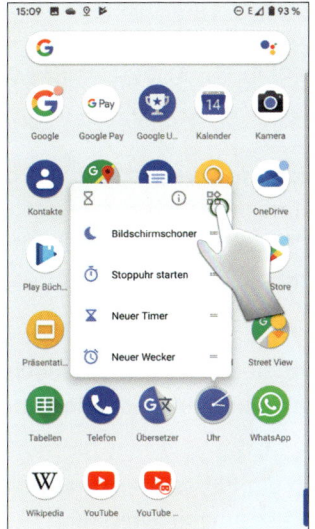  

Uhr als Widget auf den Startbildschirm ziehen.

4. Anschließend ziehen Sie das Widget mit den vier Griffpunkten auf die gewünschte Größe. Die Uhr wird ab sofort ständig auf dem Startbildschirm angezeigt.

Die App *Uhr* zeigt eine Digitaluhr im Vollbildmodus auf dem Bildschirm. Einfacher, als die App in der Liste zu finden, geht es aber, indem Sie einfach das Uhren-Widget auf dem Startbildschirm antippen. Mit den Symbolen am oberen Bildschirmrand oder einer horizontalen Wischbewegung lässt sich diese App auch als Wecker, Kurzzeit-Timer und als Stoppuhr verwenden.

Während Stoppuhr oder Kurzzeit-Timer laufen, können Sie andere Apps benutzen. Die Daten dieser Uhrfunktionen werden als Benachrichtigungen angezeigt. Durch Antippen dieser Benachrichtigungen kommen Sie jederzeit wieder zur laufenden Uhr zurück.

Tippen Sie auf das Weltkugelsymbol unten in der Mitte der Uhrenanzeige, können Sie weitere Städte hinzufügen, deren aktuelle lokale Uhrzeit auf dem Uhrenbildschirm mit angezeigt werden soll.

Wecker einstellen

In dieser App können Sie mehrere Wecker stellen. Hier sind bereits zwei Wecker für Werktage und Wochenenden voreingestellt, die Sie aktivieren oder auch ändern können.

1. Über die Schaltfläche mit dem Plussymbol in der Mitte unten legen Sie weitere Wecker fest. Auf diese Weise stellen Sie Wecker für verschiedene Tage oder Ereignisse, die sich wiederholen. Sie brauchen diese Wecker dann nur bei Bedarf ein- oder auszuschalten und müssen sie nicht jedes Mal neu einstellen.

2. Legen Sie die Weckzeit und den gewünschten Klingelton fest. Über die Liste *Wiederholen* bestimmen Sie die Wochentage, an denen der Wecker klingeln soll, wenn es sich nicht um ein einmaliges Ereignis handelt, an das Sie sich vom Wecker erinnern lassen wollen.

Ein Weckersymbol in der Statusleiste oben rechts auf dem Bildschirm weist darauf hin, dass ein Wecker aktiv ist. Der nächste Weckertermin wird zusätzlich bei der Uhrzeit im Digitaluhr-Widget und auf dem Sperrbildschirm angezeigt. Wenn der Wecker klingelt, erscheint zudem eine auffällige Anzeige auf dem Bildschirm, unabhängig davon, welche App gerade läuft.

- Tippen Sie in dieser Anzeige auf das Symbol *Schlummern*, bedeutet das, Sie möchten noch etwas schlummern. Der Wecker klingelt in wenigen Minuten noch einmal. Die Schlummerzeit wird auch als Benachrichtigung angezeigt.

- Tippen Sie auf *Ausschalten*, klingelt der Wecker nicht noch einmal, sondern erst wieder, wie es in der Wiederholung eingestellt ist, also beispielsweise am nächsten Tag.

Interessante Einstellungen für die Uhr

Über das Menüsymbol mit den drei Punkten oben rechts lässt sich die Uhr in einen augenschonenden und stromsparenden Nachtmodus umschalten, der in den Einstellungen der Uhr als *Bildschirmschoner* bezeichnet wird. Hier werden auf einem schwarzen Bildschirm nur die Uhrzeit und das Datum in leichtem Grau angezeigt. Dieser Nachtmodus ersetzt gleichzeitig den Sperrbildschirm. Sie brauchen das Smartphone in der Nacht also nicht extra zu entsperren, um die Uhr im Nachtmodus zu sehen. Ein Druck auf den Einschalter reicht aus.

In den Einstellungen der Uhr können Sie diese von Digitaluhr auf Analoguhr umschalten. Das Design für den Nachtmodus lässt sich getrennt einstellen. Außerdem können Sie dort unter anderem den Lautstärketasten eine Sonderfunktion zuweisen, um damit den Wecker auszuschalten oder auf Schlummern zu setzen.

App-Shortcuts

Über App-Shortcuts bei längerem Drücken des Uhrensymbols können Sie die Stoppuhr starten, Timer und Wecker einrichten oder direkt den Bildschirmschonermodus starten. Wenn Sie diese Funktionen oft nutzen, ziehen Sie sie direkt auf den Startbildschirm.

Kapitel 3

Apps finden und installieren

Ähnlich wie es für PCs Millionen Programme gibt, wird auch der Markt für Apps immer umfangreicher und unübersichtlicher. So ziemlich jedes erdenkliche Thema lässt sich mit der passenden App auf dem Smartphone darstellen.

Für Android sind auch nach zweimaligem gründlichem Ausmisten durch Google in den Frühjahren 2018 und 2019 immer noch über 2.400.000 verschiedene Apps erhältlich, etwa zwei Drittel davon kostenlos. Allerdings werden Sie, wenn Sie sich einige Zeit mit diesem Thema beschäftigt haben, feststellen, dass Sie über 99 % der Apps nicht brauchen.

Der Google Play Store

Die erste Anlaufstelle, um Apps auf ein Android-Smartphone herunterzuladen, ist der Google Play Store. Insgesamt wurden bereits weit über 100 Milliarden Apps aus dem Google Play Store heruntergeladen.

Zum Download aus dem großen Angebot ist eine spezielle App nötig, die auf allen Android-Geräten mit Google-Zertifizierung vorinstalliert ist. Smartphones kleiner Hersteller, die sich keine Google-Lizenz leisten wollen, oder Geräte aus chinesischer Produktion für den dortigen Inlandsmarkt haben keinen Zugang zum Google Play Store. Als Folge der aktuellen Blockade der US-Regierung liefert Huawei das Mate 30 und einige andere Modelle weltweit ohne vorinstallierte Google-Dienste aus.

Das bedeutet aber nicht, dass auf diesen Geräten keine Apps installiert werden können. Android bietet im Gegensatz zu iOS die Möglichkeit, Apps auch aus anderen Quellen zu installieren. Die größten Smartphone-Hersteller, Samsung, Huawei und Xiaomi, installieren auf ihren Geräten zusätzlich zum Google Play Store noch eigene Stores.

Die Tablets der Kindle-Fire-Serie haben ebenfalls keinen Google Play Store an Bord, obwohl sie auf Android basieren. Apps werden hier aus dem Amazon Appstore installiert.

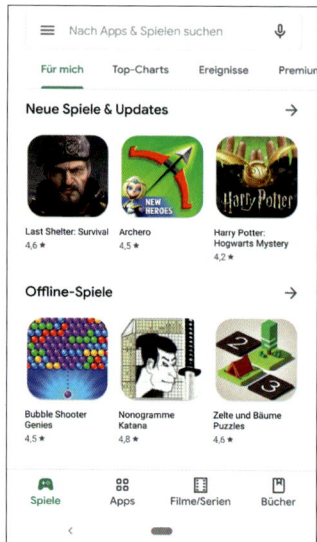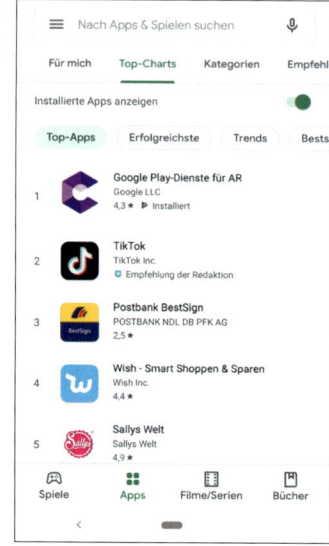

Der Google Play Store auf dem Smartphone.

Der Google Play Store listet alle Apps getrennt nach Anwendungen und Spielen in unterschiedlichen Kategorien auf. Hier kann man sich anhand von Empfehlungslisten inspirieren lassen. Diese Listen sollen zwar zur Orientierung dienen, sind aber weitgehend aussagelos, da sich Entwickler dort »einkaufen« können. Lediglich die Liste *Top-Charts* orientiert sich an tatsächlichen Downloadzahlen.

Um eine bestimmte App zu finden, können Sie die Suchfunktion verwenden, wobei man auch hier Vorsicht walten lassen muss, da Entwickler betrügerischer Apps alles daransetzen, unter beliebten Suchbegriffen in den Listen aufzutauchen. Suchen Sie bekannte Apps besser in den *Top-Charts*, um sicherzugehen, die richtige App zu installieren, da Sie in den meisten Fällen die bekannte App und nicht eine weniger beliebte gefälschte Version mit gleichem oder ähnlichem Namen installieren wollen.

Der Google Play Store listet auf dem Smartphone immer nur die Apps auf, die auf dem jeweiligen Gerät auch tatsächlich laufen. Zu jeder App werden eine Beschreibung sowie Screenshots angezeigt. Bei einigen Apps gibt es auch YouTube-Videos, die die Funktionen näher erläutern. Da die Beschreibungen sowie die Videos nicht von Google selbst stammen, sondern von den Entwicklern geliefert werden müssen und nur minimalen Qualitätskontrollen unterliegen, sind sie häufig kaum brauchbar.

> ## Google-Konto
>
> Der Google Play Store braucht eine Anmeldung mit einem Google-Konto. Falls Sie bei der Einrichtung Ihres Smartphones kein Google-Konto angegeben haben, müssen Sie dies spätestens tun, wenn Sie den Google Play Store nutzen wollen.

Apps auf dem Smartphone installieren

Zur Installation auf dem Smartphone braucht man nach Auswahl der App nur noch auf *Installieren* zu tippen. Danach wird die App installiert und Sie können sie direkt aus dem Google Play Store heraus öffnen. Selbstverständlich ist die neu installierte App auch in der Liste aller Apps zu finden. Um den Google Play Store übersichtlicher zu halten, werden die teilweise sehr umfangreichen Beschreibungstexte der Apps erst beim Tippen auf *Über diese App* angezeigt.

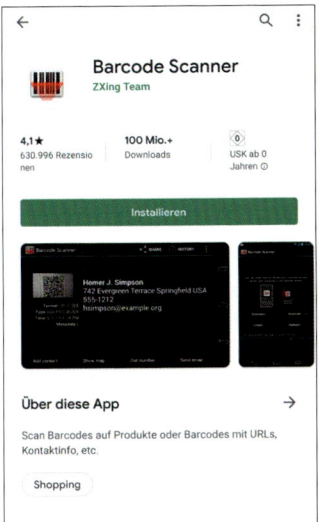 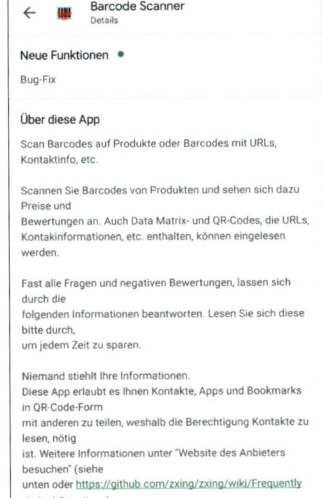 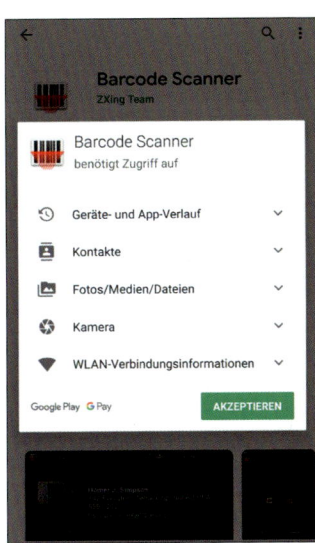

Neue App aus dem Google Play Store installieren.

Der Google Play Store zeigt an dieser Stelle an, auf welche Systemkomponenten die jeweilige App zugreifen kann. Diese Berechtigungen sollte man sich in jedem Fall vor der Installation ansehen. Viele werbefinanzierte Apps fordern uneingeschränkten Internetzugriff oder gar die Berechtigung, Anrufe zu tätigen oder SMS zu verschicken. Bei Apps wie z. B. Telefonbüchern oder Branchenverzeichnissen ist diese Berechtigung für die Funktionalität wichtig, bei einfachen Spielen oder Grafikprogrammen besteht jedoch die Gefahr, dass Apps auf diesem Weg teure Verbindungen aufbauen – eine Betrugsmasche, die unter dem Namen Dialer schon zu Zeiten analoger Modems am PC bekannt war. Besonders Taschenlampen-Apps sind diesbezüglich in Verruf geraten. Trotz der teilweise bedenklich klingenden Bezeichnungen sind die meisten Berechtigungen für das Funktionieren einer App wirklich nötig. Achten sollten Sie vor allem auf folgende Berechtigungen:

- **Telefonnummern direkt anrufen** – Damit kann eine App beliebige Telefonnummern, theoretisch auch kostenpflichtige Sonderrufnummern, anrufen und das auch, ohne dass die Telefon-App zu sehen ist.

- **Kurznachrichten senden** – Damit kann die App SMS verschicken.

Früher fragten Apps noch nach dem Internetzugriff. Seit fast keine App mehr offline läuft oder zumindest zur Anzeige von Werbung den Internetzugriff benötigt, wird diese Zugriffsberechtigung nicht mehr angezeigt. Wer bei den Zugriffsberechtigungen Sicherheitsbedenken hat, kann die Installation an dieser Stelle noch abbrechen.

Bewertungen und Nutzerkommentare

Das Symbol *Empfehlung der Redaktion* sowie die Anzahl der Sterne und auch die Gesamtzahl der Installationen sind ein guter Richtwert für die Qualität der App. Gekaufte vordere Positionen in Suchergebnissen im Play Store werden seit einiger Zeit als Anzeige gekennzeichnet.

Die Nutzerkommentare sollten Sie dagegen besser ignorieren. Wie in fast allen Onlineshops zeugen diese von absolut mangelhaftem technischem Verständnis, dafür umso mehr von übersteigertem Geltungsbewusstsein einiger Nutzer. Besonders die Bewerter mit wenigen Sternen würden bereits im Deutschunterricht der ersten Klasse durchfallen. Wie viele andere Webseiten auch, würde sich Google Play einen Gefallen tun, wenn die Kommentare redaktionell gefiltert oder ganz abgeschaltet würden.

Automatische App-Updates

Unter *Meine Apps und Spiele* im Menü des Google Play Store links oben speichert der Play Store alle von dort heruntergeladenen Apps. In dieser Liste werden auch Update-Benachrichtigungen angezeigt, wenn von einer App eine neue Version verfügbar ist.

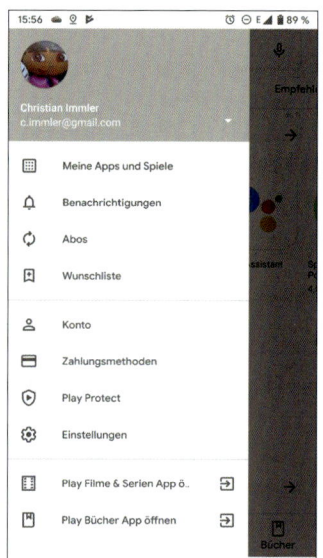 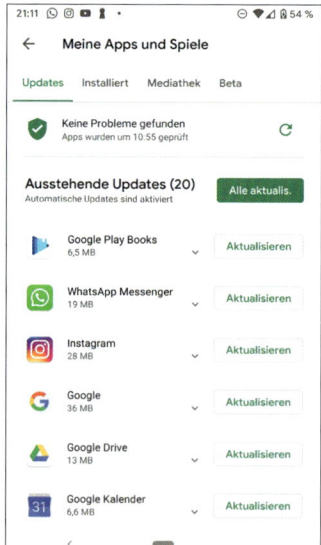 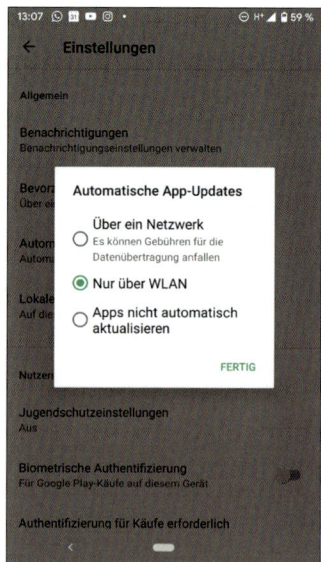

Update-Benachrichtigungen und automatische App-Updates im Google Play Store.

Einige Apps erhalten häufig Updates. Um nicht jede App manuell updaten zu müssen, können Sie auch alle anstehenden Updates auf einmal aktualisieren.

Möchten Sie sich über Updates keine Gedanken machen müssen, schalten Sie über den Menüpunkt *Einstellungen* im Google Play Store die Funktion *Automatische App-Updates* ein.

Um Mobilfunk-Datenvolumen zu sparen, sollten Sie gleichzeitig die Option *Nur über WLAN* aktivieren. Damit werden automatische Updates nur heruntergeladen, wenn sich das Smartphone in einem WLAN befindet. Manuell können Sie trotzdem jederzeit App-Updates auch über Mobilfunk installieren.

Auch wenn automatische Updates aktiv sind, können Sie bei einzelnen Apps über das Menü oben rechts die automatischen Updates abschalten, wenn z. B. bekannt ist, dass neue App-Versionen Kompatibilitätsprobleme, Werbung, Bezahlfunktionen oder Funktionseinschränkungen mit sich bringen.

Sowie ein Update neue Berechtigungen erfordert, wird es nicht mehr automatisch installiert. In diesem Fall müssen Sie zuerst den neuen Berechtigungen zustimmen. Danach kann das Update manuell installiert werden.

Automatisches Update beim ersten Start

Bereits direkt nach dem Start meldet fast jedes Smartphone, dass Updates zur Verfügung stehen. Dabei handelt es sich um einige Google-Apps, die inzwischen in einer neueren Version angeboten werden als der, mit der die Geräte im Herstellerwerk vorkonfiguriert wurden. Die Meldung brauchen Sie nicht weiter zu beachten, da diese Updates automatisch installiert werden.

So kann man Apps kaufen

Kostenpflichtige Apps können im Google Play Store auf verschiedene Weise bezahlt werden, unter anderem mit einer gültigen Kreditkarte oder über die Mobilfunkrechnung. Spätestens beim ersten Kauf einer App müssen Benutzer in ihrem Google-Konto eine Zahlungsmethode und auch eine gültige Postanschrift hinterlegen.

Vor jedem Kauf können Sie die Zahlungsmethode wechseln, und es muss sicherheitshalber noch einmal das Passwort des Google-Kontos eingegeben werden, solange Sie diese Abfrage nicht deaktiviert haben.

Alternativ können Sie Prepaid-Guthaben für den Google Play Store in Form von Geschenkkarten bei verschiedenen Supermarkt-, Drogerie- und Tankstellenketten kaufen und beim Onlinekauf einlösen. Weitere Informationen finden Sie bei *goo.gl/j9wo9c*.

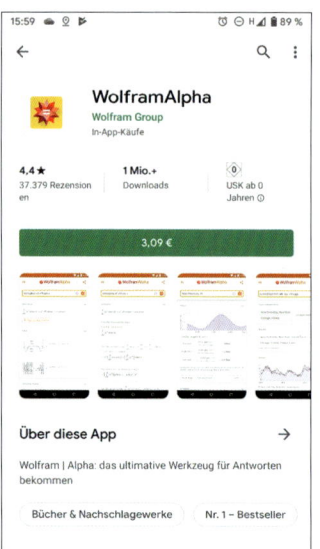 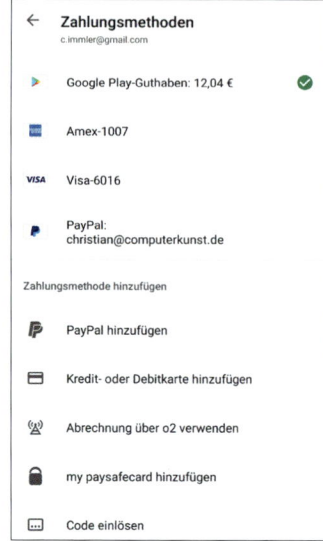

App kaufen und Zahlungs-
methode wählen.

PayPal

Nachdem viele Nutzer jahrelang darauf gewartet haben, bietet der Google Play Store seit März 2015 auch PayPal als Zahlungsmethode an. Dabei kann ein beliebiges PayPal-Konto eingetragen werden. Dieses muss nicht mit der E-Mail-Adresse Ihres Google-Kontos übereinstimmen.

Eine App, die Sie einmal auf einem Android-Gerät gekauft haben, können Sie auf weiteren Geräten mit demselben Google-Konto installieren, ohne sie neu zu kaufen. Wählen Sie dazu im Menü von Google Play *Meine Apps und Spiele*. Dort finden Sie neben den installierten Apps noch die persönliche *Mediathek*, die alle Apps enthält, die Sie jemals mit diesem Google-Konto auf irgendeinem Android-Gerät heruntergeladen haben – Freeware und auch Kauf-Apps. Hier werden auch Apps angezeigt, die mit dem aktuellen Smartphone nicht kompatibel sind. Diese können dann aus der Liste nicht installiert werden.

Google-Play-Guthaben mit Umfragen verdienen

Möchten Sie kostenpflichtige Apps ab und zu mal kostenlos bekommen? Durch regelmäßiges Beantworten einfacher statistischer Fragen können Sie Google-Play-Guthaben verdienen. Die *Google Umfrage*-App liefert alle paar Tage eine einfach zu beantwortende statistische Frage. Für das Beantworten bekommt man ein paar Cent gutgeschrieben. Nach wenigen Wochen bis Monaten hat man sich damit die erste App verdient.

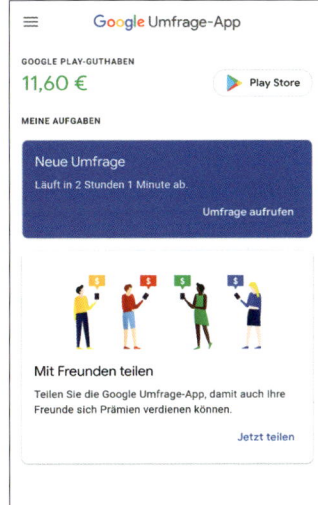

Google-Play-Guthaben mit Umfragen verdienen.

Der Google Play Store auf dem PC

Der Google Play Store ist auch vom PC über einen beliebigen Webbrowser unter *play.google.com/store/apps* zu erreichen. Hier kann man Apps finden und auch direkt auf seinen Geräten installieren.

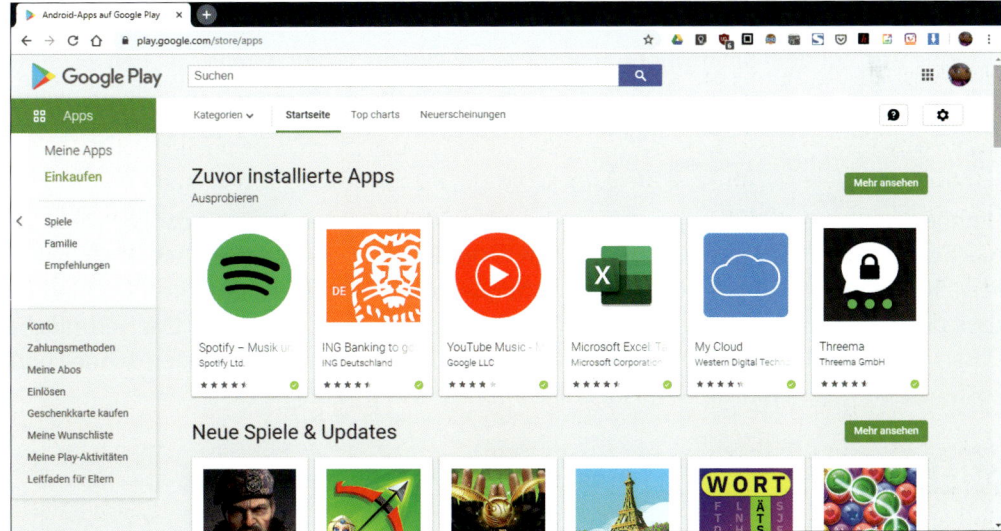

Der Google Play Store auf dem PC.

Zur Installation von Apps muss man auf dem PC im Browser mit dem Google-Konto angemeldet sein, das auch auf dem Smartphone verwendet wird. Mit dem Zahnradsymbol rechts oben können Benutzer die verwendeten Geräte verwalten. Unter dem Link *Meine Apps* sehen Sie alle auf Ihren Android-Geräten installierten Apps. Bevor Sie eine App zur Installation auswählen, prüfen Sie unterhalb des grünen Installationsbuttons die Geräte-kompatibilität. Ein Klick auf das **i**-Symbol zeigt alle in diesem Google-Konto eingetragenen Android-Geräte. Anhand von Betriebssystemversion, Bildschirmgröße und einigen anderen technischen Kriterien wird ermittelt, mit welchen der Geräte die App kompatibel ist.

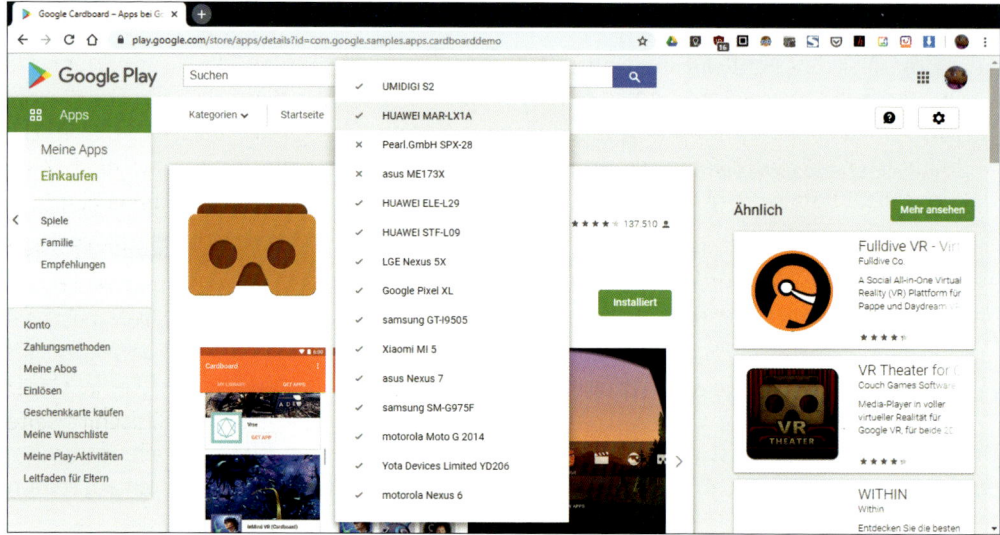

Anzeige der Gerätekompatibilität im Google Play Store auf dem PC.

Um eine App auf dem Smartphone zu installieren, klicken Sie auf dem PC auf den *Installie-ren*-Button bei der jeweiligen App. Wählen Sie jetzt noch das gewünschte Gerät aus, wenn Sie unter Ihrem Google-Konto mehrere Android-Geräte angemeldet haben, wie beispiels-weise ein Smartphone und ein Tablet.

Um die Installation auf dem jeweiligen Gerät brauchen Sie sich keine Gedanken mehr zu machen. Die App wird nun vollautomatisch an Ihr Smartphone geschickt und dort instal-liert. Sie werden darüber in der Benachrichtigungszeile informiert. Beachten Sie hierbei, dass die Bestellung sofort per Push auf Ihr Smartphone geschickt wird. Das verbraucht Datenvolumen oder erzeugt Kosten, falls Sie keine Flatrate besitzen. Besonders schnell und kostenlos geht es natürlich, wenn Ihr Smartphone per WLAN online ist.

Nicht mehr benötigte Apps deinstallieren

Irgendwann ist der Speicher des Smartphones voll oder Sie wollen mal wieder den Über-blick in der Apps-Liste haben. Wie auch immer, es wird der Zeitpunkt kommen, an dem Sie bestimmte Apps wieder vom Smartphone entfernen möchten. Leider funktioniert dies nicht mit allen der auf manchen Smartphones vorinstallierten Werbe-Apps.

Apps können auf drei verschiedenen Wegen wieder deinstalliert werden. Leider funktioniert nicht immer jede Methode bei jeder App, was unterschiedliche Gründe haben kann.

- **Apps über die Apps-Liste deinstallieren:** Am einfachsten deinstallieren Sie Apps direkt aus der Apps-Liste. Halten Sie den Finger länger auf die zu deinstallierende App, bis oben das *Deinstallieren*-Symbol erscheint. Ziehen Sie die App auf dieses Symbol und bestätigen Sie die Sicherheitsabfrage. Bei Apps, die im ROM des Smartphones vorinstalliert sind, erscheint das *Deinstallieren*-Symbol gar nicht erst.

- **Apps über den Google Play Store deinstallieren:** Im Google Play Store finden Sie auf der Seite *Meine Apps und Spiele* unter *Installiert* alle aus dieser Quelle installierten Apps. Wählen Sie die App aus, die entfernt werden soll. Auf der Detailseite gibt es die Schaltfläche *Deinstallieren*. Vor der endgültigen Deinstallation erscheint noch eine Sicherheitsabfrage. Die ausgewählte App wird mit einem weiteren Klick deinstalliert.

- **Apps über die Systemeinstellungen deinstallieren:** Apps, die aus anderen Quellen installiert wurden, werden im Google Play Store nicht immer gefunden. Über die *Einstellungen* können Sie normalerweise jede App deinstallieren. Wählen Sie hier *Apps & Benachrichtigungen/Alle Apps anzeigen*, sehen Sie eine Liste aller installierten Apps mit den Angaben, wie viel Speicherplatz jede einzelne App belegt. Wählen Sie in dieser Liste diejenige App aus, die Sie entfernen möchten. Auf der nächsten Bildschirmseite können Sie diese App dann deinstallieren.

Apps per QR-Code installieren

Immer mehr Plakate und andere Offlinewerbeformen zeigen Internetadressen, die sich der vorbeigehende Betrachter allerdings merken oder aufschreiben muss. Im Gegensatz zur Bannerwerbung kann man eine URL auf einem Plakat nicht einfach anklicken.

Infotafel mit QR-Code.

QR-Codes (**Q**uick **R**esponse = schnelle Antwort) bieten hier eine komfortable Lösung. Sie sind der schnelle Weg zu einer Webseite, ohne Adressen abzutippen. Diese grobpixeligen Schwarz-Weiß-Grafiken findet man inzwischen auch auf Fahrscheinen, Visitenkarten und T-Shirts. Auch an Straßenbahnhaltestellen, Fahrkartenautomaten und touristischen Sehenswürdigkeiten sind aktuelle Infos häufig per QR-Code abrufbar.

Um die mobile Version einer Webseite zu bewerben, bieten auch viele Webseitenbetreiber auf ihren Seiten QR-Codes an, die einen Link auf die mobile Seite enthalten. Scannt man mit der Smartphone-Kamera so einen Code, wird dieser von der entsprechenden Software ausgewertet, und die darin enthaltenen Daten werden direkt an den Browser übergeben. Voraussetzung dafür ist nur eine QR-Code-Lesesoftware auf dem Smartphone.

Google Lens

Auf vielen aktuellen Smartphones ist *Google Lens* als Plug-in in der Kamera-App installiert. Damit lassen sich QR-Codes ohne zusätzliche App erkennen und auswerten (siehe in Kapitel 4 den Abschnitt »Mit der Kamera suchen«).

Barcode Scanner

Die App *Barcode Scanner* scannt QR-Codes, wertet sie aus und startet automatisch einen Browser, wenn es sich bei der im QR-Code gespeicherten Information um einen Weblink handelt. QR-Codes können neben Weblinks auch Telefonnummern, Kurztexte oder Kontaktdaten beinhalten.

Mit dem *Barcode Scanner* können Sie Apps auf dem Smartphone installieren. Scannen Sie dazu die im Buch abgedruckten QR-Codes. Diese führen direkt in den Google Play Store.

ACHTUNG: Barcode-Scanner-Apps funktionieren nur auf Smartphones, deren Kamera über eine Autofokusfunktion verfügt.

Im Google Play Store finden sich diverse Apps zum Lesen von QR-Codes. Viele davon sind voller Werbung. Einige Hersteller installieren auf ihren Smartphones bereits QR-Code-Lese-Apps vor, teilweise auch als Zusatzfunktion innerhalb der Kamera-App. Die hier vorgestellte Open-Source-App ist werbefrei und bietet gegenüber manchen anderen noch diverse interessante Zusatzfunktionen.

1. Starten Sie den *Barcode Scanner* auf dem Smartphone und halten Sie die Kamera auf einen QR-Code.

2. Sobald der Code erkannt wurde, zeigt der *Barcode Scanner* den Inhalt an. Bei einem Weblink gibt es direkt die Möglichkeit, einen Browser zu starten.

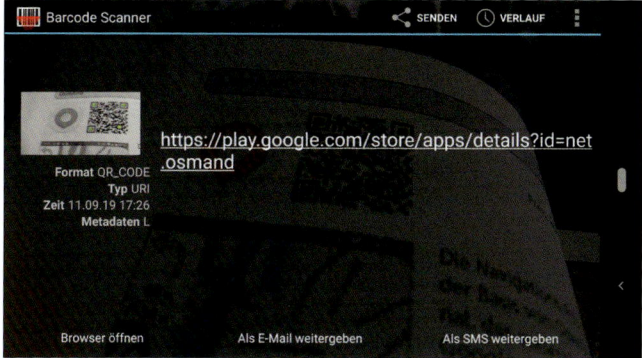

Der Barcode Scanner hat einen QR-Code aus dem Buch erkannt.

3. Sie können auch direkt aus dem *Barcode Scanner* heraus den Link per E-Mail oder SMS weitergeben.

Daten zwischen zwei Smartphones per QR-Code weitergeben

Kontakte, Lesezeichen oder Apps lassen sich per QR-Code ganz einfach von einem Smartphone an ein anderes weitergeben. Dazu erzeugt man auf dem einen Gerät einen QR-Code auf dem Bildschirm und scannt diesen mit dem anderen Smartphone.

Der *Barcode Scanner* bietet über das Symbol *Senden* die Möglichkeit, QR-Codes für auf dem Smartphone gespeicherte Lesezeichen, Kontakte oder Apps auf dem Bildschirm anzuzeigen. Bei Apps wird ein Link zur jeweiligen App im Google Play Store generiert.

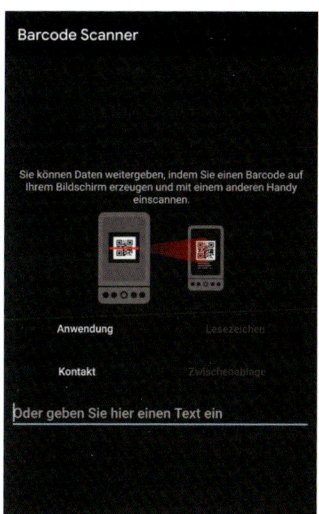

Informationen per QR-Code von einem Smartphone an ein anderes weitergeben.

Scannen Sie dann mit dem anderen Smartphone ebenfalls mit dem *Barcode Scanner* den angezeigten QR-Code, und der entsprechende Link wird dort aufgerufen. Adressen können direkt ins Adressbuch des Smartphones übernommen werden.

App über einen QR-Code von einem anderen Smartphone übernehmen.

Auf diese Weise lassen sich auch beliebige Texte per Zwischenablage in den *Barcode Scanner* kopieren, der daraus einen QR-Code erzeugt, um den Text auf ein anderes Smartphone zu übertragen. Das funktioniert unabhängig vom Betriebssystem des empfangenden Smartphones. Nur QR-Codes, die auf Apps im Google Play Store verlinken, sind auf Android-Smartphones beschränkt.

Alternativen zum Google Play Store

Neben dem Google Play Store gibt es noch weitere unabhängige Anbieter von Android-Apps, die auch andere Zahlungsmethoden anbieten, etwa Lastschrift oder Sofortüberweisung. Hobby-Programmierer und Open-Source-Projekte können auch nicht immer für jede Betaversion oder Neuentwicklung die Gebühr bezahlen, die Google für das Einstellen in den Play Store verlangt. Zahlreiche Entwickler sind daher dazu übergegangen, ihre Apps zusätzlich oder gar ausschließlich über ihre eigenen Webseiten oder unabhängige Downloadportale anzubieten.

Apps werden außerhalb des Google Play Store als APK-Dateien zum Download angeboten. Diese können direkt über den Browser oder auch aus einem Dateianhang einer E-Mail auf dem Smartphone installiert werden. Die heruntergeladenen Dateien sind im Dateimanager unter *Downloads* oder direkt nach dem Herunterladen über die Benachrichtigungen zu finden.

Bei der ersten Installation einer APK-Datei aus einer anderen App, z. B. einem Cloud-Speicher oder einem Browser, erscheint ein Hinweis, dass Installationen aus unbekannten Quellen nicht zulässig sind. Direkt aus dieser Meldung besteht Zugriff auf die zugehörige Systemeinstellung, mit der man die Installation aus unbekannter Herkunft zulassen kann.

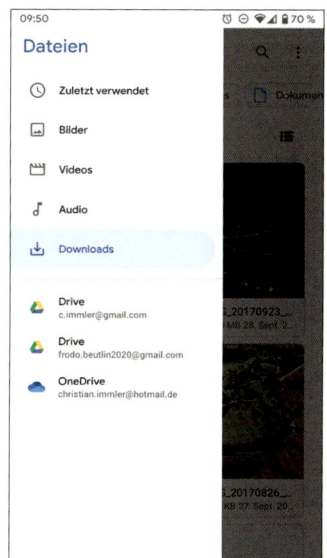 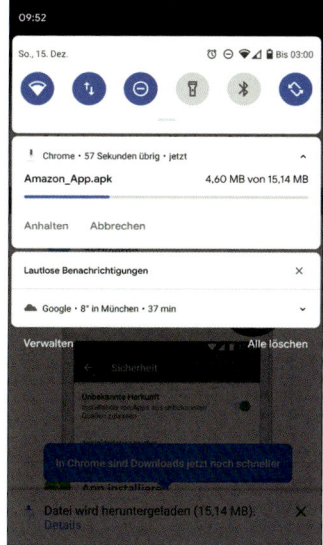 

Apps als APK-Datei herunterladen und installieren.

Seit Android 8 Oreo wird die Berechtigung zur Installation unbekannter Apps für einzelne Apps vergeben. Damit wird es leichter möglich, aus einem Browser oder einem App Store eines anderen Anbieters als Google Play Apps zu installieren. Die automatischen Downloads und Installationen von Werbe- und Spam-Apps aus Spielen heraus bleiben aber unterbunden.

Hintergrund – gefährliche Apps

Die Installation einer App aus einer APK-Datei einer anderen vertrauenswürdigen Quelle ist technisch gleichermaßen sicher wie aus dem Google Play Store. Mit den Warnungen innerhalb des Betriebssystems macht Google Marketing für seinen Play Store. Auch dort haben es Entwickler immer wieder geschafft, bösartige Software zu verbreiten.

Letztendlich ist jeder Anwender selbst dafür verantwortlich, welche Apps er auf seinem Smartphone installiert. Diese Verantwortung kann einem kein App-Shop-Betreiber abnehmen, egal ob Google Play oder ein anderer. Apps von unbekannten chinesischen Downloadseiten oder gar über ein Werbebanner zu installieren, ist dagegen leichtsinnig.

Tippen Sie in den *Einstellungen* unter *Apps & Benachrichtigungen* auf *Erweitert* und wählen Sie *Spezieller App-Zugriff/Installieren unbekannter Apps*. Hier sind die Apps aufgelistet, denen bereits die Berechtigung zur Installation anderer

Apps gewährt wurde. Hier können Sie Apps dieses Recht neu gewähren oder auch wieder entziehen.

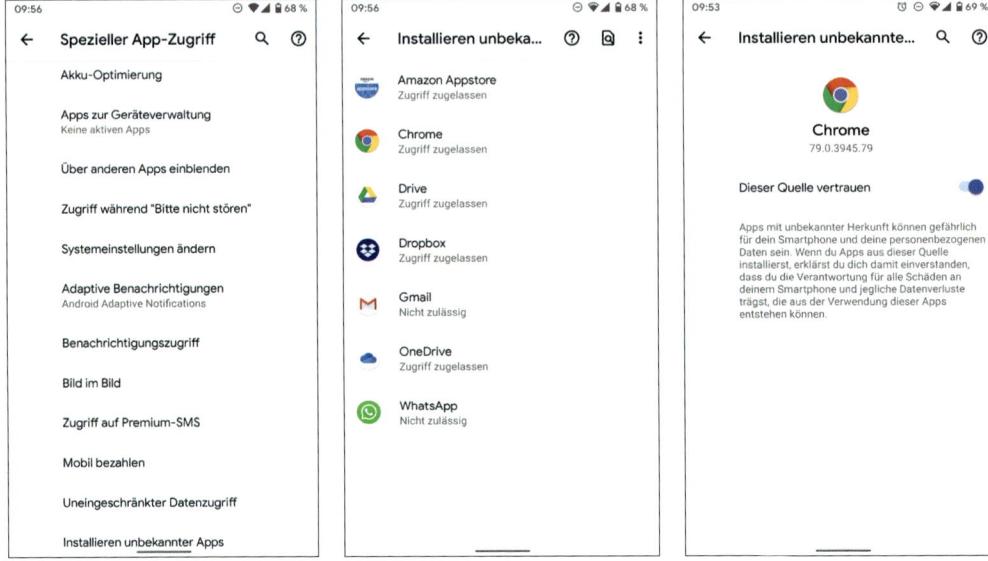

Installation aus unbekannten Quellen zulassen.

Amazon Appstore

Der Amazon Appstore liefert viele kostenlose, aber auch kostenpflichtige Apps sowie Werbe-Apps, bei deren Nutzung man sich sogenannte Amazon Coins verdienen kann, die später zum Kauf anderer Apps eingesetzt werden können.

Dieser Store läuft über eine eigene App, die zunächst auf dem Smartphone installiert werden muss. Auf Tablets und Smartphones der Amazon-Kindle-Serie ist der Amazon Appstore vorinstalliert.

Besuchen Sie mit dem Browser auf dem Smartphone die Seite *amazon.de/androidapp*. Oder nutzen Sie den QR-Code zum Download des Amazon Appstore. Zur Installation dieser APK-Datei muss die Installation aus unbekannten Quellen zugelassen sein.

Amazon bietet vor allem Spiele an. Zur Nutzung des Amazon Appstore braucht man ein Amazon-Kundenkonto. Dort wird automatisch bei der Anmeldung im Appstore das 1-Click-Kaufen aktiviert.

Bei der ersten Installation einer App aus dem Amazon Appstore müssen Sie auch diese Quelle als vertrauenswürdig festlegen, um Apps installieren zu können.

150

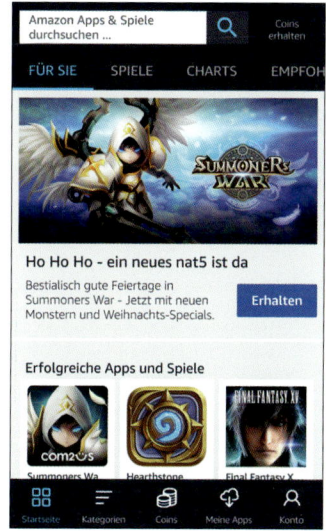
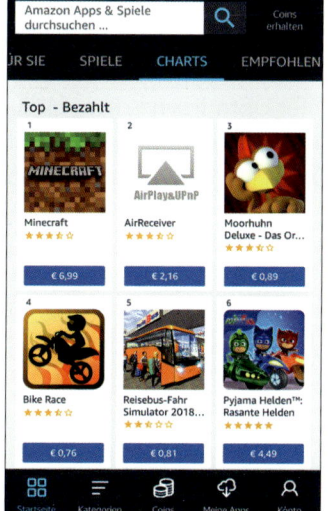

Der Amazon Appstore.

Uptodown

Uptodown ist ein unabhängiger App Store, der ausschließlich kostenlose Apps anbietet. Die Apps werden als APK-Dateien zum Download angeboten, daher können Sie den App Store direkt über den Browser aufrufen. Zusätzlich bietet Uptodown auch eine eigene App an. Diese hat den Vorteil, dass Updates installierter Apps angezeigt werden und auf Wunsch auch automatisch installiert werden können.

Uptodown im Browser und als App.

Ein großer Vorteil von Uptodown gegenüber anderen App Stores ist die Möglichkeit, eine App auf eine ältere Version downzugraden oder gleich eine ältere Version zu installieren, wenn die aktuelle Version Fehler, Funktionseinschränkungen oder lästige Werbung ohne wirkliche Vorteile enthält. So bietet Uptodown z. B. noch die alte Version des *DB Navigator* (siehe in Kapitel 6 im Abschnitt »Fahrplanauskunft«) an, die noch wesentlich mehr Funktionen und eine übersichtlichere Darstellung bietet als die aktuelle Version.

KAPITEL 4

Online mit dem Smartphone

Internet unterwegs wird immer wichtiger. Viele Nutzer verbringen inzwischen mehr Zeit mit dem Smartphone im Internet, als damit zu telefonieren. Schnell eine Fahrplanauskunft holen, eine eBay-Auktion verfolgen oder die aktuellsten Nachrichten des Tages lesen – der vorinstallierte Webbrowser auf Android-Smartphones macht es möglich.

Tipps zum Chrome-Browser

Google bietet seinen Browser Chrome – auf dem PC zurzeit weltweit der beliebteste Browser – auch für Android an. Android 10 nutzt Chrome als Standard-Browser. Der ehemalige Android-Browser ist auf den meisten Geräten nicht mehr installiert.

Der Chrome-Browser in Android mit einer mobil optimierten und einer nicht optimierten Webseite.

Chrome bietet wie auf dem PC einen sehr schnellen Seitenaufbau, flüssiges Zoomen und Scrollen sowie Surfen in mehreren Tabs. Tabs und Lesezeichen werden zwischen PC und Smartphone synchronisiert, sodass man zu Hause direkt weitersurfen kann, wenn man unterwegs eine interessante Webseite entdeckt hat. Dazu müssen Sie sich nur beim ersten Start in Chrome mit Ihrem Google-Konto anmelden.

Webseiten, die nicht speziell für Smartphones optimiert sind, lassen sich im Querformat oft besser darstellen. Halten Sie das Smartphone quer, dreht sich die Darstellung automatisch, sodass in der Breite mehr Platz zur Verfügung steht.

Die Bedienung des Browsers ähnelt dem Chrome-Browser auf dem PC mit ein paar Besonderheiten für den kleinen Touchscreen und die Android-typischen Bedienelemente.

Oben in die Browserzeile gibt man die gewünschte URL ein. Diese Zeile verschwindet automatisch bei einer Wischbewegung nach oben, um Platz auf dem Bildschirm freizugeben. Wischen Sie den Bildschirm nach unten, um diese Eingabezeile wieder einzublenden.

Surfen in mehreren Tabs

Möchten Sie schnell etwas nachsehen, ohne die gerade geöffnete Webseite zu verlassen, öffnen Sie auf dem PC einen neuen Tab im Browser, in manchen Browsern auch als Registerkarte bezeichnet. Dies funktioniert auf dem Smartphone ebenfalls.

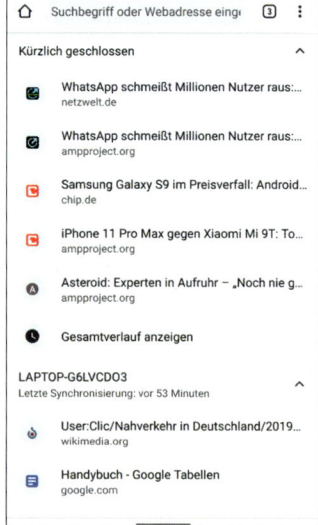

Links: Die Liste der offenen Browser-Tabs, Mitte: die Seite für einen neuen Tab, rechts: die Gesamtliste der offenen Tabs auf allen eigenen Geräten.

Ein Symbol oben rechts neben der Adresszeile des Browsers öffnet eine Liste der offenen Browserfenster. Hier können Sie zwischen den Tabs hin- und herwechseln sowie nicht mehr benötigte schließen. Mit dem Plussymbol oben links können Sie einen neuen Tab anlegen. Die Seite für neue Tabs schlägt zuletzt besuchte Webseiten und interessante Nachrichtenartikel vor. Einige Links auf Webseiten öffnen auch automatisch neue Tabs im Browser.

Über den Menüpunkt *Zuletzt geöffnete Tabs* finden Sie nicht nur die auf dem Smartphone zuletzt geöffneten und wieder geschlossenen Tabs wieder, sondern auch Tabs, die auf anderen Geräten mit demselben Google-Konto geöffnet waren. So können Sie unterwegs Informationen wiederfinden, die Sie zu Hause auf dem PC oder Tablet gefunden haben, und umgekehrt.

Lesezeichen im Chrome-Browser

Lesezeichen helfen, im Browser eine bestimmte Webseite wiederzufinden. Speichern Sie deshalb Internetadressen, die Sie voraussichtlich später noch einmal brauchen, als Lesezeichen ab.

Tippen Sie dazu auf das Menüsymbol oben rechts und dort dann auf das Sternsymbol. Damit wird, ohne einen weiteren Schritt bestätigen zu müssen, ein Lesezeichen gespeichert. Möchten Sie dieses Lesezeichen bearbeiten, z. B. umbenennen, tippen Sie unten in der Informationsleiste auf *Bearbeiten*, die aber nur ein paar Sekunden zu sehen ist. Waren Sie nicht schnell genug, tippen Sie einfach noch einmal auf das Sternsymbol im Menü. Jetzt erscheint ein Formular, in dem der Titel der Webseite und die Adresse bereits eingetragen sind. Beide Einträge können an dieser Stelle noch geändert werden. Wählen Sie dann einen der vorgegebenen Lesezeichenordner aus oder legen Sie einen neuen an.

 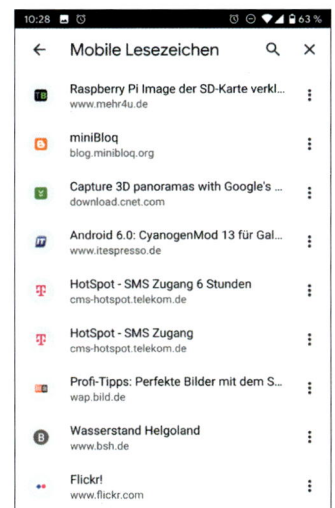

Links: Lesezeichen bearbeiten, rechts: Lesezeichenverwaltung.

Über den Menüpunkt *Lesezeichen* kommen Sie jederzeit schnell in die Liste aller gespeicherten Lesezeichen. Gerätehersteller und Mobilfunknetzbetreiber legen häufig auch Lesezeichen im Browser an.

155

Lesezeichen, die auf dem PC angelegt wurden, werden automatisch mit angezeigt, wenn Sie auf dem PC und dem Smartphone mit demselben Google-Konto in Chrome angemeldet sind. Das Gleiche gilt auch für die Verlaufsliste und zuletzt geöffnete Tabs auf anderen Geräten, die automatisch auch auf dem Smartphone verfügbar sind. Tippen Sie länger auf ein Lesezeichen, können Sie dieses bearbeiten, löschen oder in einen anderen Ordner verschieben.

Lesezeichen auf dem Startbildschirm

Besonders häufig besuchte Webseiten können Sie sich auch direkt auf den Startbildschirm des Smartphones legen. Tippen Sie auf diese Verknüpfung, startet der Chrome-Browser und ruft direkt das Lesezeichen auf. Öffnen Sie die gewünschte Webseite im Chrome-Browser, tippen Sie auf das Menüsymbol und wählen Sie *Zum Startbildschirm zufügen*. Tragen Sie dann noch den gewünschten Titel ein, der mit der Verknüpfung angezeigt werden soll. Wenn Sie jetzt zum Startbildschirm zurückgehen, finden Sie dort ein neues Symbol mit dem Lesezeichen. Tippen Sie darauf, wird automatisch der Browser mit dieser Seite gestartet.

Das Lesezeichen-Widget

Eine weitere Möglichkeit, Lesezeichen direkt auf dem Startbildschirm abzulegen, ist das Chrome-Lesezeichen-Widget. Dieses aktualisiert sich selbstständig und zeigt in einem scrollbaren Fenster alle im Browser angelegten oder synchronisierten Lesezeichen an. Tippen Sie länger auf das Chrome-Symbol auf dem Startbildschirm, bis die App-Shortcuts angezeigt werden. Tippen Sie hier oben rechts auf das Widget-Symbol und ziehen Sie das Chrome-Lesezeichen-Widget auf den Startbildschirm.

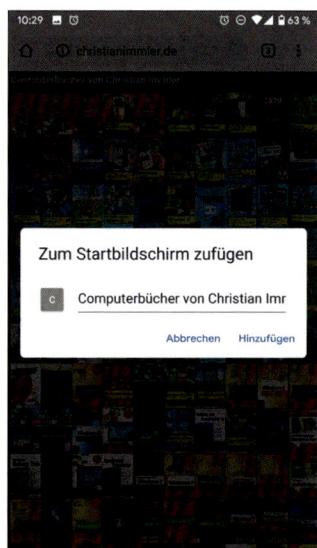  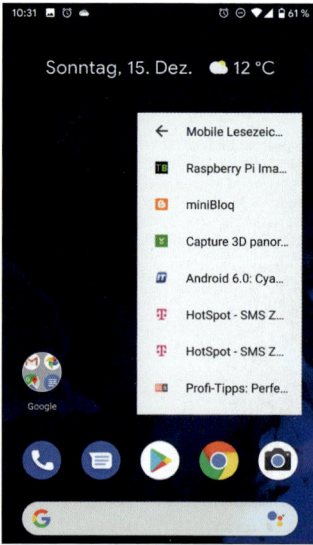

Links: Lesezeichen zum Startbildschirm hinzufügen, Mitte: Chrome-Widgets, rechts: Lesezeichen-Widget und einzelne Lesezeichen auf dem Startbildschirm.

Halten Sie das Lesezeichen-Widget eine kurze Zeit, können Sie es in der Größe verändern und so mehr oder weniger Lesezeichen gleichzeitig auf dem Startbildschirm darstellen. Ziehen Sie es dazu mit den Anfasserpunkten auf den Kanten in die gewünschte Form.

Vereinfachte Ansicht

Noch lange nicht jede Webseite bietet eine für Smartphones optimierte Darstellung an. Der Google-Chrome-Browser stellt Webseiten, die nur als PC-Version existieren, möglichst originalgetreu dar, was sie auf dem Smartphone schwer bedienbar macht.

Auf solchen Seiten wird unten die Leiste *Vereinfachte Ansicht anzeigen* eingeblendet. Tippen Sie darauf, versucht Chrome durch Ignorieren von Formatierungen und Stylesheets eine auf Smartphones optimierte Darstellung der Seite, auf der kein Zoomen oder horizontales Scrollen nötig ist, zu bauen und anzuzeigen, was in den meisten Fällen auch gut funktioniert. Durch Verzicht auf Hintergrundfarben und -bilder wird der Text besser lesbar.

Im Menü dieser Ansicht rechts oben können Sie die Hintergrundfarbe, Schriftart und Schriftgröße dieser Darstellung anpassen, um die Seite noch besser lesbar zu machen. Mit dem X-Symbol links oben kommen Sie zur Standarddarstellung zurück.

Intelligente Textauswahl

Markieren Sie ein Wort oder einen Textbereich durch Antippen, können Sie diesen direkt in die Zwischenablage kopieren, mit anderen Apps teilen oder über die drei Punkte in der Symbolleiste bei Google oder Wikipedia suchen. Hier besteht auch die Möglichkeit, einzelne Wörter oder markierte Sätze in eine andere Sprache übersetzen zu lassen.

Die intelligente Textauswahl, Google-Suche und Übersetzung im Chrome-Browser.

157

Ziehen Sie an einem der blauen Griffe, können Sie die Markierung auf einen größeren Textbereich ausdehnen. Diese sogenannte intelligente Textauswahl steht nicht nur im Chrome-Browser, sondern auch in diversen anderen unterstützten Apps zur Verfügung.

Google macht automatisch Suchvorschläge, wenn in der Markierung ein sinnvoller Suchbegriff erkannt wird. In diesen Fällen erscheint am unteren Bildschirmrand ein Balken mit dem Suchbegriff. Tippen Sie darauf, werden die ersten Suchergebnisse in einem eigenen Fenster angezeigt, ohne den Browser komplett zu überdecken. Tippen Sie auf ein Suchergebnis, um dieses in einem neuen Browser-Tab anzuzeigen. Das Fenster mit den Suchergebnissen können Sie mit dem X-Symbol oben rechts wieder schließen.

Seitenlinks weitergeben

Wer eine interessante Internetseite gefunden hat, kann diese, ohne sie sich zwischendurch merken zu müssen, an Freunde weiterleiten. Wählen Sie dazu im Menü des Chrome-Browsers die Option *Teilen*. Jetzt öffnet sich die Auswahl aller im System eingetragenen Kommunikationsmethoden, die sich zum Weiterleiten oder Speichern von Internetadressen eignen. Standardmäßig sind auf Android-Smartphones bereits diverse Apps dafür installiert. Nach der Installation weiterer Apps tragen sich unter anderem auch Facebook und Twitter in diese Liste ein. Wählen Sie hier die gewünschte Methode aus und leiten Sie so den Link zur aktuellen Webseite weiter. Die zuletzt verwendete Teilen-App kann über ein Symbol in der Zeile *Teilen* im Menü direkt ausgewählt werden.

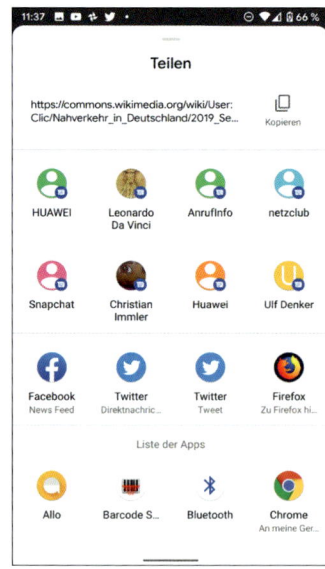

Seite im Chrome-Browser teilen.

Bei E-Mails wird die Betreffzeile automatisch mit dem Seitentitel gefüllt und der eigentliche Link in den Mailtext eingetragen, sodass der Empfänger lediglich darauf zu klicken braucht.

Sie müssen nur noch den Empfänger angeben und vielleicht noch einen freundlichen Satz in die Mail schreiben, damit die Internetadresse nicht ganz so unvermittelt beim Empfänger ankommt. Das Symbol *Kopieren* kopiert die Internetadresse in die Zwischenablage, um sie als Text in eine beliebige andere App einfügen zu können.

Desktop-Darstellung von Webseiten auf dem Smartphone

Viele Webserver entscheiden anhand der Browserkennung, die ein Gerät sendet, welche Version einer Webseite dargestellt werden soll. Immer mehr Webportale bieten ihre Inhalte für Smartphones in einer besonders schlanken, auf kleine Bildschirme und Touchbedienung optimierten Version an.

Die mobilen Versionen der Webseiten lassen sich zwar auf dem Smartphone deutlich besser bedienen, enthalten aber oft nicht die kompletten Informationen der Desktop-Version. Möchten Sie die komplette Seite sehen, selbst wenn diese auf dem Smartphone nur eingeschränkt darstellbar ist, aktivieren Sie im Menü des Browsers den Schalter *Desktopwebsite*.

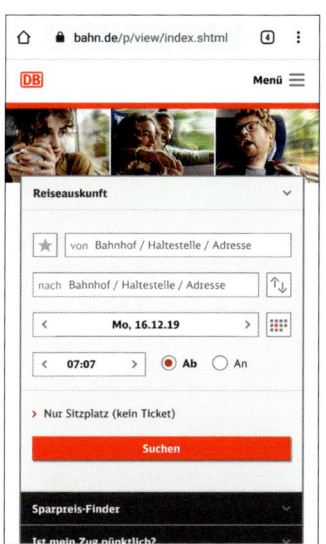 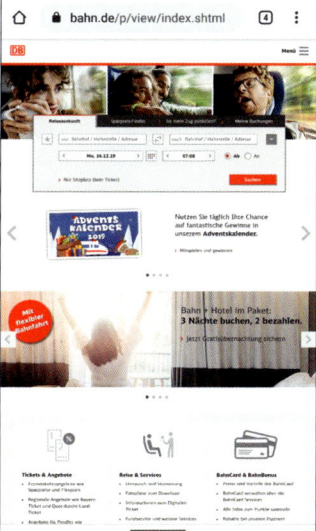 

Die Webseite der Bahn ist ein gutes Beispiel für unterschiedliche Inhalte für mobile Nutzer und Desktop-Nutzer. Die Desktop-Version der Seite ist für Smartphones nur eingeschränkt geeignet. Rechts: Wikipedia bietet ganz unten auf jeder Seite Links zum Umschalten zwischen mobiler und klassischer Version.

Funktioniert nicht immer

Dieses Umschalten funktioniert nicht auf jeder Seite. Das hängt von der Methode ab, die der jeweilige Webserver verwendet, um PCs von Smartphones zu unterscheiden. Bedenken Sie auch, dass die Desktop-Versionen von Webseiten ein deutlich höheres Datenübertragungsvolumen verursachen als die für mobile Geräte optimierten Versionen.

159

Downloads und Offline-Webseiten

Chrome bietet die Möglichkeit, komplette Webseiten herunterzuladen, um sie offline wei-
terlesen zu können. Tippen Sie dazu im Menü oben auf das Downloadsymbol.

 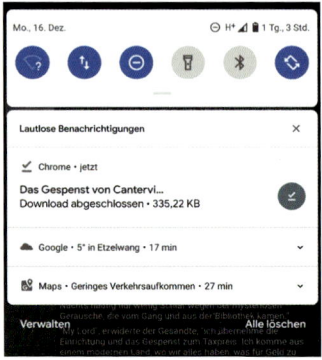 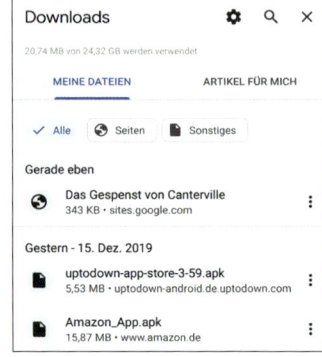

Herunterladen einer Webseite, um sie offline anzuzeigen.

Nach dem Herunterladen wird die Seite offline angezeigt und oben in der Adressleiste auch
eigens gekennzeichnet. Interaktive Webseiten, die auf PHP basieren, wie heute die meisten
Seiten, die über Content-Management-Systeme gebaut sind, zeigen nach dem Download
nur die Texte der Startseite an. Menüs und interne Links auf andere Seiten funktionieren in
den meisten Fällen offline nicht.

Über den Menüpunkt *Downloads* finden Sie die offline heruntergeladenen Seiten und
auch über Links im Browser heruntergeladene Dateien mit einer Angabe zur Datenmenge.
Halten Sie länger auf einen Eintrag in der Liste, können Sie diesen löschen oder über verschiedene Apps teilen.

Durch Kompression Daten sparen

Der Google-Chrome-Browser beinhaltet einen Datensparmodus, den *Lite-Modus*, um im
Mobilfunknetz wertvolles Datenvolumen der Flatrate zu sparen. Bei eingeschalteter Opti-
mierung werden besuchte Seiten von Google optimiert, um die Größe und damit den
Datenverbrauch im Mobilfunk automatisch zu reduzieren, ohne dabei Qualitätseinbußen
zu haben. Sie können diese Einstellung jederzeit ganz unten im Menü von Chrome ein-
oder ausschalten. Hier sehen Sie auch die aktuelle Statistik eingesparter Daten.

Webseiten, die über https-Verbindungen oder in anonymen Tabs geöffnet werden, werden
nicht komprimiert.

Zusätzlich gibt es in Android 10 noch einen systemweiten Datensparmodus,
den alle Apps nutzen können. Diesen schalten Sie in den Schnelleinstellungen über das Symbol *Datenverbrauch reduzieren* ein. Dieser Datensparmodus
gilt für alle Netzwerkverbindungen, auch für WLAN.

 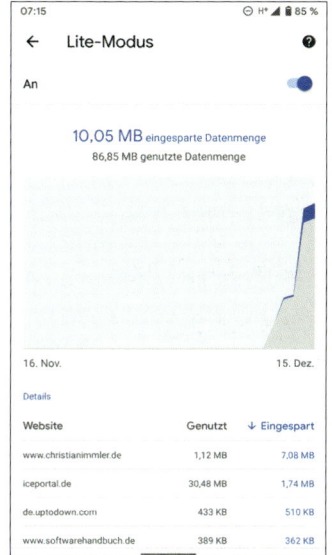

Der Lite-Modus in Chrome.

Anonym surfen

Der Chrome-Browser auf Smartphones hinterlässt genauso wie ein PC-Browser in der Verlaufsliste, in Cookies und Temporärdateien Spuren des eigenen Tuns im Netz. Diese bieten jedem, der Zugriff auf das Gerät hat, freien Einblick auf alle Seiten, die Sie zuletzt besucht haben.

Möchten Sie nicht, dass ein anderer Benutzer des Smartphones sieht, dass Sie bestimmte Webseiten besucht haben, können Sie für diese Seiten den Inkognito-Modus nutzen. Dazu wird immer ein neues Browserfenster gestartet.

Wählen Sie dazu im Menü *Neuer Inkognito-Tab*. Es öffnet sich ein neues Fenster mit einem Hinweis zum Inkognito-Modus. Zur deutlichen Unterscheidung haben Inkognito-Tabs oben eine dunkle Titelleiste und werden nicht in der Verlaufsliste gespeichert und auch nicht mit anderen Geräten synchronisiert.

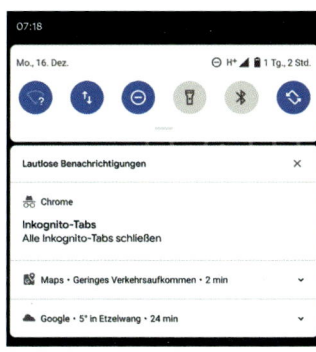

Benachrichtigung zum Schließen aller Inkognito-Tabs.

161

Öffnen Sie einen Link aus einem Inkognito-Tab, der einen neuen Tab öffnet, wird dieser ebenfalls im Inkognito-Modus geöffnet. Mit dem Schließen des letzten Inkognito-Tabs wird dieser Modus wieder beendet. Ein Symbol in der Benachrichtigungsleiste erinnert daran, die Inkognito-Tabs wieder zu schließen. Bevor Sie Ihr Smartphone aus der Hand geben, können Sie hier mit einem Antippen alle geöffneten Inkognito-Tabs auf einmal schließen.

Möchten Sie nachträglich Ihre Spuren verwischen, die sich beim Surfen im »normalen« Modus angesammelt haben, wählen Sie im Menü des Browsers *Einstellungen/Datenschutz*. Die Seite *Erweitert* bietet noch mehr Daten zum Löschen an. Dort können Sie den Cache und Verlauf löschen sowie Cookies, gespeicherte Formulardaten und Passwörter.

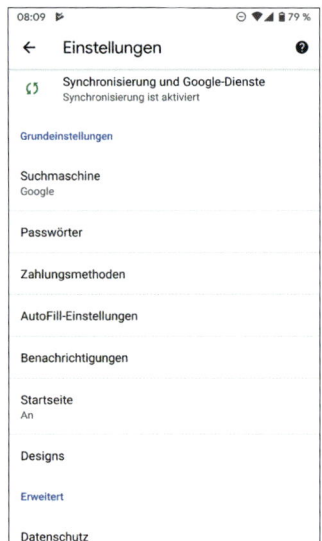 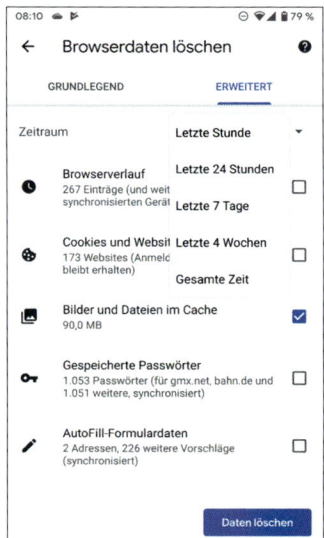

Browserdaten in Chrome löschen.

Wählen Sie einen Zeitraum, aus dem die Daten gelöscht werden sollen. So können Sie kürzlich besuchte Webseiten verschwinden lassen, aber Ihre Verlaufsliste der letzten Tage behalten. Wählen Sie die zu löschenden Daten aus und tippen Sie dann ganz unten auf *Daten löschen*. Bedenken Sie beim Löschen, dass der Browserverlauf des angegebenen Zeitraums auf allen synchronisierten Geräten mit gelöscht wird.

App-Shortcuts

Über App-Shortcuts (langes Antippen des App-Symbols) lassen sich neue Tabs wie auch Inkognito-Tabs schnell aufrufen. Bei Bedarf können diese Shortcuts auf den Startbildschirm gelegt werden.

App-Shortcuts für Chrome.

Websuche mit Google

Um bei Google zu suchen, müssen Sie nicht erst den Browser starten, geben Sie einfach den gesuchten Begriff in das Suchfeld auf dem Startbildschirm ein. Bei der Eingabe im Suchfeld zeigt Google bereits Suchvorschläge. Die Suchergebnisse werden in der *Google App* angezeigt. Diese enthält dazu eine eigene Version von Chrome. Über das Menü kann eine angezeigte Seite auch direkt in den Chrome-Browser übernommen werden, um sie als Lesezeichen zu speichern oder auf andere Geräte zu synchronisieren.

 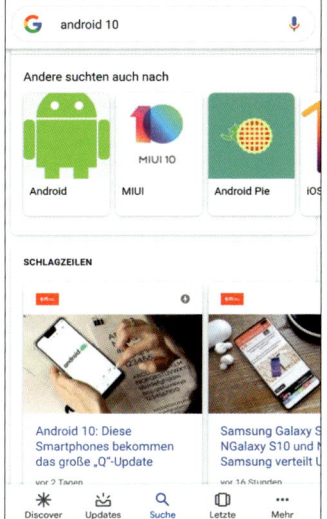 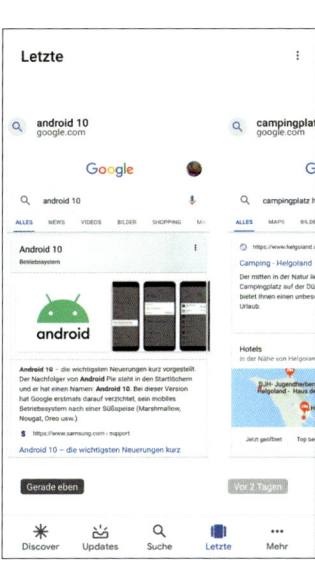

Google-Suche mit der Google App auf dem Startbildschirm, rechts: letzte Suchthemen wiederfinden.

Die Google-Suche zeigt bei vielen Suchbegriffen am Anfang Werbung und dann erst wirkliche Ergebnisse an. Scrollen Sie auf dem Bildschirm weiter nach unten, um zu den tatsächlichen Suchergebnissen zu kommen. Das Symbol *Letzte* in der Symbolleiste unten hilft, zuletzt verwendete Suchthemen wiederzufinden. Alternativ zum Suchfeld auf dem Startbildschirm können Sie einen Suchbegriff auch in die Adresszeile des Browsers eintragen. Er wird dann über Google gesucht.

Regionale Suche

Die Google-Suche auf dem Smartphone bietet neben der Websuche auch eine lokale Suche nach Restaurants, Cafés und anderen Lokalitäten, sofern der eigene Standort erkannt wird. Damit dies funktioniert, müssen Sie beim ersten Aufruf der Google-Suche die Standortdienste zulassen.

Tippen Sie auf die Karte, um sich die Ergebnisse auf einem Stadtplan der Umgebung anzeigen zu lassen. Hier können Sie auch durch Verschieben oder Zoomen mit den Fingern einen anderen Kartenausschnitt wählen und dann dort nach dem gleichen Suchbegriff suchen.

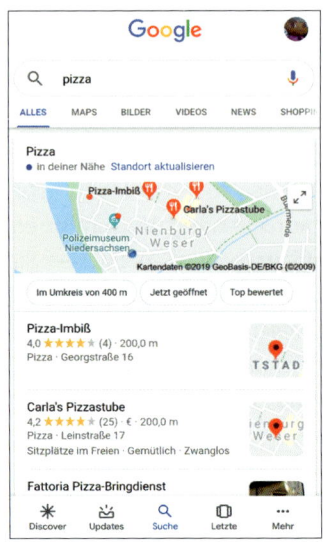
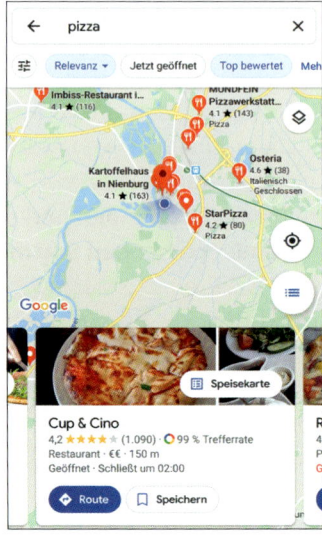

Regionale Suchergebnisse als Liste oder Karte.

Android-Smartphones können zur Positionsbestimmung neben GPS auch Mobilfunkzellen und bekannte WLAN-Standorte nutzen, sodass die Positionsermittlung auch innerhalb von Gebäuden relativ genau funktioniert.

Hohe Standortgenauigkeit in den Standorteinstellungen festlegen.

Google kann zur lokalen Suche einen ungefähren Standort verwenden, der anhand der Daten des Internetproviders und von WLANs in der Umgebung ermittelt wird. Wesentlich genauere Ergebnisse gibt es allerdings mit der GPS-Position. Dazu muss GPS auf dem Smartphone eingeschaltet und in den *Einstellungen* unter *Standort* die Option *Standort ver-*

wenden eingeschaltet sein. Aktivieren Sie dann unter *Erweitert/Google-Standortgenauigkeit* den Schalter *Standortgenauigkeit verbessern*, um die Genauigkeit auch bei schlechtem GPS-Empfang zu verbessern.

Google-Bildersuche

Haben Sie im Internet etwas Interessantes gefunden und suchen ähnliche Informationen, brauchen Sie sich nicht unbedingt einen passenden Suchbegriff auszudenken. Suchen Sie einfach anhand der Bilder andere Webseiten, die die gleichen Dinge darstellen. Tippen Sie dazu länger auf ein Bild im Chrome-Browser, bis ein Kontextmenü erscheint. Wählen Sie hier *In Google nach dem Bild suchen*. Google sucht das gleiche oder ähnliche Bilder im Internet und versucht, auch einen passenden Suchbegriff zum Thema zu finden. Nachdem ein Suchbegriff gefunden wurde, können Sie unterhalb des Suchfeldes auf *Alle* umschalten, um nicht nur Bilder, sondern auch passende Suchergebnisse zu finden.

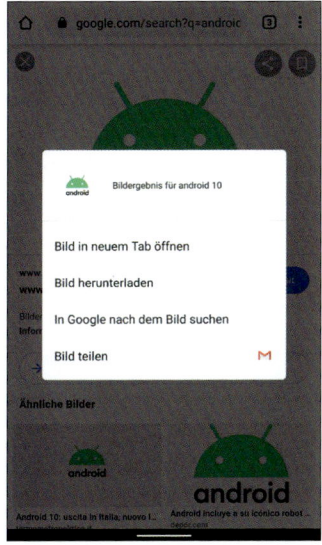
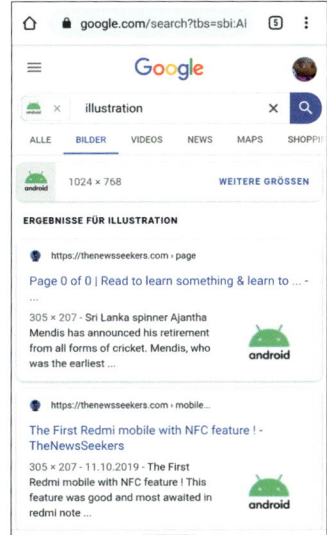

Google sucht nach einem Bild und findet Bilder und Websuchergebnisse.

Mit der Kamera suchen

Statt eine Suchanfrage bei Google einzutippen, fotografiert man einfach ein Objekt, Bild oder Logo und findet es so im Internet. *Google Lens* funktioniert mit Text, Sehenswürdigkeiten, Büchern, Gemälden, Logos und zahlreichen anderen Objekten. Nachdem man etwas mit der Smartphone-Kamera fotografiert hat, wird das Bild analysiert,

und kurz darauf werden passende Suchergebnisse bei Google angezeigt. Bei bekannten Sehenswürdigkeiten findet *Google Lens* auch den Standort auf Google Maps, Wikipedia-Artikel sowie Beiträge bei Instagram und YouTube.

Google Lens in der Kamera-App erkennt Produkte und QR-Codes.

Erkennt *Google Lens* das Motiv nicht, werden ähnliche Fotos im Internet gesucht und vorgeschlagen. Diese sind oft hilfreich, um ein unbekanntes Objekt zu erkennen.

Suchergebnisse und Vorschläge für ähnliche Bilder.

Auf vielen aktuellen Smartphones ist *Google Lens* als Plug-in in der Kamera-App installiert und kann direkt daraus aufgerufen werden. *Google Lens* erkennt QR-Codes und verlinkt dann auf die entsprechende Webseite. Auf diese Weise können auch Apps aus dem Google Play Store über die QR-Codes in diesem Buch installiert werden.

Google Discover einrichten und nutzen

Wischen Sie auf dem Startbildschirm nach rechts, um *Google Discover*, eine Seite mit personalisierten Nachrichten, einzublenden. In früheren Android-Versionen hieß diese Seite *Google Now* oder *Google Feed*. Hier erscheinen aktuelle Nachrichten sowie eine Wettervorhersage für den eigenen Standort.

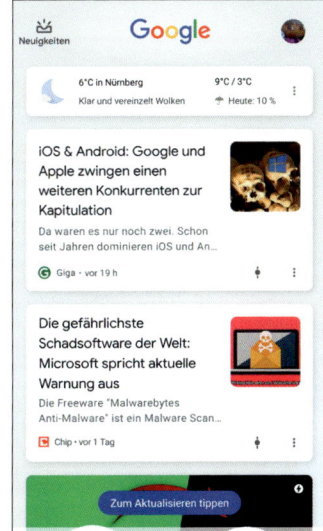 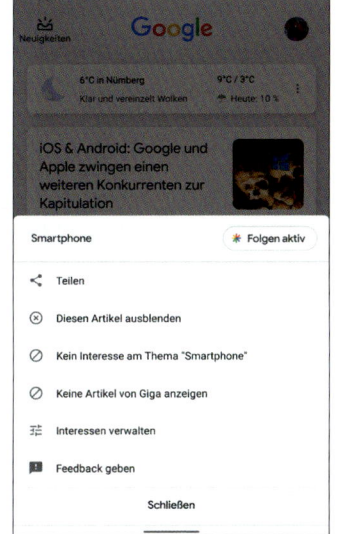 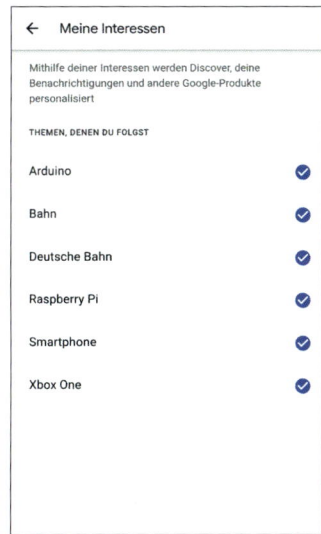

Google-Discover-Interessen verwalten.

Ganz oben wird das Wetter am aktuellen Standort angezeigt. Tippen Sie darauf, erhalten Sie einen ausführlicheren Wetterbericht mit Vorhersage für die nächsten Tage. Erscheint Google Discover nicht, tippen Sie länger auf den Startbildschirm und dann auf das Symbol *Startbildschirm-Einstellungen*. Aktivieren Sie die Option *Google App anzeigen* und bestätigen Sie die folgenden Fragen mit *OK*.

Google Discover zeigt automatisch auf sogenannten Karten Kurznachrichten und Informationen basierend auf den persönlichen Interessen an. Tippen Sie auf eine dieser Karten, wird der entsprechende Artikel im Original angezeigt. Sollten Sie dabei feststellen, dass das Thema des Artikels nicht relevant ist, also nicht in Ihr Interessengebiet passt, oder gar die gesamte Quelle dieses Artikels unseriös ist, tippen Sie auf das Menüsymbol mit den drei Punkten unten rechts auf der jeweiligen Google-Discover-Karte. Jetzt können Sie das Thema oder auch die Nachrichtenquelle abschalten, damit derartige Kacheln in Zukunft nicht mehr angezeigt werden. Der Menüpunkt *Interessen verwalten* zeigt alle gewählten Interessen an. Hier können Sie Themen, die Sie nicht mehr interessieren oder die mittlerweile zunehmend irrelevante Nachrichten enthalten, einfach wieder abschalten.

Bei neu vorgeschlagenen Themen erscheint direkt die Frage *Ist diese Karte in diesem Moment hilfreich?* Hier können Sie uninteressante Themen sofort ausblenden.

167

Auf allen Karten befindet sich ein kleines Symbol mit einem Punkt auf einer senkrechten Linie. Tippen Sie darauf, können Sie festlegen, ob zu diesem Thema mehr oder weniger Nachrichten angezeigt werden sollen. Nutzen Sie dieses Symbol regelmäßig, um Discover zu trainieren.

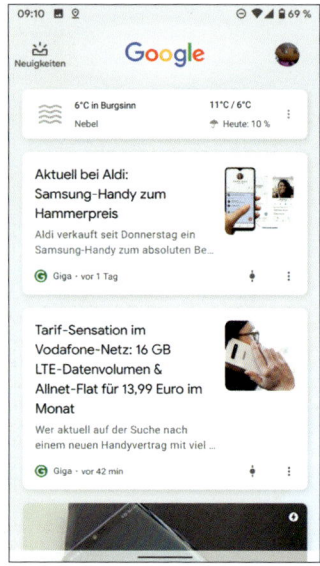 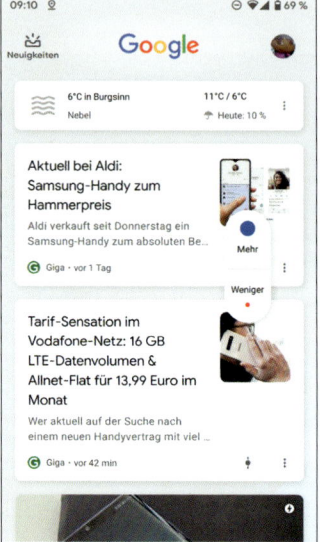 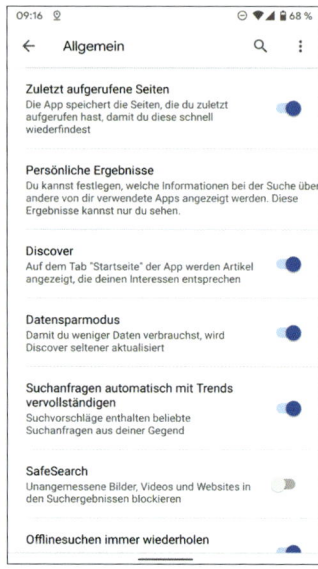

Google Discover trainieren, rechts: Datensparmodus in Discover.

Über den Menüpunkt *Einstellungen/Allgemein* in Google Discover können Sie einen speziellen *Datensparmodus* aktivieren, der die Nachrichten seltener aktualisiert.

Der Google Assistant

Wenn man bei einem Suchbegriff nicht genau weiß, wie er geschrieben wird, ist es oft einfacher, ihn zu sprechen statt zu schreiben. Der Google Assistant hilft nicht nur bei der Suche, sondern dient auch als allgemeiner Assistent für verschiedenste Aufgaben.

Halten Sie den Finger lange auf der Home-Taste, bei Gestensteuerung wischen Sie von einer der unteren Bildschirmecken in Richtung Bildschirmmitte. Sie können auch auf das *Google Assistant*-Symbol rechts im Google-Suchfeld tippen. Sprechen Sie jetzt einen Sprachbefehl ins Mikrofon. Auf die gleiche Weise können Sie auch durch Antippen des Mikrofonsymbols im Google-Suchfeld einen Suchbegriff eingeben. Google setzt das gesprochene Wort in Text um und sucht den Begriff. Dazu wird automatisch die Google-Suche geöffnet.

Zusätzlich bietet der Google Assistant unten ein Feld zur Texteingabe sowie ein *Google Lens*-Symbol, um direkt mit der Kamera etwas zu suchen.

Um einen neuen Sprachbefehl zu sprechen oder einen Sprachbefehl zu wiederholen, der nicht verstanden wurde, tippen Sie auf das Mikrofonsymbol. Der Sprachbefehl *Was kann ich tun* zeigt eine Liste möglicher Steuerungsoptionen über die Sprache.

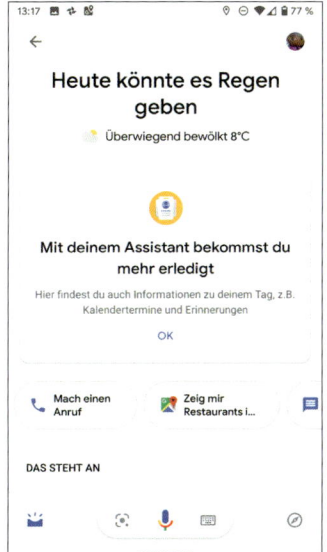 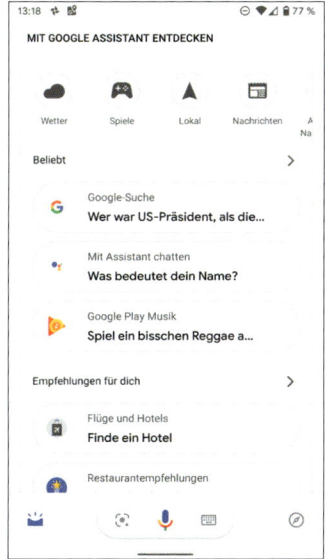 

Der Google Assistant zeigt mögliche Sprachkommandos.

Achtung: Datenvolumen

Die Sprachsuche erfolgt nicht direkt auf dem Smartphone, sondern das gesprochene Wort wird als Audiodatei an einen Google-Server übertragen, über den die Auswertung stattfindet. Hier fällt erheblich mehr Datenvolumen an als bei der Eingabe eines Suchbegriffs mit der Bildschirmtastatur. Die gesprochenen Antworten stammen aus einer lokal installierten Sprachdatei.

Anstatt auf das Mikrofonsymbol zu tippen, können Sie den Google Assistant auch aktivieren, indem Sie einfach *Ok Google* sagen, wenn dies bei der Ersteinrichtung des Smartphones aktiviert wurde.

Sie finden diese Einstellung unter *Google/Kontodienste/Google Suche, Google Assistant und Spracheingabe/Spracheingabe/Voice Match*. Bedenken Sie, dass das ständig im Hintergrund aktive Mikrofon für einen erhöhten Stromverbrauch des Smartphones sorgt.

Achten Sie auch darauf, dass hier *Deutsch* als Standardsprache eingestellt ist, sonst wird die Sprachsuche alles fehlerhaft erkennen.

Der Google Assistant beantwortet einfache Fragen und zeigt das Wetter.

Der Google Assistant kann einfache Sätze oder Wörter in eine andere Sprache übersetzen und das Ergebnis direkt aussprechen. Auf diese Weise können Sie sich mit einer Person verständigen, wenn Sie keine gemeinsame Sprache beherrschen. Jeder spricht seine Sätze und Google übersetzt sie. Das funktioniert auch, ohne die andere Sprache lesen zu können.

  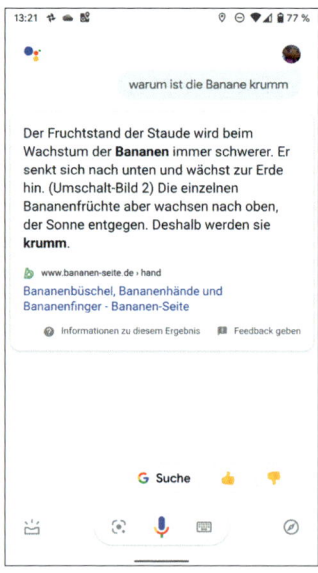

Der Google Assistant zeigt Bilder, findet Restaurants und liefert Allgemeinwissen.

Der Google Assistant ermöglicht eine schnelle Routenplanung per Spracheingabe. Dabei wird das in den Einstellungen des Google Assistant angegebene Verkehrsmittel verwendet.

Tippen Sie auf die Landkarte, um die geplante Route in Google Maps zu übernehmen und anzuzeigen. Hier können Sie ein anderes Verkehrsmittel wählen oder direkt die Navigation starten.

  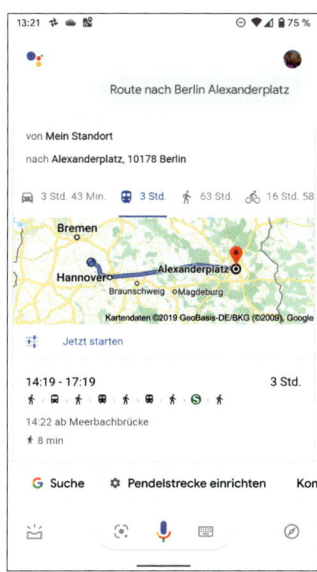

Rechner, Übersetzer und Routenplanung im Google Assistant.

Sprachbefehle zur Steuerung des Smartphones

Der Google Assistant bietet weit mehr als nur eine Sprachsuche. Mit passenden Sprachbe-fehlen – als komplette deutsche Sätze gesprochen – lassen sich verschiedene Alltagsaufga-ben erledigen.

 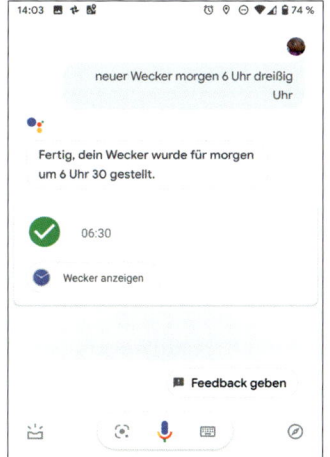 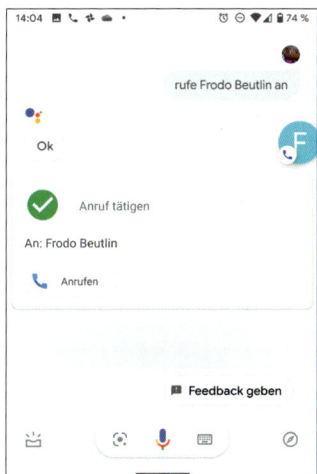

Mit dem Google Assistant eine Erinnerung anlegen, einen Wecker stellen oder einen Freund anrufen.

Die Tabelle zeigt einige beliebte Sprachbefehle:

Sprachbefehl	Funktion
Öffne [URL/App]	Webseite im Browser öffnen oder App starten
Stelle Wecker auf [Uhrzeit]	Wecker stellen
Erinnere mich um [Uhrzeit]	Erinnerung anlegen
Erstelle einen Termin [Name] [Tag/Uhrzeit]	Termin anlegen
Suche [Suchbegriff]	Google-Suche
Zeige Bilder von [Suchbegriff]	Google-Bildersuche
Karte von [Ort]	Landkarte oder Stadtplan zeigen
Wie viele Einwohner hat [Ort]	Einwohnerzahl eines Ortes mit Jahreszahl der letzten Statistik
Fahre nach [Ort]	Google-Routenplanung starten
Wo ist der nächste [Supermarkt/Baumarkt/Kiosk/Apotheke/Restaurant/Pizzeria ...]	Orte in der lokalen Google-Suche zeigen
[Zahl] [Rechenoperation] [Zahl]	Berechnung ausführen, Google-Taschenrechner anzeigen
Wie spät ist es?	Uhrzeit ansagen und anzeigen
Wie ist das Wetter in [Ort]	Wettervorhersage anzeigen
Regnet es morgen?	Regenvorhersage und Wetter am aktuellen Standort
[Name] anrufen	Person anrufen. Bei mehreren Nummern kann eine per Sprachbefehl ausgewählt werden
E-Mail an [Name]	E-Mail per Spracheingabe erstellen
[Zahl] [Währung] in [Währung]	Betrag in eine andere Währung umrechnen
[Satz] auf [Sprache]	Satz mit dem Google Übersetzer übersetzen
Spiele Musik von [Interpret]	Musik im Google Play Musik Player abspielen
Installiere [App]	App im Google Play Store suchen

Google Go

Die vorinstallierte *Google App* wird immer aufwendiger und verbraucht auch einiges an Datenvolumen bei der Suche. *Google Go* ist eine moderne schlanke Alternative, die offiziell von Google angeboten wird. Buttons auf der Startseite erleichtern typische Suchaufträge und ermög-

lichen auch die Suche in beliebten Apps. Bei der Eingabe eines Suchbegriffs werden gleich Vorschläge angezeigt, die durch einfaches Antippen aufgerufen werden können. Google Go verbraucht etwa 40 % weniger Daten als die »große« Google-Suche und liefert in den meisten Fällen auch wesentlich schneller die passenden Ergebnisse.

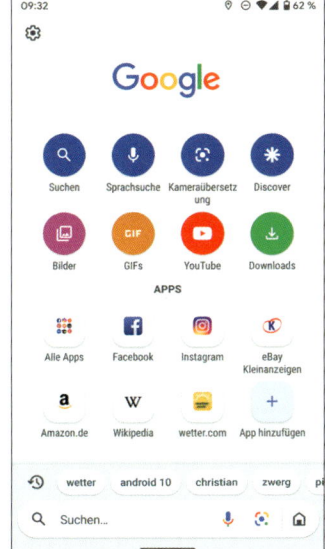

Schlanke, schnelle Suche mit Google Go.

WLAN optimal nutzen

Zu Hause gehen Sie am besten über Ihren WLAN-Router mit dem Smartphone ins Internet. Dies spart nicht nur wertvolles Datenvolumen Ihrer Mobilfunk-Flatrate, die Übertragungs-raten sind auch deutlich höher. Wie ein WLAN eingerichtet wird, haben Sie bereits bei der Ersteinrichtung des Smartphones gesehen.

Über die Schnelleinstellungen in der Benachrichtigungsleiste lässt sich das WLAN schnell ein- und ausschalten. Ziehen Sie die Benachrichtigungsleiste nach unten. Tippen Sie dann auf das WLAN-Symbol. Schalten Sie über das Symbol in den Schnelleinstellungen WLAN ein, sucht sich das Smartphone automatisch unter den gespeicherten WLAN-Verbindungen die zuletzt ver-wendete oder die mit der besten Signalstärke und verbindet sich damit.

Tippen Sie länger auf dieses Symbol, finden Sie alle WLANs in der Nähe und können sich nach Eingabe des Schlüssels mit einem WLAN verbinden.

Über den Menüpunkt *Gespeicherte WLANs* werden alle gespeicherten WLANs, mit denen das Smartphone schon einmal verbunden war, angezeigt.

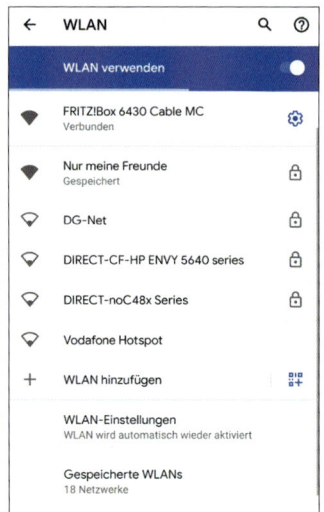  

WLAN-Liste, Details und Einstellungen.

> **WLAN automatisch aktivieren**
>
> Mit dieser Option in den WLAN-Einstellungen können Sie deutlich Strom sparen, wenn Sie das WLAN außerhalb der Reichweite bekannter WLANs ausgeschaltet lassen. WLAN mit oder ohne Empfang saugt den Akku schnell leer. Sobald das Smartphone an einen Ort kommt, an dem Sie WLAN häufig verwenden und ein WLAN auf dem Gerät gespeichert ist, wird das WLAN automatisch wieder eingeschaltet.

WLAN teilen – das Ende der handschriftlichen Zettel mit WLAN-Schlüsseln

Immer wieder das alte Thema, das Mobilfunknetz ist schlecht ausgebaut, das Datenvolumen begrenzt, man möchte seinen Gästen Zugang zum heimischen WLAN geben, weiß aber das komplizierte, hochsichere Passwort des eigenen Routers nicht mehr.

Android 10 ermöglicht es, die Daten einer auf einem Smartphone angemeldeten WLAN-Verbindung per QR-Code mit Freunden zu teilen. Tippen Sie dazu in den WLAN-Einstellungen auf das *Einstellungen*-Symbol neben dem verbundenen WLAN und auf dem nächsten Bildschirm auf das *Teilen*-Symbol mit dem angedeuteten QR-Code. Zur Sicherheit müssen Sie Ihre Identität auf dem Smartphone mit Fingerabdruck, PIN oder Sperrmuster bestätigen. Damit soll verhindert werden, dass sich jemand Zugang zu einem WLAN verschafft, indem er ein herumliegendes Smartphone einer gerade nicht anwesenden Person nutzt. Der nächste Bildschirm zeigt einen QR-Code sowie das Passwort im Klartext. Bei Verwendung der WPA-Passphrase wird der eigentliche Schlüssel, eine lange Ziffernkombination, angezeigt, die aber auch zur Anmeldung funktioniert.

174

Eine andere Person kann sich über diesen QR-Code im WLAN anmelden. Dazu ist kein separater QR-Code-Scanner nötig. Einfach in den WLAN-Einstellungen auf das QR-Code-Symbol in der Zeile *WLAN hinzufügen* tippen und den QR-Code direkt scannen.

Sicherheit im WLAN

Sicherheit im WLAN ist immer wieder ein wichtiges Thema, das man auch als Privatnutzer nicht unterschätzen sollte. Wenn Fremde von der Straße aus oder die Nachbarn Zugang zu Ihrem drahtlosen Netzwerk bekommen, können sie nicht nur das Internet nutzen, sondern auch persönliche Daten ausspähen und eventuell sogar manipulieren. Firewalls helfen hier wenig, da sich der Access Point zum WLAN innerhalb der Firewall befindet und nicht »draußen« im Internet.

Neben den dadurch möglichen Betrugsgeschäften mit fremden Bank- oder eBay-Daten ist auch die Gefahr krimineller Aktivitäten nicht zu unterschätzen. Lädt sich jemand über Ihr WLAN z. B. kriminelles oder urheberrechtlich gesehen illegales Material herunter, wird die IP-Adresse Ihres Internetanschlusses übermittelt. Die Strafverfolgungsbehörden stellen also Sie persönlich zur Rede. Dann wird es schwer, die eigene Unschuld zu beweisen.

Was zuvor jahrelang von Fall zu Fall ausgelegt wurde, wurde bereits im Mai 2011 vom Bundesgerichtshof offiziell geregelt. Jedes private WLAN muss »... *durch angemessene Sicherungsmaßnahmen vor der Gefahr geschützt sein, von unberechtigten Dritten zur Begehung von Urheberrechtsverletzungen missbraucht zu werden*«. Dazu zählt neben einer Verschlüsselung auch, dass das vom Hersteller vorgegebene Standardpasswort des Routers durch ein eigenes ersetzt wird. Neue Router verwenden kein Standardpasswort mehr, sondern ein individuelles, für jedes Gerät unterschiedliches. Dieses finden Sie meist auf einem Aufkleber direkt auf dem Router. Bei diesen Geräten muss der Betreiber des Anschlusses das Passwort nicht ändern.

Viele Router bieten auch die Möglichkeit, den Zugang zur Konfigurationsoberfläche auf Kabelverbindungen zu beschränken. Mit dieser Option haben Unbefugte auf der Straße keine Chance mehr, den Router umzukonfigurieren, um Netzwerkschlüssel zu ändern oder andere Einstellungen zu manipulieren.

Beachten Sie bei der Einrichtung eines privaten WLANs folgende Sicherheitsregeln:

- Schalten Sie das WLAN-Modul im Router ab, wenn Sie es längere Zeit nicht benutzen. Das verringert das Risiko eines unbemerkten Angriffs, wenn Sie nicht zu Hause sind.

- Richten Sie den Router nach den lokalen Gegebenheiten aus. Für eine Etagenwohnung ist ein Router mit Zusatzantenne und mehreren 100 m Reichweite völlig überdimensioniert und stellt ein hohes Sicherheitsrisiko dar. In großen Büros verwendet man sinnvollerweise mehrere kleine Access Points anstelle eines großen, um das Netzwerk an die lokalen Ausbreitungsbedingungen besser anzupassen.

▪ Verändern Sie bei älteren Routern das Standardpasswort zur Router-Konfiguration, damit niemand sich an Ihrem Router zu schaffen macht, sich selbst Zugang verschafft oder einen anderen (teuren) Internetzugang einrichtet.

Bei drahtlosen Netzwerken ist die Verschlüsselung besonders wichtig, da man im Gegensatz zu einem kabelgebundenen Netzwerk nicht merkt, wenn sich ein fremder Computer unautorisiert mit dem Netzwerk verbindet. Aktivieren Sie, wenn möglich, immer die WPA2-Verschlüsselung. Dazu muss am Router und auf jedem Gerät einmalig ein Schlüssel eingegeben werden, der auf allen Geräten gleich ist. Geräte ohne diesen Schlüssel haben keinen Zugang zum WLAN.

Alle modernen Router unterstützen aktuelle WPA2-Verfahren (Wi-Fi Protected Access 2). Dieses bietet zusätzlichen Schutz durch dynamische Schlüssel. Nach der Initialisierung mit dem Schlüssel kommt ein Session Key zum Einsatz. Allerdings können Sie dieses Verfahren auf dem Router nur nutzen, wenn es von allen angeschlossenen Geräten unterstützt wird. Nicht alle älteren Handys verstehen WPA2. Aber selbst der Bundesgerichtshof verlangt nicht, aus jedem privaten WLAN einen Hochsicherheitstrakt zu machen, sodass die ältere WEP-Verschlüsselung durchaus weiterhin verwendet werden darf. Immer wieder veröffentlichen Computerzeitschriften Workshops zum Knacken von WEP-Schlüsseln. Das Knacken eines Schlüssels ist aber immer noch deutlich aufwendiger als die unberechtigte Nutzung eines unverschlüsselten WLANs und gilt zudem im Zweifelsfall als rechtswidriges Eindringen in ein Netzwerk.

Einige Router bieten die Möglichkeit, nur bestimmte Geräte überhaupt per WLAN ins Netzwerk zu lassen. Zur Identifikation werden die MAC-Adressen der Geräte herangezogen. Diese MAC-Adresse ist eine weltweit eindeutige Kennung jeder Netzwerkkarte. Die MAC-Adresse eines Android-Smartphones finden Sie über das Zahnradsymbol neben dem verbundenen WLAN.

Wifi Analyzer

Die App *Wifi Analyzer* findet WLANs in der Nähe und zeigt deren Kanäle und Signalstärke an.

Läuft man mit dem *Wifi Analyzer* durchs Haus oder auch draußen durch die Straßen, lassen sich die Ausbreitungsbedingungen der verschiedenen WLANs gut ermitteln.

Auch beim Aufstellen des eigenen Routers kann diese App eine Hilfe sein. Wählen Sie den Kanal eines neuen WLAN-Routers immer so, dass möglichst viel Abstand zu den WLANs der Nachbarn gegeben ist. Router auf dicht nebeneinander liegenden WLAN-Kanälen können Interferenzen verursachen, die den WLAN-Empfang schwächen. Der *Wifi Analyzer* bietet dazu eine Kanalbewertung, die Empfehlungen für den optimalen WLAN-Kanal für den eigenen Router gibt.

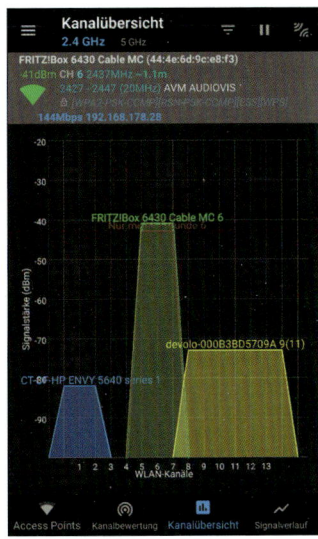

Wifi Analyzer zeigt alle WLANs in Reichweite.

Öffentliche WLANs nutzen

An immer mehr öffentlichen Plätzen, Bahnhöfen, in Hotels oder Cafés kann man per WLAN mit dem Smartphone eine Verbindung ins Internet herstellen, ohne das Datenvolumen der Mobilfunk-Flatrate aufzubrauchen. In vielen Ländern sind öffentliche WLAN-Hotspots kostenlos nutzbar und auffällig gekennzeichnet. Ist der Schalter *Bei offenen WLANs benachrichtigen* in den WLAN-Einstellungen aktiviert, erscheint eine Benachrichtigung, wenn ein öffentliches WLAN in der Nähe ist.

Anmeldeseiten verschiedener Anbieter öffentlicher Hotspots.

177

Die meisten öffentlichen WLANs verlangen vor der Nutzung die Bestätigung der Geschäfts- und Datenschutzbedingungen durch den Nutzer. Dazu wurde früher eine spezielle Anmeldeseite im Browser aufgerufen.

Android 10 vereinfacht diesen Anmeldevorgang, indem die Seite direkt in den WLAN-Einstellungen über eine Benachrichtigung aufgerufen werden kann.

Auch Vodafone bietet immer mehr öffentliche Hotspots in Städten und touristischen Orten an. Einige Vodafone-Hotspots bieten 30 Minuten kostenlose Nutzung jeden Tag an.

Über *Vodafone Homespot* können Nutzer von Kabelanschlüssen einen Teil ihrer Bandbreite freigeben und bekommen im Gegenzug die Nutzungsberechtigung für andere Homespots.

WLAN im Ausland

Im Ausland gibt es fast überall kostenloses WLAN in Restaurants, Hotels und auf öffentlichen Plätzen. Dagegen sind die Roamingkosten für die Mobilfunknutzung außerhalb der EU extrem hoch. Schalten Sie im Nicht-EU-Ausland die mobile Datenübertragung aus.

Am besten schützen Sie sich vor Roamingkosten, wenn Sie bei Auslandsreisen die SIM-Karte aus dem Smartphone nehmen.

---

1. Tippen Sie länger auf das WLAN-Symbol in den Schnelleinstellungen, um die Liste der WLANs in der Nähe zu sehen.

2. Tippen Sie auf das gewünschte WLAN in der Liste.

3. Nachdem die Verbindung hergestellt wurde, erscheint unter dem Netzwerknamen der Hinweis *Im Netzwerk anmelden*.

4. Tippen Sie darauf, erscheint automatisch die Anmeldeseite des WLANs, auf der Sie Bedingungen bestätigen oder Anmeldedaten eingeben müssen. Danach sind Sie mit dem WLAN verbunden.

Tippen Sie in der WLAN-Liste auf ein verbundenes Netzwerk, werden die technischen Daten angezeigt. Auf dieser Seite können Sie sich auch aus dem WLAN abmelden.

Anmeldeseite erscheint nicht

Sollte nach der Verbindung mit einem öffentlichen WLAN die Anmeldeseite nicht erscheinen, schalten Sie in den *Einstellungen* unter *Netzwerk & Internet* den *Datensparmodus* aus und versuchen es erneut.

Telekom-HotSpots nutzen

Die Telekom rüstet in Großstädten und an touristisch interessanten Orten Telefonzellen mit Hotspots aus, über die man mit persönlicher Zugangskennung oder über direkte Bezahlung mit einem eigenen Notebook, Tablet oder Smartphone ins Internet kommt.

Öffentliches Telefon mit Telekom-HotSpot.

Telekom-HotSpots werden in der Liste verfügbarer WLANs als offene Netzwerke angezeigt. Verbinden Sie das Smartphone mit diesem WLAN. Nach der Verbindung erscheint die Benachrichtigung *In WLAN-Netzwerk anmelden*. Tippen Sie darauf und geben Sie auf der Anmeldeseite, wenn nötig, Ihre Zugangsdaten ein. Erst danach können Sie andere Apps über dieses WLAN nutzen.

Infos zu Telekom-HotSpots

Um an einem kostenpflichtigen Telekom-HotSpot surfen zu können, brauchen Sie eine Zugangskennung, die entweder über die Telefonrechnung abgerechnet wird oder – ähnlich wie bei Prepaid-Handys – vorab für einen bestimmten Zeitraum gekauft werden kann. Am einfachsten ist der Zugang an den Telekom-HotSpots, wenn man ein Handy mit Laufzeitvertrag der Telekom hat.

 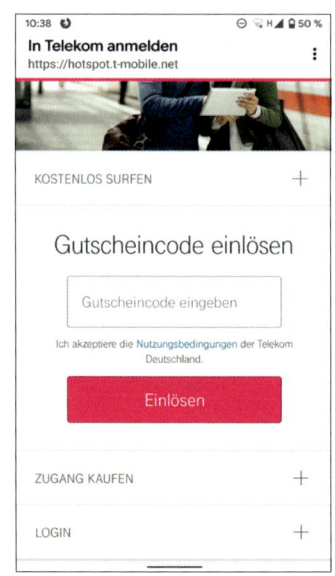 

Anmeldung an Telekom-HotSpots.

Die meisten Telekom-HotSpots zeigen auf der Anmeldeseite unterschiedliche Möglichkeiten zur Anmeldung: über einen HotSpot Pass, einen Gutscheincode oder mit Benutzername und Passwort aus einem Telekom-Mobilfunkvertrag. Die als *Telekom_FON* gekennzeichneten Hotspots lassen sich auch mit einem Log-in der Fon-Community, die vor einigen Jahren von der Telekom übernommen wurde, kostenlos nutzen.

WLAN in der Bahn

Seit Ende des Jahres 2016 sind fast alle ICE-Züge und seit Frühjahr 2019 auch die ersten IC-Züge der Deutschen Bahn mit kostenlosem WLAN ausgestattet. Das WLAN erscheint unter dem Namen *WIFIonICE* in der Liste der WLANs und verwendet eine Anmeldeseite, bei der Sie aber nur auf eine Schaltfläche tippen müssen.

Das WLAN im ICE funktioniert über gebündelte LTE-Verbindungen mehrerer Mobilfunkanbieter. Dennoch müssen sich mehrere Hundert Fahrgäste die Bandbreite teilen. Damit alle Fahrgäste vom WLAN profitieren können und nicht einzelne mit Video-Streams die Geschwindigkeit für alle anderen Mitreisenden bremsen, wird das Datenvolumen nach der Nutzung von 200 MByte pro Tag und Gerät gedrosselt.

Nachdem private Bahngesellschaften zunehmend WLAN für ihre Fahrgäste anbieten, stattet auch die Deutsche Bahn nach und nach Regionalzüge und S-Bahnen mit WLAN aus. Die WLAN-Hotspots in den Regionalzügen und auf vielen Bahnhöfen heißen *WiFi@DB* und funktionieren nach einem ähnlichen Prinzip wie in den ICEs. Andere Bahnhöfe nutzen Telekom-HotSpots unter dem eigenen Namen *FREE_WIFI@BAHNHOF*.

Verschiedene Anmeldeseiten in Zügen der DB.

Besucher der DB-Lounges können die Hotspots im Bereich der DB-Lounges an vielen Bahnhöfen kostenlos und ohne Zeitbegrenzung nutzen.

Alternative Browser für Android

Wie auf dem PC haben unabhängige Softwarehersteller auch für Android-Smartphones weitere Browser entwickelt, die interessante Funktionen bieten und so zahlreiche Fans für sich gewinnen konnten. Auch auf dem Smartphone ist wie auf dem PC kein Browser objektiv der beste. Die Browserwahl ist immer eine Frage des persönlichen Geschmacks. Wir zeigen hier ein paar beliebte Alternativen zum Chrome-Standard-Browser.

Firefox

Firefox für Android basiert auf der gleichen Technologie wie der beliebte Browser für PCs. Auch auf dem Smartphone überzeugt Firefox durch seine extrem schlanke wie auch funktionelle Oberfläche.

Die aktuelle Firefox-Version unterstützt alle wichtigen Webtechnologien wie Tabs, JavaScript und HTML-Layer und bietet auch weitreichende HTML5-Unterstützung.

Natürlich bietet Firefox auch alle Funktionen moderner Android-Browser, wie einen privaten Modus, Umschaltung auf die Desktop-Version von Webseiten, Lesezeichen, Chronik und das Teilen von Internetadressen über verschiedene Kommunikationswege. Die Chronik, die Liste der meistbesuchten Seiten sowie die Lesezeichen erreichen Sie in Firefox durch einfaches Antippen der Adresszeile. Tippen Sie oben rechts auf die kleine Ziffer, erscheinen weitere Tabs.

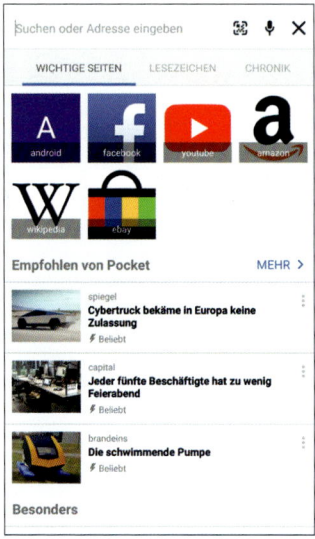 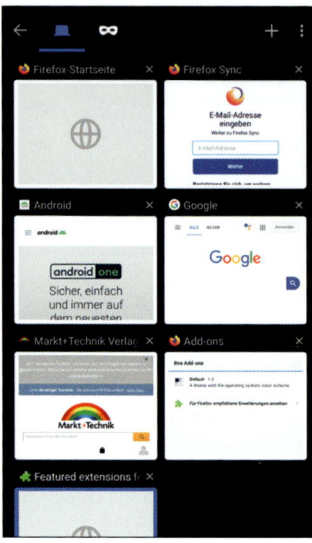 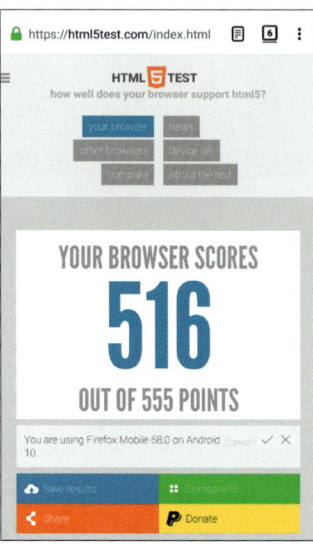

Startseite, Übersicht geöffneter Tabs und HTML5-Testergebnis im mobilen Firefox.

Die kombinierte Such- und Adressleiste findet schnell einen gesuchten Begriff in der Chronik der besuchten Seiten wie auch über verschiedene Suchmaschinen. Weitere Suchanbieter können über Add-ons eingebunden werden.

Mit einem QR-Code schnell zu einer Internetadresse

Das QR-Code-Symbol in der Symbolleiste von Firefox ruft direkt den in Kapitel 3 beschriebenen *Barcode Scanner* auf, wenn dieser auf dem Smartphone installiert ist, um über einen QR-Code zu einer Internetseite zu kommen, ohne erst eine andere App starten zu müssen.

Firefox Sync

Per Firefox Sync lassen sich Lesezeichen, Passwörter und Formulareingaben mit anderen Smartphones oder Firefox auf dem PC synchronisieren, sodass man nicht alles auf dem Smartphone neu eingeben muss. Sie finden die Lesezeichen sowie die Chronik der zuletzt geöffneten Webseiten automatisch auch auf dem Smartphone. Dazu legen Sie auf dem PC ein Firefox-Konto an und melden sich mit demselben Konto auch bei Firefox für Android an.

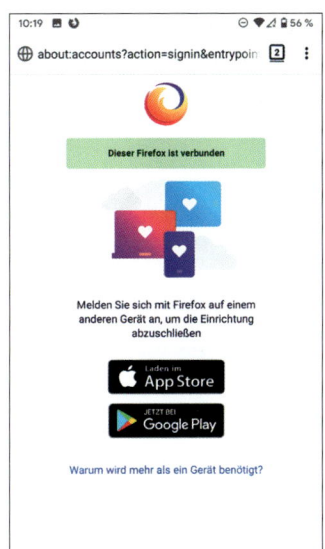 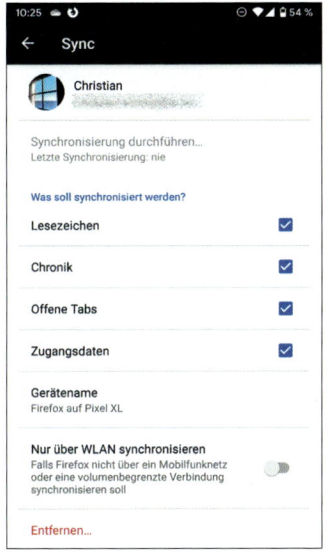 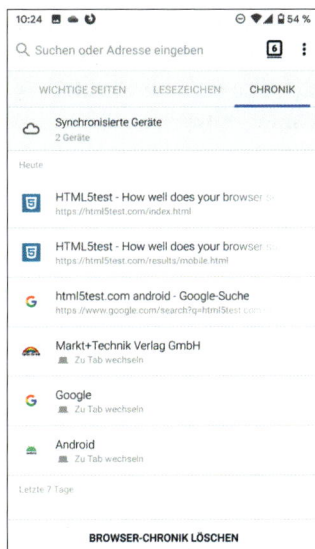

Lesezeichen, Chronik und andere Daten in Firefox synchronisieren.

Firefox Add-ons verwenden

Firefox bietet auf dem Smartphone eine ähnliche Add-on-Technik wie auf dem PC. Über solche nachträglich installierbaren Add-ons lassen sich zusätzliche Funktionen hinzufügen oder das Aussehen von Firefox verändern. Besonders beliebt sind Werbeblocker-Add-ons, die durch Herausfiltern von Werbung nicht nur Platz auf den kleinen Smartphone-Bildschirmen schaffen, sondern auch Datenvolumen sparen.

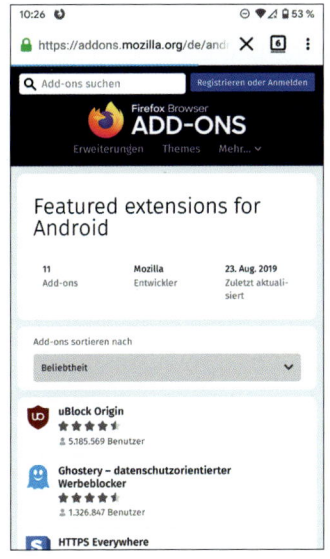 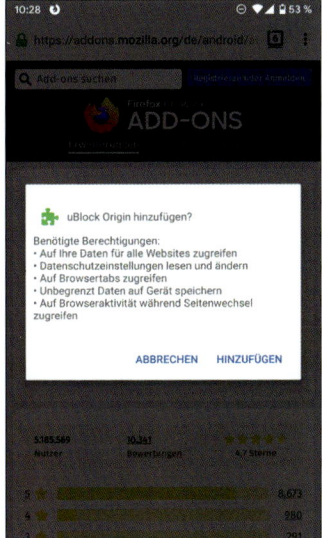 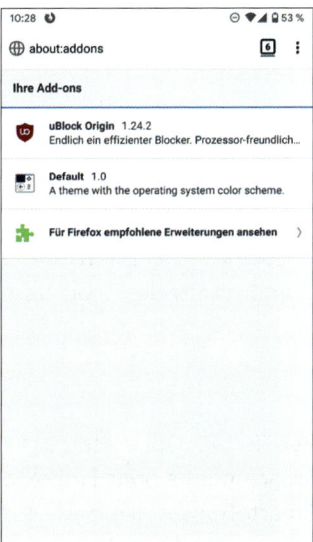

Add-ons in Firefox installieren.

Firefox als Standard-Browser einrichten

Wie auf dem PC ist auch auf dem Smartphone immer ein Browser der Standard-Browser, der automatisch gestartet wird, wenn man in einer anderen App auf einen Link tippt. Wer grundsätzlich lieber Firefox als Chrome nutzt, kann die Standardeinstellung leicht umstellen.

Um den Chrome-Browser verschwinden zu lassen, sind zwei Einstellungen zu verändern:

- Symbol in der Schnellstartleiste des Startbildschirms austauschen.
- Standard-Browser-Einstellung ändern, damit bei der Eingabe eines Suchbegriffs oder beim Antippen eines Weblinks in einer E-Mail automatisch Firefox gestartet wird.

Gehen Sie folgendermaßen vor:

1. Um das Symbol auszutauschen, halten Sie das Chrome-Symbol in der Schnellstartleiste am unteren Bildschirmrand länger, bis am oberen Bildschirmrand das Symbol *Entfernen* erscheint. Ziehen Sie das Chrome-Symbol darauf, verschwindet es aus der Schnellstart- leiste.

2. Suchen Sie das Firefox-Symbol in der Liste aller Apps oder auf dem Startbildschirm, halten Sie es einen kurzen Moment und ziehen Sie es an die gewünschte Position in der Schnellstartleiste. Damit wird es automatisch dort verankert.

3. Um den Standard-Browser zu Firefox zu wechseln, öffnen Sie die *Einstellun- gen*. Wählen Sie hier *Apps & Benachrichtigungen/Erweitert/Standard-Apps*.

4. Tippen Sie auf *Browser-App*, um den neuen Standard-Browser auszuwählen.

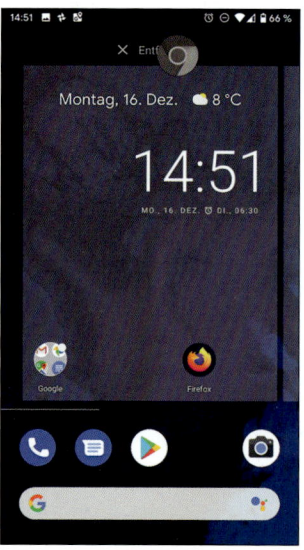 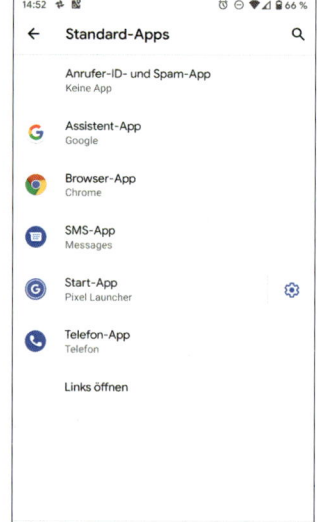 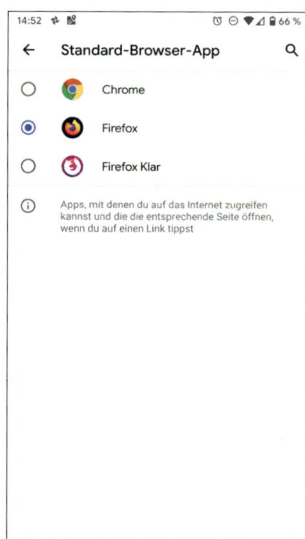

Chrome-Symbol gegen Firefox austauschen und Standard-Browser wechseln.

Firefox Klar

Firefox Klar ist eine spezielle Version des Firefox-Browsers für Leute mit gesteigerten Sorgen um ihre Privatsphäre.

Der Browser blockiert standardmäßig Skripte zur Werbeverfolgung, Analyse und Verfolgung durch soziale Netzwerke. Außerdem kann die Standardsuchmaschine frei gewählt werden. Da der Browser keine Daten speichert, gibt es keine Lesezeichen und keine Chronik. Um sich eine Webseite zu merken, können Sie diese auf dem Startbildschirm speichern.

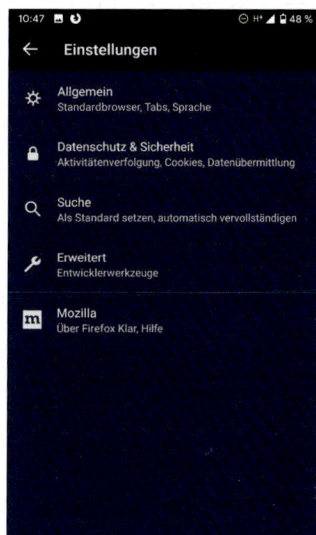

Firefox Klar – eingeschränkte Firefox-Version für Datenschützer.

Opera-Browser

Eine weitere interessante Alternative zu Chrome ist die mobile Version des unter Insidern auch auf dem PC bekannten Opera-Browsers.

Eine lokale Startseite in Opera vereinfacht die Navigation und zeigt die am häufigsten angewählten Internetseiten oder personalisierbare News Feeds zu verschiedenen Themen an. Ähnlich wie auf dem PC sind ein automatisches Ausfüllen von Formularen und das Vervollständigen von Internetadressen möglich.

Der Lesemodus, der Webseiten übersichtlicher und ohne störende Elemente anzeigt, sowie integrierte Werbeblocker sparen zusätzlich Datenvolumen und machen viele Seiten lesbarer. Zusätzlich kann der Werbeblocker auch die immer häufiger verwendeten – weil EU-rechtlich vorgeschriebenen – Cookie-Pop-ups blockieren oder automatisch quittieren.

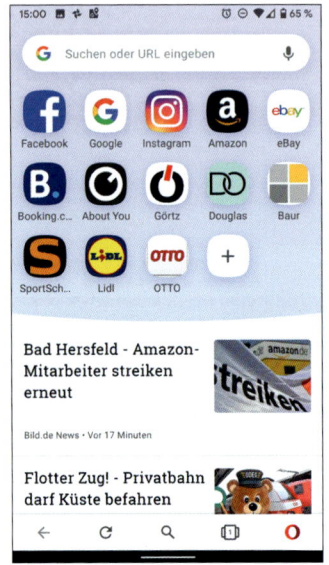

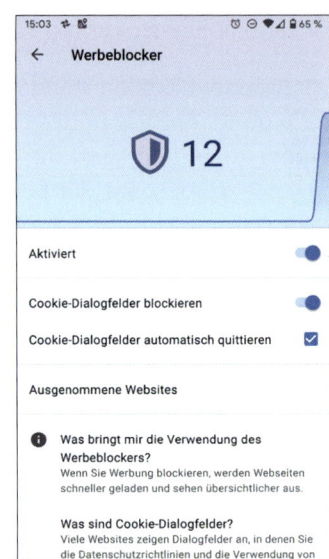

Startseite mit News Feed, Lesemodus und Werbeblocker in Opera.

Ein spezieller Datensparmodus in Opera verwendet eine serverseitige Komprimierung aller aufgerufenen Webseiten. Je nach Aufbau der Seite lässt sich das zu übertragende Datenvolumen um bis zu 90 % eindampfen, was der Geschwindigkeit des Seitenaufbaus zugute kommt und auch Datenvolumen spart. Selbst bei schlechter Mobilfunkabdeckung lassen sich so viele Webseiten noch aufrufen. Im privaten Modus bietet Opera ein kostenloses VPN für besonderen Datenschutz, wenn der Webseitenbetreiber keinerlei Informationen über den Besucher erhalten soll.

Wikipedia

Wikipedia ist das beliebteste aller Onlinelexika und wird ständig aktualisiert und erweitert. Wikipedia ist nicht nur auf dem PC interessant, sondern oft auch unterwegs, wenn man schnell etwas wissen möchte. Ein Android-Smartphone eignet sich dabei hervorragend als mobiles Lexikon.

Wikipedia bietet seine Inhalte für verschiedenste Geräte an. Neben der normalen Version zur Darstellung im Webbrowser auf dem PC gibt es auch Versionen, die speziell für die Darstellung auf mobilen Geräten optimiert sind. Besucht man die deutsche Webseite der Wikipedia *de.wikipedia.org* mit dem Browser auf dem Smartphone, wird automatisch auf die mobile Variante *de.m.wikipedia.org* umgeschaltet.

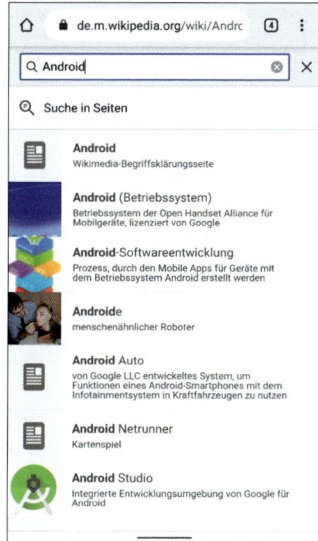

Suche in der mobilen Wikipedia im Chrome-Browser sowie ein Artikel in mobiler und klassischer Ansicht.

Die für Mobilgeräte optimierte Version der Wikipedia hat auf Smartphones deutliche Vorteile. Schriftgröße und Zeilenbreite werden automatisch angepasst. Bilder werden dargestellt, ohne sie als Benutzer verkleinern zu müssen. Um den Seitenaufbau zu beschleunigen, werden die Unterkapitel zunächst nur als Überschrift angezeigt, tippt man darauf, lädt das Unterkapitel nach.

Sollte ein Artikel in der mobilen Version nicht vollständig dargestellt werden, finden Sie ganz unten auf jeder Wikipedia-Seite einen Link zum Umschalten auf die klassische Ansicht, ohne den Browser selbst umschalten zu müssen. Auf die gleiche Weise kommen Sie von der klassischen Ansicht auch wieder zurück zur mobilen Ansicht.

Die offizielle Wikipedia-App

Die offizielle App der Wikipedia bietet mehr als nur eine schnellere Suche und Darstellung der Wikipedia-Artikel auf dem Smartphone. In der App lassen sich Seiten zum Offlinelesen speichern. Außerdem gibt es eine Verlaufsanzeige der zuletzt gelesenen Wikipedia-Artikel. Die Wikipedia-App lässt sich auf alle von Wikipedia unterstützten Sprachen umschalten.

Die aktuelle Version der Wikipedia-App liefert ähnlich wie die Wikipedia-Webseite bereits beim Suchen Vorschläge passender Wikipedia-Artikel. Eine Wischgeste vom rechten Bildschirmrand oder ein Symbol unten rechts blendet ein Inhaltsverzeichnis für den aktuell angezeigten Artikel ein. Die App bietet für Wikipedia-Autoren die Möglichkeit, sich anzumelden und Seiten als Lesezeichen in der App zu speichern.

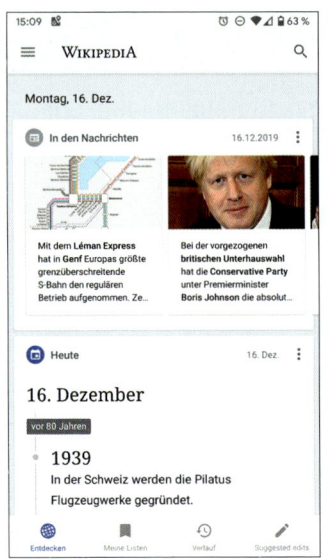

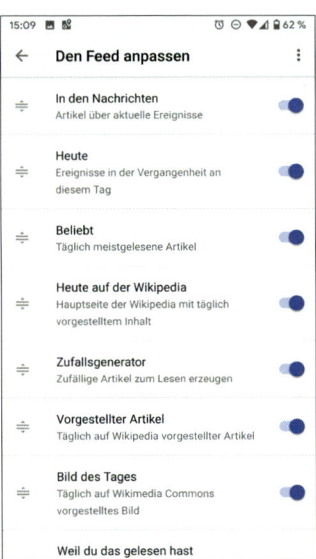

Startseite der App und Inhaltsverzeichnis eines Wikipedia-Artikels. Rechts: persönliche Startseite anpassen.

Wikipedia-Apps

Bevor Wikipedia die eigene offizielle App veröffentlichte, gab es schon diverse andere Wikipedia-Apps, die aber häufig Werbung enthalten und einen geringeren Funktionsumfang bieten. Einige von diesen sind immer noch im Google Play Store zu finden. Achten Sie daher darauf, die offizielle Wikipedia-App zu installieren.

QRpedia

QRpedia (*qrpedia.org*) ist ein Projekt der Wikipedia, das es Anwendern ermöglicht, auf einfache Weise QR-Codes zu Wikipedia-Artikeln zu erzeugen. Diese QR-Codes können ausgedruckt und an Sehenswürdigkeiten oder Ausstellungsexponaten angebracht werden. Besucher kommen so auf einfache Weise zu dem zum jeweiligen Objekt passenden Wikipedia-Artikel.

Die QR-Codes aus QRpedia verweisen nicht direkt auf einen einzelnen Wikipedia-Artikel, sondern zunächst auf eine Seite bei *qrwp.org*. Dieser Server wertet die Spracheinstellung des jeweiligen Smartphones aus und liefert dann einen Wikipedia-Artikel in der vom Benutzer verwendeten Sprache zurück. Auf diese Weise ist auch bei Objekten von internationalem Interesse nur ein einziger QR-Code nötig. Jeder Besucher bekommt den passenden Wikipedia-Artikel in seiner auf dem Smartphone verwendeten Sprache angezeigt.

Um selbst solche QR-Codes zu erzeugen, kopieren Sie einfach die Adresse eines Wikipedia-Artikels in das Eingabefeld bei *qrpedia.org*. Sofort wird der passende QR-Code angezeigt.

KAPITEL 5

Kommunikation mit dem Smartphone

Die ursprüngliche Aufgabe eines Handys war schon immer die Kommunikation. Neben Telefonieren und SMS sind auf Smartphones diverse moderne Kommunikationsformen hinzugekommen. So ist es heute selbstverständlich, dass man seine E-Mails auf dem Smartphone liest und beantwortet und auch Kontakte in sozialen Netzwerken von unterwegs pflegt.

Gmail – Google Mail

Android und Google sind zwei enge Verwandte, so wundert es nicht, dass Google-Mail-Konten auf Android-Smartphones besonders gut unterstützt werden. Auf den Geräten ist (fast) immer eine eigene App für Googles Mailservice Gmail vorinstalliert, die ständig mit dem Google-Konto synchronisiert wird, sodass man über neue E-Mails automatisch in Echtzeit benachrichtigt wird.

> **Gmail = Google Mail**
>
> Google Mail tritt in den meisten Ländern inzwischen unter dem Markennamen Gmail auf. In Deutschland und Großbritannien durfte dieser Name wegen eines Rechtsstreits mit dem Betreiber eines privaten Postdienstes lange Zeit nicht genutzt werden. Google verwendet mittlerweile einheitlich *mail.google.com*. Die E-Mail-Adressen *@googlemail.com* und *@gmail.com* können gleichwertig verwendet werden. In Polen und China darf Google den Namen Gmail weiterhin nicht verwenden. Mit über 1,5 Milliarden Nutzerkonten ist Gmail der weltweit größte E-Mail-Anbieter.

Die Gmail-App synchronisiert automatisch mit dem bei der Einrichtung des Smartphones festgelegten Google-Konto. Zusätzlich zu diesem können Sie in der Gmail-App später noch weitere Google-Konten sowie auch E-Mail-Konten anderer Anbieter hinzufügen.

E-Mails lesen

Kommt eine neue E-Mail an, leuchtet bei den meisten Smartphones automatisch die LED und es ertönt ein Benachrichtigungston. In der Benachrichtigungsleiste erscheint das Gmail-Symbol.

Das Gmail-Symbol bei eingegangenen E-Mails (links oben).

Ziehen Sie die Benachrichtigungsleiste nach unten, werden Absender, Betreff, Zeit und die ersten Textzeilen der E-Mail angezeigt. Android 10 fasst mehrere eingegangene E-Mails in einer Benachrichtigung zusammen.

Tippen Sie auf den kleinen Pfeil oben rechts neben der E-Mail-Adresse, um die E-Mails einzeln anzuzeigen. Tippen Sie auf den Pfeil neben der Zeitanzeige links in der Benachrichtigung, werden die ersten Zeilen der E-Mail angezeigt.

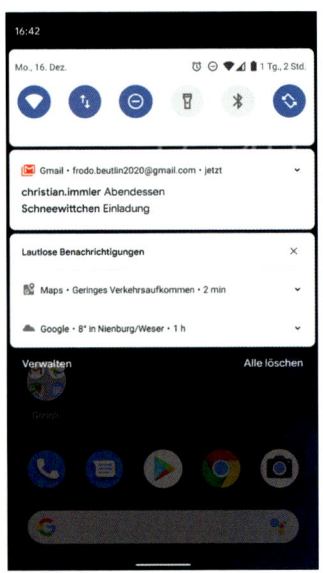
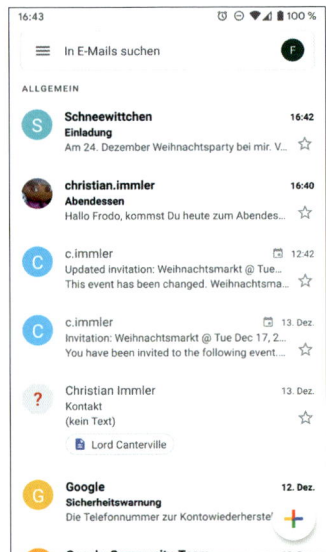

Neue E-Mails in Gmail.

Tippen Sie auf den Text einer E-Mail in einer Benachrichtigung, wird diese in voller Länge in der Gmail-App geöffnet. Mit dem Pfeilsymbol oben links kommen Sie aus der Ansicht einer E-Mail zurück in den Posteingang.

Ist vom Absender ein Kontaktfoto in dessen Google-Konto oder im eigenen Google-Konto hinterlegt, wird dieses Bild automatisch anstelle des Anfangsbuchstabens in der E-Mail angezeigt.

E-Mails beantworten

Um eine E-Mail zu beantworten, tippen Sie auf das Symbol *Antworten* unterhalb der Mail oder auf das Pfeilsymbol oben rechts neben dem Absender.

Es öffnet sich ein Antwortformular. Der Cursor wird automatisch an der richtigen Stelle positioniert, sodass Sie direkt mit dem Schreiben der Antwort beginnen können.

Mit den drei Buttons unten in der E-Mail können Sie zwischen der Antwort an den Absender, der Antwort an alle oder dem Weiterleiten wählen.

Haben Sie die Antwort geschrieben, tippen Sie oben rechts auf das Symbol mit dem Pfeil, um die E-Mail abzuschicken.

E-Mails schreiben

Eine neue Mail zu schreiben, funktioniert prinzipiell genauso, wie eine Mail zu beantworten. Tippen Sie dazu in der Gmail-App unten rechts auf das Plussymbol.

> **Sinnvolle Betreffzeile**
>
> Tragen Sie in die Betreffzeile etwas Sinnvolles ein, damit der Empfänger sofort weiß, worum es in der Mail geht. Die Betreffzeile ist auch ein wichtiges Kriterium für Spamfiltersoftware. Schreiben Sie hier vollständige deutsche Wörter und nicht nur »Hey« oder Ähnliches, wenn Sie möchten, dass Ihre Mail auch ankommt.

E-Mail aus Gmail oder aus der Kontaktliste schreiben. Rechts: E-Mail mit Emojis beantworten.

In den E-Mails können Emojis über die Sonderzeichentastatur verwendet werden. Beim Eintippen des Empfängers werden automatisch Personen aus der Kontaktliste vorgeschlagen, die Sie durch einfaches Antippen auswählen können.

Üblicherweise schreiben Sie eine E-Mail nicht einfach, um eine E-Mail zu schreiben, sondern um einer bestimmten Person etwas mitzuteilen. Da liegt es nahe, direkt aus der Kontakte-App zu starten.

1. Rufen Sie die App *Kontakte* auf und suchen Sie die betreffende Person.

2. Tippen Sie auf den gewünschten Personeneintrag, erscheinen die Kontaktdetails. Tippen Sie hier auf das E-Mail-Symbol.

3. Sind mehrere E-Mail-Apps installiert, wählen Sie Gmail oder eine andere E-Mail-App. Möchten Sie immer Gmail nutzen, tippen Sie anschließend auf *Immer*, und Gmail wird als Standard zum Schreiben von E-Mails festgelegt.

4. Danach – oder auch, wenn nur Gmail installiert ist – öffnet sich automatisch die Gmail-App, und der Cursor springt gleich in die Betreffzeile. Der E-Mail-Empfänger ist automatisch eingetragen, als Absender wird das E-Mail-Konto gewählt, aus dessen Adressbuch der Kontakteintrag stammt.

E-Mail an mehrere Personen schreiben

Wenn Sie E-Mails an mehrere Empfänger verschicken, gibt es diverse Möglichkeiten, die Adressen anzugeben:

Adressierung	Beschreibung
An:	Diese Empfänger werden direkt adressiert, sie stehen in der Zeile *An:* im Mailtext, die Adressen sind für alle Empfänger zu lesen.
Cc:	**C**arbon **C**opy: Die in dieser Zeile aufgeführten Empfänger erhalten einen »Durchschlag« der E-Mail zur Kenntnisnahme. In diesem Fall sind die Empfänger der Carbon Copy für alle anderen Empfänger der Mail zu erkennen.
Bcc:	**B**lind **C**arbon **C**opy: Eine Blindkopie verhindert, dass die Empfänger dieser Kopie beim Originalempfänger oder auch bei den Empfängern regulärer Carbon Copys erkannt werden können.

Wenn Sie eine E-Mail in Gmail schreiben, ist standardmäßig nur das Feld *An:* zu sehen. Die Felder für *Cc:* und *Bcc:* können Sie hinzufügen, indem Sie auf den kleinen Pfeil rechts im Feld *An:* tippen.

App-Shortcuts und Widgets

Über App-Shortcuts (langes Antippen des App-Symbols) lassen sich schnell neue E-Mails an häufig kontaktierte Personen schreiben. Bei Bedarf können diese Shortcuts auf den Startbildschirm gelegt werden.

Das Widget-Symbol oben rechts bietet zwei verschiedene Gmail-Widgets zur Auswahl. Eines zeigt eine Liste der neuesten E-Mails in einem bestimmten Label, das andere öffnet die Gmail-App mit einem zuvor festgelegten Label.

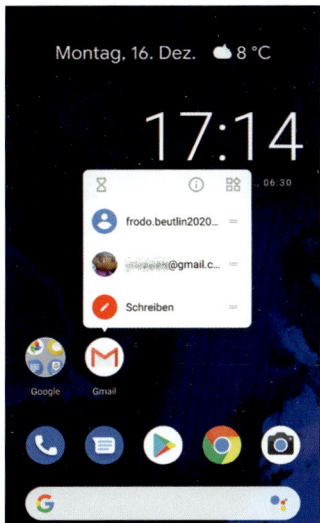  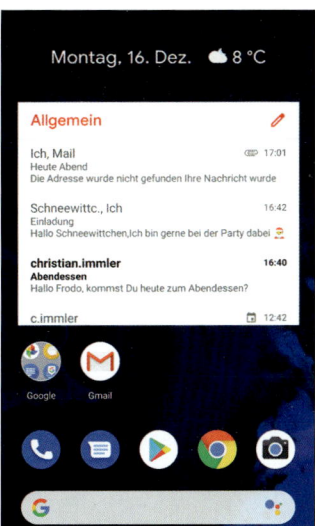

App-Shortcuts und Widgets für Gmail.

Fotos per E-Mail senden

Ähnlich wie vom PC lassen sich auch vom Android-Smartphone Dateien per E-Mail verschicken. Schreiben Sie dazu zunächst wie gewohnt in der Gmail-App die Mail und tippen Sie dann auf das Symbol mit der Büroklammer. Wählen Sie hier *Datei anhängen*. Hier finden Sie eine Übersicht der zuletzt verwendeten Dateien, um schnell eine davon auszuwählen.

Tippen Sie auf das Menüsymbol oben links, können Sie ein beliebiges auf dem Smartphone gespeichertes Foto auswählen. Um ein auf dem Smartphone oder der Speicherkarte gespeichertes Foto an die E-Mail anzuhängen, tippen Sie auf *Fotos*. Hier finden Sie alle Ihre Fotos. Installierte Dateimanager und verschiedene andere Apps klinken sich hier ebenfalls mit ein. Auch darüber können Sie E-Mail-Anhänge auswählen.

Sie haben auch die Möglichkeit, Dateien aus dem Cloud-Speicher Google Drive direkt als E-Mail-Anhang auszuwählen, ohne die Datei erst auf das Smartphone herunterladen zu müssen.

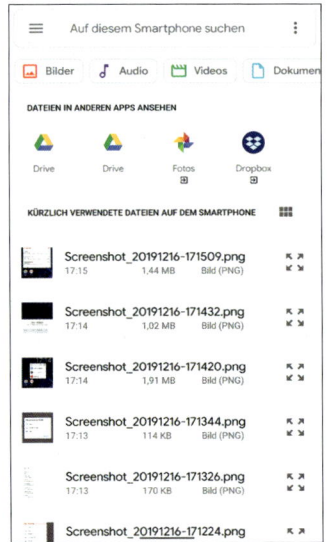 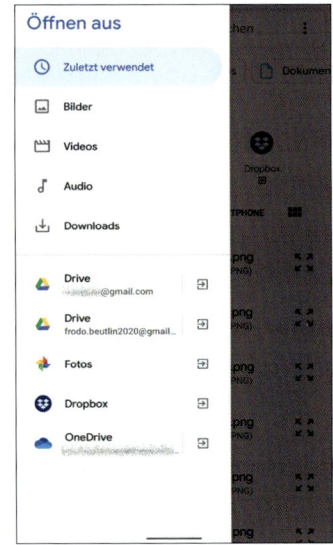 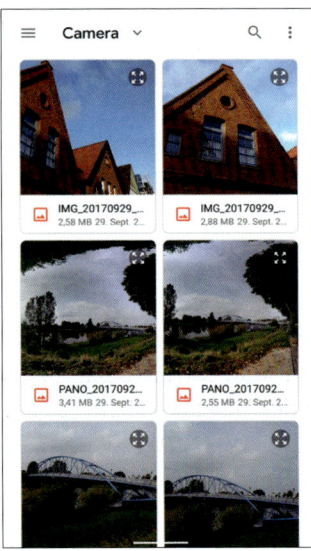

Datei als Anhang auf dem Smartphone oder aus Google Drive auswählen und als Mailanhang verschicken.

Statt die Gmail-App zu starten und dann das Bild zu wählen, können Sie auch direkt aus der Fotos-App ein Bild verschicken. Tippen Sie in der Bildanzeige unten auf das Symbol *Teilen* und wählen Sie dann die Gmail-App aus. Schieben Sie die Liste nach oben, erscheinen noch weitere Apps zum Teilen von Fotos.

 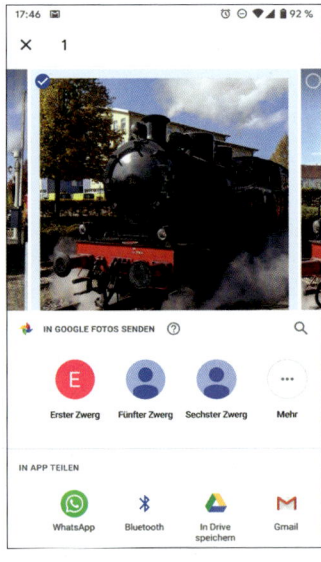 

Fotos mit Freunden über Google Fotos teilen.

Im oberen Teil der Symbolleiste finden Sie Personen, mit denen Sie häufig kommunizieren. Tippen Sie auf eine Person, und Sie brauchen die E-Mail-Adresse nicht noch einmal auszuwählen. Das Symbol *Mehr* zeigt die Kontaktliste, aus der Sie schnell eine oder mehrere Personen auswählen können. Zusätzlich können Sie auch im Textfeld oberhalb der Symbole einen Namen oder eine E-Mail-Adresse eintippen, an die das Foto gesendet werden soll.

Personen, die mit einem Google-Fotos-Symbol gekennzeichnet sind, nutzen diese App und werden zusätzlich direkt innerhalb der App benachrichtigt, wenn man ihnen neue Fotos schickt.

Die Google-Fotos-App schickt Fotos, die auf Google Fotos hochgeladen sind (siehe in Kapitel 7 den Abschnitt »Fotos online zeigen und teilen«) nicht als riesigen Dateianhang, sondern erstellt automatisch eine E-Mail mit einem Vorschaubild und einem Link auf das Foto. Das spart sowohl beim Absender als auch beim Empfänger Datenvolumen, da man das Foto in der Mail zwar sieht, es aber in voller Auflösung auch später noch im WLAN herunterladen kann. Vor dem Versenden können Sie ganz unten noch eine persönliche Nachricht eintragen.

Andere E-Mail-Konten einrichten und nutzen

Die Gmail-App unterstützt neben Gmail auch E-Mail-Konten anderer Anbieter, sodass nicht mehr wie früher mehrere E-Mail-Apps nötig sind.

> ## Wo ist die andere E-Mail-App von Android?
>
> Android-Smartphones benötigten früher neben Gmail noch eine weitere App, um auch andere POP3- und IMAP-Mailkonten zu nutzen. Diese App ist seit Android 6 Marshmallow nicht mehr nötig und wird seit Android 7 Nougat standardmäßig nicht mehr mitgeliefert. Einige Gerätehersteller, unter anderem Samsung, installieren zusätzlich zu Gmail noch eine eigene E-Mail-App.

Bei den meisten E-Mail-Anbietern können Sie mit E-Mail-Adresse und Passwort das Mailkonto auf dem Smartphone automatisch einrichten, da die Serverdaten in der App bekannt sind. Bei E-Mails auf eigenen privaten Domains ist die automatische Einrichtung in den meisten Fällen nicht möglich.

1. Tippen Sie oben rechts in der Gmail-App auf Ihr Profilbild und dann auf *Weiteres Konto hinzufügen*

2. Wählen Sie auf der nächsten Seite Ihren E-Mail-Anbieter. Die meisten bekannten E-Mail-Anbieter wie GMX, Web.de, T-Online und andere sind bereits vorkonfiguriert.

3. Jetzt erscheint automatisch der Einrichtungsassistent. Geben Sie hier Ihre E-Mail-Adresse und auf der nächsten Seite das Passwort an.

4. Wenn Sie auf *Weiter* tippen, richtet die Gmail-App das E-Mail-Konto automatisch ein, wenn die Serverdaten des E-Mail-Anbieters bekannt sind. Können die Serverdaten

nicht automatisch ermittelt werden, schaltet der Einrichtungsassistent automatisch auf die manuelle Einrichtung um, bei der Sie alle Daten manuell eingeben können.

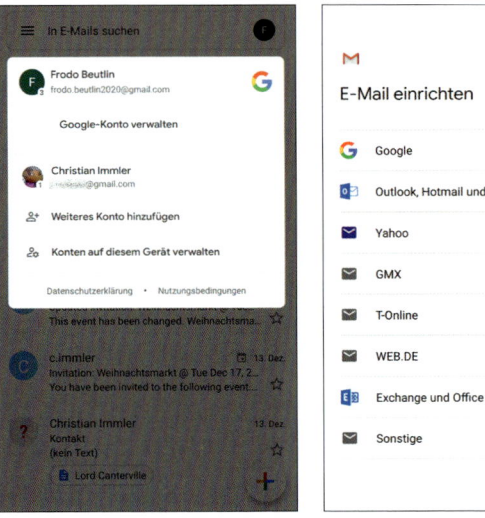

E-Mail-Konto bei einem anderen Anbieter in der Gmail-App eintragen.

5. Bei Konten von Google und Microsoft erscheinen spezielle Anmeldeseiten dieser Anbieter, auf denen Zugriffsberechtigungen gewährt und Nutzungsbedingungen bestätigt werden müssen.

6. Bei Nicht-Google-Konten wählen Sie noch, wie oft die App auf dem Mailserver nach neuen Nachrichten sehen soll. Hier können Sie auch festlegen, ob beim Eingang neuer E-Mails eine Benachrichtigung erscheinen soll. In den Kontoeinstellungen können Sie später auch noch einen Klingelton für diese Benachrichtigungen auswählen.

7. Im letzten Schritt geben Sie dem neu eingerichteten E-Mail-Konto noch einen eindeutigen Namen. Wird kein Name vergeben, bekommt das Konto in der Liste die E-Mail-Adresse als Namen.

8. Danach ist das Mailkonto eingerichtet. Jetzt wird eine Verbindung zum Server hergestellt und die E-Mails werden abgerufen. Das Konto erscheint in der Liste im Seitenmenü der Gmail-App.

POP3/IMAP bei GMX und Web.de

GMX und Web.de deaktivieren standardmäßig den Zugriff über externe E-Mail-Apps. Melden Sie sich auf dem PC im Browser dort an und aktivieren Sie in den *Einstellungen* unter *POP3/IMAP Abruf* den Schalter *POP3 und IMAP Zugriff erlauben*.

Bestätigen Sie die Änderung mit einem Klick auf *Speichern* und der Eingabe eines Sicherheitscodes.

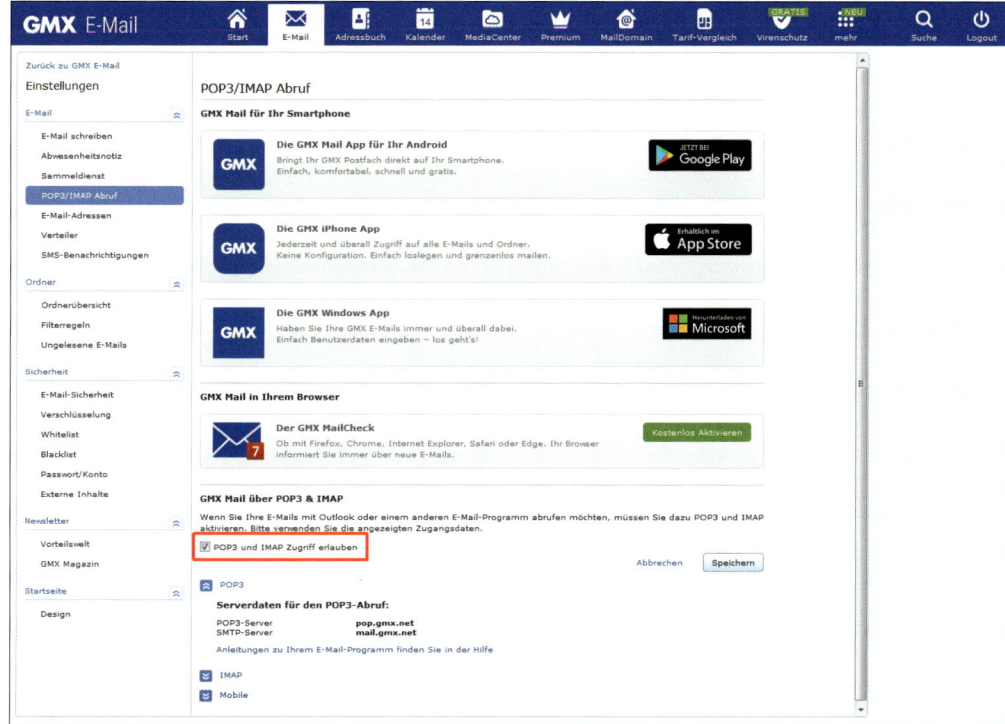

POP3/IMAP bei GMX aktivieren.

Wird ein E-Mail-Konto längere Zeit nicht genutzt, wird der POP3-Zugriff automatisch wieder deaktiviert, kann aber jederzeit wieder aktiviert werden.

E-Mail-Konto manuell einrichten

Nicht alle E-Mail-Konten können automatisch konfiguriert werden, da nicht immer die Serverdaten bekannt sind. Besonders bei E-Mail-Adressen auf eigenen Domains müssen Sie das Mailkonto manuell einrichten.

Dazu brauchen Sie die Namen der Posteingangs- und Postausgangsserver sowie den Benutzernamen, das Passwort und teilweise auch Informationen zu Ports und Authentifizierungsverfahren.

1. Bei einigen kostenlosen Mailanbietern muss der POP3-/SMTP-Zugang zunächst über die Weboberfläche freigeschaltet werden. Bei manchen Anbietern funktioniert der E-Mail-Versand per SMTP nur, wenn Sie auch über diese Anbieter im Internet sind.

2. Um ein Mailkonto manuell einzurichten, wählen Sie in den Einstellungen der Gmail-App *Konto hinzufügen* und tippen dann auf *Sonstige*.

3. Geben Sie Ihre Mailadresse ein und tippen Sie auf *Manuell einrichten*. Danach müssen Sie zwischen IMAP oder POP3 wählen.

4. Auf dem nächsten Bildschirm geben Sie das Passwort an. Mit dem Augensymbol können Sie dies im Klartext anzeigen lassen, um Ihre Eingabe zu überprüfen. Lassen Sie das Passwort in Gmail speichern, damit Sie es nicht jedes Mal zur Abfrage neuer E-Mails eingeben müssen.

5. Danach tragen Sie die Serverdaten und den Benutzernamen ein. Hier können Sie auch noch das Authentifizierungsverfahren festlegen. Die Gmail-App liefert automatisch Vorschläge, damit Sie nicht alle Daten manuell eintragen müssen.

6. Das Gleiche machen Sie danach noch für den Postausgangsserver. Anschließend erfolgt ein automatischer Verbindungstest mit dem Mailserver.

7. Nun müssen Sie noch wie bei der automatischen Einrichtung das Intervall für die Synchronisierung sowie den Anzeigenamen für gesendete E-Mails festlegen. Anschließend werden die E-Mails heruntergeladen und können gelesen sowie beantwortet werden.

Einstellungen für Eingangs- und Ausgangsserver manuell eintragen. Rechts: Zertifikatsfehler umgehen.

Probleme mit Zertifikatsfehlern

Bei E-Mail-Adressen auf eigenen Domains kann es zu Zertifikatsfehlern kommen, wenn der Anbieter zwar ein Sicherheitszertifikat für seine Server hat, aber nicht für jede einzelne Kundendomain. Lassen Sie sich in solchen Fällen das Zertifikat mit *Erweitert* anzeigen und scrollen Sie ganz nach unten. Tippen Sie hier auf *Trotzdem fortfahren*.

Das gleiche E-Mail-Konto auf Smartphone und PC nutzen

Wenn Sie eine E-Mail-Adresse auf PC und Smartphone nutzen, verwenden Sie diese am besten über einen IMAP-Server. Dann haben Sie alle Änderungen immer gleich auf beiden Geräten. Gesendete E-Mails, Vorlagen und Entwürfe sollten in den jeweiligen IMAP-Ordnern gespeichert werden, dann stehen sie ebenfalls auf beiden Geräten zur Verfügung. Die meisten großen E-Mail-Anbieter unterstützen mittlerweile sowohl POP3 als auch IMAP.

Sollte Ihr Mailserver kein IMAP unterstützen, haben Sie alle Mails beim automatischen Abruf vom POP3-Server sowohl auf dem PC als auch auf dem Smartphone. Hier sollten Sie sich gut überlegen, wo Sie E-Mails archivieren und wo Sie sie nur lesen wollen. In den meisten Fällen bewährt es sich, auf dem PC alle Mails aufzubewahren. Stellen Sie also dort das POP3-Konto so ein, dass Mails nach dem Löschen auch auf dem Server gelöscht werden. Diese Einstellung sollten Sie auf dem Smartphone nicht vornehmen. So können Sie auf dem Smartphone durch das Löschen gelesener E-Mails den Überblick behalten und haben auf dem PC trotzdem alle Mails. Nach dem Herunterladen auf den PC sollten die E-Mails aber weiterhin auf dem Server belassen werden, damit Sie sie auf dem Smartphone auch zur Verfügung haben.

Nutzen Sie auf dem PC in Thunderbird oder Outlook ein E-Mail-Konto per POP3, können Sie dieses nicht einfach auf IMAP umstellen. Das POP3-Konto muss im E-Mail-Programm zunächst entfernt und dann als IMAP-Konto neu installiert werden. E-Mails, die sich noch auf dem Server befinden, bleiben dabei erhalten und stehen später wieder zur Verfügung. Lokal auf dem PC abgelegte E-Mails müssen Sie vorher sichern.

Serverdaten bekannter E-Mail-Anbieter

Jeder E-Mail-Anbieter gibt seinen Mailservern eigene Namen, auch die Schemata, nach denen sich die Benutzernamen zusammensetzen, sind überall unterschiedlich. In den Einstellungen für ausgehende E-Mails müssen Sie bei allen großen Anbietern die Option *Anmeldung erforderlich* aktivieren. Nutzername und Passwort sind die gleichen wie bei den Einstellungen für eingehende Verbindungen. Als Sicherheitstyp müssen Sie inzwischen bei den meisten Anbietern *SSL* angeben.

Server- und Benutzernamen bekannter Anbieter			
Anbieter	Posteingang POP/IMAP	Postausgang SMTP	Benutzername
GMX	pop.gmx.net imap.gmx.net	mail.gmx.net	E-Mail-Adresse
WEB.DE	pop3.web.de imap.web.de	smtp.web.de	E-Mail-Adresse

Server- und Benutzernamen bekannter Anbieter			
Anbieter	Posteingang POP/IMAP	Postausgang SMTP	Benutzername
Arcor	pop3.arcor.de imap.arcor.de	mail.arcor.de	E-Mail-Adresse
Freenet	mx.freenet.de mx.freenet.de	mx.freenet.de	E-Mail-Adresse
Outlook.com (Hotmail)	pop3.live.com pop3.live.com	smtp.live.com	E-Mail-Adresse
T-Online	securepop.t-online.de secureimap.t-online.de	securesmtp.t-online.de	E-Mail-Adresse
Vodafone Kabelmail	imap.kabelmail.de	smtp.kabelmail.de	E-Mail-Adresse

E-Mail-Konten verknüpfen

E-Mail-Konten anderer Anbieter haben nicht den komfortablen Spamfilter von Gmail und unterstützen auch keine Labels zur Übersichtlichkeit in größeren Postfächern. Die Funktion *Gmailify* oder auf Deutsch einfach *Verknüpfung* verknüpft ein E-Mail-Konto bei einem fremden Anbieter mit dem eigenen Gmail-Konto.

Auf diese Weise kann man den Komfort von Gmail für andere Konten nutzen – sowohl in der Gmail-App als auch unter Webmail.

Alle E-Mails des verknüpften Mailkontos tauchen im Gmail-Konto auf und können dort gefiltert, geordnet und auch durchsucht werden.

Beim Schreiben einer neuen E-Mail oder beim Beantworten können Sie auswählen, welche Absenderadresse übertragen werden soll, die Gmail-Adresse oder die des verknüpften Kontos.

1. Wählen Sie in den Einstellungen der Gmail-App die E-Mail-Adresse eines anderen Anbieters aus, die mit Gmail verknüpft werden soll. Diese muss bereits als Konto auf dem Smartphone eingerichtet sein.

2. Tippen Sie auf der nächsten Seite auf *Dieses Konto mit einem Gmail-Konto verknüpfen*.

3. Wählen Sie das Gmail-Konto aus, mit dem die andere E-Mail-Adresse verknüpft werden soll.

4. Je nach Anbieter des anderen Mailkontos müssen Sie eventuell noch Sicherheitsabfragen bestätigen.

5. Nach der Verknüpfung dauert es kurze Zeit, bis Gmail die E-Mails auf dem anderen Mail-server abgeholt und gefiltert hat. Anschließend werden sie in der Gmail-App angezeigt.

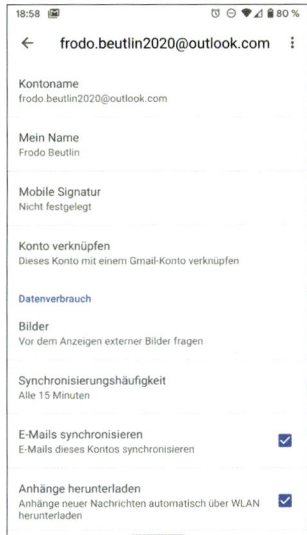  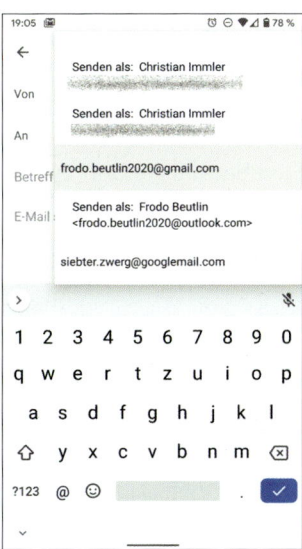

Gmail-Verknüpfung einrichten.

Wenn Sie eine neue E-Mail schreiben, tippen Sie auf den kleinen Pfeil neben der Absen-deradresse, um ein E-Mail-Konto und die mit diesem Konto verknüpften E-Mail-Adressen auszuwählen.

E-Mail-Konto entfernen

Entfernen Sie ein E-Mail-Konto vom Smartphone, wird das Konto auch wirklich nur auf dem Smartphone entfernt, als E-Mail-Konto auf dem Server bleibt es erhalten und kann weiter von anderen Geräten genutzt werden.

1. Tippen Sie in den Einstellungen der Gmail-App oben rechts im Menü auf *Konten verwal-ten*. Auf dem nächsten Bildschirm werden alle zusätzlich eingerichteten E-Mail-Konten aufgelistet. Das Haupt-Google-Konto auf dem Smartphone kann auf diesem Weg nicht entfernt werden.

2. Tippen Sie auf das zu entfernende Konto und auf dem folgenden Bildschirm auf *Konto entfernen*.

3. Nach einer Sicherheitsabfrage wird das E-Mail-Konto vom Smartphone entfernt.

Tipps zur Gmail-App

Die Gmail-App bietet neben der Unterstützung für Mailkonten anderer Anbieter noch ein paar nette Kleinigkeiten, die den Umgang mit E-Mails vereinfachen. Warten Sie auf eine E-Mail und wollen nicht abwarten, bis die App automatisch synchronisiert, wischen Sie einfach auf dem Bildschirm von oben nach unten. Damit wird eine manuelle Synchronisation mit dem Mailserver durchgeführt. Tippen Sie oben rechts auf das Profilbild. Dann können Sie über die runden Symbole schnell zwischen den eingerichteten Mailkonten wechseln. Kleine Zahlen zeigen, wie viele ungelesene E-Mails in den Mailkonten liegen.

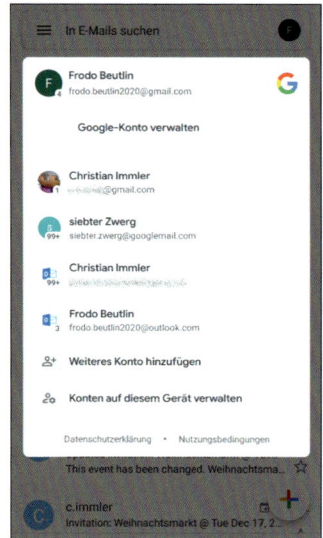 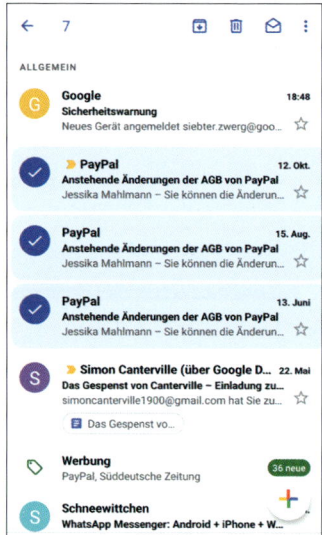 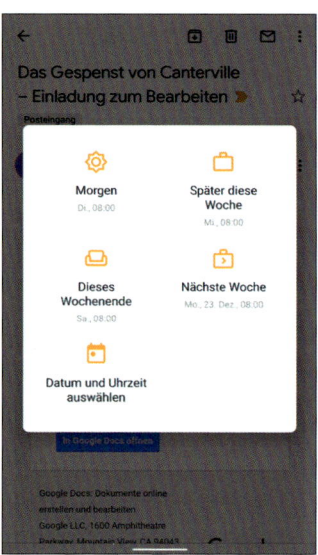

Links: Kontenübersicht, Mitte: Auswahl mehrerer E-Mails, rechts: E-Mails zurückstellen.

Mehrere E-Mails auf einmal zu löschen oder als gelesen zu markieren, ist einfacher geworden. Tippen Sie auf die runden Absendersymbole in der Liste der Mails, um diese zu markieren. Anschließend können Sie die markierten E-Mails mit den Symbolen oben rechts alle auf einmal löschen, als gelesen bzw. ungelesen markieren oder über das Menü mit Sternchen als wichtig markieren.

Möchten Sie eine E-Mail nicht sofort bearbeiten, aber später auch nicht vergessen, können Sie sie über den Menüpunkt *Zurückstellen* auf einen späteren Zeitpunkt zurückstellen. Sie verschwindet erst einmal aus dem Posteingang und wird zum eingestellten Zeitpunkt wieder als neu angezeigt.

Haben Sie mehrere E-Mails gelöscht oder archiviert, erscheint kurze Zeit danach eine Leiste am unteren Bildschirmrand, in der sich versehentliches Löschen noch schnell rückgängig machen lässt.

Schnelle Aktionen durch Wischen in der Gmail-App

Häufig verwendete Aktionen wie *Löschen* oder *Archivieren* brauchen Sie nicht über das Menü der Gmail-App aufzurufen. Einfacher geht es mit einer horizontalen Wischbewegung in der Liste der Mails.

Wischen Sie hier eine E-Mail nach links oder rechts, erscheint ein Symbol für die entsprechende Aktion. Wischen Sie die E-Mail noch weiter in die gleiche Richtung, wird die Aktion ausgelöst.

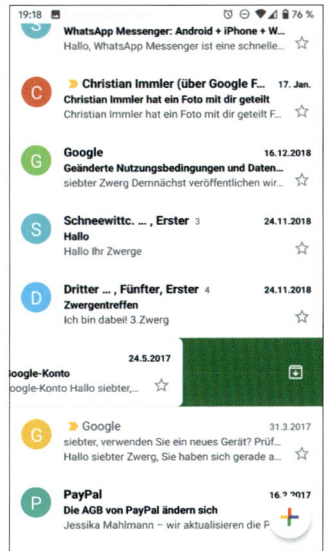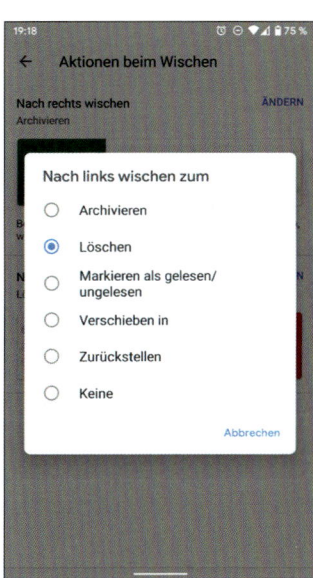

Aktionen beim Wischen in der Gmail-App.

Welche Aktionen beim Wischen ausgeführt werden sollen, können Sie in den Einstellungen der Gmail-App unter *Allgemeine Einstellungen/Aktionen beim Wischen* festlegen.

Nicht jede E-Mail muss aufs Smartphone

Wenn Sie viele E-Mails bekommen, richten Sie bei Gmail auf dem PC Filterregeln ein, die den E-Mails Labels zuweisen. Im Gegensatz zu den starren Ordnern anderer E-Mail-Programme kann eine E-Mail mehrere Labels haben. In den Einstellungen der Gmail-App können Sie festlegen, welche Labels die App synchronisieren soll, also welche E-Mails auf das Smartphone zugestellt werden sollen und welche nicht. Bei jedem Label legen Sie in den Einstellungen der Gmail-App fest, ob alle E-Mails, nur die der letzten 30 Tage oder gar keine synchronisiert werden sollen.

Die Einstellungen erreichen Sie über das Symbol oben links in der Ecke oder mit einer Wischgeste vom linken Bildschirmrand. Wählen Sie in den Einstellungen das Google-Konto und anschließend *Labels verwalten*. Bei synchronisierten Labels können Sie auch die Art der Benachrichtigung festlegen.

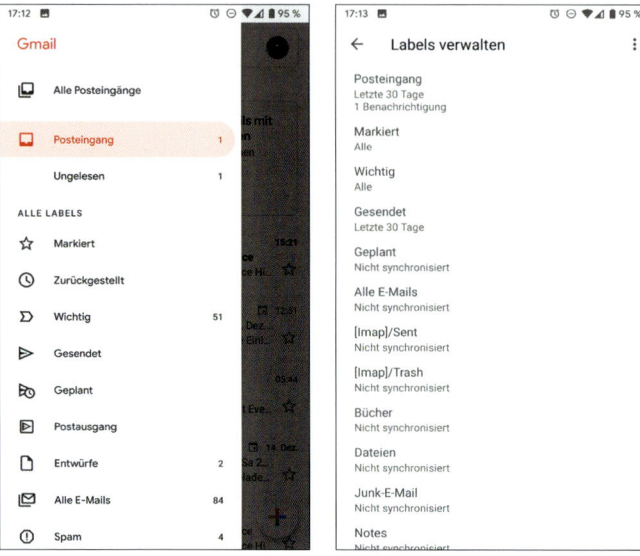
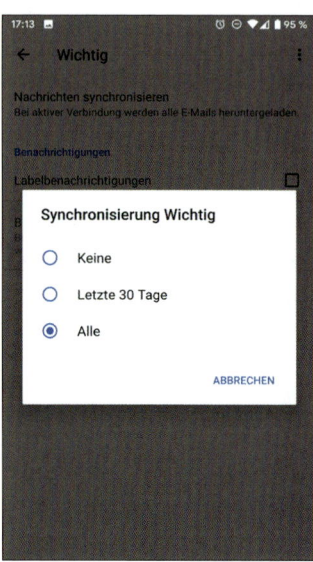

Labels zur Synchronisation auswählen.

Automatische Kategorien im Posteingang

Bei Gmail-Konten können automatisch Kategorien für Werbung, soziale Netze und anderes angelegt werden.

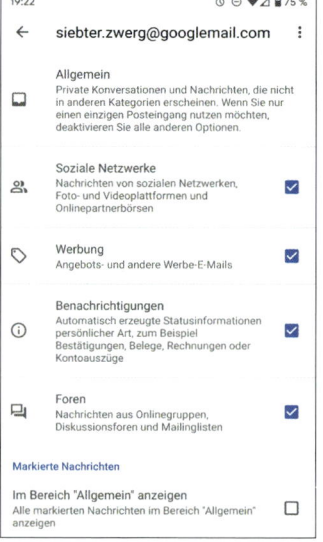
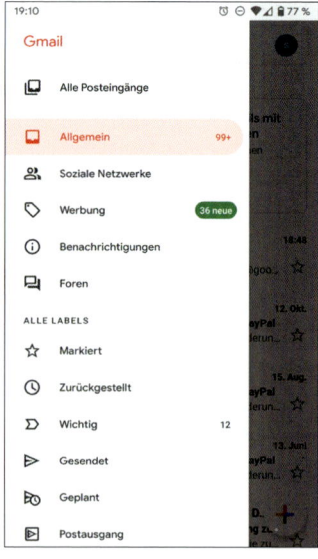

Posteingangskategorien für typische E-Mails automatisch anlegen.

Wählen Sie in den Einstellungen der Gmail-App das gewünschte Gmail-Konto aus und schalten Sie in der Zeile *Posteingang* auf *Standardposteingang*. Tippen Sie dann auf die Zeile *Posteingangskategorien* und wählen Sie aus, welche Kategorien angelegt werden sollen. Neu eingehende E-Mails werden automatisch in diese Kategorien einsortiert.

E-Mail-Apps der bekannten Freemailer

Wer nur eine E-Mail-Adresse bei einem der großen Freemailer auf dem Smartphone nutzt, die nicht mit einem Google-Konto verbunden ist, fährt oft mit einer speziellen App des Mailanbieters am besten. Diese Apps sind exakt auf den jeweiligen Anbieter zugeschnitten und bieten oft auch Zusatzfunktionen.

1&1		**1&1** – Die E-Mail-App für 1&1-Postfächer, auch bei Mailkonten auf eigenen Domains, die über 1&1 laufen.
Freenet		**Freenet** – Freenet-Kunden können Inklusiv-SMS direkt aus der Mail-App schreiben.
GMX		**GMX** – Anhänge können direkt im persönlichen Onlinespeicher abgelegt werden, sodass sie auf dem PC zur Verfügung stehen und auch für Freunde freigegeben werden können.
mail.de		**mail.de** – Zusätzlich zu E-Mails können auch echte Postkarten aus der App versendet werden.

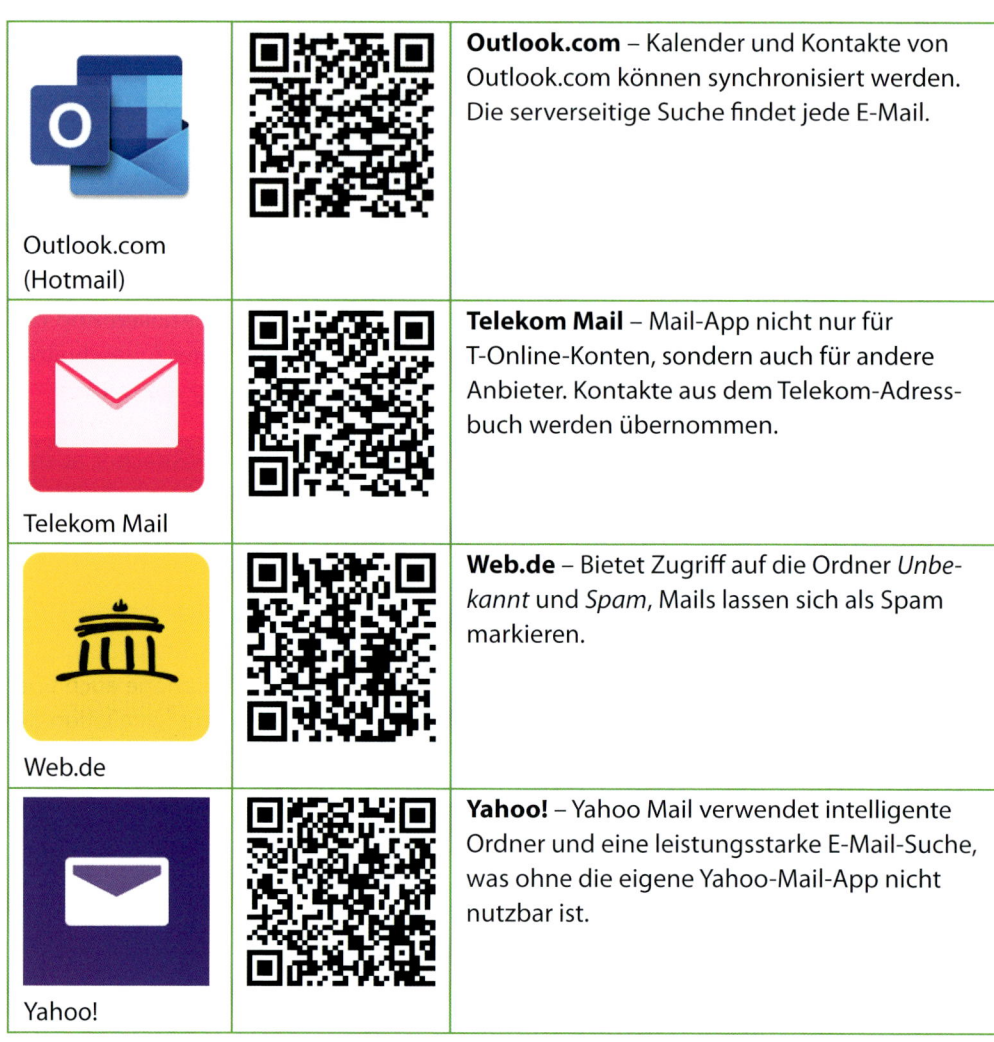

		Outlook.com – Kalender und Kontakte von Outlook.com können synchronisiert werden. Die serverseitige Suche findet jede E-Mail.
Outlook.com (Hotmail)		
Telekom Mail		**Telekom Mail** – Mail-App nicht nur für T-Online-Konten, sondern auch für andere Anbieter. Kontakte aus dem Telekom-Adressbuch werden übernommen.
Web.de		**Web.de** – Bietet Zugriff auf die Ordner *Unbekannt* und *Spam*, Mails lassen sich als Spam markieren.
Yahoo!		**Yahoo!** – Yahoo Mail verwendet intelligente Ordner und eine leistungsstarke E-Mail-Suche, was ohne die eigene Yahoo-Mail-App nicht nutzbar ist.

Die meisten dieser Apps funktionieren nur mit E-Mail-Adressen der jeweiligen Anbieter. Nur Telekom, GMX und Web.de unterstützen auch Konten von Outlook.com und Yahoo!

Wer mehrere E-Mail-Adressen auf dem Smartphone nutzt, braucht also in den meisten Fällen auch mehrere Apps, die sich teilweise gegenseitig störend beeinflussen. In diesem Fall empfiehlt es sich, die Gmail-App auf dem Smartphone zu nutzen und dort mehrere POP3- oder IMAP-Konten anzulegen.

Facebook

Die Kommunikation über soziale Netzwerke ist für viele Anwender inzwischen wichtiger als die klassische E-Mail oder SMS. Besonders auf Smartphones, die im Gegensatz zu PCs immer mehr in der Freizeit genutzt werden, spielen soziale Netzwerke eine große Rolle. Das beliebteste aller sozialen Netze ist Facebook. Bei Facebook trifft man seine Freunde, erfährt das Neueste von ihnen. Man tauscht sich aus, zeigt sich Fotos und lädt sich zu Partys ein.

INFO: Zurzeit hat Facebook weltweit über 2,9 Milliarden regelmäßig aktive Nutzer, mehr als jeder einzelne Staat der Erde Einwohner hat, davon rund 32 Millionen in Deutschland. Etwa 28 % aller Menschen der Erde nutzen Facebook, in Europa sind es etwa 40 %. Etwa 80 % der weltweiten User nutzen Facebook ausschließlich auf mobilen Geräten, Smartphones oder Tablets.

Der bequemste Zugang zu Facebook ist die von Facebook selbst gelieferte App für Android. Diese ist auf einigen Smartphones bereits vorinstalliert, gehört aber nicht zur Standardausstattung von Android. Alternativ kann man Facebook auf dem Smartphone auch über die mobile Seite *m.facebook.com* nutzen. Dort gibt es auch einen Link zur Installation der Facebook-App.

Mobile Facebook-Seite und Facebook-App im Google Play Store.

Die Facebook-App benötigt wie auch die mobile Facebook-Seite eine einmalige Anmeldung mit den persönlichen Facebook-Nutzerdaten. Die App speichert die Benutzerdaten automatisch, sodass Facebook in Zukunft jederzeit zur Verfügung steht. Auf der mobilen Webseite kann der Browser die Daten speichern. Zusätzlich bietet Facebook die Möglichkeit, sich durch Antippen des eigenen Profilbildes in der App auf dem Smartphone anzumelden.

Die Facebook-App zeigt auf dem Smartphone Neuigkeiten, Freunde, Fotos, das Postfach und das eigene Profil an. Natürlich kann man auch auf Nachrichten antworten oder selbst Statusmitteilungen veröffentlichen.

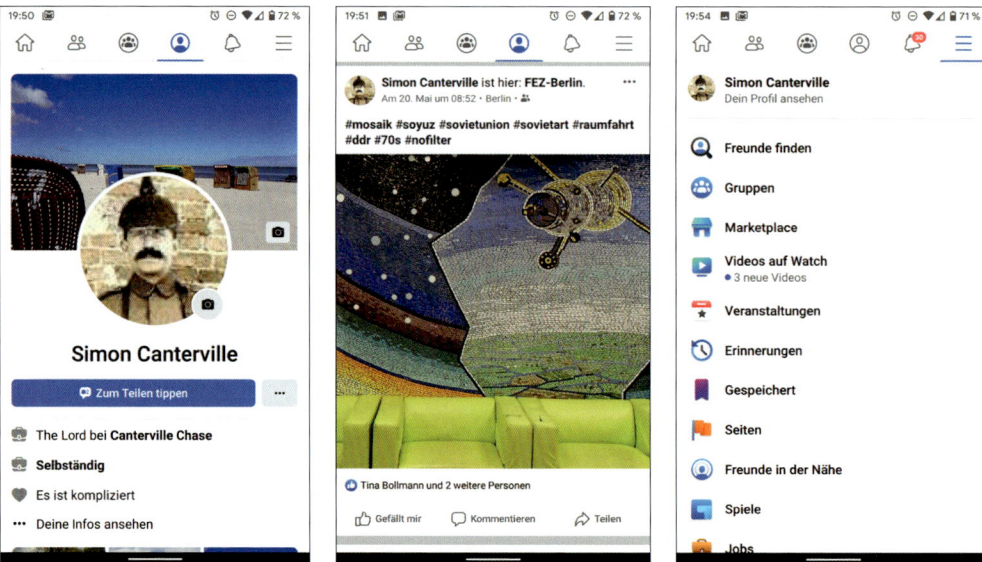

Die Facebook-App für Android.

Das Menü wird in der App über das Menüsymbol rechts oben eingeblendet. Alle wichtigen Funktionen innerhalb der Neuigkeiten sind wie auf der Facebook-Webseite automatisch mit einem Link hinterlegt. So brauchen Sie nur auf den Namen einer Person zu tippen und kommen sofort auf deren Pinnwand, um Nachrichten zu schreiben oder Infos und Fotos dieses Freundes zu sehen.

Über das Eingabefeld *Was machst du gerade?* können Sie jederzeit eine persönliche Statusmeldung eintippen und direkt absenden. Um schnell ein Foto hochzuladen, tippen Sie unten in der Statusmeldung auf das Fotosymbol. Hier haben Sie die übliche Auswahl unter den auf dem Smartphone gespeicherten Bildern.

Fotos auf Facebook posten

Kaum eine Facebook-Meldung ist heute noch ohne Bild. Über das Bildsymbol unten rechts können Sie direkt Fotos vom Smartphone in einen Beitrag einfügen. Alternativ können Sie auch direkt über das Symbol *Foto* unterhalb von *Was machst du gerade?* Fotos auf Facebook hochladen und dort auch Fotoalben anlegen, die Sie bestimmten Freunden oder auch öffentlich zeigen möchten.

Aus den hochgeladenen Fotos wird automatisch ein Beitrag erstellt. Schreiben Sie noch einen kurzen Text dazu. Haben Sie ein Fotoalbum gewählt, dürfen alle, die das Album bisher sehen durften, jetzt auch die neu hinzugefügten Fotos ansehen. Über den Link *Fotos/ Videos hinzufügen* können Sie selbst jederzeit weitere Fotos zum Album hinzufügen.

Facebook bietet verschiedene Funktionen zum Bearbeiten von Fotos an. Über das Symbol *Bearbeiten* beim Hochladen eines Fotos können Sie Text, Sticker und Effektrahmen hinzufügen und auch in das Bild malen, um zum Beispiel besondere Stellen zu kennzeichnen.

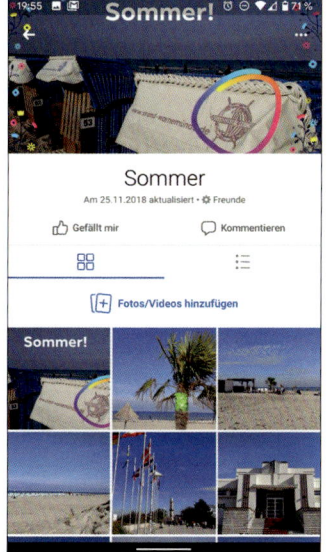  

Album anlegen, Fotos hochladen, Album auswählen und noch einen kurzen Text dazu schreiben.

Foto zuschneiden, beschriften, malen, Sticker und Effekte hinzufügen.

Einchecken mit Facebook

Mit dem Standortsymbol in der Statusmeldung können Sie an einem bestimmten Ort »einchecken« und damit Ihren Freunden bekanntgeben, wo Sie sich gerade befinden. Facebook sucht hier nach bekannten Orten in der unmittelbaren Umgebung – Gastronomie, Läden, Bahnhöfe, Schulen, öffentliche Einrichtungen – und bietet eine entsprechende Liste zur Auswahl an. Dabei wird die Positionsbestimmung des Smartphones über GPS, WLAN oder Mobilfunkzellen genutzt. Um diese Funktion anwenden zu können, müssen Sie beim ersten Mal in der Facebook-App über die eingeblendete Meldung die Standortdienste aktivieren.

Schreiben Sie noch einen kurzen Text dazu. Anschließend können Sie noch Freunde aus Ihrer Freundesliste wählen, die auch mit dabei sind. Sie werden über diese Markierung sofort informiert. Der Standort wird anderen Freunden angezeigt, um sich leicht zu verabreden. Wie bei jeder Facebook-Statusmeldung können Sie noch Fotos hinzufügen.

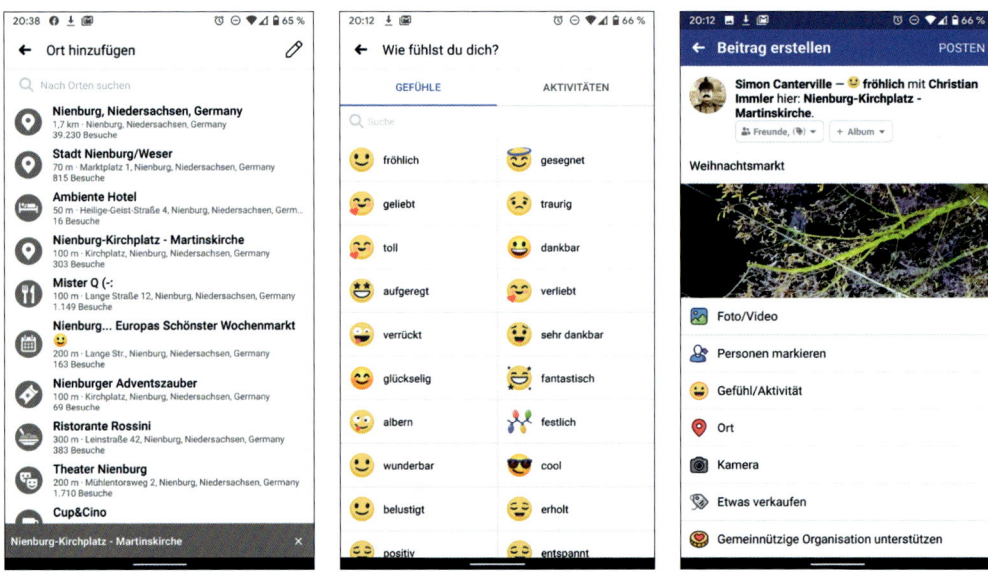

Beitrag schreiben, Orte in der Nähe auswählen, Stimmung auswählen und einchecken.

In der Facebook-App geben Sie nicht nur an, wo Sie sind, sondern auch, was Sie dort tun. Dabei braucht man keinen Text einzugeben, sondern kann über das Symbol mit dem Smiley *Gefühl/Aktivität/Sticker* unter einer Vielzahl von Tätigkeiten und Stimmungen mit Bildsymbolen wählen.

Haben Sie ein Bild eingefügt, können Sie dieses noch bearbeiten. Bei den Stickern finden Sie Tags für aktuelle Zeit, Wetter und Standort. Im Standort-Tag können Sie einen Ort oder eine Sehenswürdigkeit wählen, um in das Foto zu schreiben, wo Sie gerade sind.

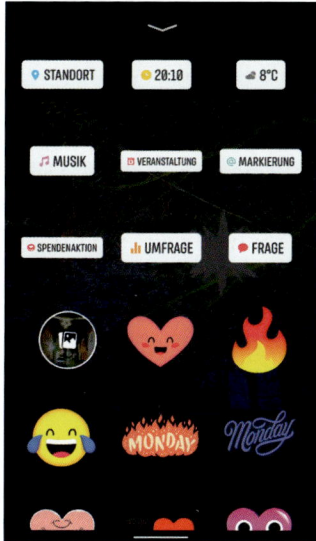

Standort-Tag in ein Foto einfügen.

Beim Einchecken können Sie wie bei jeder Facebook-Statusmeldung unten noch angeben, ob sie öffentlich oder nur für Freunde sichtbar sein soll.

Das Symbol *Orte in der Nähe* im Menü der Facebook-App zeigt auch, ohne einzuchecken, interessante Orte, Gastronomie, Läden und auch Veranstaltungen in der eigenen Umgebung. Um leicht dorthin zu finden, können Sie sich eine Route auf einer Landkarte anzeigen lassen und nach dem Besuch natürlich auch eine Bewertung abgeben.

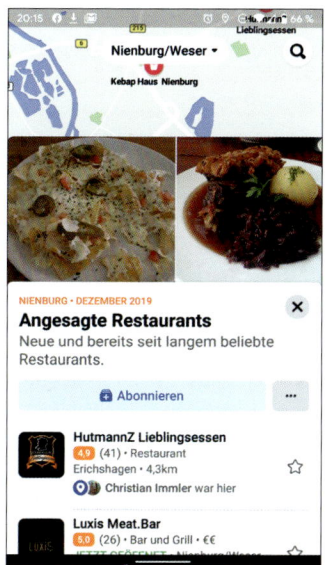

Orte und Veranstaltungen in der Nähe in der Facebook-App.

Wichtige Einstellungen in der Facebook-App

Innerhalb der Facebook-App sollten Sie noch ein paar wichtige Einstellungen vornehmen. Die Einstellungen finden Sie über das Menüsymbol rechts oben. Scrollen Sie dann ganz nach unten zu *Einstellungen*. Da diese Einstellungen mit jedem Update der App umfangreicher werden, lassen sie sich oben nach Stichwörtern durchsuchen.

Schalten Sie hier zuallererst unter *Medien und Kontakte* die Funktion *Autoplay* auf *Nur bei WLAN-Verbindungen*, da sie zu einem enormen Datenverbrauch im Mobilfunknetz führen kann. Standardmäßig spielt Facebook seit einiger Zeit Videos – vor allem auch Werbevideos – in der mobilen App automatisch ab. Sie können das automatische Abspielen von Videos komplett unterbinden, um nicht ständig von dem damit verbundenen Lärm belästigt zu werden. Ist die Einstellung *Videos automatisch abspielen* ausgeschaltet, erscheint bei Videos zunächst nur ein Platzhalter. Erst beim Antippen wird das Video tatsächlich heruntergeladen und abgespielt. Mit dem Schalter *Videos im News Feed starten mit Ton* können Sie zumindest den Lärm unterbinden, wenn Sie Videos schon automatisch abspielen möchten.

Deaktivieren Sie auch die Schalter *Fotos in HD hochladen* und *Videos in HD hochladen*, da diese Einstellungen ebenfalls zu sehr hohem Datenverbrauch nicht nur bei Ihnen selbst, sondern auch bei allen, die Ihre Beiträge ansehen, führen.

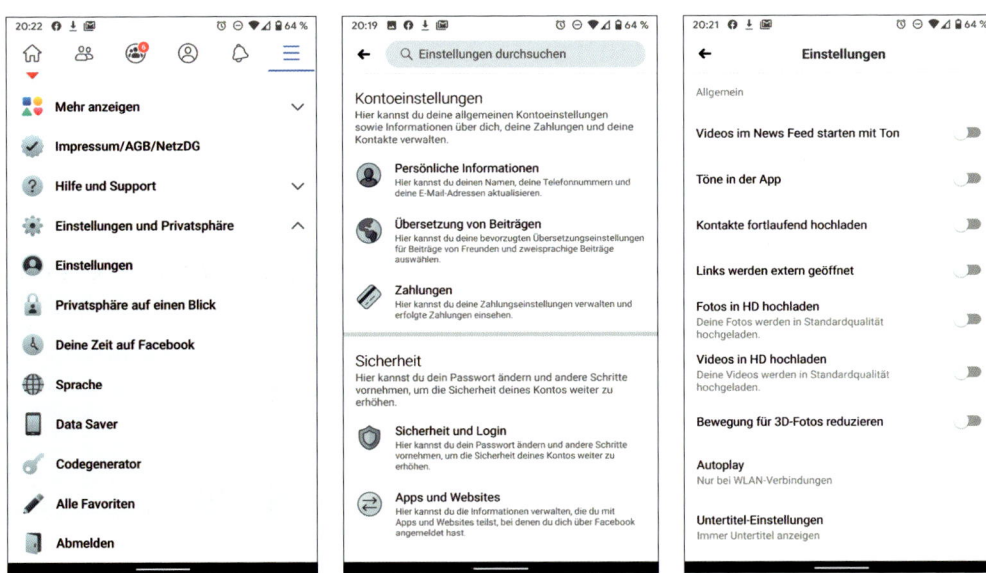

Wichtige Einstellungen für Videos und Fotos in der Facebook-App.

In der Standardeinstellung öffnet Facebook externe Links im eingebauten Browser der App. Dies hat den Nachteil, dass sie nicht in der Verlaufsliste auf anderen Geräten synchronisiert werden und man auch keine Lesezeichen anlegen kann. Weiterhin unterstützt der eingebaute Browser keine Erweiterungen und auch keine Werbeblocker. Aktivieren Sie den

Schalter *Links werden extern geöffnet*, um Links aus Facebook im Chrome-Browser oder einem anderen installierten Browser auf dem Smartphone zu öffnen.

Weiterhin sollten Sie in den *Benachrichtigungseinstellungen* alle weniger wichtigen Benachrichtigungen ausschalten, da das Smartphone sonst bei jeder Kleinigkeit auf Facebook klingelt und blinkt und Sie wichtige von unwichtigen Meldungen nicht mehr unterscheiden können. Leider lassen sich nicht alle Arten von Benachrichtigungen in der Facebook-App unterdrücken.

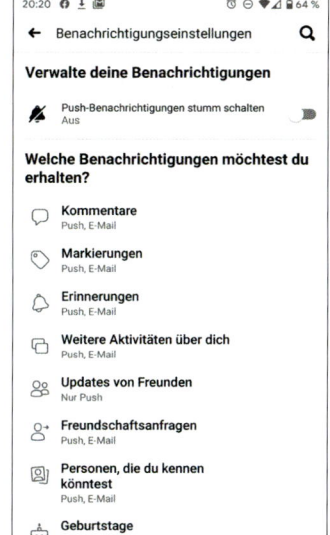
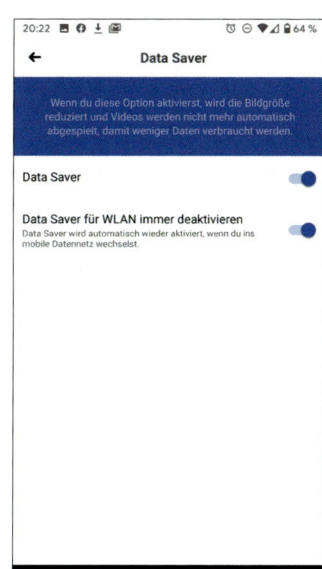

Benachrichtigungseinstellungen und Data Saver in der Facebook-App.

Mit dem *Data Saver* ganz unten im Menü unter den *Einstellungen* sparen Sie noch mehr Datenvolumen im Mobilfunknetz, indem Fotos in geringerer Auflösung gezeigt und Videos nicht mehr automatisch abgespielt werden.

Twitter

Twitter ist ein beliebter Kurznachrichtendienst, der zunehmend auch von Firmen und Infoportalen genutzt wird. Twitter hat derzeit über 333 Millionen aktive Nutzer weltweit, davon etwa 152 Millionen täglich aktive. 2,8 Millionen deutsche Nutzer twittern mindestens einmal in der Woche selbst, 1,4 Millionen sogar täglich.

Deutlich mehr als die Hälfte davon nutzen mobile Endgeräte. Jeder Twitter-Nutzer kann Kurznachrichten öffentlich oder nur an bestimmte Personen schreiben. Über 500 Millionen dieser Tweets werden täglich veröffentlicht.

Mit der Twitter-App für Android kann man von unterwegs twittern, Direktnachrichten, Fotos, Videos und Links an Freunde oder auch an alle schicken. Beim ersten Start der Twitter-App loggen Sie sich mit Ihren Benutzerdaten ein. Wer noch kein Twitter-Konto hat, kann dieses auch in der App anlegen.

Links: Suche nach Hashtags in der Twitter-App für Android, Mitte: aktuelle Infos der Deutschen Bahn auf Twitter, rechts: neueste Tweets statt ausgewählte anzeigen.

Im Suchfeld oben können Sie nach beliebigen Begriffen suchen. Beginnen Sie die Eingabe mit dem #-Zeichen, um nach sogenannten Hashtags, Stichwörtern, unter denen aktuelle Trends zusammengefasst werden, zu suchen, oder suchen Sie mit dem @-Symbol nach Personen.

Seit einiger Zeit zeigt Twitter ausgewählte Tweets auf der Startseite und nicht mehr automatisch die neuesten. Tippen Sie auf der Startseite auf das Symbol rechts oben, um wieder die neuesten Tweets der Personen zu sehen, denen Sie folgen.

In der Twitter-App können Sie auch Listen, Trends und Erwähnungen sehen. Im eigenen Profil können Sie sich die letzten eigenen Tweets sowie die Follower – die Personen, die Ihre Tweets lesen – anzeigen lassen.

Weiterhin kann man in der Twitter-Anwendung den Twitter-eigenen Foto-Upload-Dienst nutzen. Man kann Listen und Trends sehen, Tweets, Themen und Hashtags suchen sowie Tweets von Personen in der eigenen näheren Umgebung finden. Mit dem Briefsymbol oben rechts senden Sie private Nachrichten an einzelne Twitter-Nutzer, die nicht öffentlich zu sehen sind.

App-Shortcuts

Über App-Shortcuts (langes Antippen des App-Symbols) lassen sich wichtige Aufgaben in Twitter schnell aufrufen. Bei Bedarf können diese Shortcuts auch auf den Startbildschirm gelegt werden.

Wichtige Einstellungen in der Twitter-App

Die Einstellungen der Twitter-App erreichen Sie, indem Sie oben links auf Ihr Profilbild tippen und dann *Einstellungen und Datenschutz* wählen. Auch hier sollten Sie gleich als Erstes unter *Datennutzung* die Optionen *Automatische Videowiedergabe* und *High-Quality-Video* abschalten oder gleich den *Datensparmodus* einschalten.

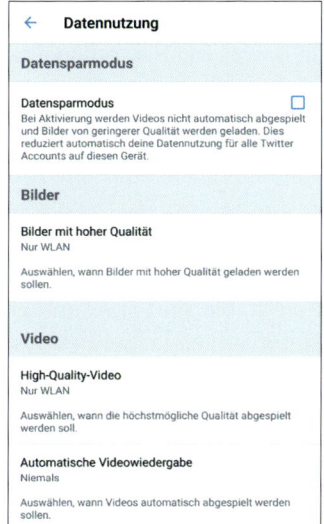  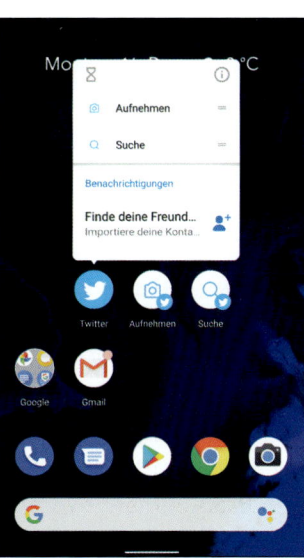

Twitter-Einstellungen und Benachrichtigungseinstellungen. Rechts: App-Shortcuts.

> **ACHTUNG:** Theoretisch können Sie sich sogar bei jedem Tweet benachrichtigen lassen. Dies ist standardmäßig aber abgeschaltet. Bei aktiven Twitterern kommen Tweets von anderen Nutzern im Minutentakt an. Hier würde ständig die Benachrichtigung blinken, sodass man wichtige E-Mails oder Termine in der Benachrichtigungsflut gar nicht mehr wahrnehmen würde. Schalten Sie in den *Einstellungen* unter *Bildschirm und Ton* die *Soundeffekte* aus, sonst ertönt bei jedem Tweet ein Geräusch.

Unter *Mitteilungen/Push-Mitteilungen* können Sie festlegen, dass eine Benachrichtigung erscheint, wenn Sie eine Antwort oder eine Erwähnung per Twitter bekommen. Dabei haben Sie die Wahl, ob das für alle Antworten und Erwähnungen gilt oder nur für solche von

Benutzern, denen Sie selbst folgen. Über den Qualitätsfilter können Sie belanglose Mitteilungen geringer Qualität ausblenden. Über den Schalter *Krisen- und Notfallwarnungen* ganz unten können Sie sich von vertrauenswürdigen Organisationen in Notfällen oder bei Katastrophen in der Umgebung per Push-Nachricht benachrichtigen lassen.

Links aus dem Chrome-Browser twittern

Twitter integriert sich automatisch in den Browser. Um einen interessanten Link auf Twitter zu veröffentlichen, brauchen Sie im Chrome-Browser nur auf das Menüsymbol zu tippen und dann *Teilen* zu wählen. In der Liste der verfügbaren Sendemethoden finden Sie unter anderem auch zwei Symbole der Twitter-App, wenn diese installiert ist – eines für Direktnachrichten an eine bestimmte Person und eines für öffentliche Tweets.

Vor dem endgültigen Twittern können Sie noch einen Kommentar oder ein Foto hinzufügen. Zusätzlich können Sie aktuelle Standortdaten übertragen, was bei Regionalnachrichten nützlich sein kann. Benutzer können die Anzeige ihrer Tweets nach der Nähe zum eigenen Standort filtern, um gezielt Tweets aus der Umgebung zu sehen.

SMS

SMS verlieren zwar bedingt durch mobile Messenger und E-Mails zunehmend an Bedeutung, was nicht zuletzt an den vergleichsweise hohen Kosten liegt. Sie sind aber immer noch eine beliebte Kommunikationsform, vor allem zwischen Benutzern einfacher Handys, die keinen Internetzugang haben. Außerdem werden SMS teilweise heute noch von Mobilfunk-Providern verwendet, um Konfigurationsdaten auf Smartphones zu übertragen. Viele Onlinedienste nutzen SMS, um Sicherheitscodes zu verschicken, da sich eine SMS im Gegensatz zu einer E-Mail wirklich nur von der Person lesen lässt, die über das Smartphone verfügt.

> **INFO:** In Deutschland werden zurzeit pro Jahr nur noch weniger als 10 Milliarden SMS verschickt, davon etwa 400 Millionen in der Silvesternacht, was jedes Jahr vielerorts zu Zusammenbrüchen der Netze führt. Die Anzahl der versandten SMS wird zugunsten von WhatsApp in Zukunft weiter abnehmen. Im Jahr 2015 wurden in Deutschland nur noch 39,8 Millionen SMS pro Tag verschickt, aber 667 Millionen WhatsApp-Nachrichten. Im besten Jahr 2012 waren es noch 163,8 Millionen SMS pro Tag, was 59,8 Milliarden im Jahr entspricht. Die SMS-Nutzung hat inzwischen wieder das Niveau der »Vor-Smartphone-Ära« vor dem Jahr 2000 erreicht, und das, obwohl mittlerweile neue Anwendungen für SMS entwickelt wurden, wie mobileTAN für Onlinebanking oder der Parkschein per SMS. Diese SMS dienen zwar nicht der Kommunikation zwischen zwei Menschen, verbessern aber immerhin noch die Statistiken der SMS-Nutzung insgesamt.

Beim Tarifwechsel beachten

Neue SMS-Dienste wie zum Beispiel mobileTAN für Onlinebanking oder Parkgebühren bezahlen machen die SMS auch auf Smartphones noch interessant. Beachten Sie allerdings beim Wechsel zu einem günstigen Smartphone-Tarif, dass einige der preiswerten Anbieter, etwa 1&1, keine Premium-SMS-Dienste unterstützen. Mit diesen SIM-Karten können also keine Parkgebühren oder Fahrscheine per SMS bezahlt werden. Einfache SMS an andere Handys funktionieren aber.

Natürlich kann man auch mit Android-Smartphones SMS senden und empfangen. Kommt eine SMS an, ertönt ein Benachrichtigungston, die LED blinkt und in der Benachrichtigungsleiste erscheint neben den Anzeigen neuer E-Mails und Facebook-Nachrichten ein weiteres Symbol. Ziehen Sie die Benachrichtigungsleiste herunter, um die SMS zu lesen oder zu beantworten.

Android 10 verwendet für SMS standardmäßig die App *Google Messages*. Eine SMS zu schreiben, ist ganz einfach. Starten Sie die App, tippen Sie auf das Symbol *Chat starten* und tragen Sie oben die Nummer des Empfängers ein oder wählen Sie einen Kontakt aus der Liste.

Schreiben Sie dann unten den Text. Ist dieser länger als 160 Zeichen, wird die SMS automatisch als mehrere SMS verschickt, wobei auch die Verkettung einige Zeichen kostet. In eine doppelte SMS passen also nicht ganz 320 Zeichen.

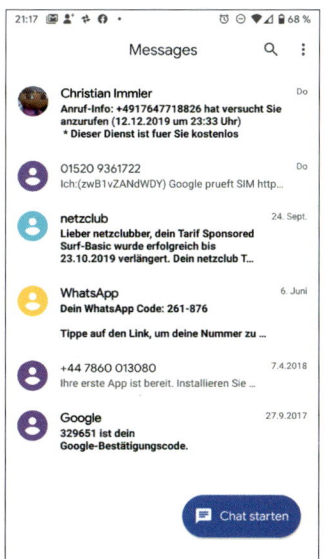 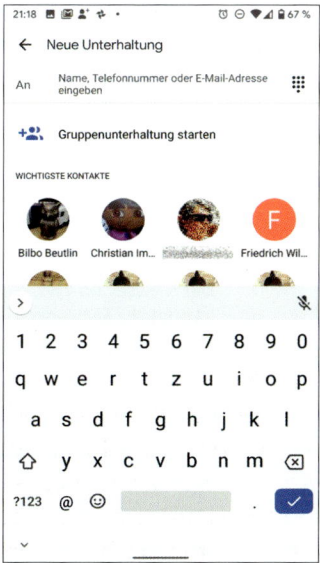 

SMS über die Messages-App oder die Kontakte-App schreiben.

Alternativ können Sie den SMS-Empfänger in der Kontakte-App auswählen und dann in der Symbolleiste unter dem Foto auf *SMS* tippen. Sind bei einer Person mehrere Nummern gespeichert, tippen Sie rechts neben der gewünschten Telefonnummer auf das Nachrichtensymbol. Das startet die Messenger-App, die Nummer des Empfängers wird direkt übernommen.

> **MMS**
>
> Die MMS, ursprünglich als sehr teurer Nachfolger der SMS geplant, kam selbst in besten Zeiten kaum über 0,5 Millionen pro Tag. MMS wurde fast vollständig durch mobile E-Mail und Messenger ersetzt und ist mittlerweile aus den Statistiken komplett verschwunden. Nur noch aus historischen Kompatibilitätsgründen unterstützt die Messenger-App weiterhin auch MMS.

SMS vom PC mit Messages Web

Solange man zu Hause ist, ist es mühsam, SMS auf dem Smartphone zu tippen, einfacher geht es auf dem PC.

Besuchen Sie mit dem Browser auf dem PC die Seite *messages.google.com/web*. Dort wird ein QR-Code angezeigt. Starten Sie dann auf dem Smartphone die Messages-App und wählen Sie im Menü oben rechts *Messages Web*. Jetzt brauchen Sie nur noch den QR-Code zu scannen und haben vom PC aus Zugriff auf Ihre SMS, können sie dort lesen und beantworten.

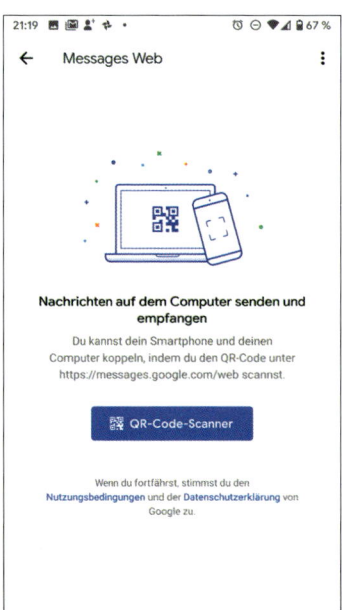
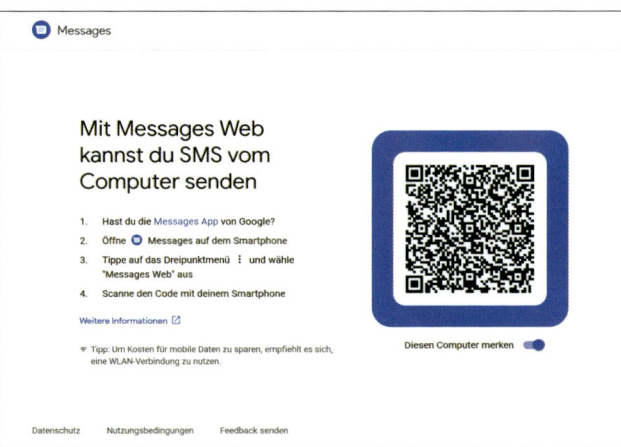

Messages Web ermöglicht das Schreiben von SMS auf dem PC.

Chat als SMS-Ersatz

Instant Messenger sind für die private, spontane Kommunikation inzwischen wichtiger als E-Mail. Per Chat kann man sich schnell mit Freunden verabreden oder kurze Informationen in Echtzeit austauschen. Selbstverständlich gehört also auch eine Chat-App auf ein Smartphone.

WhatsApp

Die Nummer eins der kostenlosen Apps im Google Play Store ist immer wieder der Messenger WhatsApp. WhatsApp ist auf dem besten Weg, die SMS zu ersetzen, und überzeugt durch sein Konzept sowie die einfache Installation und Nutzung. WhatsApp ist das Vorbild für diverse ähnliche Messenger-Systeme.

Anfang Februar 2016 gab das Unternehmen WhatsApp bekannt, dass die Marke von 1 Milliarde aktiven Nutzern überschritten wurde und täglich mit dem Dienst 42 Milliarden Nachrichten versandt wurden. WhatsApp gilt als der am schnellsten wachsende Internetdienst der Geschichte. Im Januar 2018 waren es bereits 1,5 Milliarden aktive Nutzer. Über WhatsApp werden 10 Milliarden Nachrichten in 4 Stunden versendet, so viele wie SMS in einem Jahr. Damit kommt WhatsApp zurzeit auf etwa 65 Milliarden Nachrichten pro Tag, was etwa 750.000 pro Sekunde entspricht.

WhatsApp nutzt die Internetverbindung des Smartphones und nicht den SMS-Dienst. So fallen keine SMS-Kosten an. Die Nutzung ist im Rahmen einer Internetflatrate kostenlos, außerdem kann WLAN zum Versand und Empfang der Nachrichten verwendet werden, was bei SMS nicht möglich ist.

WhatsApp ist ein Messenger, der speziell für Smartphones entwickelt und nicht vom PC aufs Smartphone portiert wurde. Bei der Installation kann die App automatisch das Adressbuch auf dem Smartphone durchsuchen und alle Kontakte finden, die bereits WhatsApp nutzen. Damit wird die Verwendung so einfach wie SMS, nur kostenlos und nicht auf 160 Zeichen begrenzt. WhatsApp integriert sich automatisch in die Kontakte-App auf dem Smartphone, sodass Sie auch von dort eine Nachricht per WhatsApp an eine in den Kontakten gespeicherte Person schicken können.

Standort versenden

Um sich leicht zu verabreden, kann WhatsApp die aktuelle Position verschicken. Der Empfänger bekommt einen Google-Maps-Link, in dem die Position des Absenders eingetragen ist. Damit dies wirklich zuverlässig funktioniert, sollte natürlich das GPS auf dem Smartphone eingeschaltet sein und die Standortdienste müssen aktiviert sein.

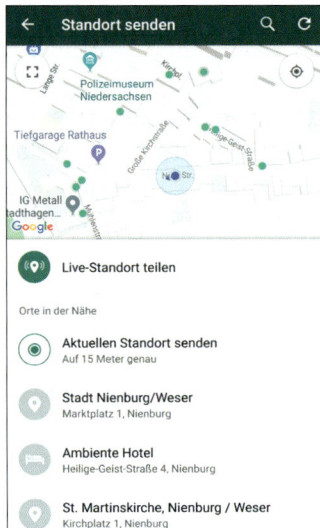

Chatten per WhatsApp mit Emojis,
Standort und Bildern.

Über das Büroklammersymbol unten rechts lassen sich auch Bilder, Dokumente, Videos und Internetlinks verschicken. Alternativ können Sie auch aus allen unterstützten Apps über das *Teilen*-Symbol Daten per WhatsApp versenden. Mit dem Mikrofonsymbol zeichnet man Sprachnachrichten auf. Das Smiley links im Eingabefeld schaltet auf die Emoji-Tastatur um.

Tippen Sie auf das Symbol mit der Büroklammer im Eingabefeld. Die Fotos lassen sich vor dem Versand mit Filtern bearbeiten. Über die Symbolleiste oben beim Verschicken eines Fotos bauen Sie Texte oder Grafiken in die Fotos ein, um zum Beispiel auf bestimmte Details hinzuweisen.

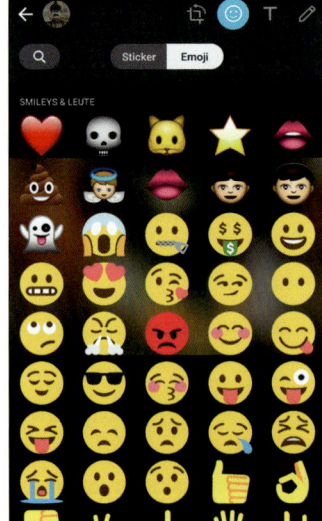

Bilder vor dem Versenden bearbeiten.

WhatsApp bietet die Möglichkeit, über die Internetverbindung zu telefonieren, auch mit Video. Damit sind zum Beispiel kostenlose Gespräche ins Ausland möglich, wenn beide Gesprächspartner eine Datenflatrate in ihrem Land haben oder ein WLAN nutzen. WhatsApp-Gespräche verbrauchen nur Datenvolumen, aber keine Gesprächsminuten des Mobilfunkvertrags und schon gar keine überhöhten Tarife für Auslandsgespräche. Im Gegensatz zu WhatsApp-Textnachrichten, die immer und überall funktionieren, stellt die Videotelefonie allerdings sehr hohe Anforderungen an die Qualität der Internetverbindung. Telefonate sind nur zwischen WhatsApp-Nutzern möglich, nicht ins öffentliche Telefonnetz.

Facebook Messenger

Facebook hat mit seinen Nutzerzahlen alle anderen sozialen Netzwerke längst überholt. Da wundert es nicht, dass auch die Chatfunktion in Facebook den klassischen Chatsystemen immer mehr den Rang abläuft. Facebook bietet eine eigene Messenger-App an. Diese kann auch im Hintergrund laufen und den Benutzer bei eingehenden Chatnachrichten per LED oder Signalton benachrichtigen.

Die klassische Facebook-App für Android bietet seit einiger Zeit keine Chatfunktion mehr an. Beim Versuch, einen Chat zu starten, wird direkt auf den Facebook Messenger verwiesen. Nach der Installation kann der Facebook Messenger auch für SMS verwendet werden. Sie brauchen dann nicht mehr zwischen so vielen Apps zu wechseln und können auf die Standard SMS-App verzichten.

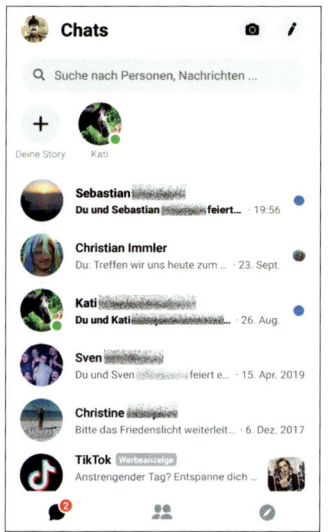  

Der Facebook Messenger für Android – Mitte: Augenschonender Nachtmodus – Rechts: Das Profilbild des Chatpartners als Chat Head auf dem Bildschirm

Der Facebook Messenger ermöglicht auch Gruppenunterhaltungen sowie den Versand von Fotos oder Ortsangaben an Facebook-Freunde. Der Messenger sollte ursprünglich die schnelle Facebook-Kommunikation ermöglichen, ohne erst die »große« App zu starten. Allerdings stellt auch der Messenger hohe Ansprüche an die Qualität der Internetverbindung. WhatsApp funktioniert dagegen auch noch bei schwacher Netzabdeckung.

Der Facebook Messenger legt sich standardmäßig über laufende Apps, wenn eine neue Chatnachricht eintrifft. Das sogenannte *Chat Head* zeigt das Profilbild des Chatpartners als rundes Symbol an, das über anderen Android-Apps eingeblendet wird und frei auf dem Bildschirm verschoben werden kann. So kommt man schnell aus einer anderen App wieder in den Chat und wird benachrichtigt, wenn eine neue Nachricht ankommt. Ziehen Sie dieses Chatsymbol an den unteren Bildschirmrand auf das X-Symbol, verschwindet es vom Bildschirm.

Mit dem Schalter *Chat Head* in den Einstellungen des Messengers können Sie die Chat Heads ein- und ausschalten. Chatbenachrichtigungen werden zusätzlich als Android-Systembenachrichtigung in der Benachrichtigungsleiste angezeigt. Um die Einstellungen aufzurufen, tippen Sie im Messenger links oben auf Ihr Profilbild. Der Nachtmodus schont die Augen und spart auf Smartphones mit OLED-Bildschirm auch noch Strom. Der *Data Saver* verhindert, dass empfangene Videos und Bilder über die Mobilfunkverbindung automatisch heruntergeladen werden. Stattdessen erscheint ein Downloadlink. Unter *Benachrichtigen und Töne* können Sie in den *Einstellungen* festlegen, wann der Facebook Messenger benachrichtigen soll.

Facebook Messenger auf dem PC

Statt der Facebook-Seite mit dem winzigen Chatfenster kann man auf dem PC im Browser auch über *www.messenger.com* chatten. Diese Seite hat ein deutlich übersichtlicheres Design und verhält sich auch sehr flüssig.

Facebook Messenger Lite

Der Facebook Messenger ist für seinen hohen Ressourcenverbrauch bekannt. Facebook liefert deshalb eine Lite-Version des Messengers, der auf animierte GIFs, Farbspiele und diverse andere Zusatzfunktionen verzichtet. Wer einfach nur kommunizieren will, schriftlich oder per VoIP-Telefonie, ist damit besser beraten. Das Versenden  von Links und Fotos funktioniert auch mit der Lite-Version. Diese verbraucht deutlich weniger Datenvolumen und Speicher auf dem Smartphone. Die App selbst ist nur etwa 10 MByte groß – gegenüber 138 MByte beim »großen« Messenger – und funktioniert auch bei schwachen Internetverbindungen.

Google Duo

Google Duo ist eine App, die Videoanrufe mit einem Fingertipp möglich macht. Die übersichtliche Oberfläche zeigt häufig kontaktierte Personen, die durch einfaches Antippen angerufen werden können. Bei der ersten Anmeldung müssen Sie nur Ihre Telefonnummer bestätigen. Sie erhalten dann per SMS einen Code, der automatisch eingetragen wird, sodass Sie sofort loslegen können.

Mit dem Symbol *Neuer Anruf* können Sie sofort einen Videoanruf starten. Die zuletzt kontaktierten Personen werden direkt auf dem Startbildschirm angezeigt. Die Kontaktliste in *Google Duo* zeigt alle Personen aus dem eigenen Adressbuch an. Sie können aber nur Personen anrufen, die ebenfalls *Google Duo* auf ihrem Smartphone haben. Bei allen anderen öffnet sich die SMS-App, um die Person per SMS zu *Google Duo* einzuladen.

Wenn Sie in den *Einstellungen* die Option *Kuckuck* aktivieren, sieht die angerufene Person bereits eine Live-Vorschau Ihres Kamerabildes. Dies funktioniert nur, wenn beide Gesprächspartner sich gegenseitig in ihren Kontaktlisten haben. Durch ein neuartiges Protokoll zur Datenübertragung bleibt die Gesprächsqualität möglichst erhalten, wenn man das WLAN verlässt und in ein Mobilfunknetz wechselt.

Skype

Vom Festnetz ins Ausland telefonieren ist teuer, vom Handy ist es noch teurer. Skype ist auf dem PC schon lange für kostenlose Telefonie im Internet bekannt. Skype funktioniert wie ein Messenger. Man registriert sich einmal mit seinem Namen auf der Skype-Webseite und kann dann alle Freunde, die ebenfalls Skype ver-

wenden, in eine Kontaktliste eintragen und deren Onlinestatus anzeigen lassen. Seit Skype von Microsoft übernommen wurde, kann man sich ganz einfach mit dem Microsoft-Konto anmelden, mit dem man bei Windows 10 am PC angemeldet ist, und benötigt kein eigenes Benutzerkonto mehr.

Tippen Sie auf einen Namen in der Skype-Kontaktliste, können Sie mit der Person chatten. Mit dem Telefonsymbol oben rechts im Chat rufen Sie die Person an. Mit Skype können Sie nicht nur mit anderen Skype-Nutzern kostenlos telefonieren, sondern auch zu sehr günstigen Preisen in das normale Telefonnetz der meisten Länder der Welt anrufen. Dazu kauft man ähnlich wie bei einer Prepaid-Karte online ein SkypeOut-Guthaben und wählt dann in der App die Telefonnummer. Skype listet die Gebühren für Gespräche in verschiedene Länder unter *www.skype.com/de/rates* auf.

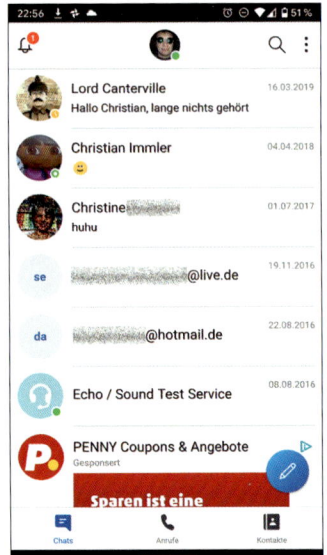

Kontaktliste, Chat und Telefon in Skype.

Skype verwendet nicht das Mobilfunk-Telefonnetz, sondern eine Internetverbindung. Die App funktioniert am besten über WLAN, aber auch über UMTS oder LTE. Hier braucht man allerdings eine umfangreiche Datenflatrate, da bei VoIP-Gesprächen erhebliches Datenvolumen anfallen kann. Manche Mobilfunkbetreiber schließen VoIP-Gespräche in ihrer Datenflatrate explizit aus. Wie bei einem klassischen Messenger lassen sich auch Textnachrichten, Bilder und Dateien übertragen.

Für eine gute Gesprächsqualität sollte man sich mit dem Smartphone nicht zu hektisch bewegen und äußere Störquellen meiden.

Snapchat

Snapchat ist eine besonders unter Jugendlichen beliebte Chat-App. Außer den persönlichen Chats zwischen zwei Personen oder innerhalb einer Gruppe kann man sogenannte Channels veröffentlichen, in denen man Bilder und Videos mit verschiedenen Effekten veröffentlicht, die die Freunde für eine bestimmte Zeit sehen können.

Alle gesendeten Bilder zerstören sich nach einer vorgegebenen Zeit automatisch. Es gibt also keine endlosen Chatverläufe wie in anderen Messengern. Zusätzlich bietet Snapchat verschiedene Spiele, die man innerhalb des Messengers mit Freunden spielen kann.

KAPITEL 6

Unterwegs mit dem Android-Smartphone

Wer unterwegs ist, braucht eine Landkarte oder einen Stadtplan des Urlaubsortes. Landkarten auf dem Smartphone haben gegenüber ihren auf großformatiges Papier gedruckten Vorgängern einige Vorteile. Sie können deutlich aktueller sein als Pläne aus Papier, die auch in Urlaubsregionen höchstens einmal im Jahr erneuert werden, und der eigene Standort lässt sich per GPS direkt auf der Karte anzeigen. Hinzu kommt eine präzise Suchfunktion, die selbst kleine Orte oder einzelne Straßen in Sekundenschnelle findet.

Google Assistant

Der Google Assistant zeigt Orte in der Nähe sowie bei Reisen auch aktuelle Verkehrsinformationen oder Fahrpläne an, wenn das Smartphone eine Bewegung in Richtung eines bekannten Ortes erkennt.

Google Maps

Google Maps hat sich zur wichtigsten Quelle für Landkarten und geografische Informationen im Internet entwickelt. Genauso einfach, wie die Suchmaschine Google irgendetwas im Internet findet, findet Google Maps die genaue Position in der realen Welt. Auf allen Android-Smartphones ist eine App für Google Maps vorinstalliert, die noch mehr Funktionen bietet als die browserbasierte Version von Google Maps. Das Menüsymbol oben links blendet ein Seitenmenü ein, über das man weitere Informationen in der Karte anzeigen lassen kann.

Mit zwei Fingern lässt sich die Kartenansicht, die normalerweise nach Norden ausgerichtet ist, drehen. Tippen Sie auf das Kompass-Symbol, wird die Karte wieder genordet.

Im unteren Bildschirmbereich erscheint eine Symbolpalette, die Sie nach unten schieben können, um den ganzen Bildschirm für die Karte zur Verfügung zu haben. Das Ebenensymbol rechts oben blendet weitere Kartenebenen wie Radwege, Satellitenbild oder Geländeformationen ein.

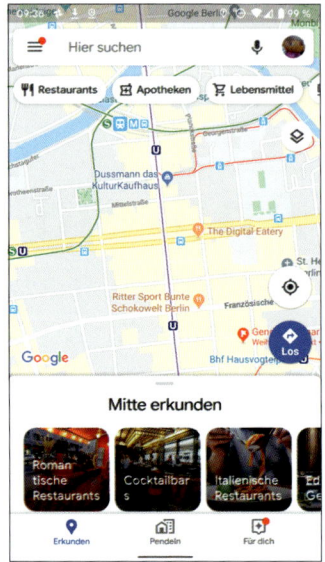  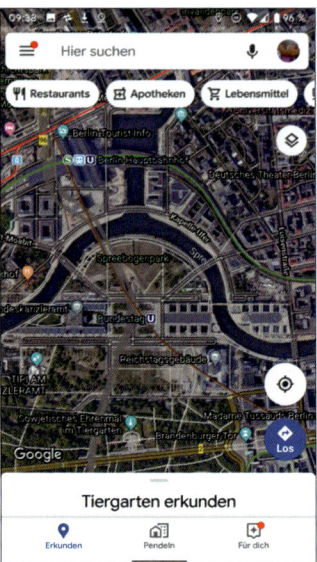

Google Maps auf einem Android-Smartphone, rechts: Satellitenbild.

Achtung: Datenvolumen

Bedenken Sie, dass die Satellitenbilder ein deutlich höheres Datenvolumen verursachen als die simple Vektorgrafik.

Schieben Sie die Symbolpalette *Erkunden* nach oben, zeigt die App Gastronomie, Läden und Fotos aus der auf dem Kartenausschnitt dargestellten Region an.

Google Maps findet über das Suchfeld nicht nur Orte, sondern auch Straßennamen, Läden, Hotels und Restaurants. Dabei wird immer zuerst in der unmittelbaren Umgebung gesucht. Verschieben Sie den Kartenausschnitt, erscheint eine Schaltfläche, um im neuen Bereich zu suchen. Tippen Sie unten auf das Suchergebnis, erscheinen weitere Informationen. Dies funktioniert bei Sehenswürdigkeiten sowie bei zahlreichen Hotels und Gastronomiebetrieben.

Google kennt die Standorte von Millionen WLANs sehr genau. Anhand der Koordinaten des WLANs, in dem ein Gerät angemeldet ist, lässt sich dessen Standort gut ermitteln, wenn in Gebäuden kein GPS-Empfang besteht. Wenn GPS oder WLAN auf dem Smartphone ausgeschaltet sind, erscheint beim Start von Google Maps eine entsprechende Meldung. Das Standortsymbol unten rechts zeigt den Kartenausschnitt um den eigenen Standort. Um Google Maps sinnvoll verwenden zu können, müssen Sie beim ersten Start die Anfrage nach Standortinformationen zulassen.

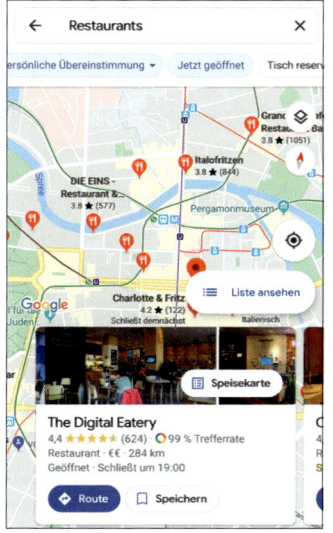

Suche nach Gastronomie, Hotels oder anderen regionalen Suchbegriffen.

Plus Codes

Einem Freund einen beliebigen Punkt auf der Karte mitzuteilen, ist nicht immer ganz einfach, besonders bei Punkten in der freien Landschaft, die sich nicht über eine Adresse finden lassen.

1. Suchen Sie den gewünschten Punkt aus der Karte und halten Sie den Finger länger auf diese Stelle, bis eine rote Kartenmarkierung erscheint und die exakten Koordinaten dieses Punktes angezeigt werden. Tippen Sie dann unten auf das Feld *Gesetzte Markierung*.

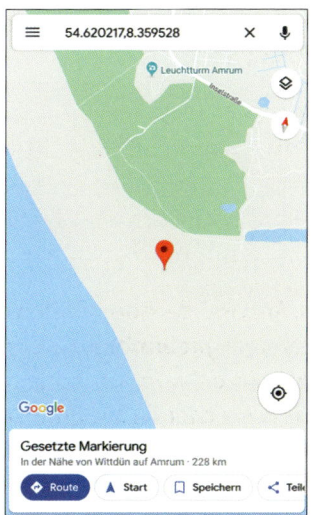

Plus Codes zur Bezeichnung eines Punktes auf der Karte.

2. Auf dem nächsten Bildschirm können Sie diesen Punkt als Lesezeichen speichern oder dorthin navigieren. Der *Plus Code* bezeichnet diesen Punkt ebenfalls genau. Tippen Sie darauf, wird der Plus Code in die Zwischenablage kopiert und Sie können ihn auf beliebigem Weg weitergeben. Da es sich nur um eine kurze Zeichenfolge handelt, können Sie Plus Codes sogar per Telefon oder SMS weitergeben.

3. Der Empfänger gibt diesen Code in das Suchfeld auf Google Maps ein und tippt dann auf *Auf Karte auswählen*. Danach wird der Punkt auf der Karte angezeigt.

Routenplanung mit Google Maps

Google Maps enthält einen vollwertigen Routenplaner. Hier kann man wahlweise optimale Strecken für Autofahrer, Fußgänger oder Radfahrer errechnen lassen. Dabei wird neben der Entfernung auch die voraussichtliche Zeit für den Weg ermittelt. Ist in Innenstädten der Fußweg schneller als der Weg mit dem Auto, wird der Fußweg als Alternative mit angeboten, ohne umschalten zu müssen. Bei Radrouten ist die angegebene Zeit – besonders bei mehrstündigen Fahrten – allerdings nur für extrem sportliche Radrennfahrer zu erreichen. Hier muss Google noch nachbessern. Die Routenplanung für öffentliche Verkehrsmittel funktioniert inzwischen auch in Deutschland sehr zuverlässig.

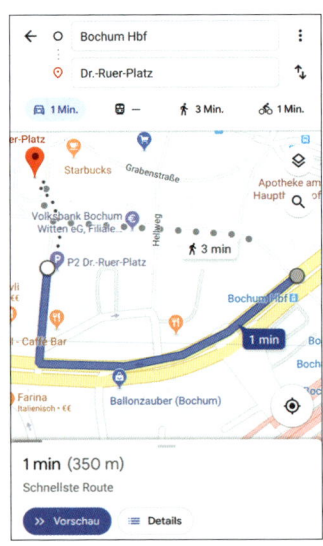 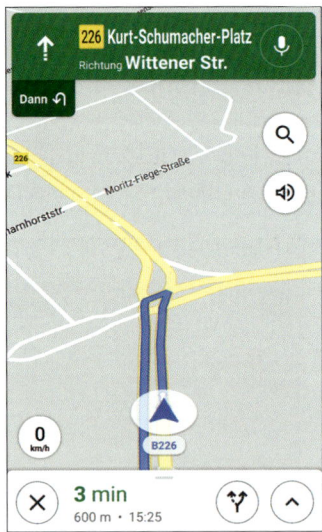 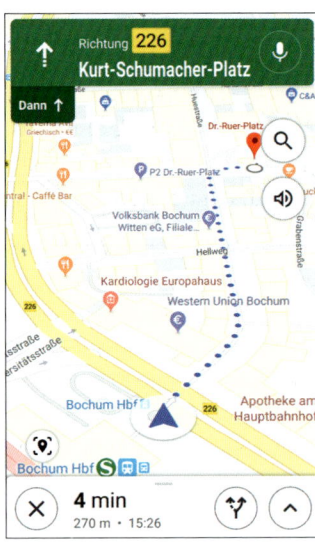

Routenplanung und Navigation für Autofahrer. Rechts: die gleiche Route für Fahrradfahrer.

Suchen Sie in Google Maps den Zielort und tippen Sie auf das blaue *Start*-Symbol unten rechts. Danach starten Sie die Berechnung der Route vom aktuellen Standort. Wählen Sie oben das gewünschte Verkehrsmittel aus. Hier können Sie auch noch einen anderen Startpunkt oder Routenoptionen einstellen.

Während der Fahrt zeigt Google Maps wie ein klassisches Navigationssystem Fahrtangaben mit Pfeilen an und spricht auch dazu. Tippen Sie unten auf *Details*, erhalten Sie eine

Wegbeschreibung. Tippen Sie vor Fahrtbeginn auf das schwarze Banner, um diese Wegbeschreibung offline herunterzuladen, damit die Daten auch zur Verfügung stehen, wenn Sie unterwegs mal keine Internetverbindung haben.

Nutzen Sie während der Fahrt eine andere App, bleibt die Navigation in einem kleinen Bild-im-Bild-Fenster sichtbar, um jederzeit schnell wieder den Weg zu finden.

Auf Autobahnen und großen Bundesstraßen zeigt ein Farbcode die aktuelle Verkehrslage an. Dabei steht Grün für problemlos, Gelb für dichten Verkehr und Rot für Stau bzw. Staugefahr. Die Daten werden automatisch anhand der Fahrzeuge ermittelt, die sich auf der Strecke befinden und die Google-Maps-Navigation nutzen. Wird die Verkehrslage nicht angezeigt, schalten Sie sie über das Menüsymbol unten rechts in der Navigationsansicht ein.

Schneller nach Hause finden

Tragen Sie in Google Maps unter *Meine Orte* Adressen für *Zuhause* und *Arbeit* ein, schlägt Google Maps, wenn Sie sich woanders aufhalten, automatisch Routen vor, wie Sie wieder nach Hause kommen. Sie können in den Start- und Zielfeldern der Routenplanung auch einfach *Zuhause* eingeben, ohne jedes Mal Ihre Adresse eintippen zu müssen.

Planen Sie eine Route mit öffentlichen Verkehrsmitteln, gehen Sie genauso vor und tippen dann im blauen Feld oberhalb der Karte auf das Bahnsymbol bei den Zeitangaben. Jetzt werden die nächsten Verbindungen angezeigt. Die aktuellen Fahrpläne kommen direkt aus den Auskunftssystemen der Deutschen Bahn sowie anderer regionaler Verkehrsbetriebe.

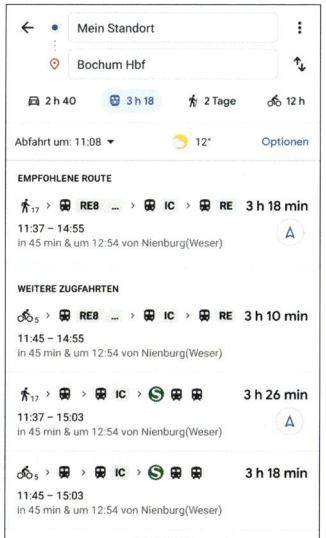 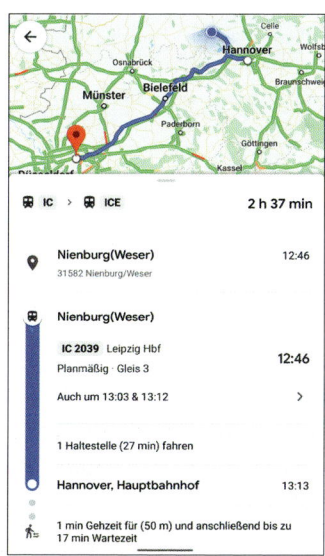 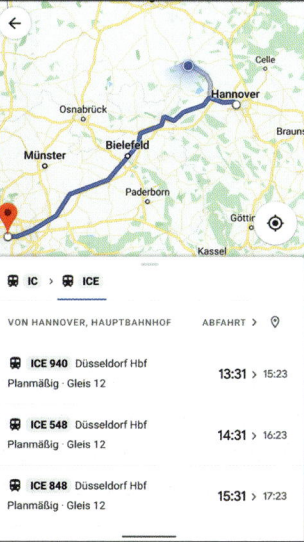

Fahrplanauskunft in Google Maps.

229

Tippen Sie auf eine Verbindung, erhalten Sie Details zu den Zügen sowie Umsteigebahnhöfe und -zeiten. Fußwegstrecken am Start- oder Zielort lassen sich auf einem Kartenausschnitt detailliert anzeigen. Mit dem Einstellungssymbol links wählen Sie andere Abfahrtsoder Ankunftszeiten.

Offline-Navigation nur für Autofahrer

Wenn Sie Offlinekarten nutzen, wird nur die Navigation für Autofahrer angeboten. Eine Routenplanung mit öffentlichen Verkehrsmitteln sowie Wegbeschreibungen für Radfahrer und Fußgänger stehen offline nicht zur Verfügung.

Google Maps offline nutzen

Bewegen Sie sich in Gegenden mit schlechter Mobilfunkversorgung oder im Nicht-EU-Ausland, ist die Onlinenutzung von Google Maps nicht möglich oder mit hohen Roamingkosten verbunden. Laden Sie sich deshalb die für eine Reise benötigten Kartenbereiche zu Hause über WLAN herunter, um sie dann vor Ort offline nutzen zu können.

1. Tippen Sie im Seitenmenü von Google Maps auf *Offlinekarten*.

2. Tippen Sie auf dem nächsten Bildschirm auf *Wähle deine eigene Karte aus*.

3. Jetzt können Sie den herunterzuladenden Kartenbereich bestimmen. Tippen Sie dann auf *Herunterladen*. Beachten Sie, dass ein Kartenausschnitt für eine Offlinekarte höchstens 120.000 km² groß sein kann.

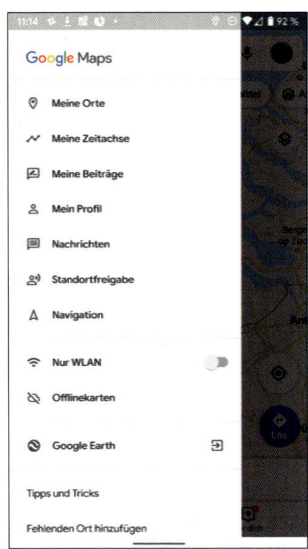

Karten zur Offlinenutzung herunterladen.

Da Kartenmaterial regelmäßig aktualisiert wird, haben die Offlinekarten nur eine begrenzte Gültigkeitsdauer von 30 Tagen. Mit dem Zahnradsymbol in der Liste der Offlinekarten kommen Sie in die *Offlinekarten-Einstellungen*. Hier können Sie festlegen, ob die Offlinekarten bei Ablauf automatisch aktualisiert werden. Dabei sollten Sie die Standardeinstellung beibehalten, dass die Karten wegen der großen Datenmengen nur über WLAN aktualisiert werden.

Google Street View

Google Street View ist in Google Maps integriert und wird zusätzlich als eigene App angeboten, die auch in Gegenden, für die Google noch keine Street-View-Panoramen anbietet, Fotos und Panoramabilder von Nutzern zeigt. In Europa sind die meisten Länder fast flächendeckend fotografiert. Nur in Deutschland, Österreich, Bosnien und Herzegowina, Moldawien und Weißrussland gibt es bisher erst Bilder einiger Großstädte.

Eigene Bilder beisteuern

In der Google-Street-View-App können Sie eigene Panoramafotos veröffentlichen. Weitere Informationen dazu finden Sie in Kapitel 7 »Fotos und Multimedia«. An touristisch interessanten Standorten werden Fotosammlungen mit Panoramafotos zahlreicher Fotografen angeboten.

Die Street-View-App. Rechts: Auch im Miniaturwunderland in Hamburg gibt es Street-View-Aufnahmen.

Zoomen Sie weit genug in die Karte, bis ein gelbes Männchen auftaucht. Positionieren Sie dieses auf einer der blau markierten Straßen, um mit der interaktiven Street-View-Ansicht zu beginnen. Mit den Pfeilen können Sie »die Straße entlanggehen«. Die roten Punkte bezeichnen Standorte, an denen 360°-Aufnahmen von Nutzern verfügbar sind.

Google Earth

Auf dem Google-Vorzeigeprodukt Android darf natürlich der faszinierende interaktive Weltatlas Google Earth nicht fehlen. Mit einem Fingerstrich kann man um die ganze Welt reisen und über die Suchfunktion Orte, Plätze und sogar ausgewählte Geschäfte und Hotels finden.

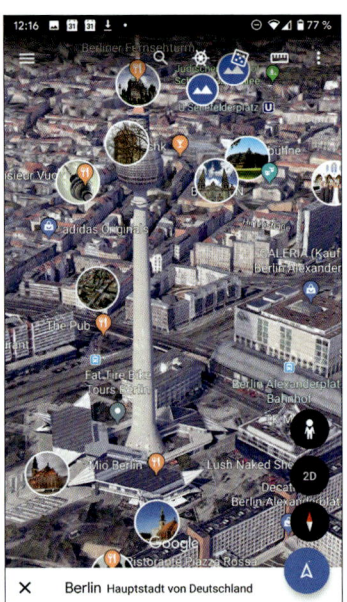

Da Google Earth erwartungsgemäß sehr hohe Anforderungen an die Hardware stellt, läuft die App auf einfacheren Smartphones leider nicht. Die dreidimensionalen Gebäudemodelle sind nur auf High-End-Smartphones mit 3D-Grafikprozessor zu sehen.

Google Earth auf dem Smartphone.

Google Earth verwendet eine komfortable Multitouch-Navigation über Fingergesten mit einem oder zwei Fingern:

▪ Streichen Sie mit einem Finger über den Bildschirm, um den Globus zu drehen.

▪ Durch das Auseinander- und Zusammenziehen von zwei Fingern und gleichzeitiges Drehen können Sie die Karte heranzoomen bzw. wieder herauszoomen und Ihren Blickpunkt ändern.

▪ Ziehen Sie zwei Finger über den Bildschirm, um die Ansicht zu neigen.

▪ Durch Doppeltippen mit einem Finger wird die Karte herangezoomt.

▪ Durch Doppeltippen mit zwei Fingern können Sie herauszoomen.

Über das Seitenmenü lassen sich verschiedene Kartenstile anzeigen, die wichtige Orte, Straßen oder Sehenswürdigkeiten einblenden. Die Anzeige von Fotos aus dem Bilderdienst Panoramio ist in der Google-Earth-App weggefallen, da dieser Dienst eingestellt wurde. Wikipedia-Informationen werden nicht mehr als eigene Symbole angezeigt, sondern sind jetzt in den Beschreibungen angezeigter Sehenswürdigkeiten verlinkt.

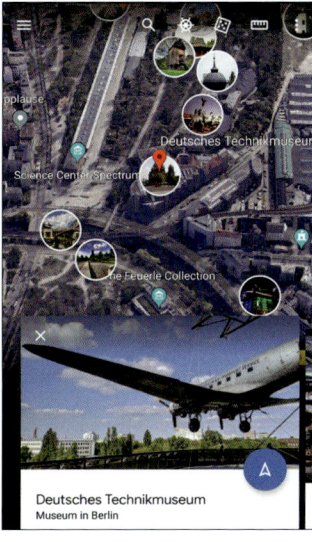

Street View und Informationen zu Sehenswürdigkeiten in Google Earth.

Google Street View kann innerhalb der Google Earth-App ebenfalls verwendet werden. Tippen Sie dazu auf das Männchen unten rechts und setzen Sie es an die gewünschte Position in den Straßen einer Stadt. Die Straßen, für die Street-View-Ansichten verfügbar sind, werden auf der Karte blau hervorgehoben.

Virtuelle Postkarten

Haben Sie ein schönes Motiv auf Google Earth gefunden, können Sie es als virtuelle Postkarte an Freunde verschicken. Tippen Sie dazu auf das Kamerasymbol oben rechts, erscheint eine Liste von Apps, über die die Postkarte geteilt werden kann. Dabei werden ein Foto sowie ein Link auf die genaue Position mit Blickrichtung und Zoomfaktor in Google Earth verschickt.

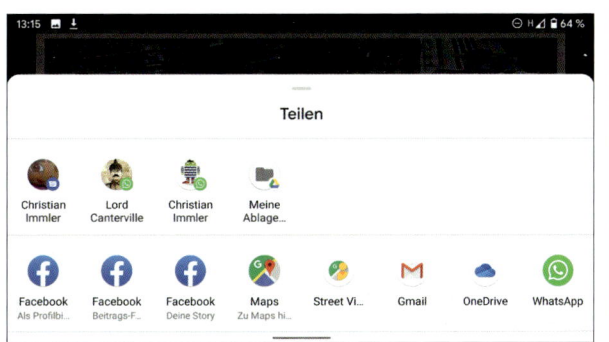

Postkarte in Google Earth verschicken.

Fahrplanauskunft

Onlinefahrpläne gehörten schon zu Zeiten der ersten WAP-Handys zu den beliebtesten und meistgenutzten mobilen Anwendungen. Das hat sich bis heute nicht geändert. Ein aktueller Fahrplan ist für jeden, der unterwegs ist, unverzichtbar.

DB Navigator

Der *DB Navigator*, die Routenplaner-App der Deutschen Bahn, bietet eine Online-Fahrplanauskunft mit Echtzeitdaten zur aktuellen Verkehrslage. Hier findet man schnell die Information, ob ein Zug pünktlich ist und Anschlüsse passen. Anhand der eigenen Position kann die nächste Haltestelle in der Umgebung gefunden werden.

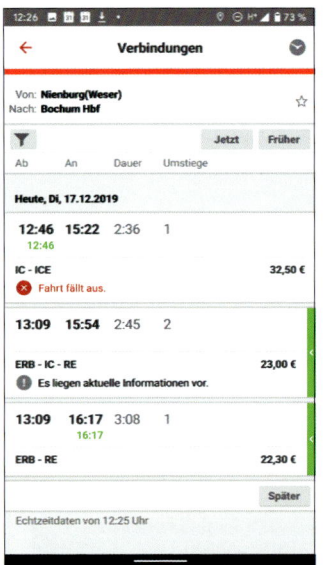  

Aktuelle Fahrplanauskunft im DB Navigator.

Man braucht keine Fahrplantabellen zu wälzen, sondern gibt nur Start und Ziel ein und die App sucht alle möglichen Verbindungen innerhalb eines bestimmten Zeitraums. Am Zielort zeigt die App einen Lageplan des Bahnhofs sowie Haltestellen des Nahverkehrs in der Nähe.

Beim ersten Start sollten Sie der App Zugriff auf Standort, Kontakte und Kalender geben. Dann können geplante Fahrten direkt als Termin in den Kalender eingetragen werden, und Sie können Adressen aus dem Adressbuch als Ziel einer Reise angeben, ohne die nächste Haltestelle kennen zu müssen. Melden Sie sich außerdem mit Ihrem DB-Kundenkonto bei der App an, dann brauchen Sie Ihre Onlinetickets nicht mehr unbedingt auszudrucken, sondern können sie direkt auf dem Smartphone speichern oder auch aus der App heraus Fahrkarten kaufen. Bei einer Kontrolle im Zug brauchen Sie nur noch den QR-Code auf dem Smartphone-Bildschirm vorzuzeigen.

Der bessere DB Navigator

Mit dem Update im Juli 2015 verlor der *DB Navigator* einiges an Qualität. Auf einmal gingen wichtige Funktionen verloren, die man gerade, wenn es zu Problemen kommt, bei schlechten Internetverbindungen im Zug oder knappen Umsteigezeiten, dringend braucht. Die Möglichkeit, Fahrpläne offline auf dem Smartphone zu haben oder die aktuellen Abfahrtstafeln häufig genutzter Bahnhöfe direkt auf dem Startbildschirm, wurde  zugunsten einer blassen inhaltslosen Grafik aufgegeben. Viele Daten, die früher kompakt dargestellt wurden, sind jetzt erst nach vielen Klicks und langem Scrollen auf fast leeren Bildschirmseiten zu finden – ausgesprochen lästig, wenn man mit einer Hand am Smartphone durch einen Bahnhof einem verspäteten Zug nachrennt.

Besonders ärgerlich: Die übersichtlichen Informationen zu Verspätungen, die während der Fahrt wichtig sind, wurden aus der App gestrichen. Früher konnte man auf einen Blick sehen, welche Anschlusszüge erreicht werden und welche Alternativen es gibt, wenn es mal zu spät wird.

Mehrere Tausend 1-Sterne-Bewertungen im Google Play Store bereits in den ersten Tagen nach Veröffentlichung des Updates sprechen eine eindeutige Sprache.

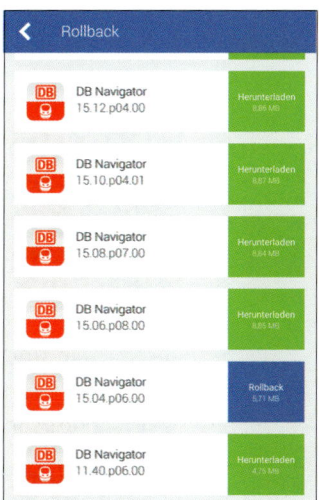

Den deutlich übersichtlicheren DB Navigator 15.04.P06.00 bei Uptodown herunterladen.

Mit einem Trick kommt man aber noch an die ältere, bessere Version des *DB Navigator*, die weiterhin alle aktuellen Fahrplandaten zeigt. Die ältere Version ist an einem Farbverlauf im

Logo zu erkennen. Der weiter vorne im Buch beschriebene Uptodown Store liefert zu den meisten Apps zusätzlich zur aktuellen auch ältere Versionen. Suchen Sie dort den *DB Navigator* und scrollen Sie ganz nach unten zu den vorherigen Versionen. Nach der Installation des *DB Navigator 15.04.P06.00* wird die App bei den eigenen Apps im Google Play Store angezeigt, obwohl sie nicht von dort installiert wurde.

Schalten Sie hier gleich das automatische Update aus, sonst haben Sie möglicherweise schon Sekunden später wieder die neue Version auf Ihrem Smartphone. Weitere Informationen finden Sie auf *wp.me/p1mbVt-e4*.

Fahrpläne in Großstädten

Die Verkehrsverbünde in deutschen Großstädten bieten ihre Fahrplanauskünfte und teilweise noch weitere Informationen auf für Smartphones optimierten Webseiten an. Für die vier größten Metropolregionen finden Sie hier Links und QR-Codes:

Rhein-Ruhr vrr.de – Berlin bvg.de – Hamburg hvv.de – München m.mvv-muenchen.de.

Auf der Basis der App *DB Navigator* bieten verschiedene Verkehrsverbünde in Deutschland ähnliche Apps an, die alle regionalen Verkehrsmittel und teilweise noch besondere Zusatzfunktionen enthalten.

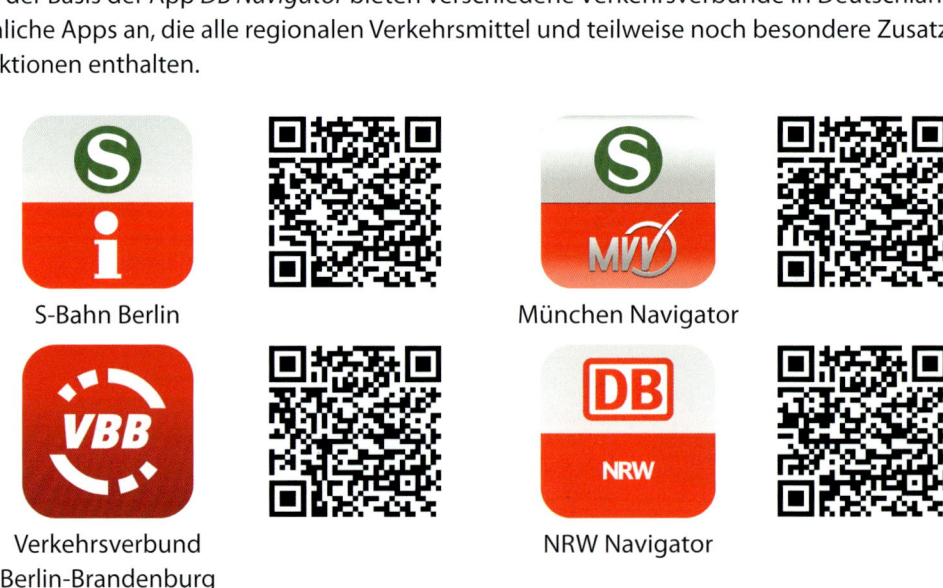

S-Bahn Berlin

München Navigator

Verkehrsverbund
Berlin-Brandenburg

NRW Navigator

Verkehrsverbund
Bremen/Niedersachsen

VVO (Verkehrs-
verbund Oberelbe)

Hamburger
Verkehrsverbund

Öffi

Öffi ist ein Routenplaner für Verkehrsnetze in zahlreichen deutschen Großstädten. Die App zeigt die Streckennetze der U- und S-Bahnen in den Ballungsräumen an und findet per Suchfunktion oder GPS jede Haltestelle in der Umgebung.

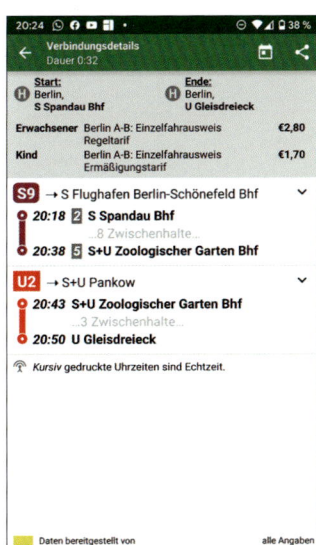
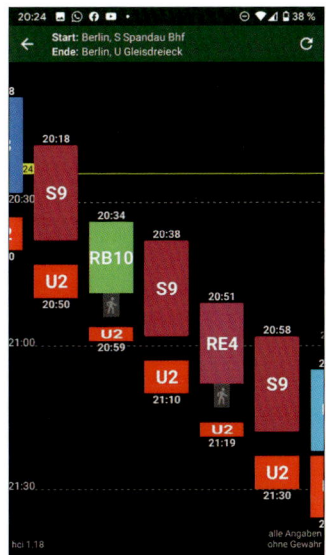

Öffi bietet viel mehr als die offiziellen Apps der U- und S-Bahnen in Deutschland.

Die notwendigen Daten werden online aus den aktuellen Datenbanken der jeweiligen Verkehrsverbünde übernommen. Die interessanteste Funktion ist das Routing zwischen zwei beliebigen Haltestellen. Die App findet die kürzeste Verbindung oder die, bei der man am wenigsten umsteigen muss, und zeigt diese auf dem Stadtplan an.

In einer Zeitbalkenansicht sieht man alle Fahrmöglichkeiten in nächster Zeit sehr übersichtlich dargestellt. Bei Verspätungen werden in Echtzeit aktuelle Abfahrtszeiten angezeigt. Dazu liefert *Öffi* zoombare Liniennetzpläne von zahlreichen Verkehrsverbünden in Deutschland und auch aus anderen europäischen Ländern.

Wettervorhersage

Das aktuelle Wetter ist immer ein Gesprächsthema. Ändern kann man es zwar nicht, aber zumindest das Beste daraus machen. Internetseiten mit Wettervorhersagen gibt es wie Sand am Meer, und jeder hat darunter schon seine Lieblingsseite gefunden. Nur sind die meisten Wetterseiten mit viel Multimedia-Aufwand und jeder Menge Werbung überfrachtet, sodass es schwer ist, die wirklichen Wetterdaten zu finden, falls die Seiten auf dem kleinen Smartphone-Bildschirm überhaupt dargestellt werden.

Wesentlich komfortabler ist eine der kostenlosen Wetter-Apps, die die Wettervorhersage für den Heimatort oder das Urlaubsziel direkt aufs Smartphone bringen. Viele Gerätehersteller liefern bereits Wetter-Apps als Widgets auf dem Startbildschirm mit. Diese zeigen das Wetter für den aktuellen Standort oder zusätzlich auch für beliebige frei wählbare Orte an.

Der Google Play Store bietet jede Menge Wetter-Anwendungen zum Download. Probieren Sie einfach ein paar davon aus und entscheiden Sie sich für Ihren persönlichen Favoriten.

Wetter in Google Discover

Google Discover zeigt das Wetter für den aktuellen Standort an. Tippen Sie in Google Discover ganz oben auf die Wetteranzeige, erscheint eine detaillierte Vorhersage für den nächsten Tag oder die nächsten zehn Tage. Google Discover ist über eine Wischbewegung von links nach rechts auf dem Startbildschirm zu erreichen.

Auf der Startseite von Google Wetter erscheint die Meldung *Greife vom Startbildschirm auf den Wetterbericht zu* oder auch ein Menüpunkt im Seitenmenü legt ein Symbol auf den Startbildschirm, um schnell auf die Wetterinformationen zugreifen zu können.

Die aktuelle Wettervorhersage bei Google.

MSN Wetter

Wer auf dem Windows-10-PC die Wetter-App von MSN schätzen gelernt hat, kann diese auch auf Android-Smartphones nutzen. Die App bietet detaillierte Wettervorhersagen für beliebige Orte weltweit, Sonnenauf- und -untergangszeiten, animierte Wetterkarten und auch ein Widget für den Startbildschirm, das eine Vorhersage für die nächsten Tage anzeigt.

Die MSN-Wetter-App für Android.

Nach der Anmeldung mit dem Microsoft-Konto synchronisiert die App die auf dem PC gespeicherten Favoriten und zeigt das Wetter für diese Orte auch auf dem Smartphone an.

Telefonnummern, Hotels, Geldautomaten finden

Wer früher unterwegs eine Telefonnummer oder ein Hotel suchte, musste in eine Telefon-
zelle gehen und dort im Telefonbuch nachschlagen. Das war damals schon umständlich
– heute sogar noch mehr, werden doch die Telefonzellen immer seltener, und in denen der
neuen Generation hängen auch keine Telefonbücher mehr aus. Wesentlich bequemer ist
die Suche mit einer passenden App auf dem Smartphone.

Regionale Google-Suche

Google bietet ein Firmen-, Kneipen- und Restaurantverzeichnis, das mit Daten verschiedener Anbieter gefüllt wird. Hier findet man unter anderem auch diverse Nutzerbewertun-
gen, die allerdings wie überall mit Vorsicht zu genießen sind. Die regionale Google-Suche
zeigt neben Kneipen und Restaurants auch Hotels, Geldautomaten, Veranstaltungen und
viele andere interessante Orte. Hier lassen sich die gefundenen Nummern auch direkt antippen und anrufen.

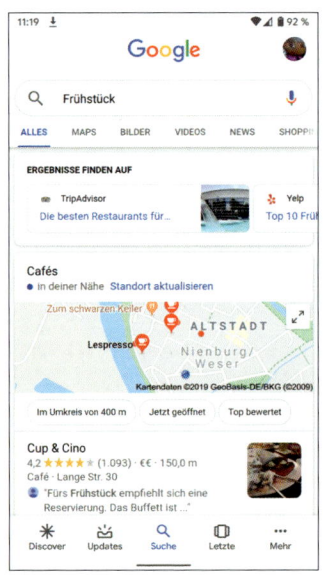  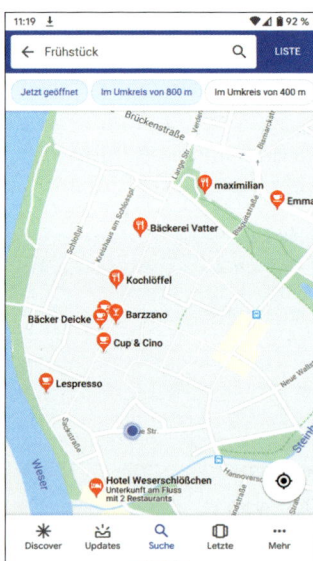

Regionale Google-Suche.

Die regionale Google-Suche braucht nicht eigens als App installiert zu werden. Der Dienst
ist direkt in die Google-Suche und auch in Google Maps auf dem Smartphone integriert
und bietet verschiedene Kategorien an. Dabei werden die eigenen Standortinformationen
genutzt, um Suchergebnisse in der Umgebung zu liefern.

Tippen Sie in den Google-Suchergebnissen auf die Karte, um mehr regionale Suchergebnisse zu sehen. Oben in der Kartenansicht können Sie verschiedene Filter setzen, unter anderem die Entfernung zum eigenen Standort oder ob ein Laden gerade geöffnet hat. Ganz oben neben dem Suchfeld schalten Sie zwischen der Listen- und Kartendarstellung um.

Das Telefonbuch

Das Telefonbuch der Telekom war früher in keinem Haushalt wegzudenken. Zu Zeiten der Wählscheibenfernsprecher hatte jeder einen solchen Wälzer neben dem Telefon liegen und der enthielt nur die Nummern der eigenen Stadt sowie der näheren Umgebung.

Heute hat man über die Telefonbuch-App Zugriff auf sämtliche Telefonnummern aus ganz Deutschland – und das tagesaktuell und nicht nur einmal im Jahr erneuert. Eine gefundene Rufnummer kann man direkt anrufen, die Adresse auf einer Karte anzeigen lassen oder auch ins Adressbuch des Smartphones übernehmen.

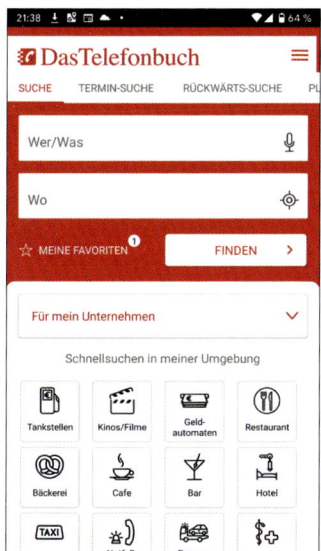
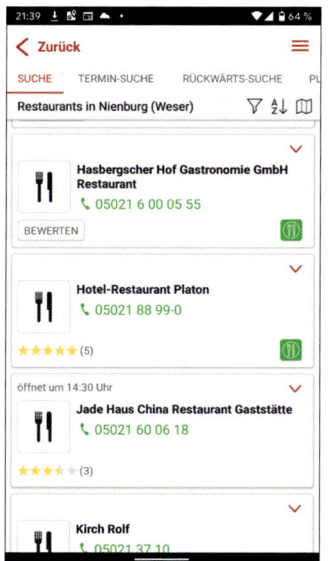
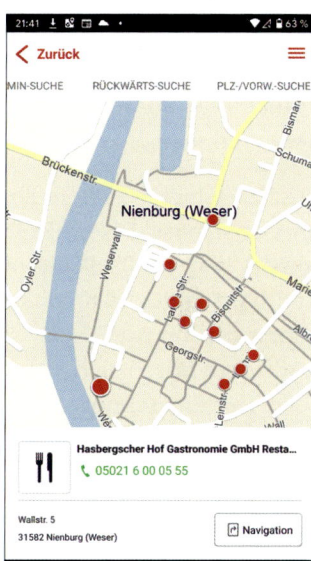

Das Telefonbuch für Android.

Restaurants, Hotels, Apotheken, Taxis, Geldautomaten und verschiedene weitere Informationen lassen sich abhängig vom eigenen Standort in unmittelbarer Umgebung im Telefonbuch finden. Außerdem ist eine Rückwärtssuche anhand einer Telefonnummer möglich, sodass man leicht feststellen kann, wer gerade angerufen hat. Diese Rückwärtssuche kann auch vor bekannten Spamnummern schützen.

Bezahlen mit dem Smartphone

G Pay, der Bezahldienst von Google, wird inzwischen auch in Deutschland angeboten und von immer mehr Läden akzeptiert, unter anderem von Aldi, Lidl, Kaufland, MediaMarkt und Saturn. Die App ist auf vielen modernen Smartphones bereits vorinstalliert.

Um bezahlen zu können, müssen Sie mindestens eine Kreditkarte oder ein PayPal-Konto hinzufügen. Kreditkarten können Sie direkt aus der App fotografieren oder die Daten manuell eingeben. Zusätzlich können Kundenkarten von Bonusprogrammen sowie Geschenkkarten verschiedener Anbieter in der App gespeichert und genutzt werden.

Mit G Pay im Laden bezahlen

Zur Bezahlung mit G Pay in einem Laden muss das Smartphone einen NFC-Chip enthalten, was bei den meisten aktuellen Geräten der Fall ist. Sie brauchen das Smartphone nur zu entsperren und an das kontaktlose Bezahlterminal zu halten. Diese sind üblicherweise mit einem einheitlichen Zeichen – ähnlich einem um 90° verdrehten WLAN-Symbol – gekennzeichnet. Auf dem Smartphone erscheint ein Häkchen und die Bezahlung ist erledigt. Vorher muss im Google-Konto eine Kreditkarte hinterlegt werden, die vom Bezahlsystem akzeptiert wird. Mastercard und Visa-Karten funktionieren fast immer.

Zusätzlich bietet G Pay in der aktuellen Version auch die Unterstützung von PayPal-Konten an. Dabei muss dieses nicht mit der gleichen E-Mail-Adresse wie das Google-Konto angemeldet sein. Bei PayPal-Konten werden die dort hinterlegten Zahlungsmethoden Guthaben, Lastschrift und Kreditkarte unterstützt, wobei mit erster Priorität aus dem PayPal-Guthaben bezahlt wird. Nach der Bezahlung erfolgt eine Bestätigung auf dem Smartphone. Außerdem lassen sich alle Bezahlvorgänge im Google-Konto nachvollziehen. In Zukunft soll G Pay zum schnellen Zugriff in das sogenannte Power-Menü integriert werden, das bei längerem Druck auf den Ein-/Ausschalter des Smartphones erscheint.

PayPal

PayPal ist zurzeit noch das deutlich bekanntere Bezahlsystem im Vergleich zu G Pay. Deshalb können PayPal-Konten inzwischen auch in G Pay verwaltet werden. Mit der PayPal-App haben Sie noch mehr Möglichkeiten und jederzeit den Überblick über die eigenen PayPal-Zahlungen. Außerdem können Sie unterwegs ganz einfach und gebührenfrei Geld an Familie oder Freunde schicken und auch in vielen Läden direkt bezahlen.

KAPITEL 7

Das Smartphone als Kamera

Ein Smartphone eignet sich bestens als digitaler Bilderrahmen. Dank heutiger Speichergrößen von mehreren GByte kann man Tausende von Fotos bequem mit sich herumtragen.

Die vorinstallierte App *Google Fotos* zeigt alle Bilder aus den eigenen Google-Fotoalben wie auch die, die sich im Gerätespeicher oder auf der Speicherkarte befinden. Diese können vom PC übertragen, aus dem Internet heruntergeladen oder mit der Kamera fotografiert worden sein. Wählen Sie im Seitenmenü *Geräteordner*, um nur die auf dem Smartphone bzw. der Speicherkarte abgelegten Fotos zu sehen. Hier gibt es getrennte Ordner für Fotos von der Kamera, heruntergeladene Bilder und Screenshots. Die Google-Fotos-App ersetzt die klassische Galerie auf dem Smartphone in Android 10. Einige Gerätehersteller haben noch eigene Fotogalerien vorinstalliert, die aber nicht zum Standardumfang von Android gehören.

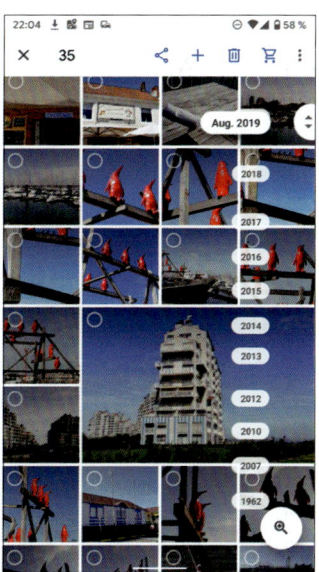

Fotoübersicht und Geräteordner in der Fotos-App.

Mit einer senkrechten Wischbewegung in der Übersicht scrollen Sie zu älteren Fotos. Wischen Sie am rechten Bildschirmrand, erscheinen die Monate. Auf diese Weise kommen Sie sehr schnell zu deutlich älteren Fotos. Eine Zweifinger-Zoomgeste verkleinert oder vergrößert die Übersicht, sodass Sie auf einen Blick mehr oder weniger Fotos sehen können.

  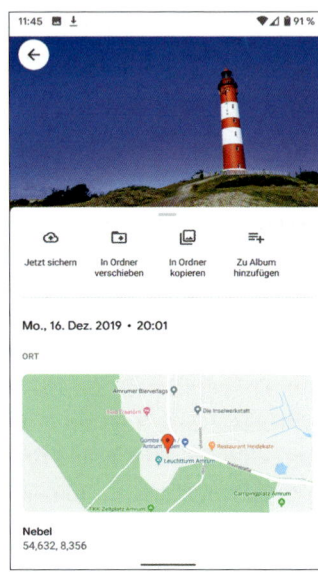

Links: Einzelbildansicht, Mitte: Zoom, rechts: Info-Seite mit Standortanzeige in der Fotos-App.

Tippt man auf eines der Vorschaubilder, wird das Foto groß dargestellt. Mit einer Zweifingergeste lässt sich zoomen. Durch einfaches horizontales Wischen mit dem Finger über den Bildschirm blättern Sie zu den nächsten oder vorherigen Bildern. Mit dem Menüsymbol rechts oben öffnen Sie eine Symbolleiste, in der Sie das Bild verschieben, kopieren oder in ein Album aufnehmen können oder eine automatische Diashow starten.

Die Info-Seite zeigt die im Bild gespeicherten Kameradaten sowie den Aufnahmestandort auf einer Karte an. Tippen Sie darauf, öffnet sich Google Maps.

Smartphone-Fotos automatisch sichern

In den Einstellungen der Fotos-App lässt sich festlegen, dass alle mit dem Smartphone aufgenommenen Fotos automatisch bei Google in einem privaten Album gesichert werden, auf das nur Sie selbst Zugriff haben. Auf diese Weise haben Sie jederzeit vom PC aus über *photos.google.com* Zugriff auf Ihre Fotos, ohne sie manuell übertragen zu müssen.

Google bietet 15 GByte Speicherplatz für Fotos und andere Daten kostenlos an. Stellen Sie in den Einstellungen der Fotos-App unter *Backup und Sync* die *Uploadgröße* auf *Hohe Qualität*. Bei einer Auflösung von bis zu 16 Megapixeln ist das Speichern unbegrenzt kostenlos. Diese Bilder werden nicht auf den kostenlosen Speicherplatz bei Google Drive angerechnet. Liefert die Kamera eine höhere Auflösung, werden die Fotos beim Sichern automatisch auf 16 Megapixel reduziert.

> **Bonus für Google-Pixel-Smartphones**
>
> Nutzer von Smartphones der Google-Pixel-Serie bekommen unbegrenzt freien Speicherplatz für Fotos und Videos in voller Auflösung.

Fotos von der Kamera werden bei eingeschalteter Synchronisation immer gesichert. Mit der Option *Geräteordner sichern* können Sie festlegen, welche weiteren Ordner ebenfalls gesichert werden sollen, z. B. Screenshots und Downloads.

Um Datenvolumen im Mobilfunk zu sparen, enthält die Fotos-App eine Einstellung, Fotos nur bei aktiver WLAN-Verbindung hochzuladen. Schalten Sie dazu die Option *Sicherung über Mobilnetz* aus. Wer mit einem ständig zu schwachen Akku zu kämpfen hat, kann die automatische Sicherung so einstellen, dass sie nur läuft, wenn das Smartphone am Stromnetz hängt. Videos sollte man am besten gar nicht automatisch sichern, da hier das kostenlose Datenvolumen sehr schnell erreicht wird. Ebenso sollte beim Roaming wegen der möglicherweise hohen Kosten die automatische Sicherung abgeschaltet werden.

Fotos schneller finden

Die Fotos-App bietet eine praktische Suchfunktion, um Fotos nach bestimmten Stichwörtern zu finden, ohne sie vorher – wie früher üblich – manuell taggen zu müssen.

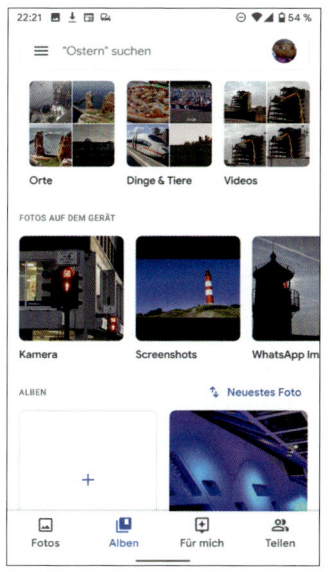  

Fotos kategorisieren und suchen.

Tippen Sie auf das Symbol *Alben* auf dem Startbildschirm der Fotos-App. Jetzt werden über den persönlich angelegten Alben ganz oben einige Fotokategorien mit Orten und Dingen automatisch vorgeschlagen.

Sie können auch im Suchfeld einen Suchbegriff eingeben. Die App versucht, anhand von Ortsangaben oder typischen Motiven passende Fotos zu finden, was in den meisten Fällen auch sehr gut funktioniert.

Um die automatische Objekterkennung zu verbessern, empfiehlt Google, von Zeit zu Zeit unten in der Ansicht *Dinge & Tiere* die Gruppierungen durchzugehen. Dabei werden einige aktuelle Fotos angezeigt, und Sie können jedes Mal entscheiden, ob das Foto zur vorgeschlagenen Gruppierung passt oder nicht. Anhand dieser Entscheidungen lernt die Fotos-App dazu, wie Bilder richtig gruppiert werden.

Automatische Gruppierung von Fotos verbessern.

Fotografieren mit dem Smartphone

Aktuelle Smartphones haben Kameras eingebaut, deren Auflösung und Bildqualität mittlerweile höher sind als die von Digitalkameras der Mittelklasse. Eine ausreichend große Speicherkarte eingebaut, kann das Smartphone in vielen Fällen die klassische Digitalkamera ersetzen.

Der Bildschirm, der als Sucher dient, ist deutlich größer als bei klassischen Kameras, allerdings fehlt Smartphones noch der optische Zoom, der viel mehr Details liefert als der simple Digitalzoom, den die meisten Smartphones heute in ihren Kamera-Apps bieten.

> **ACHTUNG:** Achten Sie darauf, dass die Kameralinse auf der Rückseite des Smartphones nicht verkratzt, wenn Sie das Gerät in die Tasche stecken und sich dort z. B. auch noch ein Schlüsselbund befindet. Die Kameras stehen bei vielen Smartphones etwas aus dem Gehäuse heraus, sodass sie schon verkratzen können, wenn das Smartphone mit dem Bildschirm nach oben auf dem Tisch liegt.

Die Kamera wird über eine vorinstallierte Kamera-App auf dem Smartphone gestartet. Android-Smartphones haben üblicherweise keine eigene Kamerataste. Die Kamera lässt sich aber aus fast jeder App heraus durch kurzes zweimaliges Drücken der Ein-/Aus-Taste aufrufen. Das funktioniert auch bei einem ausgeschalteten Smartphone.

Sollte dies nicht funktionieren, aktivieren Sie in den *Einstellungen* unter *System/Gesten und Bewegungen* den Schalter *Zur Kamera wechseln*.

Links: Die Kamera-App in Android 10, rechts: Einstellung, um die Kamera über den Einschalter zu starten.

Googles Kamera-App

In den ersten Android-Versionen war die Standard-Kamera-App recht simpel, sodass die meisten Gerätehersteller eigene Apps zur Ansteuerung der Kameras in ihren Smartphones vorinstallierten. Auch heute gibt es noch verschiedene Kamera-Apps bei unterschiedlichen Smartphone-Herstellern.

Haben Sie auf dem Smartphone noch eine Kamera-App des Geräteherstellers, die möglicherweise nur eingeschränkte Funktionen bietet, können Sie über den QR-Code aus dem Google Play Store die originale Google-Kamera-App herunterladen.

Die Bedienelemente der Kamera-Apps sind so angeordnet, dass sie sich, wenn man das Smartphone in beiden Händen hält, bequem mit den Daumen steuern lassen.

- Die große Schaltfläche rechts ist der Auslöser. Tippen Sie darauf, um ein Bild aufzunehmen.

- Die Lautstärketasten dienen zusätzlich als Auslöser. In den Kameraeinstellungen können Sie stattdessen auch die Zoomfunktion auf die Lautstärketasten legen.

- Auf dem Bildschirm zeigt ein rundes Symbol die Aktivität des Autofokus. Nicht immer ist der Autofokus die beste Wahl. Um das Bild an einer bestimmten Stelle scharf zu stellen, tippen Sie dort auf den Bildschirm.

- Ganz rechts oben wird immer das letzte Foto als Minibild angezeigt. Tippen Sie darauf, öffnet sich die Galerie, in der Sie dieses Foto und auch alle anderen betrachten können.

- Das Symbol mit den beiden Pfeilen unten rechts wechselt zwischen Hauptkamera und Frontkamera.

- Mit dem verschiebbaren Balken ganz rechts wechseln Sie zwischen verschiedenen Kameramodi wie auch Videomodi.

- Der kleine Pfeil ganz links blendet die Kameraeinstellungen ein.

Halten Sie den Finger länger auf dem Auslöser, wird eine Bilderserie, zum Beispiel eine bewegte Szene, aufgenommen. Danach werden die Bilder der Serie angezeigt, und Sie können sich gleich das beste heraussuchen und alle nicht benötigten löschen.

Zoom

Ein kurzes Antippen des Bildschirms blendet einen Zoomregler ein, mit dem Sie den Bildausschnitt zoomen können. Alternativ können Sie auch mit einer Zwei-Finger-Geste zoomen.

Diese Einstellung lässt sich in den Kameraeinstellungen verändern. Hier lassen sich auch die Lautstärketasten zum Zoomen festlegen.

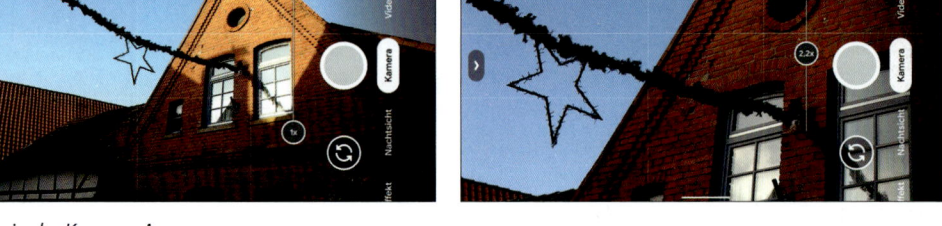

Zoom in der Kamera-App.

Wichtige Kamerafunktionen auf einen Blick

Die Kamera-App von Android 10 zeigt die wichtigsten Kamerafunktionen durch kurzes Antippen des kleinen Pfeilsymbols links im Bild.

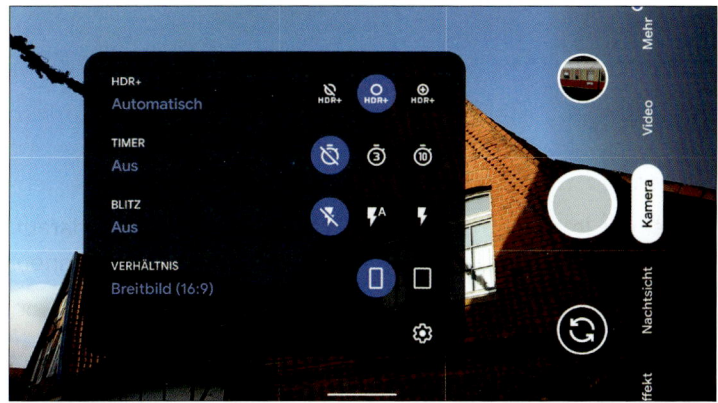

Wichtige Kamerafunktionen beim Antippen des Pfeilsymbols.

HDR-Foto

Die Abkürzung HDR steht für **H**igh **D**ynamic **R**ange (zu Deutsch »hoher Dynamikumfang«) und bezeichnet eine Technik in der Fotografie, die früher teuren Spezialkameras vorbehalten war. Nach dem Antippen des HDR-Symbols auf dem Kamerabildschirm können Sie wählen, ob HDR immer ein-, immer aus- oder je nach Lichtverhältnissen automatisch eingeschaltet wird.

Bei schwierigen Belichtungsverhältnissen wie z. B. gleißendem Tageslicht oder dunklem Kerzenschein wirken Teilbereiche eines Fotos immer zu hell oder zu dunkel. Die HDR-Fotografie bedient sich hier eines Tricks, um auch in dunklen Bereichen eines Fotos noch Details darzustellen.

Links: normale Aufnahme, rechts: HDR-Aufnahme.

Die Kamera fotografiert im HDR-Modus automatisch drei Bilder mit unterschiedlichen Belichtungseinstellungen und errechnet daraus ein neues Bild mit deutlich höherem Dynamikumfang.

Sie brauchen sich um nichts weiter zu kümmern, als die Kamera möglichst ruhig zu halten, damit die drei kurz hintereinander aufgenommenen Fotos auch wirklich exakt das gleiche Bild zeigen.

Bedingt durch die HDR-Technik stehen in diesem Modus einige der anderen Kameraeffekte nicht zur Verfügung. So kann z. B. die Fotoleuchte im HDR-Modus nicht verwendet werden. Das Speichern eines HDR-Bildes dauert durch die Berechnung etwas länger. Dadurch steht die Kamera nicht sofort nach dem Fotografieren wieder für das nächste Foto zur Verfügung.

Selbstauslöser – Timer

Mit einem zeitgesteuerten Selbstauslöser können Sie Gruppenfotos fotografieren, auf denen Sie selbst mit drauf sind. Allerdings müssen Sie dazu das Smartphone auf einer festen Unterlage fixieren, damit sich der Bildausschnitt nicht verändert. Tippen Sie auf diese Symbole, um zwischen unterschiedlichen Verzögerungszeiten zu wählen.

Selbstauslöser sind auch bei schwachem Licht und sehr langen Belichtungszeiten hilfreich. In diesem Fall verhindern sie ein Verwackeln durch die Berührung des Auslösers. Auch hier muss das Smartphone natürlich gut befestigt sein, um vor Verwacklern zu schützen.

LED-Blitz – Fotoleuchte

Bei Dunkelheit kann das zu fotografierende Objekt mit der Blitz-LED auf der Rückseite des Smartphones beleuchtet werden. Im automatischen Modus wird die LED abhängig von der Umgebungshelligkeit bei dunklen Szenen eingeschaltet. Diese sehr helle LED verbraucht viel Akkustrom und sorgt oft auch für Farbverfälschungen, sie sollte daher sparsam eingesetzt werden.

Seitenverhältnis

Hier legen Sie das Seitenverhältnis der Fotos fest. Fotos, die Sie auf Papier, z. B. im Drogeriemarkt, ausdrucken möchten, sollten das Seitenverhältnis 4:3 haben, während Fotos im Seitenverhältnis 16:9 den Smartphone-Bildschirm und auch moderne PC-Bildschirme ohne schwarze Ränder voll ausfüllen.

Frontkamera

Sich selbst mit dem Handy zu fotografieren, war früher mit viel Zufall und akrobatischem Geschick verbunden. Über ein Symbol können Sie die Frontkamera, die ursprünglich für Videochats gedacht ist, auch zum Fotografieren nutzen. So sehen Sie sich selbst auf dem Bildschirm und können wesentlich einfacher Selbstporträts – heute als Selfies bezeichnet – aufnehmen.

In den *Einstellungen* unter *System/Gesten und Bewegungen* legen Sie mit dem Schalter *Kamera umschalten* fest, dass Sie auch durch zweimaliges kurzes Drehen des Smartphones bei laufender Kamera-App zwischen beiden Kameras wechseln können.

Fokuseffekt

Die verschiebbare Symbolleiste neben dem Auslöser enthält noch weitere Kameramodi. Mit dem *Fokuseffekt* lassen sich kleine Objekte in der Nähe fotografieren und vor einem verschwommenen Hintergrund hervorheben. Bewegen Sie nach dem Auslösen die Kamera langsam nach oben über das Objekt, um es zu fokussieren. Dieser Effekt ist besonders geeignet für Produktfotos oder kleinteilige Objekte in der Natur und funktioniert nur mit Objekten, die in der Mitte des Blickfeldes liegen, bis zu zwei Meter von der Kamera entfernt sind und sich nicht bewegen.

Links: kleine Gegenstände mit Fokuseffekt fotografiert, rechts: Fokuseffekt im Bild regeln.

Die Verarbeitung dieser Fotos nach dem Auslösen kann einige Sekunden dauern, was sich besonders bemerkbar macht, wenn Sie mehrere Bilder kurz hintereinander fotografieren. Über einen Schieberegler lässt sich der Fokuseffekt im fertigen Bild nachträglich einstellen.

Sollte dies nicht funktionieren, aktivieren Sie in den *Einstellungen* unter *System/Gesten und Bewegungen* den Schalter *Zur Kamera wechseln*.

Fotos, die mit der Kameraeinstellung *Fokuseffekt* aufgenommen wurden, lassen sich nachträglich in der Google-Fotos-App nachfokussieren. Bei diesen Bildern werden die Fokusdaten im Bild gespeichert, um später noch darauf zugreifen zu können.

Nachtsicht

Im Modus *Nachtsicht* werden Aufnahmen in der Nacht durch besondere Berechnungsverfahren aufgehellt und verbessert. Da auch eine längere Belichtungszeit verwendet wird, ist es hier besonders wichtig, das Smartphone ruhig zu halten oder irgendwo zu befestigen. Zur deutlichen Unterscheidung erscheint ein Mond auf dem Kameraauslöser.

Das gleiche Motiv links mit Nachtsicht und rechts im Standardmodus aufgenommen.

Panoramafotos aufnehmen

Tippen Sie auf das Symbol *Mehr* ganz rechts in der verschiebbaren Symbolleiste auf dem Kamerabildschirm, erscheint eine Palette mit weiteren Funktionen.

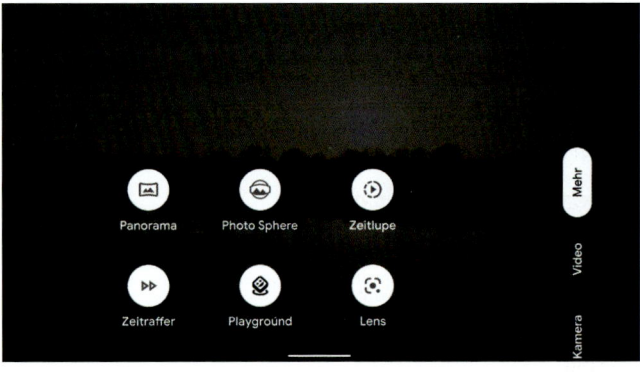

Die Symbolpalette mit Kamerafunktionen.

Mit der *Panorama*-Funktion in der Kamera-App fotografieren Sie eindrucksvolle Landschaftspanoramen.

Beim klassischen Landschaftspanorama drücken Sie den Auslöser und drehen sich langsam um Ihre eigene Achse. Halten Sie dabei das Smartphone möglichst an der gleichen Stelle. Gehen Sie lieber selbst einen kleinen Kreis. In regelmäßigen Abständen werden Einzelbilder aufgenommen, die am Ende nahtlos zu einem einzigen Panoramabild zusammengesetzt werden. Das Smartphone kann dabei senkrecht oder waagerecht gehalten werden. Falls Sie das Smartphone zu stark neigen, erscheint ein Pfeil auf dem Bildschirm, der zeigt, in welche Richtung Sie es kippen oder bewegen müssen.

Beim Landschaftspanorama wird die Kamera um eine senkrechte Achse gedreht.

Nicht immer hält die Aufnahme genau nach einer Drehung von 360° an. So kann es passieren, dass Objekte, die an einem Bildrand stehen, am anderen Bildrand ein zweites Mal auftauchen. Achten Sie auch darauf, dass keine sich schnell bewegenden Objekte während der Aufnahme in das Bild geraten und Sie die Kamera immer gerade halten.

Diese Panoramafotos lassen sich mit jedem Bildbetrachter darstellen oder auf dem Smartphone interaktiv drehen.

Photo Sphere, nicht nur für Google Street View

Die Kameraoption *Photo Sphere* bietet verschiedene weitere Panoramaoptionen. Diese wählen Sie über das Pfeilsymbol links auf dem Bildschirm aus.

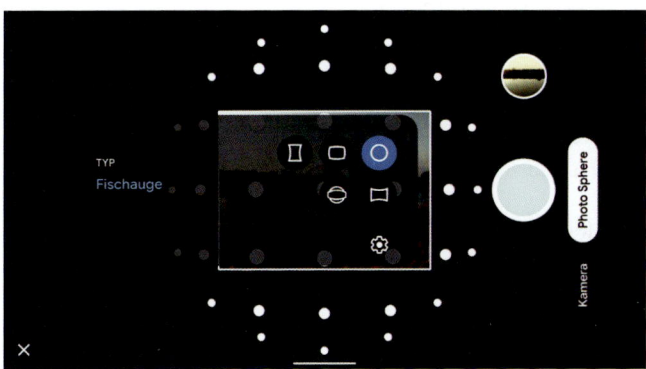

Die Symbolpalette für Photo Sphere.

Im Gegensatz zum einfachen Landschaftspanorama wird beim Typ *Fischauge* die Kamera auch nach oben und unten bewegt, um alle erforderlichen Punkte zu erfassen. Während der Aufnahme sieht das Bild noch wie durch eine zerbrochene Glasscheibe fotografiert aus. Erst nach der abschließenden Berechnung ergibt sich ein brauchbares Foto.

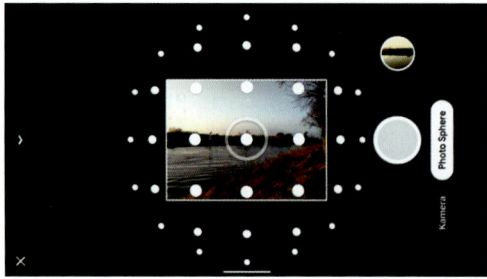 

Beim Fischaugenpanorama wird die Kamera um beide Achsen gedreht.

Der Panoramatyp *360°* erzeugt ein Kugelpanorama, in dem man sich ähnlich wie bei Google Street View interaktiv umsehen kann. Diese Aufnahmen lassen sich mit üblichen Bildbetrachtern nicht ansehen, da sie keine plane Projektion des Bildes enthalten. Damit die Aufnahmen für Google Earth, Google Street View oder andere Dienste verwendet werden können, achten Sie darauf, dass die Standortdienste eingeschaltet sind und die Kamera Zugriff darauf hat.

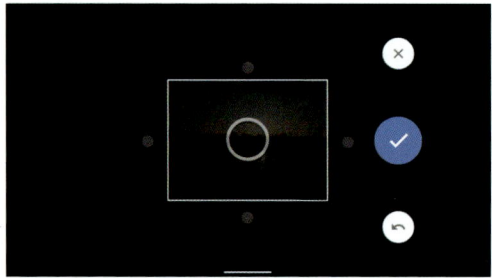 

Photo Sphere mit der Google-Kamera-App aufnehmen.

Richten Sie zunächst die Kamera auf den späteren Bildmittelpunkt aus, bis der blaue Punkt in der Bildmitte genau innerhalb des Kreises liegt. Drehen Sie sich dann um Ihren eigenen Standpunkt, neigen Sie die Kamera nach oben und unten und bringen Sie so nacheinander alle im Sucherfeld erscheinenden Punkte in die jeweiligen Kreise. Verändern Sie dabei Ihren Standort nicht, gehen Sie keinen Schritt, sondern drehen Sie sich nur um sich selbst.

Nachdem rundherum in alle Richtungen alle Punkte erfasst wurden, wird aus den Einzelbildern automatisch ein Kugelpanorama zusammengesetzt. Dieses können Sie mit dem eingebauten Photo-Sphere-Plug-in in der Fotos-App interaktiv betrachten.

Die Bilder sind in der Bildübersicht der Google-Fotos-App mit einem VR-Symbol gekennzeichnet und sehen kugelförmig verzerrt aus. Tippen Sie auf dieses Symbol, können Sie das Bild interaktiv bewegen. Tippen Sie unten links auf das Kompass-Symbol, können Sie einstellen, ob das Panorama immer in Kompassrichtung ausgerichtet sein soll oder ob es sich bei Bewegung des Smartphones interaktiv dreht.

Photo Sphere im Bildbetrachter und als interaktives Panorama.

Veröffentlichen Sie das Panorama auf Google Fotos, können andere es im Browser auf dem PC ebenfalls interaktiv betrachten.

Google Cardboard

Google Cardboard ist ein einfaches System, das mithilfe einer faltbaren Kartonschablone aus jedem aktuellen Smartphone eine VR-Brille macht, mit der sich Videos, Spiele, Google Street View und auch Google Earth dreidimensional erleben lassen. Auch Photo-Sphere-Aufnahmen lassen sich damit in 3D betrachten.

Die Cardboard-VR-Brille (Foto: Google).

Das Design des Google Cardboard wird als Open-Source-Material bei *g.co/cardboard* zum Download angeboten, sodass jeder – auch kommerziell – solche Betrachter bauen kann und nur noch ein Smartphone hineinzustecken braucht. Google bietet über verschiedene

Händler diverse Modelle solcher VR-Brillen an: *arvr.google.com/intl/de_de/cardboard/get-cardboard*. Der Onlineshop *www.imcardboard.com* liefert weltweit Bausätze für Cardboard-Brillen, auch mit speziellem Design für Firmen, um diese als Werbeartikel zu verteilen.

Die Cardboard-App stellt zwei Bilder nebeneinander auf dem Smartphone dar, für das linke und für das rechte Auge. Das Gehirn macht daraus dann ein dreidimensionales Bild.

Die Cardboard-App bietet eine einfache Methode, die verwendete VR-Brille zu konfigurieren. Die meisten Cardboard-kompatiblen VR-Brillen haben einen QR-Code, der nur mit der Cardboard-App gescannt zu werden braucht. Damit werden Bildschirmgröße, Größe der VR-Brille, Linsenabstand und andere Geometrie-Parameter optimal aufeinander abgestimmt.

Nach der Einrichtung stecken Sie das Smartphone in das Cardboard und halten sich dieses vor die Augen. Die App zeigt eine interaktive Oberfläche, auf der Sie Spiele, Fotos und andere Demos für Cardboard finden. Jedes Auge bekommt ein eigenes Bild zu sehen, das sich von dem anderen minimal unterscheidet.

Tippen Sie in einem eigenen Photo-Sphere-Panorama unten rechts auf das Cardboard-Symbol, wird das Bild in zwei Bilder geteilt und Sie können es als 3D-Foto in einem Google Cardboard betrachten.

Photo-Sphere-Aufnahme in Google Cardboard.

Wichtige Kameraeinstellungen

Über das Zahnradsymbol in der Symbolpalette kommen Sie zu den Kameraeinstellungen. Hier können Sie unter anderem die Bildauflösung wählen. Nur Fotos, die Sie später ausdrucken wollen, brauchen die höchste Auflösung. Für Bilder, die online per Mail oder Chat geteilt, auf Google Fotos oder auf Facebook hochgeladen werden, empfiehlt sich eine geringere Auflösung.

Wenn Sie in sehr ruhigen Umgebungen fotografieren, schalten Sie die sonst hilfreichen Kameratöne aus.

Einstellungen der Google-Kamera-App.

Standort speichern

Die Kamera-App kann den eigenen Standort auswerten und mit dem Bild speichern, sodass Sie in Fotoalben, z. B. bei Google, Flickr oder Facebook, auf einer Karte anzeigen lassen
können, wo das Foto aufgenommen wurde. Diese Funktion wird als Geotagging bezeichnet und über den Schalter *Standort speichern* in den *Einstellungen* aktiviert.

Standort in einem Foto finden.

Tippen Sie in der Fotoansicht der Google-Fotos-App oben rechts auf die drei Punkte, erscheinen Bilddetails wie Aufnahmedatum, Größe und auch der Standort. Tippen Sie auf die Karte, öffnet sich Google Maps, das den Foto- standort genau anzeigt.

Selfies spiegeln

Beim Fotografieren mit der Frontkamera erscheint das aktuelle Bild auf dem Display wie in einem Spiegel seitenverkehrt. Der Schalter *Selfie wie in der Vorschau speichern* legt fest, wie diese Bilder gespeichert werden. Ist dieser Schalter aktiviert, werden Selfies gespiegelt gespeichert, ist er deaktiviert, erscheinen die Selfies, als wenn jemand anders sie von vorne fotografiert hätte, also seitenrichtig.

Aktion für Lautstärketaste und Doppeltippen

Die Lautstärketasten dienen zusätzlich als Auslöser. In den Kameraeinstellungen unter *Gesten und Bewegungen* können Sie stattdessen auch die Zoomfunktion auf die Lautstärketasten legen. Genauso können Sie eine Aktion festlegen, die beim Doppeltippen auf den Bildschirm ausgelöst wird.

Raster im Sucher anzeigen

Hauchdünne Hilfslinien helfen dabei, die Kamera gerade zu halten, damit der Horizont wirklich gerade ausgerichtet auf das Bild kommt. Besonders bei Aufnahmen am Meer, wenn ein exakt waagerechter Horizont zu sehen ist, wirkt ein schiefer Horizont eher unpro- fessionell. Die Kamera-App bietet verschiedene Raster zur Auswahl.

Natürlich werden diese Hilfslinien nicht im endgültigen Foto dargestellt, sondern nur im Display eingeblendet.

Weitere Fotofunktionen in der Kamera-App

Die Kamera-Apps bieten neben der ganz normalen Einzelbildaufnahme je nach Smartphone-Modell und Kameraqualität noch weitere spezielle Aufnahmemodi für Sonderfälle an. Diese erscheinen beim Tippen auf das Symbol *Mehr* ganz rechts in der verschiebbaren Symbol- leiste auf dem Kamerabildschirm

Lens

Das *Lens*-Symbol startet die in Kapitel 4 beschriebene App *Google Lens*, die in einem Foto Sehenswürdigkeiten, Texte oder QR-Codes erkennt und auswertet.

Playground

Im Modus *Playground* finden Sie virtuelle 3D-Figuren und Objekte, die in eine Szene eingefügt werden können. Das AR-System (**A**ugmented **R**eality) erkennt in der Szene den Boden und stellt die Figuren passend auf. Zusätzlich zu den wenigen vorinstallierten Figuren lassen sich weitere Playmojis und Sticker direkt in der App nachinstallieren.

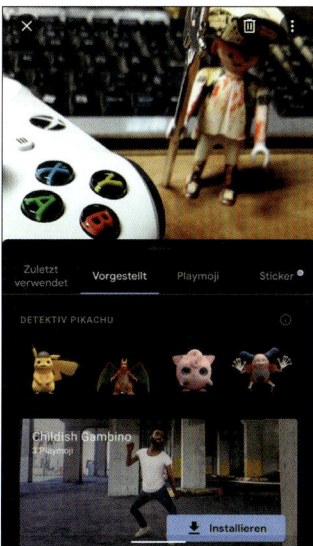

Playground in der Kamera-App.

Bildbearbeitung auf dem Smartphone

Tippen Sie in der Google-Fotos-App auf ein Bild, wird dieses im Vollbildmodus angezeigt und Sie können es auch direkt bearbeiten. Das *Einstellungen*-Symbol unten bietet ein paar Filter sowie einfache Bearbeitungswerkzeuge an. Bilder, die nur online auf Google Fotos und nicht lokal auf dem Smartphone liegen, müssen zum Bearbeiten zuerst über das Menüsymbol mit den drei Punkten rechts oben heruntergeladen werden.

Bei den Werkzeugen zur Bildkorrektur lässt sich die Stärke des Effektes mit Schieberegeln interaktiv einstellen. Die Filter sind hier nicht nach technischen Details, sondern mit Namen benannt, um sie sich leichter merken zu können.

Alle Filter und Werkzeuge werden erst über die Schaltfläche *Speichern* wirklich auf das Bild angewendet. Über das Menü oben rechts können Sie auch eine Kopie speichern, um das Originalfoto zu behalten. Tippen Sie länger auf das Bild, um jederzeit einen Vergleich zwischen Original und Bearbeitung zu sehen.

Filter und Korrekturwerkzeuge in der Fotos-App.

Durch Ziehen an den Ecken kann ein beliebiger Bildausschnitt gewählt werden. Das Symbol ganz links schneidet das Bild auf ein bestimmtes Seitenverhältnis – zum Beispiel ein Quadrat – zu.

Mithilfe einer Winkelskala lassen sich schief aufgenommene Fotos gerade ausrichten, um beispielsweise einen schiefen Horizont, der sehr unprofessionell wirkt, nachträglich zu korrigieren. Die Automatik versucht, den Horizont zu erkennen und das Bild automatisch auszurichten.

Schiefen Horizont automatisch ausrichten.

Fotos mit externen Apps weiterbearbeiten

Direkt aus der Bildansicht können über das Symbol ganz rechts andere Apps aufgerufen werden, um das Bild weiterzubearbeiten. Ein einfaches Tool zum Geradeziehen von Fotos ist vorinstalliert. Damit können Sie ein Bild entzerren, um beispielsweise stürzende Linien an Fassaden auszugleichen. Ziehen Sie an den Ecken und tippen Sie dann länger auf das Bild, um eine Vorschau des Ergebnisses zu sehen.

Foto entzerren.

Snapseed

Google liefert mit *Snapseed* eine komfortable App zur Bildbearbeitung und Korrektur mit äußerst intuitiver Bedienung. Bilder lassen sich ausrichten, drehen, zuschneiden sowie mit vielerlei Effekten und Korrekturen versehen. *Snapseed* kann auf dem Smartphone gespeicherte Fotos bearbeiten sowie auf solche aus Google-Fotos-

Alben oder von Google Drive, OneDrive, Dropbox und anderen Cloud-Speichern zugreifen, deren Apps auf dem Smartphone installiert sind. Veränderte Bilder werden im Ordner *Snapseed* auf dem Smartphone gespeichert und können von dort aus geteilt oder auf Google Fotos hochgeladen werden. Aus vielen Apps heraus lassen sich Fotos direkt nach *Snapseed* teilen, um sie dort weiterzubearbeiten.

Unter den Werkzeugen finden Sie unter anderem Funktionen, um einen Bildausschnitt zu wählen. Diesen Bildausschnitt können Sie mit den dargestellten Griffen auf die gewünschte Größe ziehen. Dabei werden verschiedene Vorgaben für das Seitenverhältnis angeboten.

Das Werkzeug zur Feinabstimmung bietet verschiedene Einstellungen wie Helligkeit, Kontrast und Sättigung, zwischen denen man mit einer senkrechten Wischbewegung hin- und herwechselt. Eine horizontale Wischbewegung justiert anschließend die Stärke der jeweiligen Einstellung.

 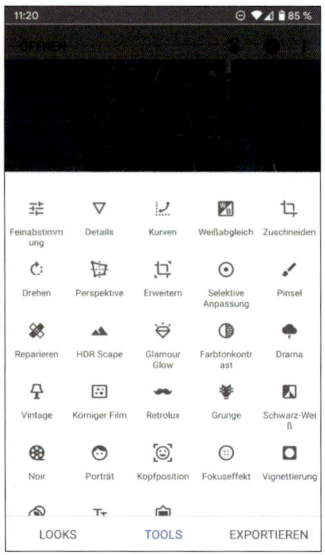 

Looks (Effekte) und Tools (Werkzeuge) in Snapseed. Rechts: Weichzeichner-Effekt.

Alle Änderungen werden erst durch Antippen des Symbols mit dem Häkchen unten rechts auf das Bild angewendet. Über das Kreuz unten links kommen Sie jederzeit zurück, ohne dass das Bild verändert wird.

Das Vergleichssymbol oben rechts zeigt das Originalbild im Vergleich zum veränderten Bild.

Bei den Filtern finden Sie einige der typischen Effekte, die man aus vielen Bildbearbeitungsprogrammen kennt, aber auch interessante Filter, über die nicht jede Bildbearbeitung in dieser Form verfügt. Hier können Sie das ganze Bild klassisch alt, in Pop-Art oder anderen Darstellungsweisen erscheinen lassen.

Die meisten Filter bieten unterschiedliche Parameter, die sich mit einer vertikalen Wischbewegung auswählen lassen. Eine horizontale Wischbewegung ändert dann die Stärke des jeweiligen Effektes.

Einige Filter bieten noch weitere Einstellungen. So können Sie beim Fokuseffekt, der einen bestimmten Teil des Bildes zur Hervorhebung scharf belässt, während der Rest mehr oder weniger verschwimmt, nicht nur die Stärke, sondern auch die Form des Effektes einstellen. Durch interaktives Ziehen und Drehen verändern Sie den Effektbereich. Das Kartensymbol in der unteren Symbolleiste bietet neben einem kreisförmigen Fokusbereich auch verschiedene andere Formen an.

Beim Weißabgleich können Sie, statt die Farbtemperatur über Regler einzustellen, auch einen Punkt auf dem Bild mit der Pipette wählen, der weiß sein soll. Alle anderen Farben werden dann entsprechend angepasst.

Bild zuschneiden und Farbtemperatur über Regler oder Weißabgleich mit Pipette einstellen.

Der *Grunge*-Filter erzeugt den Eindruck von alten, leicht beschädigten Fotos. Hier können Sie unterschiedliche Effektmuster wählen und diese über eine horizontale Wischbewegung interaktiv anpassen.

Das Ebenensymbol oben bietet die Möglichkeit, alle Änderungen an einem Foto zu sehen und schrittweise nachzuverfolgen, zu ändern oder zurückzunehmen. Hier können Sie für den eingestellten Look einen QR-Code erstellen, den jemand anders scannen und damit den gleichen Look auf ein beliebiges anderes Foto anwenden kann.

Persönlich eingestellten Grunge-Look über einen QR-Code mit Freunden teilen und auf ein anderes Foto anwenden.

263

Papierfotos mit dem Fotoscanner scannen

Google bietet mit dem *Fotoscanner* eine spezielle Kamera-App zum Scannen klassischer Papierfotos an. Diese App kann auch über das Seitenmenü der Google-Fotos-App heruntergeladen und aufgerufen werden.

Der *Fotoscanner* gleicht Reflexionen beim Scannen aus und entzerrt das Foto.

1. Positionieren Sie das zu scannende Foto im Rahmen.

2. Erfassen Sie jetzt nacheinander die vier Markierungspunkte mit der Kamera.

3. Zum Schluss können Sie das Bild noch in 90°-Schritten drehen und die Ecken anpassen, falls es nicht exakt rechtwinklig erfasst wurde.

4. Ein gescanntes Foto wird automatisch gespeichert, Sie können es auch aus der App heraus teilen.

Papierbilder oder Postkarten mit dem Fotoscanner einscannen.

Fotos online zeigen und teilen

Wer seine Fotos online speichert, kann jederzeit und von überall darauf zugreifen. Außerdem sind Onlinefotoalben eine komfortable Lösung, um Fotos Freunden zu zeigen. So braucht man aus dem Urlaub nicht jede Menge Fotos einzeln per E-Mail zu verschicken. Ein Link auf die eigenen Fotos bei Google, OneDrive oder Flickr reicht aus. Android-Smartphones bieten komfortable Funktionen, um Fotos von der Smartphone-Kamera in die bekannten Online-fotoalben hochzuladen und umgekehrt die eigenen Alben oder die freigegebenen Alben von Freunden auch auf dem Smartphone zu betrachten.

Fotos direkt aus der Kamera-App teilen

Die Kamera-App zeigt direkt nach dem Fotografieren neben dem Vorschaubild, mit dem das letzte Bild angezeigt werden kann, einen kleinen Pfeil. Tippen Sie darauf, erscheinen Symbole von Messenger-Apps, über die das Foto direkt versendet werden kann.

Welche Apps hier angeboten werden, legen Sie in den Einstellungen der Kamera-App unter *Teilen in sozialen Netzwerken* fest. Hier können Sie bis zu drei der unter-stützten Apps einschalten.

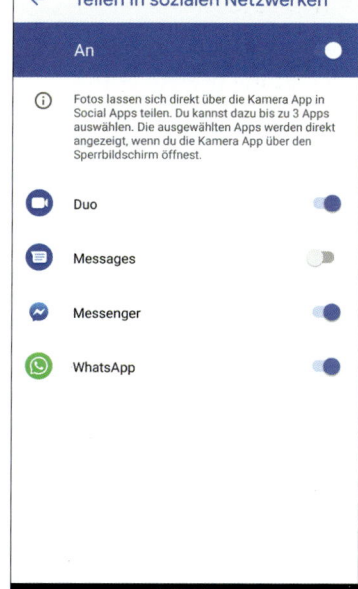

Buttons zum Teilen eines Fotos in Chat-Apps.

Fotos mit Freunden teilen

Google Fotos (*photos.google.com*) bietet jedem Nutzer die Möglichkeit, seine Fotos online privat zu verwalten und auf Wunsch einzelne Bilder oder ganze Alben mit anderen zu teilen. Freunde können freigegebene Bilder kommen-tieren.

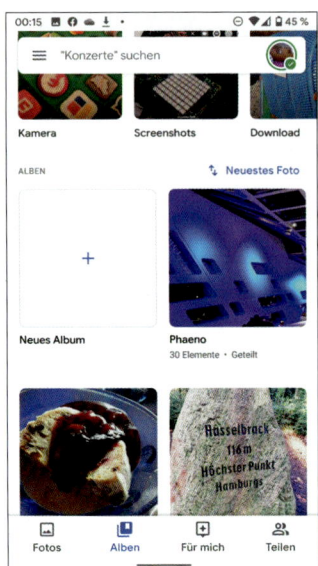

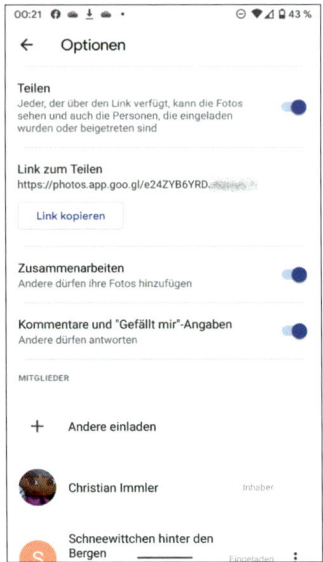

Google-Fotos-Webalben in der Google-Fotos-App auf dem Smartphone. Rechts: Link zum Teilen eines Albums.

Achtung: private Fotos

Die persönlichen Webalben werden automatisch in der Fotos-App des Smartphones angezeigt, auch Fotos, die mit anderen Kameras fotografiert wurden. Dies gilt auch für Alben, die nur persönlich freigegeben sind und der Öffentlichkeit verborgen bleiben – auf dem Smartphone sind die Bilder alle zu sehen. Denken Sie daran, wenn Sie Ihr Smartphone mal aus der Hand geben.

Eigene Fotos mit Zeitleiste bei Google Fotos im Browser auf dem PC.

Fotos in der Google-Fotos-App mit Freunden teilen

Die Google-Fotos-App und auch die meisten anderen Android-Apps, die Fotos anzeigen, haben eine Funktion zum Senden von Fotos über verschiedene Kommunikationswege integriert. Tippen Sie dazu in der Anzeige eines Bildes auf das *Teilen*-Symbol unten links.

 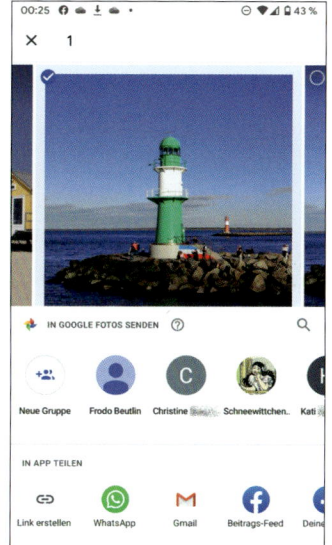 

Foto aus der Fotos-App teilen.

Wählen Sie im oberen Teil der *Teilen*-Palette eine Person aus und schreiben Sie danach noch einen Kommentar. Die Person bekommt auf dem Smartphone eine Benachrichtigung. Die Google-Fotos-App zeigt bei *Teilen* einen roten Punkt. Im Bereich *Teilen* der App werden alle von Freunden erhaltenen und mit Freunden selbst geteilten Fotos angezeigt. Zusätzlich erhält der Empfänger des Fotos eine automatische E-Mail mit einem Link zum Foto.

Fotos als Link teilen

Sie können auch auf der *Teilen*-Palette das Symbol *Link erstellen* antippen. Damit wird ein Link zum Foto erzeugt, der auf beliebigen Wegen weitergegeben werden kann.

Der Empfänger kann den Link in jedem Browser auf Smartphones, PCs oder anderen Geräten öffnen und das Bild sehen. So können Sie E-Mails mit einem Link zum Foto verschicken, ohne es in voller Auflösung als Anhang senden zu müssen.

Aus der Fotoübersicht der Google-Fotos-App können nicht nur einzelne, sondern auch mehrere Fotos auf einmal freigegeben werden, ohne dass man gleich ein ganzes Album freigeben muss. Dazu wird ein virtuelles Album angelegt, das nur in der Liste *Geteilt* auftaucht.

1. Tippen Sie länger auf ein Foto, wird es markiert und bei allen anderen Fotos erscheinen Markierungskästchen.

2. Wählen Sie jetzt die zusätzlichen Fotos aus und tippen Sie zum Schluss auf das *Teilen*-Symbol.

3. Wählen Sie eine Person aus, um die Fotos in der Fotos App zu teilen. Oder wählen Sie *Link erstellen*, dann wird ein Link erzeugt, der genau die gewählten Fotos freigibt. Geben Sie diesen Link per E-Mail, Messenger oder auf anderen Wegen an Ihre Freunde weiter. Diese können dann im Browser die ausgewählten Fotos sehen.

 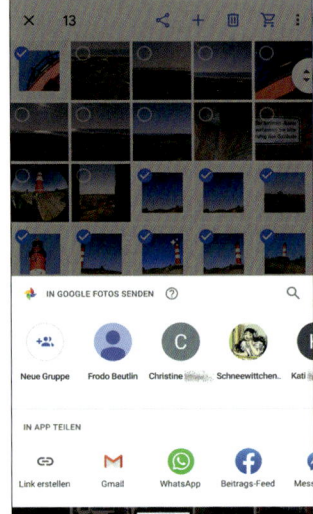 

Mehrere Fotos auf einmal teilen.

Einmal geteilte Links lassen sich über das Symbol *Teilen* unten rechts in der Google-Fotos-App später jederzeit wieder aufrufen oder auch löschen.

Fotos als E-Mail-Anhang verschicken

Im Gegensatz zur Funktion *Link erstellen* wird das Bild beim Teilen über Gmail nicht als Link, sondern wirklich als – möglicherweise sehr großer – Dateianhang an die E-Mail gehängt.

Fotoalben anlegen

Zur besseren eigenen Übersicht oder auch zum Teilen können Sie bei Google Fotos Ihre Fotos in Alben ordnen.

1. Wählen Sie mehrere Fotos aus und tippen Sie auf das Plussymbol oben. Nachdem Sie ein Foto ausgewählt haben, ziehen Sie mit dem Finger über den Bildschirm, um die folgenden Fotos schnell mit auszuwählen.

2. Tippen Sie dann auf *Album* und geben Sie im nächsten Schritt dem neuen Album einen aussagekräftigen Namen.

3. Hier können Sie auch noch einen Kommentartext und einen Standort hinzufügen.

4. An dieser Stelle können Sie direkt per Drag-and-drop die Reihenfolge der Fotos im Album ändern, was aber auch später noch möglich ist.

5. Über das *Teilen*-Symbol oben rufen Sie einen Link für das Album ab, um diesen an Freunde weiterzugeben, oder Sie teilen das Album direkt in der Fotos-App.

6. Auf die gleiche Weise können Sie später auch weitere Fotos zu einem vorhandenen Album hinzufügen.

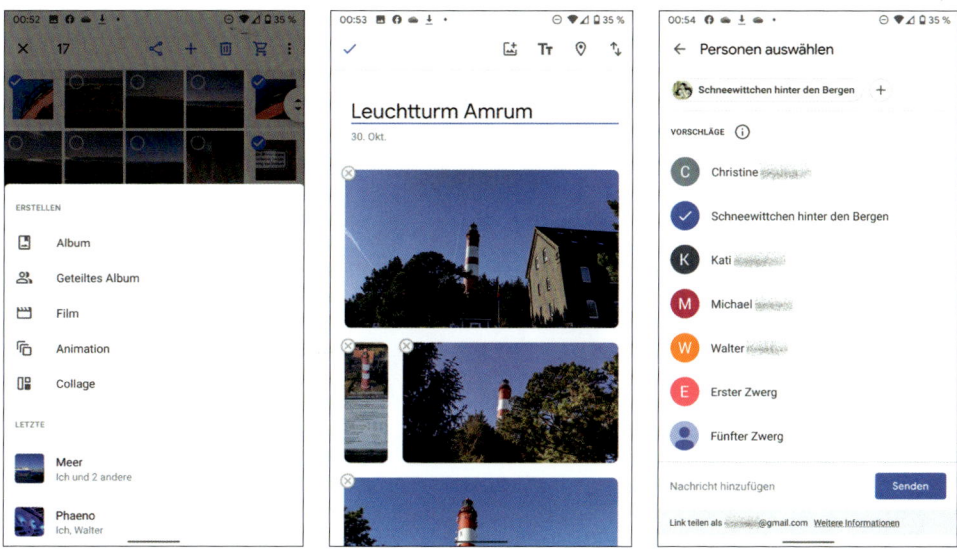

Fotos auswählen, zu einem Album zusammenstellen und teilen.

Die Alben werden in der Fotos-App unter *Alben* angezeigt. Hier finden Sie auch Alben, die von Google Fotos automatisch erstellt werden. Selbstverständlich können Sie jedes Album nachträglich bearbeiten, Fotos ergänzen oder aus dem Album entfernen, ohne dass sie gleich bei Google Fotos gelöscht werden. Mit den Symbolen am oberen Bildschirmrand in der Bearbeitungsansicht können Sie dem Album auch nachträglich Ortsangaben und zusätzliche Texte hinzufügen.

Gemeinsame Alben für mehrere Personen

Für Reisegruppen, Partys und andere Gelegenheiten bietet Google Fotos Alben an, in denen mehrere Benutzer Fotos hochladen können.

1. Wählen Sie die Bilder aus und legen Sie ein *Geteiltes Album* an.

2. Tippen Sie oben rechts auf *Teilen* und wählen Sie Personen aus, die das Album mitbenutzen dürfen.

3. Wählen Sie im Menü der Albumansicht *Optionen* aus und aktivieren Sie dort den Schalter *Zusammenarbeiten*.

4. In der Albumansicht bei den Freunden erscheint oben das Symbol *Fotos hinzufügen*. Tippen Sie darauf und fügen Sie eigene Fotos zum Album hinzu.

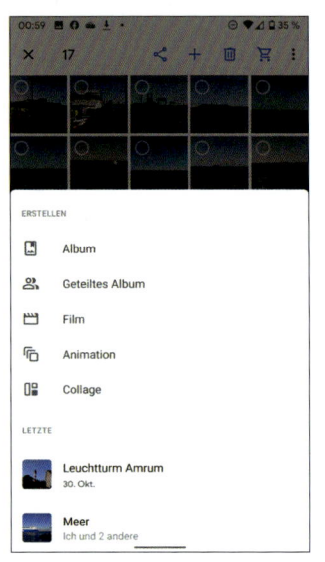  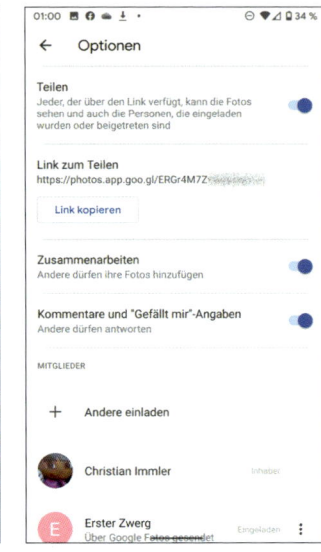

Album zur Zusammenarbeit freigeben.

Diashow erstellen und betrachten

Möchten Sie ein Album im Ganzen ansehen, aber nicht jedes Mal von einem Bild zum nächsten blättern, lassen Sie sich das erste Bild aus dem Album anzeigen und tippen oben rechts auf das Menüsymbol. Wählen Sie hier die Option *Diashow*. Die Bilder werden automatisch nacheinander abgespielt, bis Sie die Diashow durch Antippen auf dem Bildschirm anhalten.

Neben klassischen Fotoalben bietet die Fotos-App die Möglichkeit, Diashows oder Collagen zu erstellen und zu speichern. Tippen Sie dazu unten auf *Für mich*, dann erscheinen Symbole zum Anlegen von Alben, Animationen, Filmen und Collagen sowie automatisch erstellte Collagen, Filme und stilisierte Bilder, die Sie bei Gefallen speichern oder sonst einfach verwerfen können.

Ob solche Kreationen automatisch erstellt werden sollen, legen Sie in den Einstellungen der Fotos-App unter *Vorschläge* mit dem Schalter *Kreationen* fest.

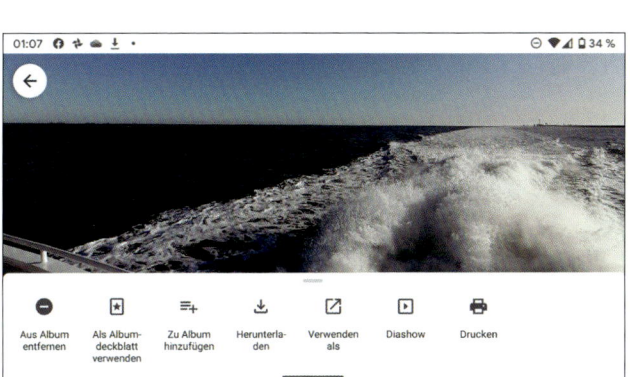

Diashow auf der Symbolpalette eines Albums. Rechts: Die Seite »Für mich« erstellt nicht nur Collagen und Filme, sondern bietet auch Hilfestellungen beim automatischen Drehen und Archivieren von Fotos.

Collagen in der Fotos-App

Wählen Sie bis zu neun Fotos aus, die Fotos-App erstellt daraus automatisch eine Collage und speichert diese als Bild, das wie jedes andere Bild geteilt werden kann. Nach der Erstellung haben Sie noch die Möglichkeit, die Collage wie jedes andere Bild zu bearbeiten und Farbfilter oder Effekte darauf zu legen.

Filme erstellen

Mehrere Fotos und auch Videos können zu einem Film zusammengefügt werden. Die Fotos-App bietet einige vorgefertigte Filmthemen an, bei denen Sie allerdings sehr wenig Einfluss nehmen können.

Vor- und Nachteile von Animationen oder Filmen

Eine Animation ist eine automatisch ablaufende Diashow aus frei wählbaren Fotos. Sie wird als animiertes GIF gespeichert und kann so als Ganzes geteilt werden, ohne jedes Mal alle Bilder wieder auszuwählen oder ein Album anzulegen. Im Gegensatz zu Animationen sind Filme Videodateien und keine Bilddateien, die mit einem Videobetrachter angezeigt und auch an beliebigen Stellen gestoppt werden können.

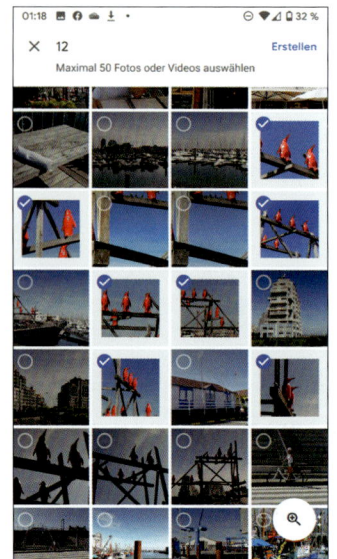

Film in der Fotos-App erstellen.

Wählen Sie die Option *Neuer Film*. Hier können Sie Fotos auswählen und für jedes Foto festlegen, wie lange es im Film angezeigt werden soll. Die Fotos-App kann automatisch Musik über den Film legen, die Sie aus einem mitgelieferten Musikarchiv oder aus der eigenen Musiksammlung auswählen können.

Die erzeugten Filme sind in der Fotos-App auf der Seite *Alben* unter *Filme* zu finden und können dort nachträglich noch bearbeitet werden.

Panoramafotos in der Street-View-App veröffentlichen

Die App *Google Street View* bietet die Möglichkeit, 360°-Panoramaaufnahmen mit dem Smartphone oder auch einer Profi-Panoramakamera aufzunehmen und direkt in Google Maps zu veröffentlichen.

Vor der ersten Aufnahme müssen Sie der Street-View-App die Berechtigungen gewähren, die Kamera zu nutzen sowie auf Fotos und Standortdaten zuzugreifen. Ohne diese Berechtigungen kann die Panoramafunktion nicht funktionieren.

1. Tippen Sie in der Street-View-App unten rechts auf das orangefarbene Kamerasymbol.

2. Wählen Sie *360°-Fotos importieren* und suchen Sie das gewünschte Bild in der Bilderübersicht aus.

3. Tippen Sie auf *Auswählen* und dann auf den Pfeil zum Hochladen. Danach müssen Sie noch bestätigen, dass das Foto unter Ihrem Namen veröffentlicht wird.

4. Im nächsten Schritt können Sie noch einen *Google Maps-Eintrag hinzufügen*. Dazu geben Sie den Namen eines Ortes, Ladens oder einer Einrichtung ein, wo das Foto aufgenommen wurde, oder Sie verwenden einen der Vorschläge aus der Liste.

Panoramafoto in Street View aufnehmen

Alternativ können Sie auch direkt in der App *Google Street View* ein 360°-Panorama aufnehmen.

1. Die App zeigt nach Auswahl der Option *Kamera* das Kamerabild und einen orangefarbenen Punkt. Richten Sie die Kamera auf diesen Punkt, um mit der Aufnahme zu beginnen.

2. Nachdem die Kamera den Punkt erfasst hat, erscheinen weitere Punkte in der Nähe. Erfassen Sie nacheinander alle diese Punkte und achten Sie darauf, sich selbst nicht von der Stelle zu bewegen. Verlassen Sie Ihren Standpunkt nicht, sondern drehen Sie sich nur um Ihre eigene Achse. Halten Sie dabei das Smartphone möglichst dicht vor die Augen, damit auch dieses keine große Kreisbewegung ausführt, sondern nur eine annähernde Drehung.

3. Bewegen Sie sich langsam und gleichmäßig von Punkt zu Punkt. Ein orangefarbener Indikator rund um das Quadratsymbol unten in der Mitte zeigt den Fortschritt. Erst wenn der Kreis geschlossen und grün ist, wurden alle Punkte erfasst und die Aufnahme wird abgeschlossen.

360°-Panorama bei Street View hochladen und betrachten.

4. Wundern Sie sich nicht, wenn das Bild zunächst wie eine grobe Collage aussieht. Erst am Ende berechnet die App das endgültige Panorama. Möchten Sie noch auf dem Bild abgebildete Personen unkenntlich machen, können Sie diese jetzt berühren und damit verwischen.

5. Zum Schluss geben Sie noch einen Ort ein oder verwenden einen der Vorschläge aus der Liste.

6. Danach kann das Panorama hochgeladen werden. Wegen der großen Datenmenge sollten Sie das Panorama per WLAN hochladen. Es bleibt auf dem Smartphone gespeichert und muss nicht sofort am Fotostandort in Google Maps hochgeladen werden.

Street View mit Google Cardboard

Über das Cardboard-Symbol oben rechts in einem Street-View-Panorama können Sie dieses in 3D auf einem Cardboard betrachten. Ist noch kein Cardboard eingerichtet, startet automatisch die Konfiguration.

Street View auf dem Google Cardboard.

Instagram

Fotos vom Smartphone in ein soziales Netzwerk hochzuladen, ist nichts Neues mehr. Mit Instagram (*www. instagram.com*) geben Sie dem Bild Stil und veröffentlichen gleich die passende Stimmung mit dazu. Dafür sind jede Menge Farbfilter, Rahmen und Effekte bereits in der App vorgegeben.

Weiterhin enthält Instagram eine eigene Kamerafunktion, mit der man direkt fotografieren oder auch nachträglich Effekte auf bereits auf dem Smartphone gespeicherte Fotos legen kann. Gerade die Vielzahl und grafische Qualität dieser Effekte und Filter unterscheiden Instagram von ähnlichen Apps und Netzwerken.

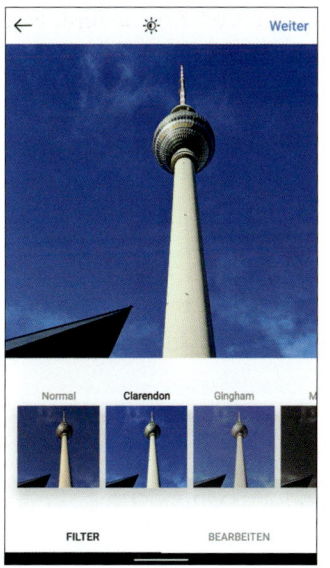
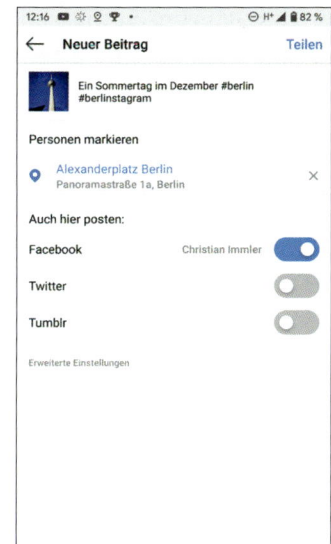

Foto auf dem Smartphone auswählen, mit Filtern aufbessern und auf Instagram und anderen sozialen Netzwerken posten.

Instagram enthält eigene Funktionen eines sozialen Netzwerks. Hier kann man direkt dem Fotostream von Freunden folgen, die auf diese Weise ihr Leben erzählen. Dabei werden üblicherweise Hashtags verwendet, um auch andere Fotos zum Thema zu finden. Nach Eingabe des #-Zeichens und der ersten Buchstaben schlägt die App automatisch passende Hashtags vor.

Beim Veröffentlichen auf Instagram kann man seine Fotos auch direkt in anderen sozialen Netzwerken teilen, die mit dem eigenen Instagram-Konto verknüpft sind.

Flickr

Flickr (*www.flickr.com*) ist eine der bekanntesten Online-plattformen für Fotos. Hier können Sie selbst Onlinefoto-alben anlegen und Ihren Freunden Bilder präsentieren.

Flickr bietet viele Funktionen eines sozialen Netzwerks, man kann Fotos kommentieren, Gruppen mit Freunden gründen und sich gegenseitig über neue Fotos auf dem Laufenden halten.

Flickr hat nach eigenen Angaben 77 Millionen registrierte Nutzer, und etwa 5.000 neue Fotos werden pro Minute hochgeladen. Flickr gehörte früher zu Yahoo!, wurde aber mittlerweile an SmugMug verkauft. Es gibt jetzt ein neues Anmeldeverfahren, die Konten und Fotos aus Yahoo!-Zeiten blieben aber erhalten.

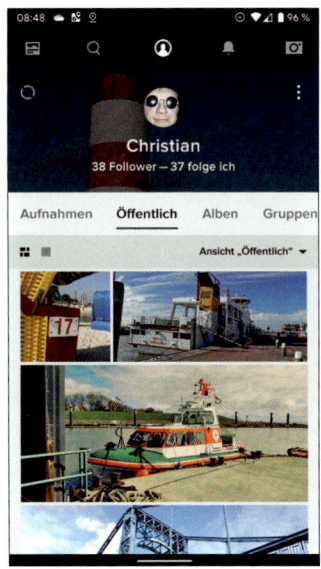

Der persönliche Fotostream und Detailinformationen zu einem Foto in der Flickr-App.

Flickr liefert eine eigene App für Android-Smartphones, mit der man jederzeit Zugriff auf seine Fotoalben bei Flickr und die von Freunden hat. Natürlich kann man auch direkt vom Smartphone neue Fotos bei Flickr hochladen.

Nach der Anmeldung zeigt die Flickr-App den eigenen Fotostream, eigene Fotoalben sowie die letzten Aktualisierungen der Freunde auf einen Blick an. Die Navigation in der App ist intuitiv und weitgehend an das den Nutzern vertraute Design der Flickr-Webseite angelehnt.

> **Flickr-Fotos auf Facebook**
>
> Wenn Sie der Flickr-App Zugriff auf Facebook gewähren, können Sie Fotos direkt aus Flickr heraus gleichzeitig auch auf Facebook veröffentlichen, ohne das Bild zweimal hochladen zu müssen, was nicht nur Aufwand, sondern auch Datenvolumen spart.

OneDrive

OneDrive von Microsoft (*www.onedrive.com*) bietet eine automatische Kamerasicherung für Fotos von Android-Smartphones. Durch die gute Integration von OneDrive in Windows 10 hat man die Fotos vom Smartphone auf dem PC automatisch sofort zur Verfügung.

Dazu melden Sie sich in der App auf dem Smartphone mit Ihrem Microsoft-Konto an, das Sie auch auf dem Windows-PC nutzen.

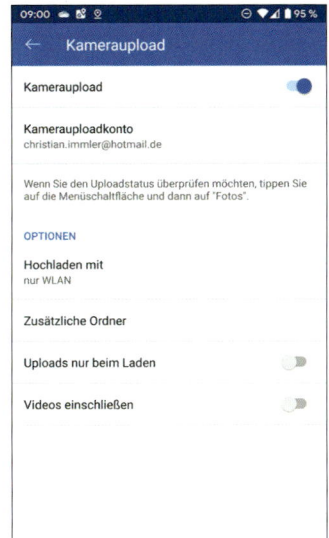
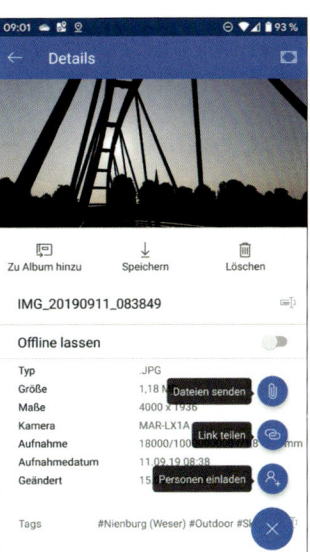

Fotos per OneDrive synchronisieren und Links teilen.

Sie finden die Synchronisierung in den Einstellungen der OneDrive-App unter *Kamera-upload*. Dabei können Sie wählen, ob die Fotos nur über WLAN oder auch über das Mobil-funknetz automatisch gesichert werden sollen, oder dass sogar nur dann Fotos automa-tisch hochgeladen werden, wenn das Smartphone am Ladegerät angeschlossen ist.

OneDrive bietet umfangreiche Möglichkeiten, Ordner und Alben anzulegen sowie Fotos für Freunde oder öffentlich freizugeben. Dabei kann entweder ein Bild oder ein Link ver-schickt werden. Auch später noch kann zu jedem Foto angezeigt werden, wer dafür eine Freigabe erhalten hat.

Fotos und Musik von alten Handys übernehmen

Fotos und Musik, die nicht im Google-Konto gespeichert sind, überträgt man bequem mit einer Speicherkarte. Einfach die Speicherkarte aus dem alten Smartphone in das neue ste-cken und die Daten können dort genutzt werden. Natürlich können Sie auch Daten im Kar-tenleser am PC auf die Speicherkarte kopieren und diese dann in das Smartphone stecken.

Ganz alte Handys mit exotischen Speicherkartenformaten oder ganz ohne Speicherkarte können über ein USB-Kabel mit dem PC verbunden werden und werden dort als Kamera oder Wechseldatenträger erkannt. Mit der Windows-Software *Back up & Sync* (*photos. google.com/apps*) werden diese Fotos vom PC automatisch ins Google-Konto nach Google Fotos hochgeladen und stehen dann sofort auch auf dem Smartphone zur Verfügung.

KAPITEL 8

Coole Apps

Jeder Computer wird erst durch die installierten Programme interessant. Das gilt natürlich auch für Android-Smartphones. Immer wieder veröffentlichen Zeitschriften und Webseiten die angeblich besten Apps. Aber welche sind die besten? Niemand installiert Apps aus Sammlerleidenschaft nur um der Apps willen. Man installiert das, was man braucht, und da muss jeder für sich selbst beurteilen, was wichtig ist und was nicht. Große Teile dieses Buches handeln von Apps und natürlich nur von den besten zu jedem Thema. In diesem Kapitel werden noch einige Apps zu Themen vorgestellt, die bisher unerwähnt blieben.

Musik und Videos auf dem Smartphone

Digitale Musik unterwegs zu hören, gehört zum Alltag. Portable MP3-Player haben längst Walkman und tragbare CD-Spieler abgelöst. Inzwischen geht das Interesse an klassischen MP3-Playern auch schon wieder zurück. Fast jeder hört seine Musik nur noch auf dem Smartphone über Kopfhörer, deren Musikqualität mit dem, was man aus Walkman-Zeiten kannte, nicht mehr zu vergleichen ist.

Google Play Musik

Google Play Musik ist eine Musikplayer-App, die seit Android 8 Oreo den ehemaligen Musikplayer ersetzt. *Google Play Musik* spielt lokal auf dem Smartphone gespeicherte Musik ab sowie auch Musik aus dem Cloud-Speicher. Der Google Play Musik Store ist integriert. Gekaufte Musiktitel werden direkt im Player angezeigt und abgespielt.

Google Play bietet seit einiger Zeit auch in Deutschland einen Downloadshop für Musik an. Zusammen mit diesem Angebot startete auch ein Cloud-Dienst, auf dem jeder Nutzer kostenlos bis zu 100.000 eigene Songs speichern und dann von jedem Gerät über sein persönliches Google-Konto anhören kann.

Achtung: Kostenfalle

Tippen Sie beim ersten Start der App *Google Play Musik* auf *Nein danke* und nicht auf *Abonnieren*, da Sie sonst den Google-Musik-Dienst abonnieren, der zwar 30 Tage lang kostenlos ist, aber wer denkt schon daran, so etwas rechtzeitig wieder abzumelden. Die App funktioniert auch in der kostenlosen Version. Lediglich das Streaming-Angebot von Google ist kostenpflichtig.

 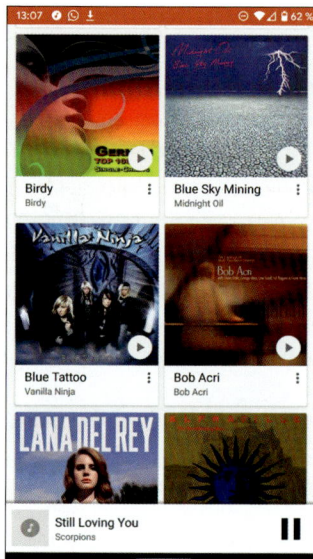 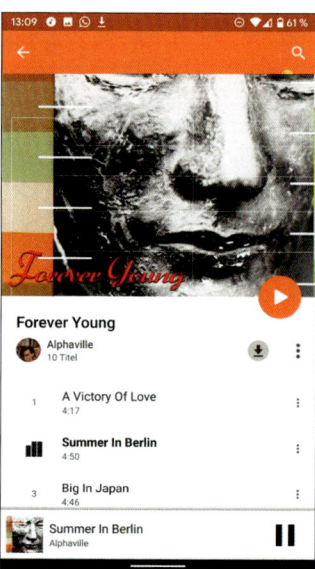

Google Play Musik auf dem Smartphone.

Die Bedienung ähnelt den bekannten Musikplayern auf anderen Plattformen: In jeder Ansicht ist ganz unten der gerade laufende Titel zu sehen. Mit den Bedienelementen lassen Sie die Musik pausieren oder springen zum nächsten Titel der aktuellen Wiedergabeliste.

Sie können beliebige Titel zu einer Wiedergabeliste zusammenfassen, indem Sie auf das Symbol mit den drei Punkten rechts in einem Musiktitel tippen. Mit dem Lupensymbol oben rechts finden Sie jeden Titel Ihrer Musiksammlung. Mit der Funktion *Schnellmixe* lassen sich automatisch nach Interpreten Wiedergabelisten erzeugen und abspielen.

Während die Musik läuft, können Sie andere Apps nutzen. Tippen Sie einfach auf die Home-Taste oder wischen Sie bei Verwendung der Gestensteuerung vom unteren Bildschirmrand nach oben ins Bild. Der Musikplayer verschwindet in den Hintergrund, die Musik läuft weiter. In der Benachrichtigungsleiste ist ein Symbol für den Musikplayer zu sehen. Ziehen Sie die Benachrichtigungsleiste nach unten, erscheint der gerade abgespielte Titel. Ein Klick darauf bringt Sie wieder zum Musikplayer zurück.

Achtung: Datenvolumen

Um unterwegs Datenvolumen zu sparen, sollten Sie in der Seitenleiste die Option *Nur heruntergeladene* aktivieren. Damit verhindern Sie, dass über Playlisten oder die zufällige Wiedergabe Musik aus dem Cloud-Speicher über eine Mobilfunkverbindung heruntergeladen wird. Die Seitenleiste blenden Sie ein, indem Sie auf das Menüsymbol oben links in der Ecke tippen. In den Einstellungen der App *Google Play Musik* können Sie festlegen, dass Musik aus dem Cloud-Speicher nur über WLAN-Verbindungen gestreamt oder heruntergeladen wird.

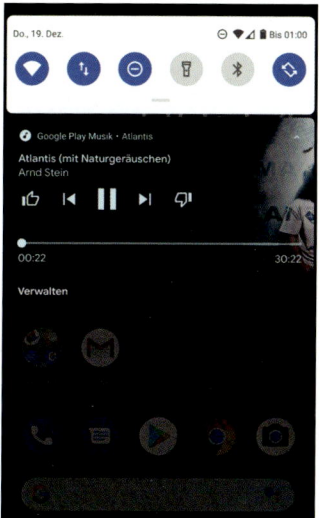 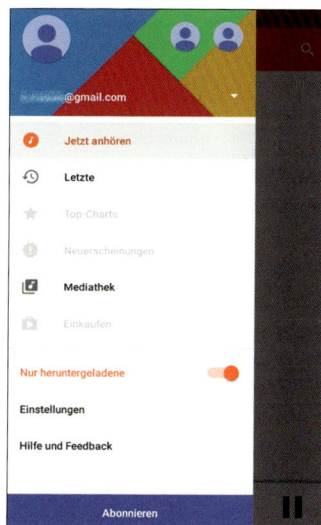 

Links: laufende Musik in der Benachrichtigungsleiste, Mitte: nur heruntergeladene Musik abspielen, rechts: App-Shortcuts zu Google Play Musik auf dem Startbildschirm.

Das Widget *Google Play Musik* zeigt den aktuellen oder zuletzt gespielten Titel direkt auf dem Startbildschirm und bietet die Steuerelemente des Medienplayers. Bei automatisch erstellten Mixen können Sie *Gefällt mir* oder *Gefällt mir nicht* antippen, um die Zusammenstellung der Mixe zu beeinflussen.

Falsche Albumbilder

Wundern Sie sich nicht, wenn der Musikplayer falsche Albumbilder bei lokal gespeicherter Musik anzeigt. Dies ist leider ein gängiges Problem aller Musikplayer-Apps, wenn Musik auf verschiedenen Plattformen verwendet wird. In der MP3-Datei eingebettete Grafiken werden korrekt angezeigt. Einige Systeme verwenden aber zusätzliche Albumbilder im JPEG-Format. Wenn sich solche Bilder in den Musikordnern befinden, werden sie von den Musikplayern unterschiedlich und oft falsch zugeordnet.

Neue Musik aus dem Google Play Store kaufen

Der Google Play Store bietet Musik zum Kauf direkt auf dem Smartphone an. Sie erreichen dieses Musikangebot sowohl über die Google-Play-App als auch direkt aus der Seitenleiste des Google-Musikplayers.

Lassen Sie sich auf der Startseite inspirieren oder suchen Sie gezielt nach Musiktiteln oder Alben. Die meisten Titel werden einzeln verkauft. In viele Titel kann man online hinein-hören, ohne sie gleich kaufen zu müssen. Beim Kauf mehrerer Titel ist das ganze Album oft günstiger. Gekaufte Musik steht automatisch auf allen Geräten zur Verfügung, die mit demselben Google-Konto angemeldet sind. Für Leute, die sehr viel aktuelle Musik hören, ist ein monatliches Abonnement oft günstiger als der Kauf der einzelnen Titel.

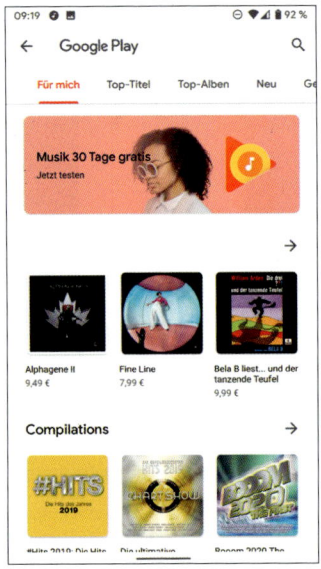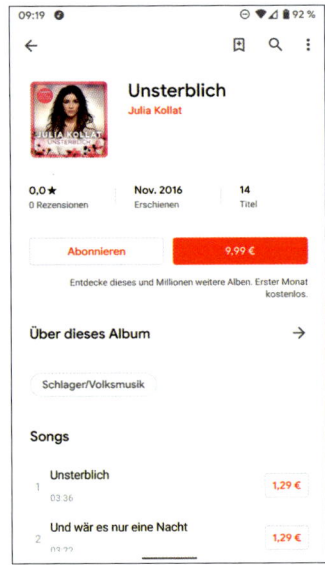

Musik im Google Play Store kaufen.

Einige wenige Alben werden auch kostenlos angeboten. Allerdings ist auch zum kostenlo-sen Download ein Google-Wallet-Konto mit gültigen Kreditkartendaten oder ein Prepaid-Guthaben notwendig.

DRM in Google Play Musik

Musik, Filme und E-Books aus dem Google Play Store sind durch DRM (**D**igital **R**ights **M**anagement) geschützt. Das bedeutet, die Medien sind nur auf bestimmten Geräten nutzbar und können nicht auf andere Geräte übertragen werden. In den meisten Fäl-len bedeutet das, man kann gekaufte Inhalte auf allen Geräten nutzen, die über das eigene Google-Konto angemeldet sind, aber nicht an andere Nutzer weitergeben.

Lautsprecher und Kopfhörer per Miniklinke anschließen

Wer auf seinem Smartphone genüsslich Musik hören oder Filme ansehen möchte, wird bald merken, dass die Lautsprecher trotz des auf neuen Geräten verwendeten Surround-Sounds alles andere als optimal sind.

Smartphones haben eine 3,5-mm-Klinkenbuchse zum Anschluss von Kopfhörern, um in Ruhe, ohne z. B. im Zug seine Mitmenschen zu belästigen, Musik zu hören. Beim Einstecken eines Kopfhörers werden die internen Lautsprecher automatisch abgeschaltet.

Zu Hause oder beim Musikhören mit mehreren Leuten schließen Sie an diese Buchse besser Lautsprecher an, die noch mehr Klang bieten. Dabei sollten Sie Aktivlautsprecher mit eingebautem Verstärker und eigener Stromversorgung verwenden. Die Leistung des Audioausgangs am Smartphone reicht sonst nur für eine schwache Lautstärke.

Um den Klang noch weiter zu verbessern, verfügt die Google-Play-Musik-App über einen eigenen Equalizer, der sich hinter dem Menüpunkt *Einstellungen* versteckt.

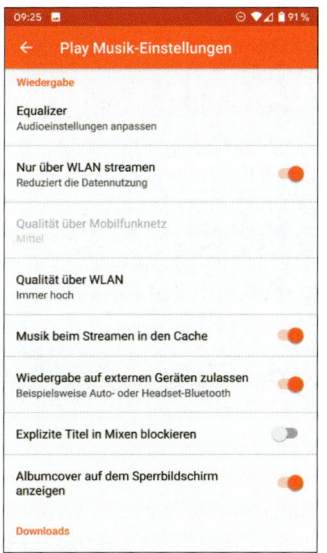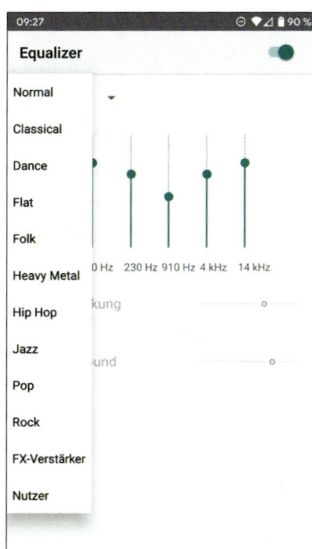

Einstellungen, Einschlaf-Timer und Equalizer in Google Play Musik.

Wer gern mit Musik einschläft, kann in den *Einstellungen* im *Ruhemodus-Timer* eine Zeit einstellen, nach der die Musik automatisch anhält.

Bluetooth-Lautsprecher anschließen

Um unterwegs Musik zu hören, hat das Smartphone inzwischen alle klassischen CD- und MP3-Player verdrängt – um eine Party damit zu beschallen, eignen sich die eingebauten Lautsprecher allerdings nicht.

Viele Aktivboxen, Stereoanlagen und auch Autoradios lassen sich per Bluetooth koppeln und als Lautsprecher nutzen. Dabei werden alle Medien-Apps unterstützt, die Musik kann von YouTube, Google Play Musik, einem Webradio oder auch lokal vom Smartphone abgespielt werden.

1. Schalten Sie über die Schnelleinstellungen Bluetooth ein.

2. Tippen Sie länger auf das Bluetooth-Symbol und auf dem nächsten Bildschirm auf *Neues Gerät koppeln*, um Geräte in der Nähe zu suchen. Bei einigen Lautsprechern müssen Sie jetzt eine Kopplungstaste drücken. Viele Geräte koppeln aber auch automatisch.

3. Der Lautsprecher erscheint in der Liste *Verfügbare Geräte*. Tippen Sie darauf, um den Lautsprecher mit dem Smartphone zu koppeln. Nach erfolgreicher Kopplung sehen Sie den Lautsprecher in der Liste *Verfügbare Mediengeräte*.

4. Tippen Sie auf das Zahnradsymbol in dieser Liste, wählen Sie, ob außer der Musik auch Telefonanrufe über den Lautsprecher abgespielt werden sollen.

   Dies ist nur bei Bluetooth-Freisprecheinrichtungen sinnvoll.

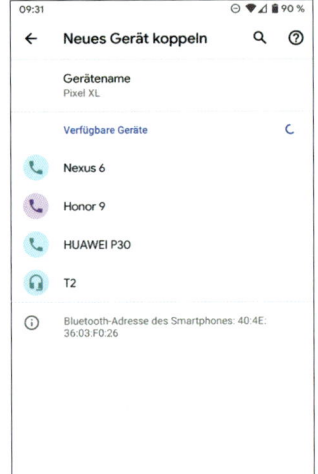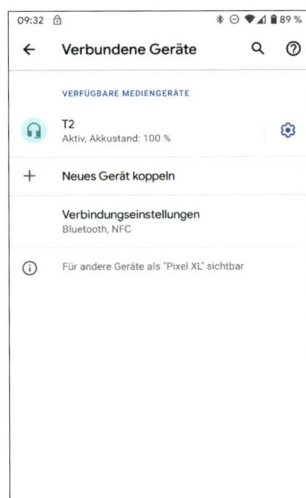

Bluetooth-Lautsprecher koppeln.

Haben Sie einmal einen Lautsprecher gekoppelt, erscheint dieser in der Liste *Zuvor verbundene Geräte* und braucht nicht mehr neu gesucht zu werden. Beim Einschalten von Bluetooth wird er automatisch wieder gekoppelt.

Über die Lautstärketasten des Smartphones können Sie die Lautstärke des Lautsprechers regeln. Einige Bluetooth-Lautsprecher haben gar keinen eigenen Lautstärkeregler. Unter dem Lautstärkeregler auf dem Bildschirm wird zusätzlich ein Bluetooth-Symbol angezeigt. Tippen Sie hier auf das Einstellungen-Symbol, erscheint der Bildschirm zur Lautstärke-regelung, auf dem Sie jetzt auch auswählen können, ob die Musik über den gekoppelten Lautsprecher oder direkt auf dem Smartphone abgespielt werden soll.

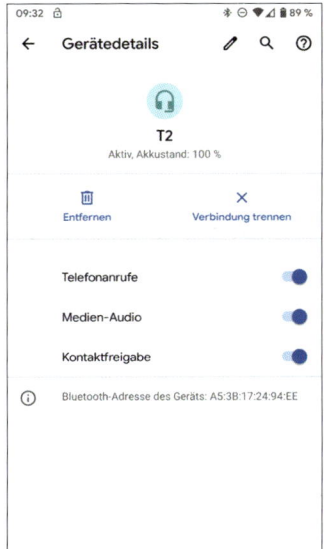 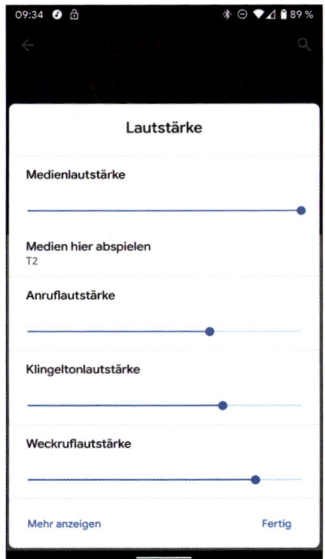 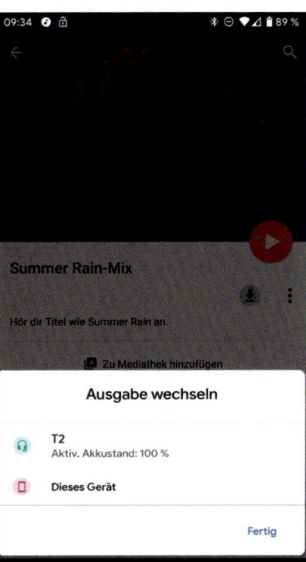

Lautstärke einstellen und Gerät auswählen.

Freisprecheinrichtungen koppeln

Bluetooth-Freisprecheinrichtungen werden auf die gleiche Weise wie Lautsprecher gekoppelt. Bei Freisprecheinrichtungen mit Display, zum Beispiel in Autos, sollten Sie auch die Kontakte freigeben, damit die Freisprecheinrichtung den Namen des Anrufers anzeigen kann.

Bei einigen derartigen Anlagen können Sie auch aus dem Adressbuch des Smart-phones Anrufe tätigen, ohne das Smartphone dazu in die Hand nehmen zu müssen.

Eigene Musik in der Cloud speichern und auf dem Smartphone erleben

Der Cloud-Speicherdienst Google Play Music bietet jedem Nutzer kostenlosen Speicher-platz für bis zu 100.000 Songs. Laden Sie auf dem PC über *play.google.com/music* Ihre Mu-sikbibliothek hoch, um mit allen Geräten darauf zugreifen zu können.

Hier können Sie auch direkt im Browser Ihre gekauften oder selbst gespeicherten Musik-titel anhören.

Laden Sie über die Schaltfläche *Musik hochladen* den Google Music Manager herunter. Das Programm läuft im Hintergrund und ist als Symbol im Infobereich der Taskleiste zu finden.

Im Chrome-Browser können Sie die Musikdateien einfach per Drag-and-drop auf eine Fläche ziehen, um sie hochzuladen. Nach dem Hochladen können die Musiktitel auf allen Geräten, die mit dem eigenen Google-Konto angemeldet sind, angehört werden.

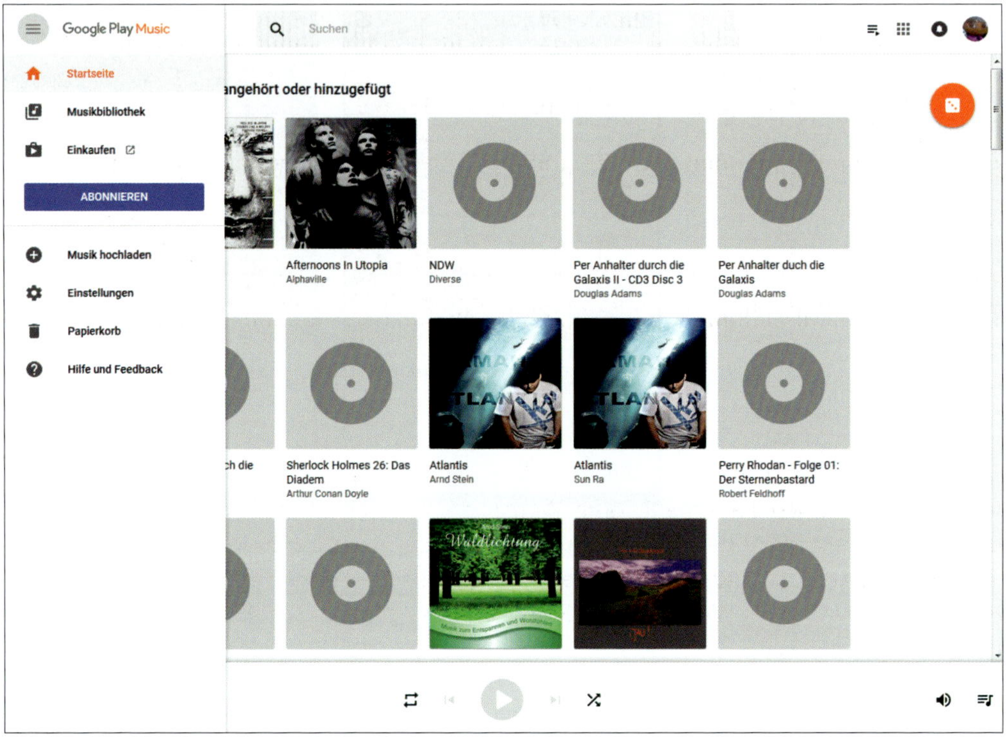

Google Play Music im Browser auf dem PC.

YouTube Music

Der Musikstreamingdienst von YouTube findet Musik aus offiziellen Veröffentlichungen der Künstler anhand von Titeln, Stichwörtern oder Albumnamen.

In der kostenlosen Version wird die Musik oft durch Werbung unterbrochen und läuft auch nicht weiter, wenn der Bildschirm abgeschaltet ist oder eine andere App im Vordergrund läuft. Dies ist nur mit einem kostenpflichtigen Abo möglich.

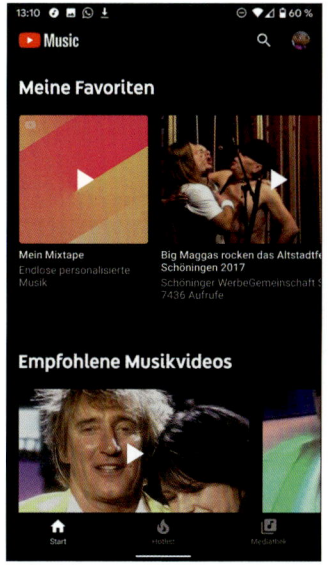
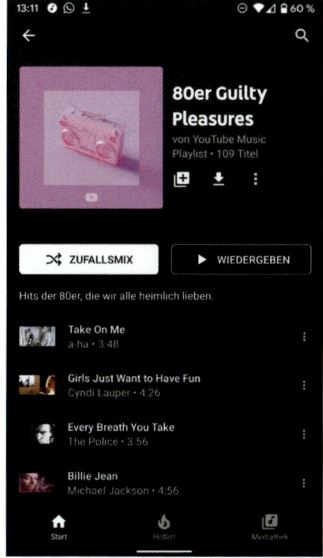
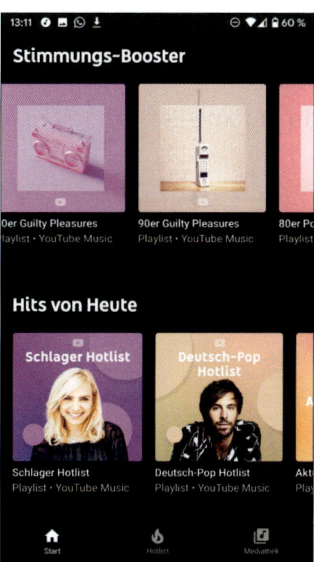

YouTube Music bietet Musik ganz nach dem persönlichen Geschmack.

Webradio

Viele Radiostationen haben auf ihren Webseiten auch einen Internetradiostream. Dazu kommen immer mehr – besonders kleinere – Spartensender, die ihr Programm ausschließlich über das Internet und gar nicht mehr über klassische Rundfunksender senden. Inzwischen haben fast alle Radiosender für Smartphones optimierte Webseiten, auf denen der Livestream zu hören ist.

Achtung: Datenvolumen

Beim Webradio wie auch bei YouTube gilt: Nutzen Sie es nur, wenn Sie über WLAN mit dem Internet verbunden sind. Bei den typischen 128 Kbps der meisten Webradios kommt man auf etwa 56 MByte Datenvolumen pro Stunde Webradio. Eine einfache Datenflatrate mit 200 MByte/Monat, wie sie in vielen Smartphone-Tarifen mit dabei ist, wäre also nach nicht einmal vier Stunden verbraucht.

TuneIn Radio

Mit einer Webradio-App wie *TuneIn Radio* ist es noch einfacher, Internetradiosender zu finden und anzuhören als über die einzelnen Webseiten der jeweiligen Anbieter. *TuneIn Radio* kennt über 100.000 Radiostationen, darunter mehrere Hundert aus Deutschland.

Um Sender zu finden, kann man nicht nur nach Namen suchen, sondern auch regional oder nach dem Musikstil. Über das Internet bezieht die App regelmäßig Updates der Radiolisten.

Bei der Fülle der angebotenen Sender empfiehlt es sich, Favoriten anzulegen. In der persönlichen Favoritenliste braucht man nur noch auf eine Radiostation zu tippen, die Musik wird dann umgehend gestreamt und abgespielt.

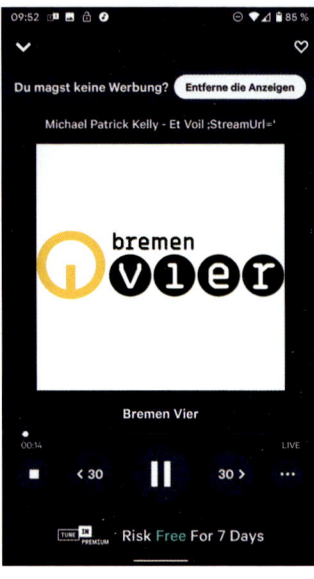

TuneIn Radio bietet unter einer übersichtlichen Oberfläche gut sortierte Listen mit Webradiosendern.

Welches Lied läuft gerade?

Jeder kennt das: Im Radio läuft ein schöner Musiktitel, aber man weiß nicht, wie er heißt und wer ihn singt, weil man die Ansage davor verpasst oder einfach nicht zugehört hat. Hier hilft ein Widget auf dem Smartphone, den Titel wiederzufinden.

Ziehen Sie das Widget *Google Sound Search* auf den Startbildschirm. Tippen Sie darauf, wenn Sie ein Lied hören, das Sie identifizieren möchten. Google hört ein paar Sekunden zu, zeichnet die Musik auf und überträgt sie an einen Server, der die Aufnahme auswertet und mit sehr hoher Treffsicherheit den passenden Titel findet.

Neben dem Songtitel findet *Sound Search* oft noch weitere Informationen wie Albumtitel, Veröffentlichungsdatum und Interpreten. Einige Titel können online komplett angehört werden, bei vielen gibt es sogar Liedtexte zum Mitlesen.

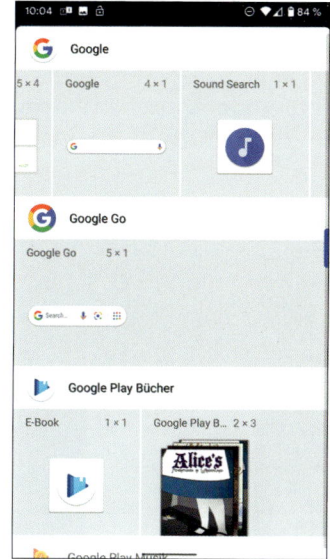
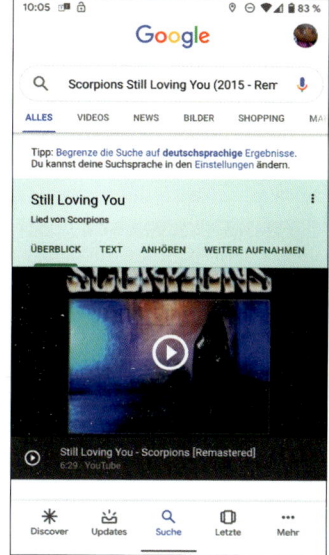
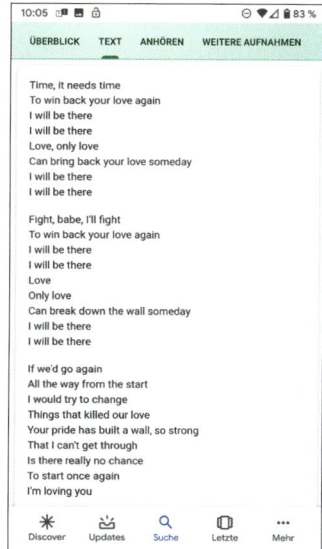

Sound Search hört Musik und findet diese im Internet.

YouTube

YouTube ist mehr denn je die beliebteste Quelle für Videos aller Art im Internet. YouTube bietet zwar die für mobile Geräte optimierte Webseite *m.de.youtube.com*. Deutlich komfortabler ist aber die YouTube-App, die eine speziell für Android-Smartphones optimierte Darstellung bietet. Ist diese App installiert, was bei den meisten Android-Smartphones bereits herstellerseitig der Fall ist, wird beim Besuch der mobilen YouTube-Webseite automatisch die App gestartet.

> **INFO:** Pro Tag werden eine Milliarde Stunden Videos auf YouTube betrachtet, und pro Minute wird über 400 Stunden neues Videomaterial hochgeladen. YouTube verursacht etwa 10 % des gesamten Internetdatenverkehrs. Bedenken Sie bei der Nutzung von YouTube über das Mobilfunknetz das zu übertragende Datenvolumen von Videos. Hier kommt man schnell an die Grenzen der Smartphone-Flatrates.

Mobile YouTube-Seite und YouTube-App im Google Play Store.

Nach der Anmeldung mit dem auf dem Smartphone installierten Google-Konto hat man in der YouTube-App direkten Zugriff auf eigene Playlisten und Favoriten.

Die Suchfunktion sowie die Listen mit Videos des gleichen Anbieters oder ähnlichen Videos anderer Anbieter stehen so, wie man sie vom PC kennt, auch in der YouTube-App zur Verfügung.

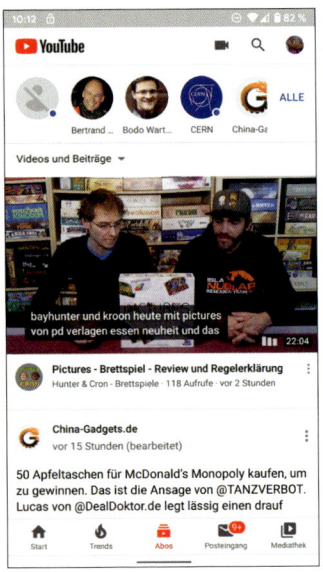 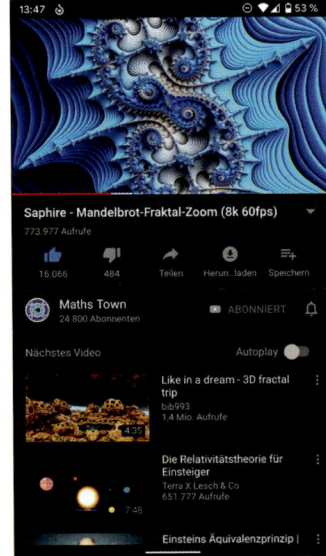 

Die YouTube-App auf dem Smartphone. Rechts: App-Shortcuts für YouTube.

Natürlich lassen sich alle Videos auch im Vollbildmodus abspielen. Dazu braucht man das Smartphone nur quer zu halten. In diesem Modus sind die Symbole für *Zurück*, *Apps-Liste* und *Home* deaktiviert, sodass Sie sie nicht versehentlich betätigen können.

Um zurück zum Startbildschirm zu kommen, wischen Sie vom rechten Bildschirmrand ins Bild, um diese Symbolleiste einzublenden. Sie können auch das Smartphone wieder in die Senkrechte drehen. Damit wird der Vollbildmodus beendet, und alle Bedienelemente stehen wieder wie gewohnt zur Verfügung.

Auch die Funktionen, Videos zu bewerten oder Links an Freunde zu verschicken, sind in der App enthalten. Dabei werden alle installierten Kommunikations-Apps wie E-Mail, Facebook, Twitter und weitere unterstützt.

Mit der YouTube-App können Sie auch eigene Videos, die mit der Smartphone-Kamera aufgenommen wurden, direkt auf YouTube hochladen, ohne dass Sie einen PC dafür benötigen.

App-Shortcuts

Über App-Shortcuts (langes Antippen des App-Symbols) lassen sich aktuelle Benachrichtigungen, eigene Abos und die Suche schnell aufrufen. Bei Bedarf können diese Shortcuts auf den Startbildschirm gelegt werden.

VLC Player

Der VLC Player, ein bekanntes Open-Source-Programm zum Abspielen von Medien aller Art, ist auch als App für Android erhältlich und spielt so ziemlich jede Videodatei auf dem Smartphone ab, auch Formate, die der Standard-Videoplayer von Android nicht darstellen kann.

Im WLAN spielt der VLC Player Videos von Streaming-Servern, zum Beispiel Netzwerkfestplatten, ab.

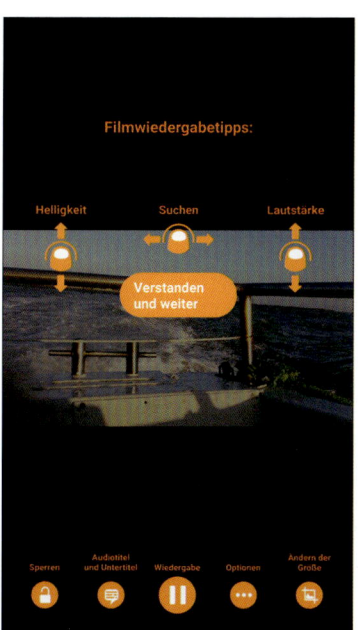

Der VLC Player bietet deutlich mehr Einstellungen und Bedienkomfort als der Standardplayer. Beim ersten Aufruf eines Videos werden Fingergesten angezeigt, um im Video vor- und zurückzublättern sowie Helligkeit und Lautstärke zu regeln.

Der VLC Player für Android mit Fingergesten.

Bekommen Sie öfter Videos von Freunden, z. B. über WhatsApp, die sich nicht abspielen lassen, probieren Sie den VLC Player aus. Tippen Sie auf ein Video, wählen Sie in der Liste *Öffnen mit* den VLC Player und tippen Sie dann auf *Immer*, um diesen als Standard-Videoabspieler festzulegen.

Video mit der Kamera aufnehmen

Die Google-Kamera-App bietet auch die Möglichkeit, Videos aufzunehmen. Eine horizontale Wischbewegung auf dem Bildschirm schaltet zwischen Foto- und Videomodus um. Tippen Sie auf den Auslöser, der jetzt einen roten Punkt zeigt, um die Aufnahme zu starten. Andere Kamera-Apps zeigen oft Symbole für Fotoapparat und Videokamera.

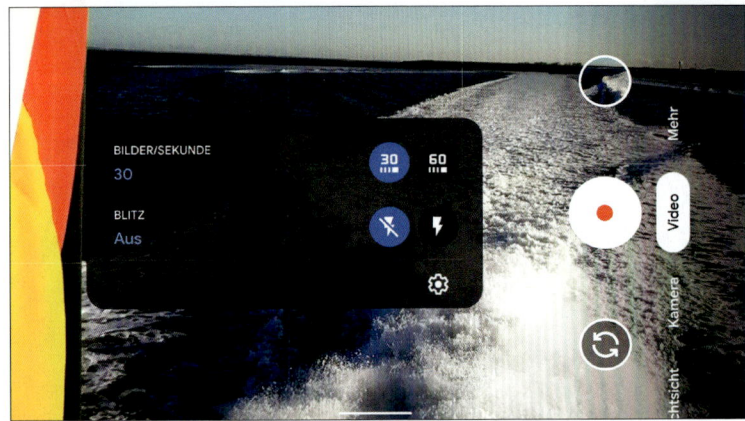

Videos mit der Kamera aufzeichnen.

Während der Aufnahme läuft unten eine Anzeige mit der aktuellen Länge des Videos. Tippen Sie ein zweites Mal auf den Auslöser, um die Aufnahme zu stoppen. Die Pause-Taste ermöglicht Pausen während der Aufzeichnung, ohne die Videodatei zu beenden. Tippen Sie noch einmal auf das Pause-Symbol, wird die Aufzeichnung der gleichen Datei fortgesetzt.

In den Kameraoptionen können Sie die Framerate in Bildern pro Sekunde umschalten sowie das Fotolicht einschalten. Über das aus Fotos bekannte Symbol auf dem Bildschirm lässt sich die Frontkamera für Videos nutzen.

Zeitlupe

Über das Symbol *Mehr* bietet die Kamera-App noch zwei weitere Videomodi an. *Zeitlupe* filmt schnelle Bewegungen so, dass sie beim Abspielen langsamer erscheinen. Dabei können Sie zwischen 1/4 und 1/8 der Originalgeschwindigkeit wählen.

Zeitraffer

Umgekehrt werden beim *Zeitraffer* sehr langsame Bewegungen beim Abspielen schneller dargestellt. Dabei gibt es vier Geschwindigkeitsstufen. Die Kamera-App zeigt Vorschläge, wofür welche Geschwindigkeit am besten geeignet ist.

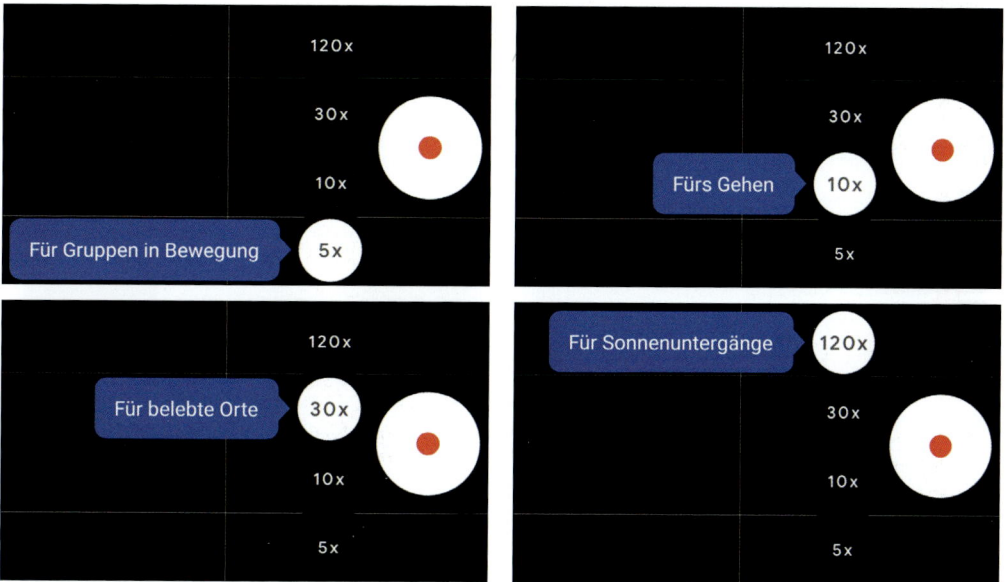

Verschiedene Geschwindigkeiten für Zeitraffer.

Dateimanager

Was dem Android-Betriebssystem lange Zeit fehlte, war ein leistungsfähiger Dateimanager. Offenbar gehen die Entwickler der Plattform davon aus, dass Anwender sich für die einzelnen Dateien auf ihren Geräten nicht interessieren, früher heruntergeladene Dateien einfach wieder neu herunterladen, und wenn der Speicher voll ist, ein neues Smartphone kaufen.

Einige Gerätehersteller liefern daher eigene Dateimanager-Apps mit, auf anderen Smartphones sollten Sie selbst einen Dateimanager installieren.

Android 9 Pie beinhaltete erstmals zumindest eine einfache Dateimanager-App, die zwar nicht viele Funktionen bot, aber im Alltag meistens ausreichte.

Dieser Dateimanager wurde in Androis 10 noch verbessert und zeigt neben lokalen Dateien auf dem Smartphone auch installierte Cloud-Konten von Google Drive, OneDrive und anderen Diensten an. Mit dem Dateimanager lassen sich Dateien übersichtlich anzeigen, verschieben, kopieren, umbenennen oder über andere Apps teilen.

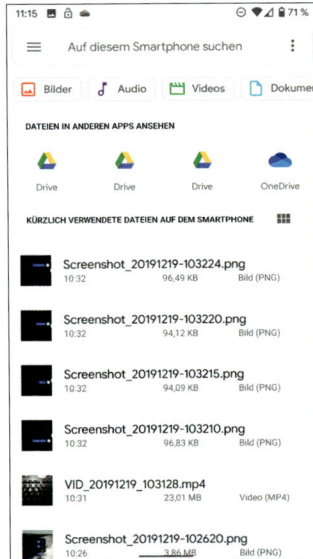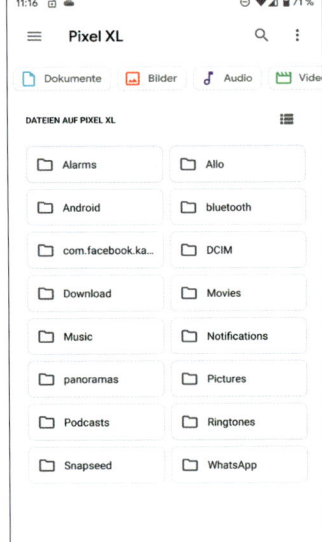

Der mitgelieferte Dateimanager in Android 10.

Files von Google

Der Dateimanager *Files von Google* bietet einen Überblick über alle Dateien auf dem Smartphone und der Speicherkarte. Eine komfortable Suche findet jede Datei schnell wieder. Zusätzlich gibt es Funktionen, um Datenmüll gründlich aufzuräumen und Dateien auf Google Drive zu sichern, die auf dem Smartphone lokal nicht mehr benötigt werden. Auf diese Weise hat man auch vom PC einfach Zugriff auf die Daten.

Was vergleichbare Apps nicht kennen: *Files* ermöglicht komfortables Teilen beliebiger Dateien an Freunde in der Nähe, ohne eine Internetverbindung zu benötigen. Dazu wird automatisch auf einem der Smartphones ein Hotspot angelegt, über den Dateien in beide Richtungen per WLAN übertragen werden können.

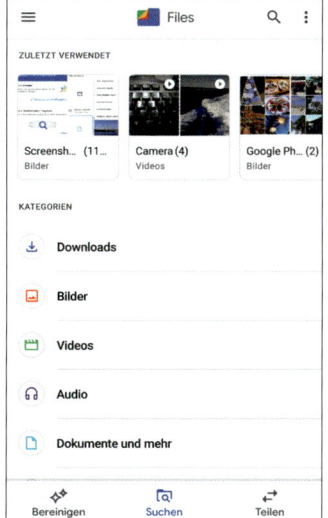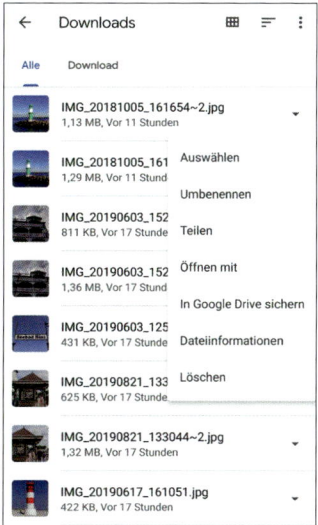

Dateimanager und Aufräum-App Files von Google.

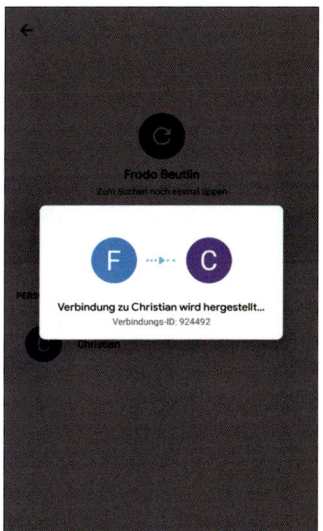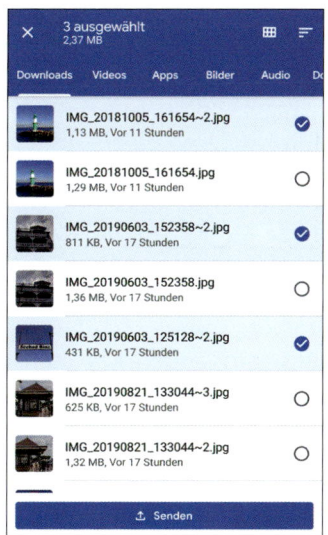

Dateien an Freunde in der Nähe senden.

Total Commander

Der Total Commander ist auf dem PC einer der beliebtesten und funktionsreichsten Dateimanager. Dieses Tool wird auch für Android angeboten und verfügt dort über einen ähnlichen Funktionsumfang, unter anderem Kopieren, Verschieben und Umbenennen von Dateien,

Zugriff auf Server und Netzwerklaufwerke, Packen und Entpacken in verschiedenen Formaten, konfigurierbare Symbolleisten und vieles mehr.

Ähnlich wie der klassische Norton Commander auf dem PC arbeitet der Total Commander ebenfalls mit zwei Fenstern, die verschiedene Verzeichnisansichten beinhalten können.

Auf Smartphones schaltet man durch eine horizontale Wischbewegung auf das jeweils andere Fenster um, auf Tablets werden beide Fenster gleichzeitig auf dem Bildschirm angezeigt.

 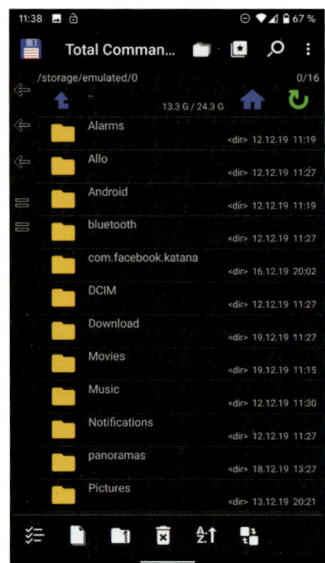 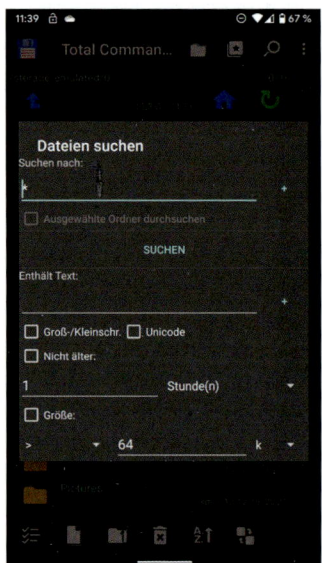

Total Commander mit zwei Fenstern und Suchfunktion.

Dateien lassen sich von einem Fenster ins andere kopieren, verschieben oder als ZIP-Archiv packen. Die beiden Fenster können frei eingestellt werden. Dabei kann es sich um Verzeichnisse auf der Speicherkarte oder im Dateisystem des Smartphones handeln. Mithilfe einer Verlaufsliste und Lesezeichen lassen sich wichtige Verzeichnisse schnell wiederfinden.

Der Total Commander beinhaltet einen eigenen Texteditor und eine komfortable Suchfunktion für Dateien, die auch Suchbegriffe innerhalb von Textdateien findet. Ein integrierter Medienplayer spielt MP3-Dateien und andere Medien ab, ohne dass diese in einer Musikbibliothek eines großen Medienplayers abgelegt sein müssen.

Über Plug-ins können Netzwerklaufwerke, FTP-Server und die meisten gängigen Cloud-Speicherdienste zum direkten Zugriff in den Total Commander eingebunden werden. Auf diese Weise ersparen Sie es sich, für jeden verwendeten Cloud-Speicher eine eigene App zu installieren.

Datenaustausch über Cloud-Speicherdienste

Cloud-Speicherdienste sind die ideale Lösung, um Dateien aller Art komfortabel zwischen Smartphone und PC oder auch mehreren PCs auszutauschen. Musste man früher Smartphones noch mühsam per USB-Kabel mit dem PC verbinden, um Daten auszutauschen, funktioniert es heute über das Internet vollautomatisch, wenn die Daten in den entsprechenden Verzeichnissen liegen.

Die bekanntesten derartigen Dienste – Google Drive, Dropbox und OneDrive von Microsoft – bieten alle neben PC-Anwendungen auch Android-Apps an. Die verschiedenen Anbieter unterscheiden sich nur in kleinen Details. Wer also bereits einen dieser Dienste auf dem PC nutzt, sollte die passende App auf dem Smartphone installieren.

Google Drive

Google bietet mit Google Drive (*drive.google.com*) allen Benutzern bis zu 15 GByte kostenlosen Onlinespeicherplatz, der für beliebige Dateien genutzt werden kann. Bei regelmäßiger Nutzung und durch Bonusaktionen kann dieser kostenlose Speicherplatz automatisch wachsen.

Die Google-Drive-App ist auf Smartphones mit Android 10 üblicherweise vorinstalliert. Die Google-Drive-App enthält für viele gängige Dateiformate integrierte Betrachter, um diese Dateien auf dem Smartphone darstellen zu können, ohne spezielle Apps installieren zu müssen. Fotos aus Google Drive werden automatisch in der Fotos-App angezeigt.

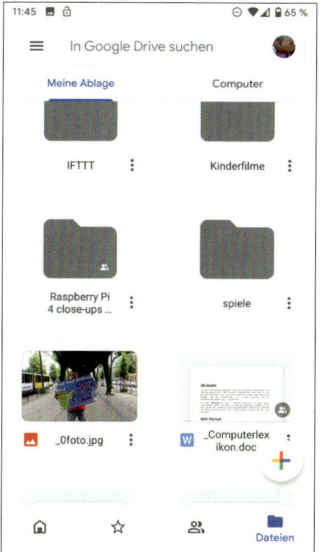 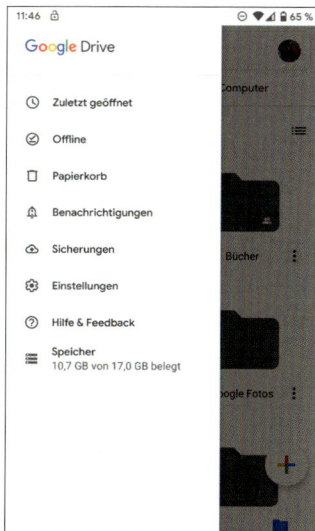 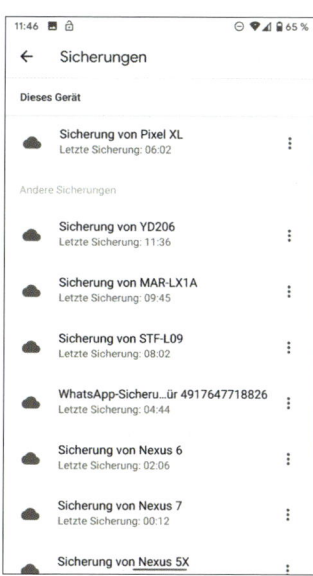

Die Google-Drive-App mit persönlichen Dateien und Datensicherungen.

Google Drive ist von allen vergleichbaren Cloud-Speicheranbietern am besten in das Android-Betriebssystem integriert. Dateien lassen sich für andere Personen einfach freigeben und versenden. Umgekehrt bieten sehr viele Android-Apps die Möglichkeit, Dateien auf Google Drive abzulegen und zu teilen oder Google Drive zur Datensicherung zu verwenden. Bei jeder Datei kann auf dem Smartphone eingestellt werden, ob sie zur Offlinenutzung auf das Gerät heruntergeladen werden soll. Bei jeder Veränderung der Datei wird die Offlinekopie mit der Cloud synchronisiert.

Laden Sie auf dem PC bei *www.google.com/drive/download* das Google-Programm *Backup & Sync* für Windows herunter. Damit können Sie auf einfache Weise ein Verzeichnis der lokalen Festplatte automatisch im Hintergrund mit Google Drive synchronisieren und auf diese Weise leicht beliebige Dateien zwischen Smartphone und PC austauschen.

Dateien aus Google Drive für Freunde freigeben

Dateien lassen sich für andere Personen einfach freigeben und versenden. So spart man sich große E-Mail-Anhänge und die Datei kann leicht aktualisiert werden. Der Empfänger sieht über den freigegebenen Link immer die aktuellste Version.

1. Tippen Sie bei einer Datei in der Übersicht der eigenen Dateien in der Google-Drive-App auf das Symbol mit den drei Punkten.

2. Wählen Sie *Freigeben*.

3. Auf der nächsten Seite wählen Sie Personen aus, die eine E-Mail zur Freigabe der Datei bekommen sollen. Dabei können Sie festlegen, ob diese die Datei bearbeiten, kommentieren oder nur betrachten dürfen.

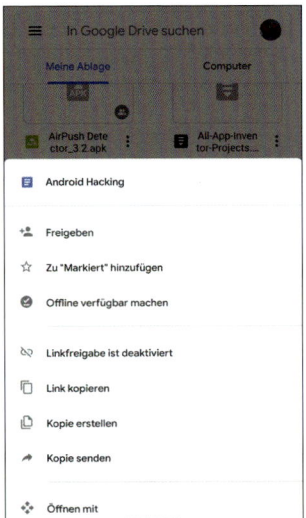

Personen zu einer Datei einladen.

4. Die Symbole unten zeigen, wer bereits Zugriff auf die Datei hat. Tippen Sie darauf, wird eine Liste mit kompletten Namen angezeigt, in der Sie auch die einzelnen Zugriffsrechte ändern können.

Alternativ können Sie auch über die Option *Linkfreigabe* einen Link generieren, der über beliebige Wege weitergegeben werden kann. Dieser Link bietet dann Zugriff auf die Datei.

Dokumente scannen mit Google Drive

Die Google-Drive-App beinhaltet eine Scanfunktion, mit der Sie mit der Kamera ein Dokument fotografieren und als PDF auf Google Drive ablegen können. Dabei sind auch mehrseitige PDF-Dokumente möglich.

1. Tippen Sie zum Scannen auf das Plussymbol unten rechts in der Google-Drive-App.

2. Tippen Sie in der Symbolleiste auf das Kamerasymbol *Scannen*. Automatisch startet die Kamera und Sie können die erste Seite des Dokuments fotografieren.

3. Mit dem Symbol *Zuschneiden* wählen Sie den gewünschten Ausschnitt. Auf diese Weise können Sie überflüssigen Text entfernen und auch ein schräg aufgenommenes Foto gerade ziehen.

4. Mit dem Plussymbol unten links fotografieren Sie weitere Seiten, das *OK*-Symbol unten rechts lädt das Dokument als PDF auf Google Drive hoch.

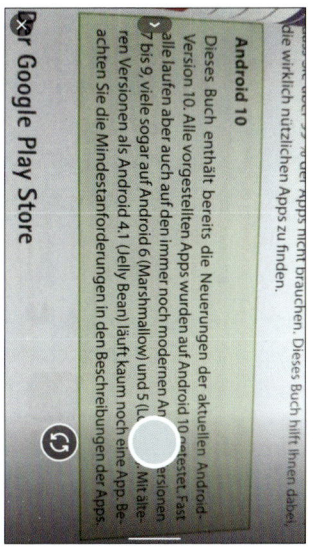 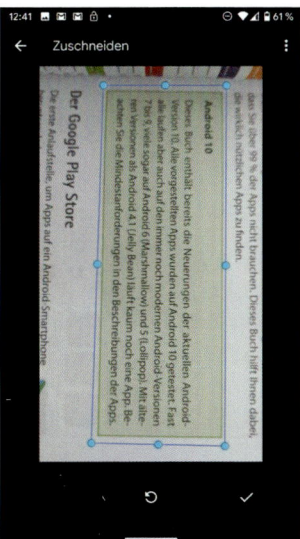 

Dokumente mit Google Drive scannen.

Beim Scannen können die Bilder in Schwarz-Weiß umgewandelt werden. Die Google-Drive-App versucht auch, störende Hintergründe herauszufiltern. Die Dokumente bleiben als grafisches PDF erhalten, werden also nicht in Text umgewandelt, die Inhalte können aber durchsucht werden. Geben Sie im Suchfeld der Google-Drive-App einen Suchbegriff ein, findet die App auch gescannte Dokumente, in denen dieser Begriff enthalten ist.

App-Shortcuts und Widgets

Über App-Shortcuts (langes Antippen des App-Symbols) lassen sich wichtige Aufgaben schnell aufrufen. Bei Bedarf können diese Shortcuts auf den Startbildschirm gelegt werden.

Zusätzlich liefert Google Drive Widgets, mit denen Sie Dokumente scannen oder hochladen können oder auch direkten Zugriff auf einen ausgewählten Ordner auf Google Drive haben.

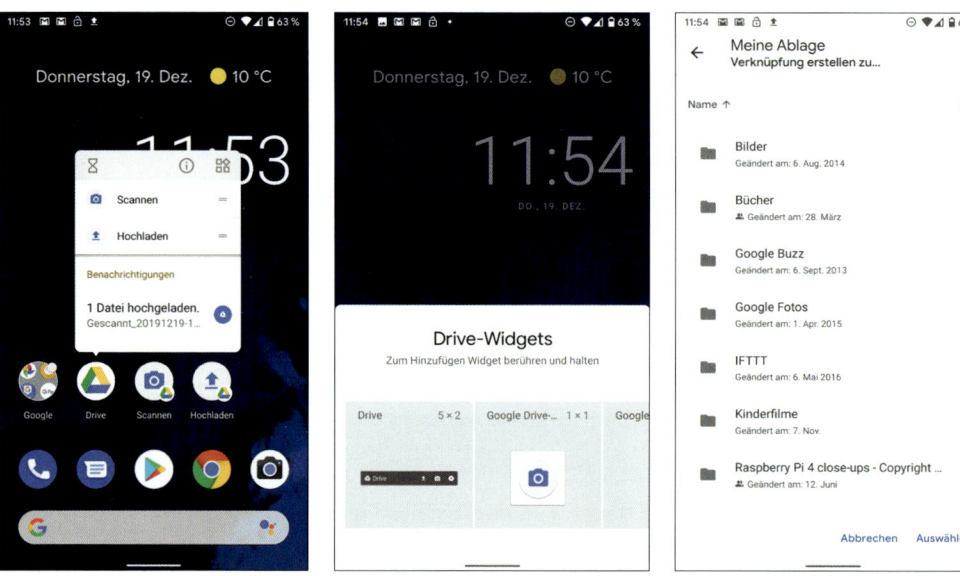

App-Shortcuts und Widgets für Google Drive. Rechts: Ordner für Google-Drive-Verzeichnis-Widget auswählen.

ICS-Dateien aus Google Drive in Kalender importieren

Viele Webseiten bieten Termine wie z. B. Feiertage, Schulferien, Messetermine oder auch Bahnfahrpläne im ICS-Format zum Download an. Speichern Sie diese Dateien auf Google Drive, können Sie sie direkt auf dem Smartphone in den Kalender übernehmen.

1. Starten Sie die Google-Drive-App, suchen Sie die zuvor dort abgelegte ICS-Datei und tippen Sie darauf.

2. Der in der Datei gespeicherte Termin wird angezeigt. Enthält die ICS-Datei mehrere Termine, können Sie auswählen, welche davon Sie importieren möchten.

3. Tippen Sie unten auf *Zum Kalender hinzufügen*. Jetzt wird der Termin in den Kalender übernommen. Wenn Sie mehrere Kalender auf dem Smartphone anzeigen lassen, müssen Sie noch auswählen, in welchen der Termin importiert werden soll.

OneDrive

Auch Microsoft bietet mit OneDrive (*onedrive.com*) eine Cloud-Speicherlösung an. Diese ist in Windows 10 bereits fest integriert und hat dadurch große Beliebtheit gewonnen. Für Nutzer von Windows 7 und 8.1 gibt es bei *onedrive.live.com/about/de-de/download* noch eine PC-Anwendung, die ein Verzeichnis der lokalen Festplatte im Hintergrund mit dem Cloud-Speicher synchronisiert. Diese wird für Windows 7 voraussichtlich bald nach dem Support-Ende abgeschaltet. Mit der passenden Android-App kann man auch vom Smartphone auf seine Dateien zugreifen und sie mit Freunden teilen.

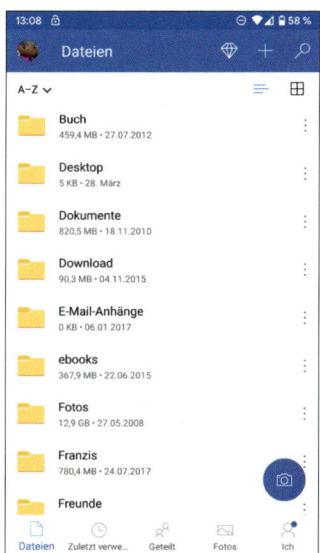

Die OneDrive-App für Android. Rechts: integrierter Betrachter für Office-Dokumente.

Zur Anmeldung wird ein Microsoft-Konto benötigt. Dies kann mit einer Windows-Installation angelegt worden sein, oder Sie melden sich bei *onedrive.com* oder auch direkt in der App kostenlos neu an. OneDrive macht an vielen Stellen in der App Werbung für kostenpflichtige Dienste. Solange Ihnen Ihr kostenloser Speicherplatz ausreicht, können Sie diese Werbung einfach wegklicken.

Ein integrierter Betrachter zeigt Office-Dokumente auf OneDrive in den gängigen Formaten direkt in der App an. Über das *Teilen*-Symbol im Menü mit den drei Punkten neben jeder Datei können Sie Links auf eigene Dateien bei OneDrive leicht mit Freunden teilen und dabei festlegen, welche Personen die Datei nur sehen dürfen und wer sie auch bearbeiten darf.

In den Einstellungen der OneDrive-App, erreichbar über das *Ich*-Symbol unten rechts, können Sie den automatischen Kamera-Upload aktivieren. Neue Fotos werden dann automatisch in ein privates Album auf OneDrive hochgeladen.

Dropbox

Dropbox ist der bekannteste kostenlose Cloud-Speicherdienst. Die Dropbox-App bietet Zugriff auf alle eigenen Dropbox-Ordner sowie auf die von Freunden freigegebenen. Dateien können zur Offlineverwendung markiert werden und werden dann im Hintergrund auf das Smartphone heruntergeladen.

Wie bei anderen Cloud-Speicherdiensten auch, können einzelne Dateien oder ganze Ordner über Links mit Freunden geteilt werden.

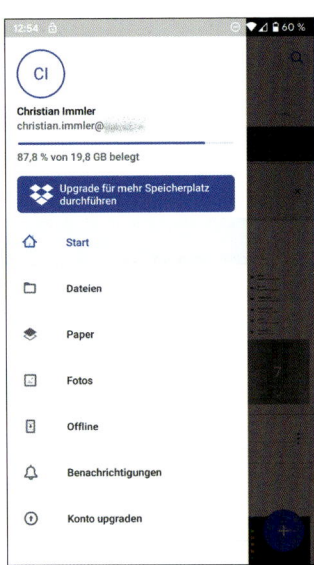 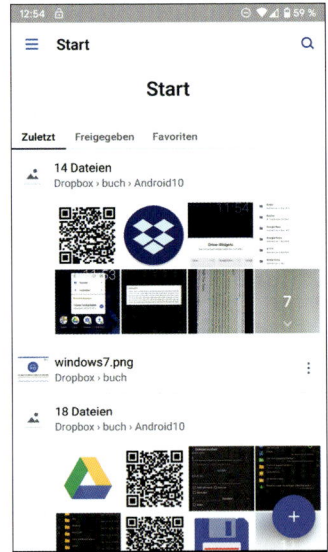 

Die Dropbox-App für Android.

Bei der Einrichtung der Dropbox-App können Sie festlegen, dass neue Fotos vom Smartphone automatisch in das Verzeichnis *Camera Uploads* Ihrer persönlichen Dropbox hochgeladen werden sollen. Wählen Sie allerdings, um Datenvolumen Ihres Internettarifs zu sparen, die Option *Nur über WLAN*.

> ### Dropbox-Bonus und Einschränkungen
>
> Dropbox stellt jedem Nutzer 2 GByte kostenlosen Speicherplatz zur Verfügung. Melden Sie sich bei Dropbox über den Link *db.tt/vxUArMd* an, bekommen Sie zusätzliche 500 MByte Willkommensbonus. Dropbox lässt nur noch drei Geräte gleichzeitig für ein kostenloses Benutzerkonto zu, was den Nutzen dieses Cloud-Speichers erheblich einschränkt. Seit dieser Änderung funktioniert der automatische Upload von Fotos vom Smartphone auch nur noch, wenn Dropbox auf einem PC zur automatischen Synchronisation eingerichtet ist.

Büro-Apps

In den Anfangszeiten der Smartphones waren es im Wesentlichen Geschäftsleute, die diese Geräte nutzten. Heute sieht es anders aus, ein Smartphone ist ein alltäglicher Begleiter der mobilen Internetgeneration. Dennoch gibt es immer noch nützliche Apps für büroähnliche Funktionen auf den mobilen Taschencomputern.

Google Docs

Wer öfter längere Texte schreibt, möchte diese auch unterwegs korrigieren oder in einer Besprechung Änderungen einfügen. Das ist oftmals schwierig, weil der Computer mit dem Originaltext gerade nicht zur Hand ist.

  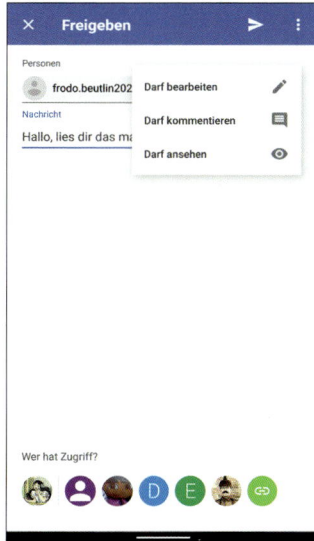

Dokumente in Google Docs auf dem Smartphone bearbeiten und teilen.

Die Textverarbeitung Google Docs beinhaltet alle wichtigen Funktionen einer Textverarbeitung. Damit lassen sich Google-Docs-Dokumente auf Google Drive sowie lokal auf dem Smartphone gespeicherte Word-Dokumente bearbeiten. Die App ist auf den meisten Android-Smartphones bereits vorinstalliert.

Setzen Sie den Cursor durch einfaches Antippen an die gewünschte Position. Tippen Sie doppelt, um einen Textbereich zu markieren. Anschließend können Anfang und Ende der Markierung beliebig verschoben werden. Tippen Sie länger auf einen markierten Text, erscheint eine Symbolleiste der Zwischenablage.

Über das Personensymbol oben rechts können Sie das Dokument für andere Personen freigeben. Dabei können Sie diesen Personen verschiedene Rechte für das Dokument zuweisen: nur anzeigen, kommentieren oder sogar bearbeiten. Im Menü finden Sie auch bekannte Funktionen von Textverarbeitungen wie Suchen und Ersetzen sowie Dokumentstruktur anzeigen.

Google Tabellen

Die Tabellenkalkulation Google Tabellen unterstützt fast alle Formeln sowie auch Sortier- und Filterfunktionen aus Excel. Um Felder zu bearbeiten, tippen Sie in die betreffende Zelle. Jetzt erscheint ein Bearbeitungsfeld am unteren Bildschirmrand. Nach der Bearbeitung der Werte wird die Tabelle automatisch neu berechnet.

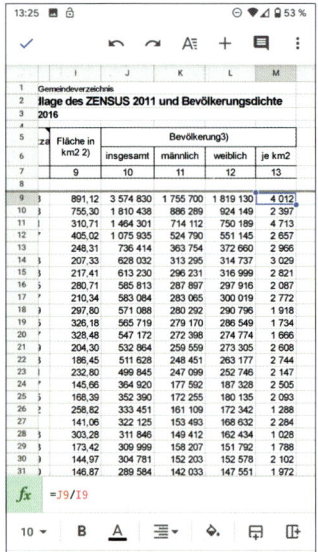
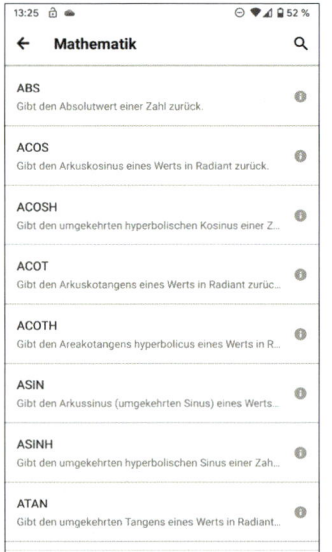
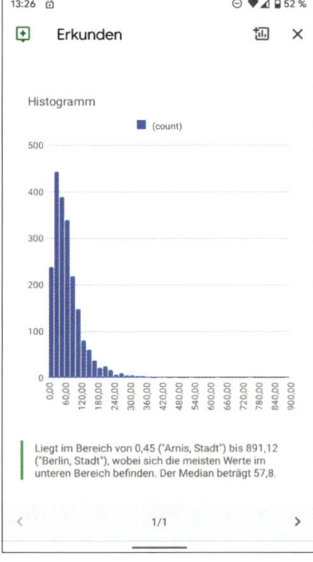

Tabellenkalkulation, Funktionen und Grafiken in der Google-Tabellen-App.

Trigonometrische und finanzmathematische Berechnungen sind in der Tabellenkalkulation ebenso möglich wie die Statistik oder Umrechnung zwischen Zahlensystemen. Selbst die Logik- und Verweisfunktionen aus Excel zum Bezug zwischen verschiedenen Bereichen einer Tabelle wurden umgesetzt. Die meisten Funktionsnamen sind in Englisch und heißen daher anders, als vom deutschen Excel bekannt, werden aber beim Import und Export automatisch umgesetzt und in der App auch auf Deutsch beschrieben.

Der Menüpunkt *Erkunden* erstellt automatisch verschiedene Grafiken anhand der Daten. Diese können in das Dokument übernommen und dort auch weiterbearbeitet werden.

> **INFO:** Manche alles besser wissenden Medien werfen den mobilen Office-Lösungen eingeschränkte Funktionalität vor. Gerade bei Tabellenkalkulationen gilt aber die alte Administratorenweisheit: Weniger als 10 % der Anwender nutzen mehr als 10 % der Funktionen eines Programms. Dass Google Tabellen keine Pivot-Tabellen und keine Was-wäre-wenn-Analysen mit verschiedenen Datenszenarien verarbeitet, wird nur einen sehr kleinen Anwenderkreis stören.

App-Shortcuts

Über App-Shortcuts (langes Antippen des App-Symbols) lassen sich wichtige Aufgaben für Dokumente und Tabellen schnell aufrufen. Bei Bedarf können diese Shortcuts auch auf den Startbildschirm gelegt werden.

Microsoft Office für Android

Microsoft liefert eine vereinfachte Form von Microsoft Office für Android, mit der sich Dokumente auf dem Smartphone lesen und auch bearbeiten lassen.

Über die Office-Apps können Sie gleichermaßen auf lokal auf dem Smartphone gespeicherte Dateien wie auch auf Dokumente auf OneDrive zugreifen. Auf diese Weise können Sie ganz einfach Ihre Dokumente vom PC auf dem Smartphone bearbeiten, Sie brauchen sie nur zu Hause in den persönlichen OneDrive-Ordner zu legen und haben dann unterwegs jederzeit Zugriff darauf. Beim ersten Start der Office-Apps müssen Sie sich dazu einmal mit Ihrem Microsoft-Konto anmelden, da einige Funktionen ein Office-365-Abonnement voraussetzen und Sie sich damit außerdem bei OneDrive identifizieren.

Word

In der Textverarbeitung Word stehen einfache Bearbeitungsfunktionen zur Verfügung, um schnell an einem Text etwas zu korrigieren oder Schrift und Farbe zu ändern. Änderungen am Text werden standardmäßig automatisch gespeichert. Fortgeschrittene Funktionen wie

Verknüpfungen, die Indexerstellung oder auch den Überarbeitungsmodus sucht man dagegen vergebens.

Dieses Symbol in der oberen Symbolleiste schaltet zwischen der Layoutdarstellung und einer zum leichteren Bearbeiten optimierten Fließtextdarstellung um.

Über das *Teilen*-Symbol können Sie aus allen Office-Apps Dokumente, die auf OneDrive gespeichert sind, für andere Benutzer freigeben. Bei jeder Freigabe können Sie wählen, ob die Empfänger der E-Mail das Dokument nur anzeigen lassen oder auch bearbeiten dürfen. Zusätzlich ist es auch möglich, lokal gespeicherte Dokumente aus den Office-Apps heraus als E-Mail-Anhang zu verschicken.

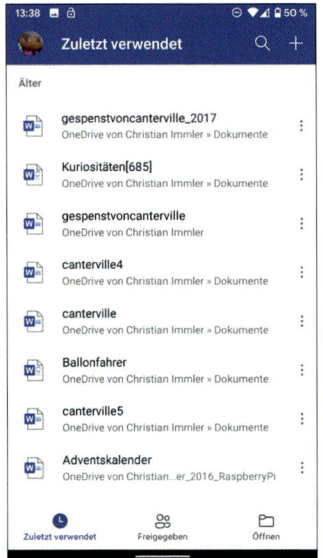

Office-Dokumente lesen und bearbeiten.

Excel

Auch die Tabellenkalkulation Excel liefert Microsoft für Android, mit der Sie Tabellen anzeigen und bearbeiten können. Die Bedienung und auch die Syntax der Funktionen in Excel für Android entsprechen denen der PC-Version.

Tippen Sie oben links auf das Symbol *fx*, wird eine Liste aller verfügbaren Funktionen angezeigt. Enthält eine Tabelle Funktionen, die von der mobilen Version nicht unterstützt werden, kann die Tabelle nur angezeigt, aber nicht bearbeitet werden, damit keine Inhalte verloren gehen.

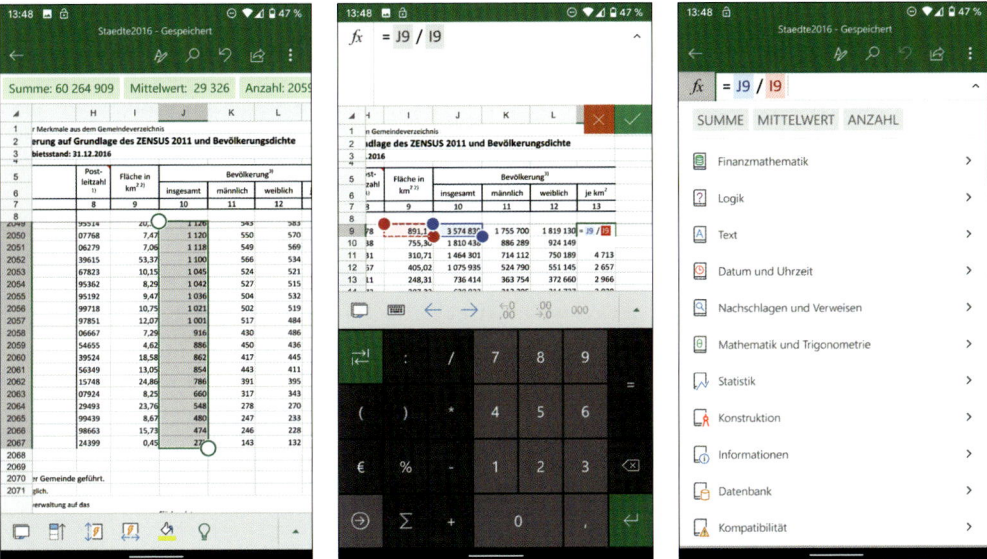

Die Tabellenkalkulation Excel mit Diagrammerstellung auf dem Smartphone.

Notizen

Lange vor der Ära der Smartphones hatte Ernest Hemingway einen Notizblock neben seinem Bett liegen, um, wenn er nachts aufwachte, Ideen und Kommentare zu seinen unvollendeten Werken niederzuschreiben. Diese musste er dann am nächsten Morgen mühsam in seine Manuskripte nachtragen. Heute kann man Tag und Nacht und überall Notizen auf dem Smartphone machen.

Google Notizen

Mit der App *Google Notizen*, die auf den meisten Android-10-Smartphones vorinstalliert ist, können Sie unterwegs schnell und einfach Notizen verfassen und auch auf Ihre zu Hause im Browser unter *keep.google.com* erstellten Notizen unterwegs zugreifen. Änderungen in der Android-App werden automatisch auf dem PC übernommen.

Notizen werden automatisch in der Schriftgröße skaliert und in ihrer festgelegten Farbe dargestellt. Durch einfaches Antippen bearbeiten Sie die Notizen auf dem Smartphone. Weisen Sie den Notizen frei definierbare Labels zu, um eine bessere Übersicht zu haben.

Mit den Symbolen in der unteren Symbolleiste erstellen Sie neue Notizen verschiedener Typen. Dabei können Sie auch Sprachnotizen sprechen. Googles Spracherkennung versucht dann, diese in Text umzusetzen. Die originale Sprachnotiz bleibt trotzdem erhalten und kann auch auf dem PC angehört werden. Über das Kamerasymbol starten Sie die

Kamera des Smartphones und können sofort ein Foto machen, das in einer neuen Notiz gespeichert wird.

Über das Stiftsymbol in einem angezeigten Bild haben Sie verschiedene Stifttypen und Farben zur Auswahl, um in den Bildern herumzukritzeln und Kommentare anzubringen.

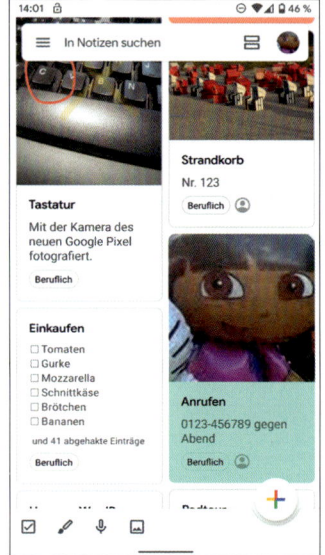
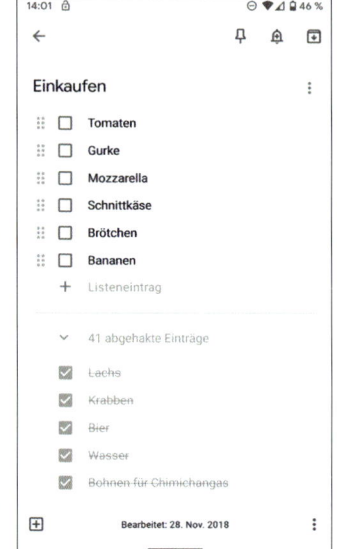
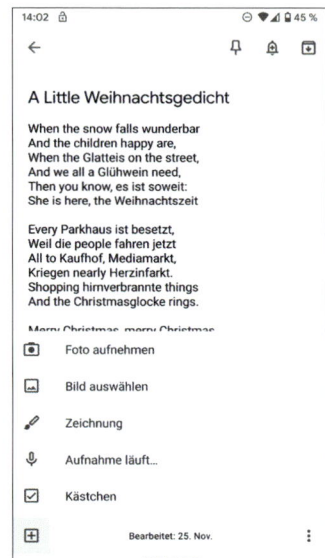

Google Notizen auf dem Smartphone.

Im Menü der App finden Sie in der Notizansicht den Menüpunkt *Senden*. Damit geben Sie die Notiz über auf dem Smartphone installierte Kommunikationswege wie z. B. E-Mail oder Facebook-Chat weiter. Über das Alarmsymbol oben können Sie sich zu einer bestimmten Zeit oder wenn Sie einen bestimmten Ort erreichen, an die Notiz erinnern lassen.

Über App-Shortcuts (langes Antippen des App-Symbols) lassen sich wichtige Aufgaben schnell aufrufen. Bei Bedarf können diese Shortcuts auf den Startbildschirm gelegt werden.

Google Notizen bietet ein Widget für den Startbildschirm, mit dem Sie schnell eine Notiz anlegen können, ohne erst die App starten zu müssen. Ein weiteres Widget zeigt aktuelle Notizen eines frei wählbaren Labels direkt an.

Microsoft To-Do

Microsoft liefert mit der App *To-Do* eine einfache und dennoch komfortable Lösung für Aufgabenlisten, Einkaufslisten und Ähnliches. Auf der Startseite *Mein Tag* können Sie sich die Aufgaben des aktuellen Tages übersichtlich anzeigen lassen und nach ihrer Erledigung abhaken.

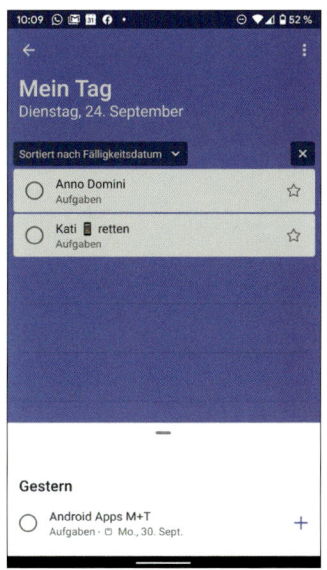  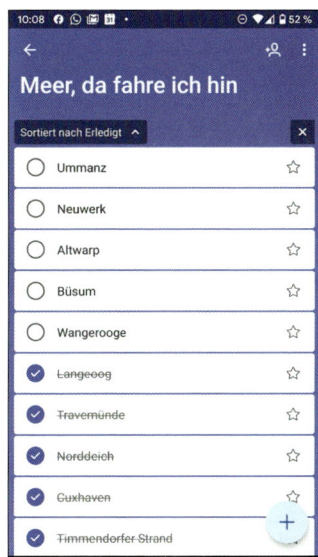

Microsoft To-Do auf dem Smartphone.

Google Übersetzer

Die App *Google Übersetzer* bringt die bekannten Übersetzungsfunktionen von Google aufs Smartphone. Mit der App können eingetippte oder gesprochene Texte übersetzt werden.

Unterwegs kann man mit der Kamera ein Schild oder eine Speisekarte fotografieren und in Echtzeit in eine andere Sprache übersetzen lassen. Beim ersten Starten der App legt man seine eigene Sprache – üblicherweise Deutsch – sowie die am häufigsten übersetzte Sprache fest. Aktivieren Sie den Schalter *Offline übersetzen*, um eine Sprachdatei für die Übersetzung ohne Internetverbindung herunterzuladen.

Wenn die Google-Übersetzer-App installiert ist, integriert sich die Übersetzungsfunktion automatisch in die Kontextmenüs oder Symbolleisten unterstützter Apps. Markieren Sie in einer solchen App einen Text, können Sie diesen nicht nur wie bisher in die Zwischenablage kopieren oder direkt teilen, sondern auch in einem über die App geblendeten Fenster übersetzen lassen.

Fremdsprachige Texte lassen sich mit dem Lautsprechersymbol oben links vorlesen, da man in vielen Sprachen die Texte nicht einmal ohne Weiteres aussprechen kann. Anstatt Texte zu tippen oder zu kopieren, können Sie sie auch ins Mikrofon sprechen. So können Sie sich mit einer Person, die eine fremde Sprache spricht, wirklich unterhalten, indem Sie

309

abwechselnd Sätze in das Smartphone sprechen und sich diese in der anderen Sprache wieder vorsprechen lassen.

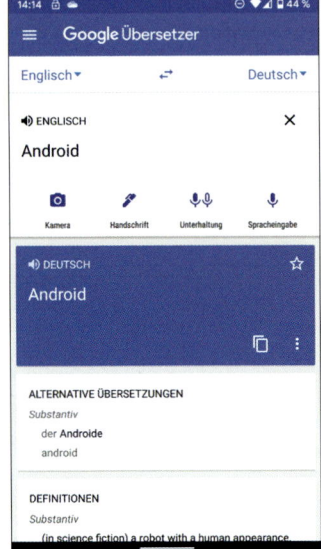 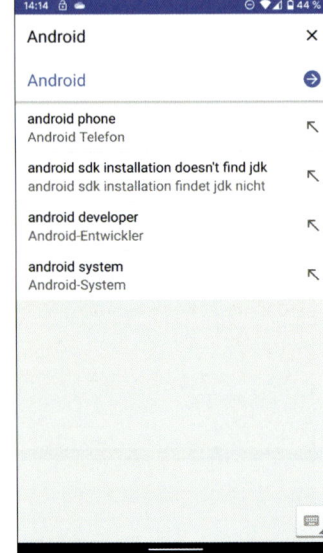 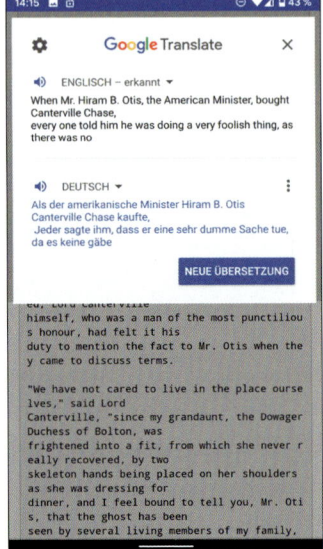

Automatische Übersetzung mit Google Übersetzer.

> **ACHTUNG:** Zur Veröffentlichung fremdsprachiger Texte ist der Google Übersetzer wie jede andere Art automatischer Übersetzung völlig ungeeignet. Die App dient nur dazu, sich ein ungefähres Bild vom Inhalt eines fremdsprachigen Textes zu machen. Besonders bei Sprachen, bei denen man nicht einmal den leisesten Hauch einer Ahnung hat, was ein Text bedeutet, kann eine automatische Übersetzung hilfreich sein.

Text in einem Foto erkennen und übersetzen

Tippen Sie auf das Kamerasymbol, können Sie einen fremdsprachigen Text mit der Kamera erfassen und automatisch sofort im Bild übersetzen. Allerdings eignet sich diese Methode nur für einfache Hinweisschilder oder Speisekarten. Selbst bei einfachen technischen Texten wie dem abgebildeten Werbetext ist die automatische Übersetzung nahezu unbrauchbar.

So erreichen Sie eine bessere Übersetzungsqualität:

1. Schalten Sie unten von *Sofort übersetzen* auf *Scannen* um.

2. Fotografieren Sie den Text mit dem runden Kameraauslöser.

3. Markieren Sie anschließend mit dem Finger die zu übersetzenden Textstellen.

4. Der erkannte Text und die Übersetzung erscheinen in einem Textfenster. Hier können Sie die Übersetzung oder das Original auch über die Zwischenablage in eine andere App übernehmen.

 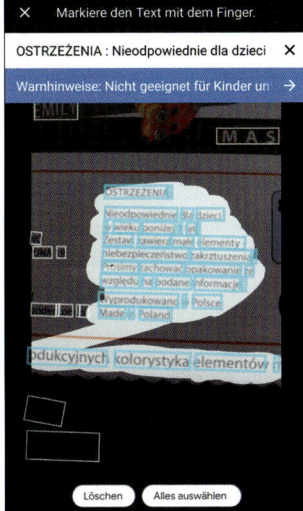 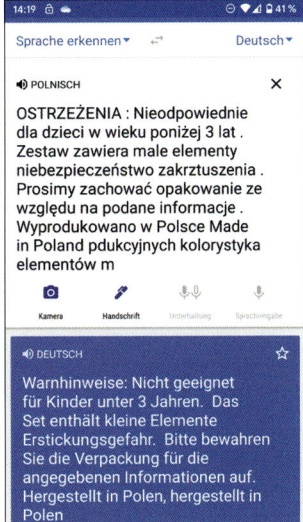

Übersetzung mit der Kamera und Sofortübersetzung.

Webseiten übersetzen

Öffnen Sie eine fremdsprachige Webseite im Chrome-Browser, versucht dieser, die Sprache automatisch zu erkennen, und bietet an, die Webseite zu übersetzen.

Chinesische Webseite übersetzen.

In der Übersetzung wird das Original-Seitenlayout beibehalten. Zum Vergleich können Sie jederzeit wieder das Original anzeigen lassen.

Entscheiden Sie sich, eine Seite nicht zu übersetzen, erscheint im Menü des Google-Übersetzer-Balkens am unteren Bildschirmrand die Abfrage, ob Sie die erkannte Sprache grundsätzlich nie übersetzen lassen möchten. Möchten Sie die automatische Übersetzung gar nicht nutzen, können Sie sie in den Einstellungen von Chrome unter *Website-Einstellungen/ Sprache* komplett abschalten.

Schnelle Übersetzung mit der Tastatur

Möchten Sie einen kurzen Text, zum Beispiel eine E-Mail, in einer fremden Sprache verfassen, können Sie direkt die Eingabe der Tastatur übersetzen lassen. Tippen Sie dazu auf das Pfeilsymbol oben links über der Tastatur und blenden Sie die Symbolleiste ein.

Über die drei Punkte rechts erreichen Sie das Symbol *Übersetzen*. Wenn Sie es oft benötigen, können Sie es auch direkt in die Symbolleiste der Tastatur ziehen. Wählen Sie dann die Ausgangs- und Zielsprache und geben Sie einen Text ein. Dieser erscheint in der Textzeile oberhalb der Tastatur. Im Dokument wird gleich die Übersetzung eingetragen.

Tippen Sie in das Dokument, sehen Sie den eingegebenen Text sowie die Übersetzung und können zwischen beiden umschalten.

Schnellübersetzung auf der Tastatur.

Rechner

Android liefert einen einfachen Taschenrechner mit, der für den Alltag in den meisten Fällen ausreicht. Er bietet sogar ein paar wissenschaftliche und trigonometrische Funktionen.

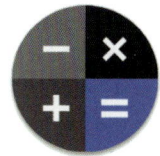

Diese erscheinen, wenn man den farbigen Balken vom rechten Bildschirmrand nach links ins Bild schiebt. Im Querformat sind die wissenschaftlichen Funktionen immer zu sehen.

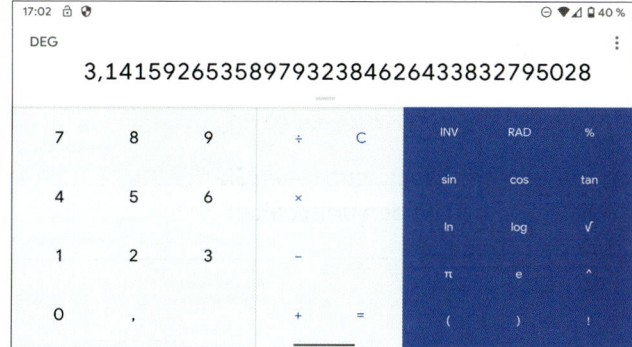

Der Standard-Taschenrechner auf Android-Smartphones.

E-Books

Android-Smartphones mit ihren hochauflösenden Bildschirmen eignen sich gut, um unterwegs E-Books zu lesen. Die digitalen Bücher wiegen nichts, verbrauchen keinen Platz in der Tasche, und man braucht auch nicht daran zu denken, ein Buch für längere Bahnfahrten oder Wartezeiten mitzunehmen – das Smartphone hat man sowieso immer dabei.

E-Books werden in verschiedenen digitalen Formaten zum kostenlosen Download und auch zum Downloadkauf angeboten. Das bekannteste Format ist EPUB.

Einige Bücher werden aber auch in den vom PC bekannten Dateiformaten PDF und RTF geliefert. Zum Lesen von E-Books auf dem Smartphone braucht man eine E-Book-Reader-App.

Google Play Bücher

Google Play bietet neben Apps, Musik und Hardware auch einen Downloadshop für E-Books an. Für die hier gekauften Bücher gibt es eine eigene Reader-App, die auf aktuellen Android-Smartphones bereits vorinstalliert ist. Damit lassen sich die im eigenen Google-Konto gespeicherten Bücher direkt online lesen oder auch zum Offlinelesen auf dem Gerät zur Verfügung stellen.

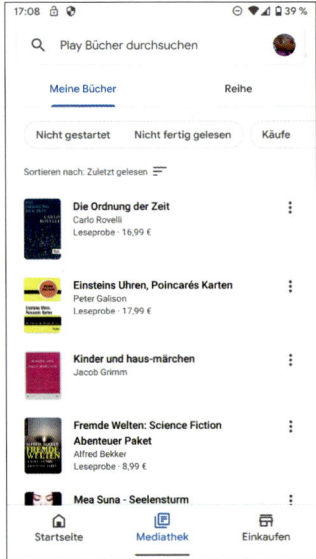

E-Books in Google Play Bücher. Mitte: Wort markieren und im Wörterbuch suchen, rechts: Inhaltsverzeichnis eines Buches.

Die Startseite der App zeigt Empfehlungen und Bestseller. Auf der Seite *Bibliothek* sind die im eigenen Google-Konto heruntergeladenen oder gekauften Bücher zu finden. Im Bereich *Einkaufen* ist der Google-E-Book-Store fest integriert. Bei vielen Büchern gibt es kostenlose Leseproben, die auch ohne Angabe von Zahlungsdaten gelesen werden können. Öffnen Sie ein Buch durch Antippen. Es wird im Hintergrund heruntergeladen, man kann sofort mit dem Lesen beginnen.

Im Buch kann man mit Fingergesten blättern. Statt mit dem Finger über den Bildschirm zu wischen, reicht auch ein kurzes Antippen am rechten Bildschirmrand, um eine Seite weiterzublättern. Tippt man auf den linken Bildschirmrand, kommt man wieder eine Seite zurück. Tippen Sie kurz in die Bildschirmmitte, erscheint oben eine Symbolleiste und unten ein Balken, der die aktuelle Position im Buch anzeigt. Hier können Sie auch rasch zu einer beliebigen Position springen.

Das Lupensymbol oben blendet ein Suchfeld zur Volltextsuche nach einem beliebigen Wort im ganzen Text ein – eine Funktion, die in gedruckten Büchern undenkbar ist. Die Schaltfläche neben dem Lupensymbol blendet das Inhaltsverzeichnis des Buches ein. Hier können Sie schnell direkt zu einer Überschrift springen.

In den Anzeigeoptionen über das *Aa*-Symbol können Sie die Helligkeit einstellen und zum Lesen im Dunkeln auf ein augenfreundliches Nachtlicht umschalten, bei dem je nach Umgebungshelligkeit der Blauanteil der Bildschirmbeleuchtung mehr oder weniger reduziert wird. Außerdem lassen sich hier Schriftgröße, Zeilenhöhe und Schriftart festlegen. Um nur kurz zu zoomen, ohne gleich die Schriftgröße zu verändern, tippen Sie doppelt in die Bildschirmmitte.

Halten Sie den Finger länger auf ein Wort, wird dieses markiert und es erscheint eine Symbolleiste, mit deren Hilfe Sie eine Notiz anfügen, den markierten Text übersetzen oder im Buch suchen lassen können. Steht das Wort im Wörterbuch, wird automatisch die Definition angezeigt.

Markieren Sie einen Satz oder einen Textabsatz und tippen Sie auf das Übersetzungssymbol, um diesen in eine andere Sprache zu übersetzen. Hier werden alle Sprachen des Google Übersetzers angeboten.

Das Menüsymbol rechts oben bietet weitere nützliche Funktionen und Lesehilfen.

- *Originalseiten* – schaltet von der lesefreundlichen Fließtextansicht auf das Originallayout des gedruckten Buches um, vorausgesetzt, dieses ist im E-Book gespeichert.

- *Über dieses Buch* – öffnet die Produktseite des Buches im Google Play Store. Wenn Sie nur eine Leseprobe haben, können Sie hier das komplette Buch kaufen.

- *Teilen* – verschickt einen Link auf das Buch im Google Play Store per E-Mail oder über andere installierte Kommunikations-Apps.

- *Lesezeichen hinzufügen* – erstellt ein Lesezeichen an der aktuellen Position. Zu diesen Lesezeichen springen Sie später über das Inhaltsverzeichnissymbol unten links.

- *Vorlesen* – liest das Buch mit einer Computerstimme vor. In den *Einstellungen* können Sie eine menschlichere Stimme wählen. Dazu ist aber eine Onlineverbindung erforderlich.

- *Einstellungen* – blendet einen Einstellungsbildschirm ein. Hier finden Sie die interessante Option, die beim Lesen nicht benötigten Lautstärketasten an der Seite des Smartphones zum komfortablen Blättern mit einer Hand zu verwenden. Außerdem können Sie PDF-Dateien aus Downloads, E-Mails oder anderen Apps in Ihr Google-Konto hochladen, um diese Dateien dann mit dem *Google Play Bücher*-Reader zu lesen.

- *Hilfe* und *Feedback* – öffnet die Hilfe- sowie die Feedback-Funktion, die bei den meisten Google-Apps und Systemkomponenten mitgeliefert werden.

Eigene E-Books in der App lesen

Der *Google Play Bücher*-Reader kann auch eigene E-Books in den Formaten EPUB und PDF darstellen, solange diese keinen Kopierschutz haben. Laden Sie Ihre E-Books vom PC über die Seite *play.google.com/books/uploads* in Ihr Google-Konto hoch. Sie können auch E-Books aus Ihrer persönlichen Google-Drive-Ablage direkt über die Google-Drive-App in Ihre E-Book-Bibliothek übernehmen. Bei E-Books im EPUB-Format stehen alle Funktionen des E-Book-Readers zur Verfügung, unter anderem die Volltextsuche, das Inhaltsverzeichnis, Notizen, die Einstellung der Schriftgröße. Im PDF-Format können Sie nur Lesezeichen setzen.

Amazon Kindle

Der Onlinebuchhändler Amazon machte mit seinem E-Book-Lesegerät Kindle das Lesen von E-Books erst richtig populär. Anstelle eines »echten« Kindle kann man auch die Kindle-App nutzen, um seine bei Amazon gekauften E-Books unterwegs zu lesen.

Amazon verwendet für den Kindle ein eigenes Datenformat, das die anderen E-Book-Reader nicht lesen können. Diese App bietet natürlich auch Zugang zum Onlineshop, der innerhalb der App in einem für Smartphones optimierten Format dargestellt wird, sowie zu den kostenlosen Büchern.

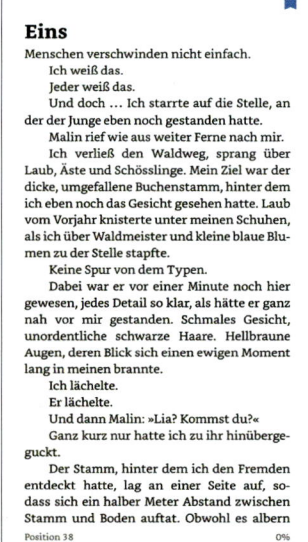 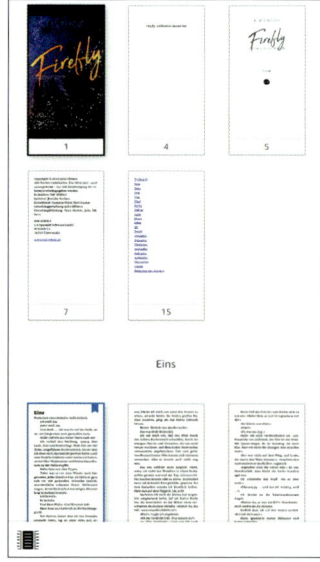 

Die Kindle-App für Android.

Auch die kostenlosen Bücher muss man bei Amazon »kaufen«. Dazu ist ein Amazon-Kundenkonto erforderlich, das man aber auch schnell im Kindle-Shop anlegen kann, wenn man noch nie bei Amazon eingekauft hat. Nach der »Bestellung« wählt man nur noch das Gerät aus, auf dem man das Buch lesen möchte, falls man mehrere Kindle oder Geräte mit Kindle-App in Verwendung hat. Die Bücher werden automatisch über Amazons eigene Whispersync-Technologie direkt auf das Smartphone zugestellt, ohne dass Sie noch irgendetwas dazu tun müssen.

In der Kindle-App finden Sie alle gekauften sowie die kostenlos heruntergeladenen Bücher. Bei den bereits angelesenen Büchern zeigt eine kleine Prozentzahl die aktuelle Leseposition im Buch.

Beim Lesen in der Nacht schalten Sie am besten auf den augenfreundlichen Nachtmodus um, der helle Schrift auf dunklem Grund zeigt und auf diese Weise den Leser nicht so stark blendet. Außerdem können Sie je nach Lesegewohnheit die Schriftgröße auf ein angenehmes Maß einstellen.

Ein Symbol links unten blendet eine Seitenübersicht ein, um schnell eine bestimmte Seite im Buch zu finden.

Sie können jederzeit die aktuelle Position als Lesezeichen speichern, um so wichtige Textstellen schnell wiederzufinden. Tippen Sie dazu auf die Seite und dann in der rechten oberen Bildschirmecke auf das Lesezeichensymbol. Die Lesezeichen erreichen Sie später über das Notizbuchsymbol oben rechts.

Suche, Wörterbuch, Übersetzer und Wikipedia im Kindle

Markieren Sie ein einzelnes Wort durch längeres Antippen, können Sie dieses in Wikipedia nachschlagen. Über die Symbolleiste können Sie diesen Begriff auch per Volltextsuche im Buch suchen oder über den Browser im Internet.

Amazon bietet das *Duden Universalwörterbuch* sowie verschiedene fremdsprachige Wörterbücher kostenlos für alle Kindle-Nutzer an. Beim ersten Mal müssen Sie es nur herunterladen, brauchen dazu aber Ihr gerade geöffnetes E-Book nicht zu verlassen.

Schieben Sie den Wikipedia-Kasten nach links, erscheinen ein Kasten für die Übersetzung mit Bing und das Wörterbuch. Der Link *Vollständige Definition* in der Kurzbeschreibung nach dem Herunterladen des Wörterbuches blendet das *Duden Universalwörterbuch* mit der ausführlichen Begriffsbeschreibung ein. Mit der Zurück-Taste kommen Sie aus dem *Duden Universalwörterbuch* wieder zurück ins E-Book.

Im Gegensatz zur Wikipedia-Suche kann das *Duden Universalwörterbuch* nach dem erstmaligen Download offline genutzt werden.

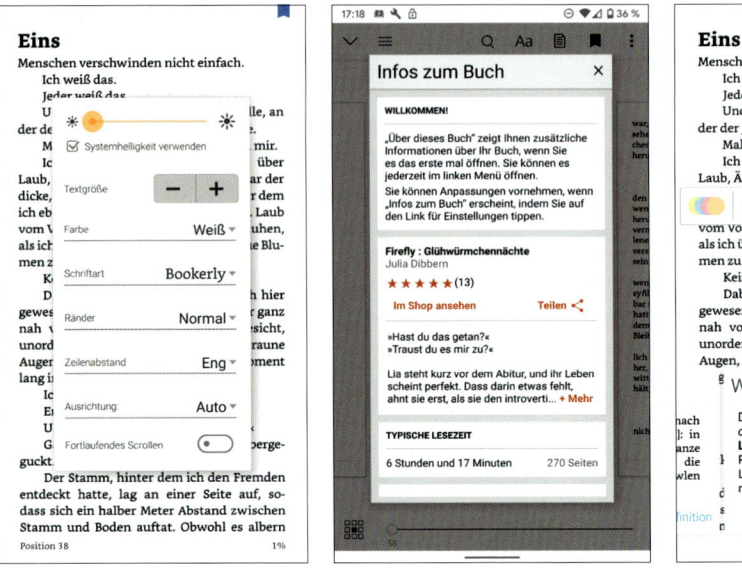
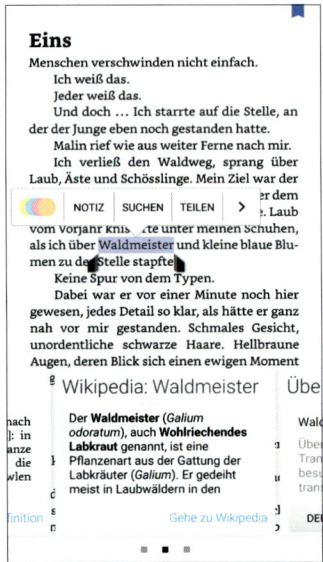

Links: Leseeinstellungen, Mitte: Infos zum Buch, rechts: Text markieren und Wikipedia in der Kindle-App.

Tolino

Der deutsche Buchhandel bietet mit **Tolino** eine gemeinsame Plattform zum Verkauf von E-Books an. In der Tolino-App haben Sie Zugriff auf alle an Tolino beteiligten Händler, unter anderem Thalia, Weltbild, Hugendubel, Buch.de, Ebook.de und weitere Buchhändler. Nach der Anmeldung in Ihrem Lieblingsshop wird die Tolino-App auf diesen Shop eingerichtet und Sie können Ihre dort gekauften E-Books in die Tolino-App herunterladen und natürlich auch neue kaufen.

Über die Tolino Cloud sind auch alle E-Books verfügbar, die Sie bei einem anderen beteiligten Shop gekauft haben. Wer früher eine App eines der am Tolino-System beteiligten Buchhändler genutzt hat, bekommt dort einen Code, um einfach zu Tolino zu wechseln und die E-Books zu synchronisieren.

Die Tolino-App funktioniert wie alle E-Book-Reader-Apps im Vollbildmodus. Tippen Sie auf den rechten oder linken Bildschirmrand, um seitenweise vor- oder zurückzublättern. Alternativ können Sie auch mit Wischbewegungen umblättern. Die Bedienelemente werden beim Tippen auf die Bildschirmmitte eingeblendet.

Geben Sie in den Einstellungen Ihre Adobe ID ein, um auch DRM-geschützte E-Books lesen zu können. Wenn Sie noch keine Adobe ID haben, folgen Sie dem Link *Noch keine Adobe ID?*, um sich kostenlos zu registrieren.

 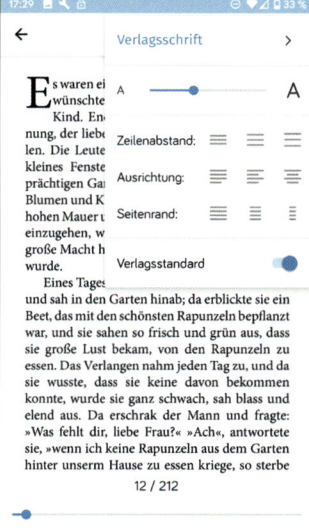 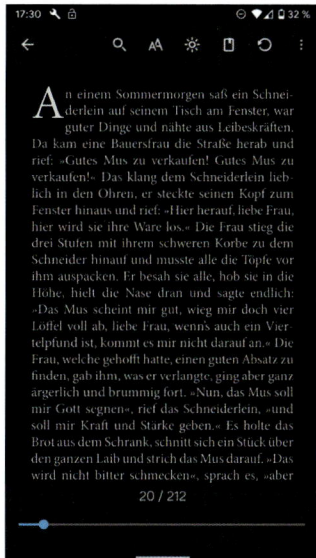

Startseite, Leseeinstellungen mit Bedienelementen und Nachtmodus in der Tolino-App.

DRM

DRM steht für **D**igital **R**ights **M**anagement, zu Deutsch »digitale Rechteverwaltung«. Dabei handelt es sich um eine Technologie, die für ein damit geschütztes E-Book festlegt, auf welchen Geräten es dargestellt werden darf. E-Book-Shops können damit entscheiden, ob ein Käufer ein E-Book nur auf einem oder auf mehreren eigenen Geräten herunterladen und lesen darf. DRM legt auch fest, ob ein E-Book ausgedruckt werden darf.

Gesundheit

Ein Smartphone, das man ständig mit sich trägt, ist der ideale Fitnesscoach, zumal der Bewegungssensor die eigenen Aktivitäten automatisch erkennt.

Google Fit

Google Fit motiviert zu mehr Bewegung im Alltag. Jeden Tag mindestens eine Stunde Bewegung oder auch andere persönliche Ziele können gesetzt werden. Im Nachhinein kann man den täglichen Aktivitätenverlauf verfolgen.

Die App eignet sich auch dazu, Radtouren oder Laufstrecken per GPS zu tracken und später auszuwerten.

  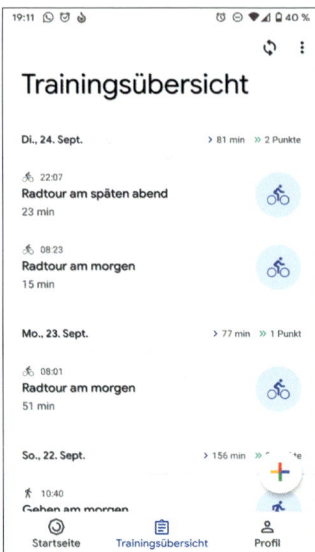

Tägliche Aktivitäten mit Google Fit.

Spiele für Android

Spiele, die von vielen selbst ernannten Computerspezialisten als unwichtig betrachtet werden, tragen doch wesentlich zur Weiterentwicklung und Verbreitung jeder Computerplattform bei. Schnelle und intelligente Spiele für verschiedenste Systeme zu entwickeln, gilt für viele Programmierer als Herausforderung. Auch für Android-Smartphones gibt es eine große Vielfalt an Spielen.

Google Play Spiele

Google Play Spiele ist eine Plattform, auf der man Erfolge und Belohnungen aus verschiedenen unterstützten Spielen sammeln und sich mit anderen Spielern vergleichen kann. Einige Spiele sind sogar mehrspielerfähig, sodass man direkt gegeneinander antreten kann. Mit der App *Google Play Spiele* werden ein paar einfache Gelegenheitsspiele installiert, mit denen Sie sofort beginnen können.

Haben Sie bereits auf anderen Android-Geräten über *Google Play Spiele* gespielt, werden Ihr Spielerprofil, zuletzt gespielte Spiele und Erfolge automatisch in der App *Google Play Spiele* angezeigt.

KAPITEL 9

Insidertipps zur Bedienung

Die Bedienung eines Android-Smartphones erfolgt weitgehend intuitiv, sodass man kaum etwas falsch machen kann. Aber natürlich gibt es wie bei jedem System einige Tricks, auf die man nicht sofort kommt.

Wenn die Automatik versagt – Internetzugang manuell einrichten

Normalerweise erkennt das Smartphone anhand der SIM-Karte die richtigen Einstellungen für den Internetzugang über das Mobilfunknetz. In einigen Fällen klappt dies aber nicht, was daran zu erkennen ist, dass man mit dem Smartphone zwar telefonieren kann, aber ohne WLAN nicht ins Internet kommt.

Besonders beim Mobilfunkanbieter Netzclub und einigen Discountern, die das Netz von o2 nutzen, kommt es immer wieder zu Problemen mit der automatischen Einrichtung des Internetzugangs.

1. Wählen Sie in den *Einstellungen* die Option *Netzwerk und Internet/Mobilfunknetz*.

2. Entscheiden Sie sich unter *Bevorzugter Netzwerktyp* für den bestmöglichen Netzwerktyp, den Ihre SIM-Karte unterstützt. Bei SIM-Karten ohne LTE-Tarif muss also *3G* ausgewählt werden, auch wenn das Smartphone standardmäßig LTE vorschlägt.

3. Wenn die Automatik nicht funktioniert, deaktivieren Sie unter *Erweitert* den Schalter *Netzwerk automatisch auswählen*. Jetzt wird eine Liste verfügbarer Netzwerke gesucht. Ist Ihr Anbieter dabei, tippen Sie darauf, um die Internetverbindung automatisch zu konfigurieren.

4. Auch das funktioniert nicht immer. Tippen Sie auf die Zeile *Zugangspunkte (APNs)*. Wählen Sie den eingetragenen Zugangspunkt durch Antippen aus. Sollten es mehrere sein, tippen Sie auf den markierten.

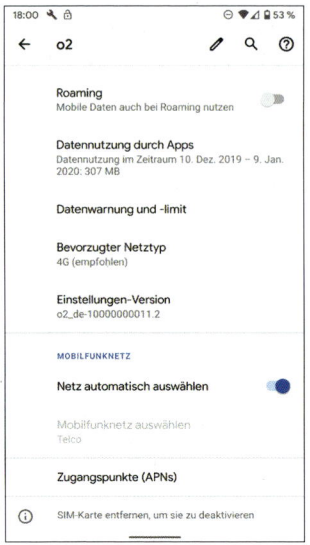 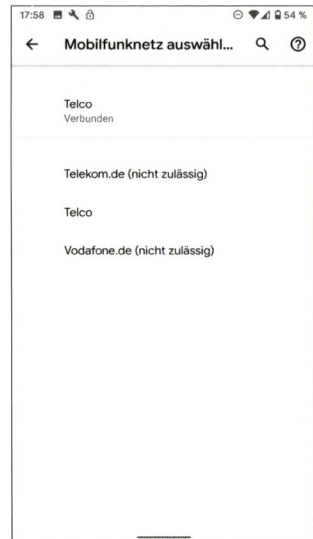 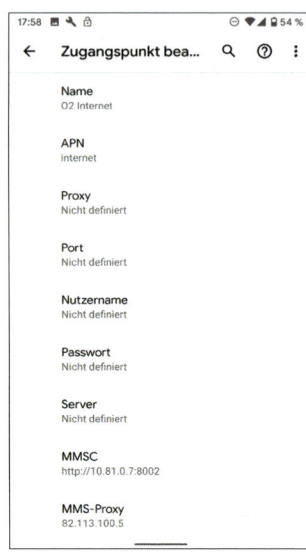

Einstellungen für Mobilfunknetze und APN-Zugangspunkt bearbeiten.

5. Tragen Sie im Feld *Name* Ihren Netzbetreiber ein. Dieses Feld dient nur dazu, Zugangs-punkte zu unterscheiden, wenn mehrere eingerichtet sind.

6. Geben Sie im Feld *APN* den APN-Namen ein, den Sie von Ihrem Mobilfunkanbieter er-halten. Bei Netzclub und einigen anderen o2-Discountern lautet dieser *pinternet.inter-kom.de* und nicht, wie oft automatisch vorgeschlagen, *internet*.

7. Die Felder *Proxy*, *Port*, *Nutzername*, *Passwort* und *Server* müssen bei den meisten Anbie-tern leer bleiben.

Eine ausführliche Liste von APN-Einstellungen aller wichtigen deutschen Mobilfunkanbie-ter finden Sie unter *www.softwarehandbuch.de/apn-einstellungen*.

Hintergrundbilder und Live-Hintergründe

Das Hintergrundbild des Bildschirms, sei es auf dem PC oder auf dem Smartphone, ist ein höchst emotionales Thema. Die einen vertreten äußerst vehement die Meinung, der Bild-schirmhintergrund sei das Unwichtigste überhaupt, anderen liegt dieses Bild so am Herzen, dass es je nach Tageslaune ständig geändert werden muss.

Je nach Smartphone-Modell wird ein vorinstalliertes Hintergrundbild mitgeliefert, aber wer möchte schon, dass sein Handy aussieht wie alle?

Tippen Sie etwas länger auf den Startbildschirm und dann auf das Symbol *Hintergründe*. Jetzt erscheint eine Auswahl an Hintergrundbildern. Die Bilder sind nach Kategorien geordnet und stammen von Google Earth sowie ausgewählten Landschaftsfotosammlungen. Wählen Sie eine Kategorie aus. Viele der Kategorien bieten die Möglichkeit, das Hintergrundbild täglich zu wechseln. Wegen des Datenvolumens sollten Sie dabei die Option *Nur über WLAN herunterladen* einschalten. Wenn ein Hintergrundbild mal gar nicht gefällt, tippen Sie auf das runde Pfeilsymbol, um ein anderes aus der Kategorie zu wählen.

Jetzt können Sie noch festlegen, ob das gewählte Bild auf dem Startbildschirm oder dem Sperrbildschirm als Hintergrund genutzt werden soll.

Hintergrundbilder für den Startbildschirm und den Sperrbildschirm auswählen.

Da einige Smartphone-Hersteller eigene Methoden zur Auswahl des Hintergrundbildes vorinstallieren, die oft deutlich weniger Möglichkeiten bieten, liefert Google die Standard-App zur Auswahl von Hintergründen über den Play Store zum Download, falls sie auf einem Smartphone nicht vorinstalliert ist.

Eigene Hintergrundbilder verwenden

Noch wesentlich persönlicher ist ein selbst fotografiertes Hintergrundbild auf dem Smartphone. Wählen Sie dazu in der Bildauswahlleiste ganz am Anfang das Symbol *Meine Fotos*.

Jetzt werden alle auf dem Smartphone gespeicherten Fotos angezeigt. Diese können mit der Kamera aufgenommen, aus dem Internet heruntergeladen oder auf anderem Weg, z. B. per E-Mail, auf das Smartphone gelangt sein.

Über das Menüsymbol links oben haben Sie die Möglichkeit, außer lokal gespeicherten Bildern auch Fotos von Google Drive, aus der Fotos-App oder aus OneDrive und anderen installierten Cloud-Speicherdiensten zu wählen.

Betrachten Sie gerade Fotos in der Fotos-App und finden dabei ein Bild, das Sie gern als Bildschirmhintergrund sehen möchten, brauchen Sie nicht den Umweg über den Startbildschirm zu gehen. Wählen Sie im Menü oben rechts *Verwenden als* und tippen Sie dann auf das Symbol *Hintergrund*. Schieben Sie das Bild so auf dem Bildschirm, dass es den gewünschten Bildausschnitt zeigt. Danach können Sie noch festlegen, ob das gewählte Bild auf dem Startbildschirm oder auf dem Sperrbildschirm als Hintergrund genutzt werden soll.

Foto aus der Google-Fotos-App als Hintergrundbild nutzen.

Live-Hintergründe

Live-Hintergründe sind keine Bilder im klassischen Sinn, sondern mathematische Algorithmen, die in Echtzeit einen animierten Hintergrund berechnen und darstellen. Viele dieser Live-Hintergründe reagieren interaktiv auf Berührungen des Startbildschirms. Einige Apps enthalten Live-Hintergründe, um z. B. das aktuelle Wetter oder andere Informationen in Echtzeit als Hintergrund auf dem Startbildschirm zu zeigen.

> **Achtung: Akkuverbrauch**
>
> Live-Hintergründe belasten den Prozessor und tragen damit extrem zum Akkuverbrauch des Smartphones bei. Wer auf lange Akkulaufzeiten Wert legt, verwendet lieber ein statisches Hintergrundbild, am besten ein möglichst dunkles.

Widgets für schnelle und persönliche Infos

Widgets sind kleine interaktive Elemente, die bestimmte Informationen oder Daten zum schnellen Zugriff auf den Startbildschirm bringen. Android liefert eine Liste nützlicher Widgets bereits mit. Viele Apps installieren weitere Widgets, z. B. Facebook, Twitter und diverse Wetter-Apps.

Die meisten Widgets sind in den App-Shortcuts der zugehörigen App zu finden. Tippen Sie länger auf ein App-Symbol in der Apps-Liste oder auf dem Startbildschirm, erscheinen die App-Shortcuts. Tippen Sie oben rechts auf das Widget-Symbol, sehen Sie eine Liste der verfügbaren Widgets dieser App.

Widgets auf den Startbildschirm bringen und in der Größe anpassen.

Bei jedem Widget ist die Größe in Rastereinheiten angezeigt, die dieses Widget belegt. Eine Rastereinheit entspricht der Größe eines App-Symbols. Einige Widgets sind in verschiedenen Größen verfügbar, manche lassen sich auch in der Größe verändern. Je nach freiem Platz auf dem Startbildschirm können Sie bei einigen Widgets unterschiedlich viele Informationen anzeigen lassen.

Um ein Widget auf den Startbildschirm zu bringen, ziehen Sie es einfach wie eine App aus der Liste heraus und platzieren es an der gewünschten Stelle auf einem der Startbildschirme.

Widgets können auch später noch jederzeit wie App-Symbole auf dem Startbildschirm verschoben werden. Zeigt ein Widget eine farbige Umrandung mit weißen Griffen an den Seiten, lässt sich dieses interaktiv in der Größe verändern.

Um ein Widget wieder vom Startbildschirm zu löschen, gehen Sie genauso vor wie bei Apps. Ziehen Sie es an den oberen Bildschirmrand auf die Fläche *Entfernen*.

Zusätzlich zu dieser Methode, Widgets hinzuzufügen, unterstützt Android 10 auch noch die Methode früherer Android-Versionen: Tippen Sie länger auf den Startbildschirm und dann auf das Symbol *Widgets*. Jetzt erscheint eine mehrere Bildschirmseiten lange Liste von Widgets. Ziehen Sie von dort aus das gewünschte Widget auf den Startbildschirm.

Einstellungen mit Suchfunktion

Die *Einstellungen* wurden in Android 10 wieder einmal grundlegend über- arbeitet und übersichtlicher gestaltet. Wie schon in den letzten Versionen braucht man die Einstellungen-App nicht unbedingt aus der Liste der Apps aufzurufen. Ziehen Sie einfach die Benachrichtigungsleiste mit den Schnell- einstellungen vom oberen Bildschirmrand herunter und tippen Sie rechts unten auf das *Einstellungen*-Symbol.

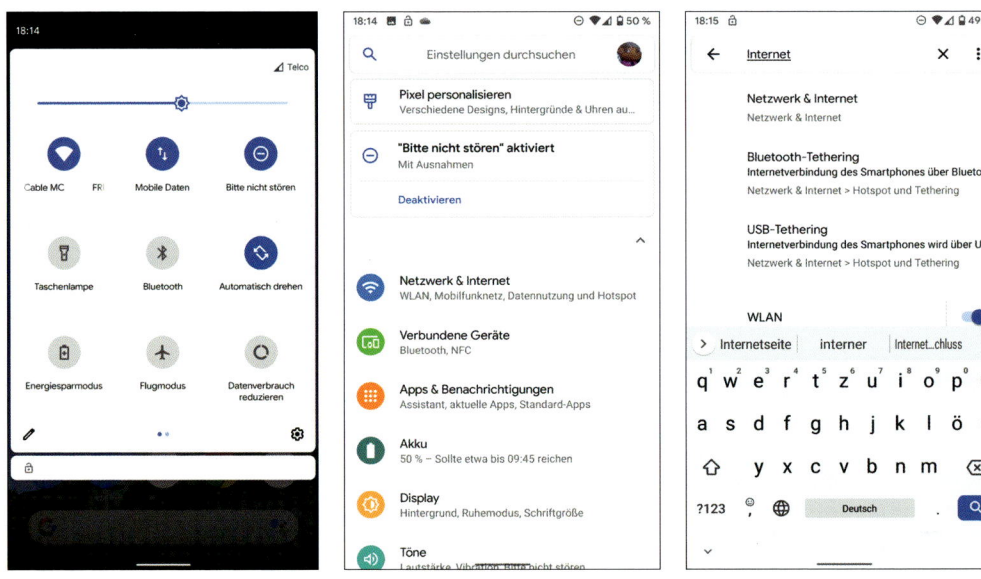

Hauptmenü der Einstellungen und in den Einstellungen suchen.

Wichtige Einstellungen werden ganz oben auf dem Hauptbildschirm der *Einstellungen* vorgeschlagen. Nicht immer ist es ganz einfach, eine bestimmte Einstellung innerhalb der verschachtelten Struktur zu finden.

Auf dem Hauptbildschirm der *Einstellungen* finden Sie oben ein Suchfeld. Tippen Sie darauf, können Sie einen Suchbegriff eingeben. Schon während der Eingabe werden passende Einstellungen vorgeschlagen.

App-Shortcuts

Über App-Shortcuts (langes Antippen des Einstellungen-Symbols) lassen sich häufig gebrauchte Einstellungen schnell aufrufen. Bei Bedarf können diese Shortcuts auf den Startbildschirm gelegt werden.

App-Shortcuts für die Einstellungen.

Erweiterte Schnelleinstellungen bearbeiten

Welche Einstellungen beim Herunterziehen der Schnelleinstellungen angezeigt werden, hängt vom jeweiligen Smartphone und dessen Hardwareausstattung ab. Tippen Sie links unten auf das Stiftsymbol, um die Reihenfolge der angezeigten Schnelleinstellungssymbole zu verändern. Auf diesem Bildschirm finden Sie noch weitere Schnelleinstellungen, die standardmäßig nicht angezeigt werden. Diese können Sie hinzufügen und dafür selten benötigte Symbole, die standardmäßig in der Symbolleiste der Schnelleinstellungen angezeigt werden, aus der Ansicht herausnehmen.

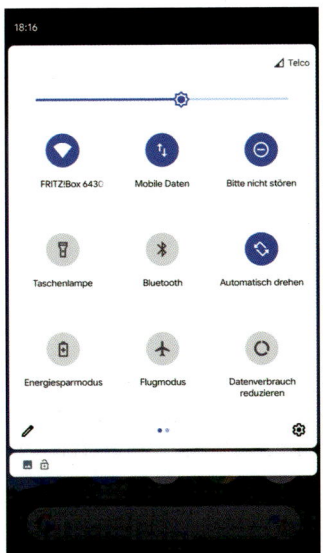

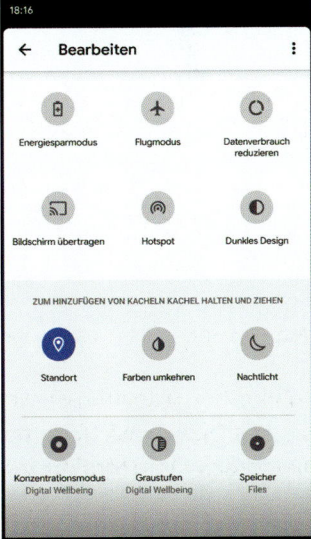

Erweiterte Schnelleinstellungen bearbeiten.

Sind mehr als neun Schnelleinstellungen ausgewählt, werden die weiteren auf einer zusätzlichen Bildschirmseite angezeigt. Diese erreichen Sie mit einer horizontalen Wischbewegung in der Schnelleinstellungen-Ansicht.

Unter den standardmäßig inaktiven Symbolen finden sich auch noch einige nützliche Schalter.

Dunkles Design

Der helle Smartphone-Bildschirm strengt die Augen an, außerdem lässt sich besonders auf OLED-Displays mit dunklem Hintergrund erheblich Strom sparen.

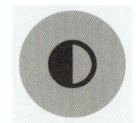

Einige Smartphone-Hersteller sowie auch diverse Apps bieten daher die Möglichkeit, vom hellen auf dunkles Design mit weißer Schrift umzuschalten. Mit Android 10 zieht der dunkle Bildschirmmodus ins Betriebssystem ein – eine der auffälligsten neuen Funktionen.

Das dunkle Design wird in den *Einstellungen* unter *Display* eingeschaltet. Es betrifft die *Einstellungen* selbst, die Benachrichtigungen und andere Systemdialoge sowie die Apps-Liste. Damit Apps bei aktiviertem dunklem Design auch auf den Dunkelmodus schalten, müssen die Entwickler entsprechende Funktionen einbauen.

Bis jetzt unterstützen ein Teil der Google-Apps sowie einige wenige Apps von Drittentwicklern das dunkle Design. Nach und nach werden sicher weitere Apps folgen.

Dunkles Design für Apps-Liste, Einstellungen und Google Play Store.

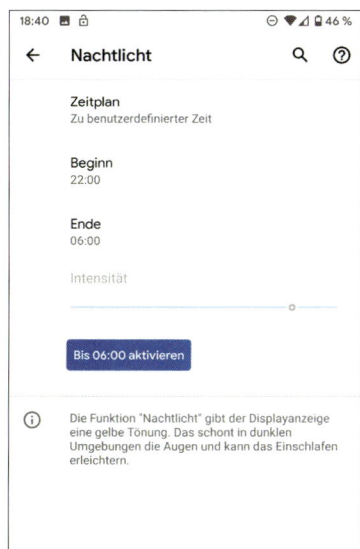

Nachtlicht

Android 10 bietet die Möglichkeit, nachts auf ein augenfreundliches Nachtlicht umzuschalten, bei dem je nach Umgebungshelligkeit der Blauanteil der Bildschirmbeleuchtung mehr oder weniger reduziert wird.

Tippen Sie länger auf dieses Symbol, können Sie das Nachtlicht automatisch nachts, abhängig vom Sonnenauf- und -untergang oder nach einem frei einstellbaren Zeitplan aktivieren. Bei aktiviertem Nachtlicht kann die Farbintensität mit einem Schieberegler eingestellt werden.

Einstellungen für das Nachtlicht.

Standort

Viele Apps sind erst dann sinnvoll zu nutzen, wenn sie wissen, wo man sich gerade befindet. Dies gilt nicht nur für Navigationssysteme, auch die Suche ist mit Standortangabe deutlich hilfreicher, wenn es z. B. darum geht, Läden, Restaurants, Haltestellen oder Geldautomaten zu finden. Foto-Apps können den Standort in Bilder eintragen, um diese etwa in Onlinegalerien auf Landkarten zu positionieren.

Allerdings verbrauchen die Standortdienste, die im Hintergrund GPS- und WLAN-Daten auswerten, auch einiges an Strom und können, wenn sie nicht benutzt werden, ausgeschaltet werden.

> **Standortdienste nur, wenn unbedingt nötig, abschalten**
>
> Einige Medien versuchen ihre Leser zu überzeugen, aus Datenschutzgründen die Standortdienste abzuschalten. Überlegen Sie sich genau, ob Sie die Standortdienste wirklich ausschalten. Neben dem Funktionsverlust in zahlreichen Apps helfen sie nämlich auch dabei, ein verlorenes oder gestohlenes Smartphone zu orten und eventuell wiederzufinden. Nähere Informationen dazu finden Sie in Kapitel 10.

Hotspot

Der private WLAN-Hotspot ermöglicht es, mit einem Notebook über das Smartphone unterwegs ins Internet zu gehen.

Datenverbrauch reduzieren

Durch Einschränkung von Apps, die im Hintergrund laufen, kann im Mobilfunknetz Datenvolumen eingespart werden.

Graustufen

Der Graustufenmodus schont die Augen, indem alle Farben durch Graustufen ersetzt werden.

Farben umkehren

Sollten Sie Schwierigkeiten haben, bei grellem Licht den Bildschirm zu erkennen, können Sie die Farben umkehren. Dabei werden nicht alle Farben ins Negative umgekehrt, sondern nur die Schwarz-Weiß-Anteile. Das Bild sieht etwas befremdlich aus, kann aber unter bestimmten Umgebungsbedingungen besser zu erkennen sein. In den meisten Fällen ist der dunkle Modus aber die bessere Wahl.

Bildschirm übertragen

Im Modus *Bildschirm übertragen* wird der Bildschirminhalt des Smartphones drahtlos auf einen kompatiblen Monitor oder Beamer übertragen.

Speicher

Startet Googles Dateimanager *Files*, wenn dieser installiert ist (siehe Kapitel 8).

Akku sparen

Wie bei jedem batteriebetriebenen Gerät ist auch bei Android-Smartphones der Akku immer viel zu schnell leer. Bei keiner anderen Zahl in den Datenblättern oder der Werbung für Smartphones beweisen Hersteller so viel Fantasie wie bei Stand-by- und Gesprächszeiten. Angaben von mehreren Hundert Stunden können nur unter extremen Laborbedingungen gelten, wenn optimaler Netzempfang besteht und keine einzige App sich im Hintergrund Daten holt.

Um im Alltag Laufzeiten von mehr als einem Tag zu erreichen, ist bewusstes Akkusparen mit den richtigen Einstellungen wichtig.

Android zeigt sehr detailliert an, welche Apps oder Systemkomponenten den Akku beanspruchen. Neben den großen Stromfressern GPS, Bluetooth und WLAN sorgen auch die Hintergrundbeleuchtung sowie einige Apps mit viel Hintergrundaktivität, z. B. Live-Hintergründe, dafür, dass der Akku nicht so lange hält wie erwartet.

Sie finden diese Anzeige, indem Sie länger auf das Akkusymbol in der Schnelleinstellungsleiste tippen. Kurzes Antippen aktiviert den Energiesparmodus.

Wählen Sie oben rechts im Menü auf dieser Seite *Akkunutzung*, erscheint eine
Verlaufskurve. Hier schätzt Android, wie lange es noch dauern wird, bis der
Akku bei gleichbleibendem Nutzerverhalten ganz leer ist oder voraussichtlich wieder voll
aufgeladen ist, wenn das Smartphone gerade am Ladegerät hängt. In der Akkuanzeige lassen sich gezielt Stromfresser finden. Betreffende Apps sollten Sie bei Akkuknappheit nicht
mehr nutzen. Wählen Sie auf dieser Seite oben rechts im Menü *Vollständige Gerätenutzung
zeigen*, werden auch Systemkomponenten und ihr Akkuverbrauch aufgelistet.

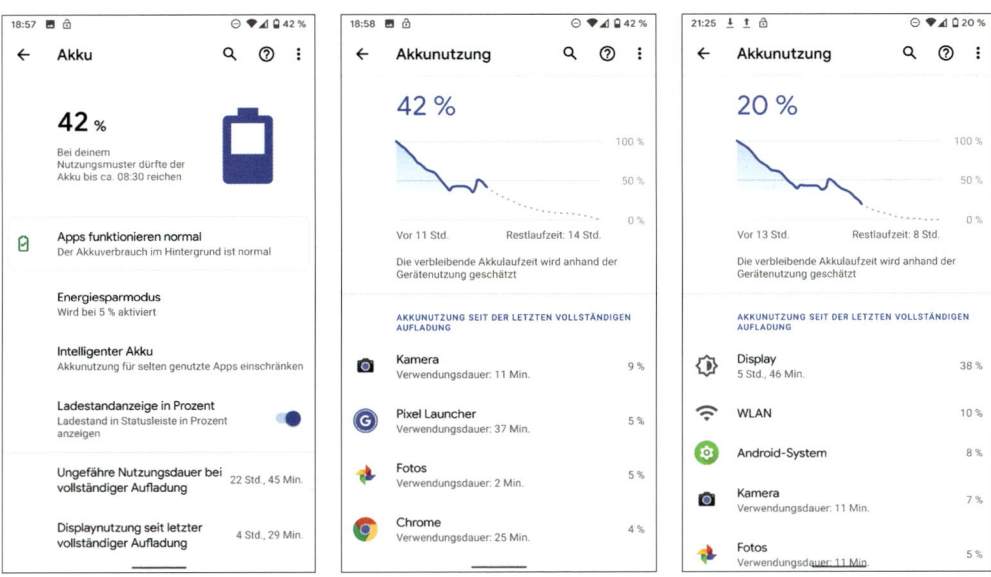

Die Akkuverbrauchsanzeige in Android 10.

Tipps zum Akkusparen

- Der Bildschirm ist einer der größten Stromfresser. Verringern Sie die Bildschirmhelligkeit. Ziehen Sie dazu die Benachrichtigungsleiste mit zwei Fingern herunter und schieben Sie den Helligkeitsregler ein Stück nach links.

- Bei Smartphones mit OLED-Bildschirmen sparen das dunkle Design und ein dunkles
Hintergrundbild zusätzlich Strom.

- Wenn Sie sich außerhalb eines WLANs befinden, schalten Sie das WLAN aus.

- Schalten Sie Bluetooth aus, wenn Sie es nicht benötigen.

- Der Flugmodus spart noch mehr Strom. Besonders, wenn Sie sich an einem Ort ohne
Mobilfunkempfang aufhalten, kostet die dauernde Suche nach einem Mobilfunknetz
viel Akkukapazität.

- Bei SIM-Karten ohne LTE setzen Sie die Einstellung *Bevorzugter Netzwerktyp* auf *3G/2G automatisch.*

- Verzichten Sie auf Widgets und Live-Hintergründe.

- Deinstallieren Sie Apps, die Sie nicht benötigen und die trotzdem in der Verbrauchsanzeige viel Strom verbrauchen.

- Schalten Sie die automatische Synchronisation in den Einstellungen des Google-Kontos für alle Dienste ab, die Sie nicht so oft benötigen. Dies spart Strom, allerdings zulasten des Komforts, da Sie jetzt die Datensynchronisierung manuell vornehmen müssen. Einfacher ist es, die Option *Datenverbrauch reduzieren* in den Schnelleinstellungen zu aktivieren. Auch damit wird die Synchronisierung im Hintergrund deaktiviert.

- Laden Sie größere Dateien, vor allem Systemupdates, nur herunter, wenn das Smartphone an die Stromversorgung angeschlossen ist.

Intelligenter Akku

Die neue Funktion *Intelligenter Akku* ersetzt die Leistungsoptimierung früherer Android-Versionen.

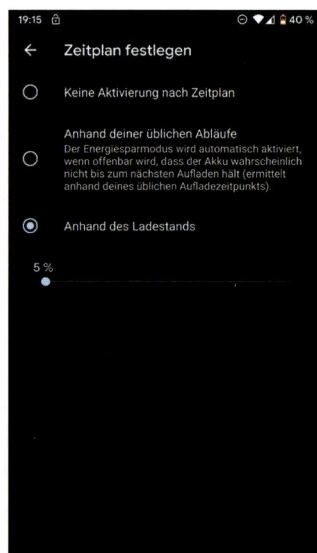

Einstellungen zum intelligenten Akku in Android 10. Mitte und rechts: Energiesparmodus.

Der Benutzer braucht sich jetzt nicht mehr selbst darum zu kümmern, welche Apps im Hinblick auf das Akkusparen optimiert werden sollen, sondern das System lernt selbstständig anhand des Nutzerverhaltens, welche Apps selten verwendet werden und daher besser in einen Sparmodus versetzt werden können.

Der Energiesparmodus

Android bietet einen Energiesparmodus an, der ganz einfach durch Antippen des Batteriesymbols in den Schnelleinstellungen aktiviert wird.

Tippen Sie länger auf das Batteriesymbol, können Sie festlegen, dass der Energiesparmodus bei schwacher Akkukapazität automatisch aktiviert wird.

Leider ist die deutliche Kennzeichnung des Energiesparmodus durch eine orangefarbene Benachrichtigungsleiste in Android 10 weggefallen. Der Energiesparmodus wird nur noch durch ein rotes Akkusymbol angezeigt und schaltet automatisch auf das dunkle Design um. Im Energiesparmodus werden Synchronisationsfunktionen im Hintergrund sowie die Vibrationsfunktion abgeschaltet. Das Telefon klingelt weiterhin. Apps lassen sich auch manuell synchronisieren.

Sobald das Smartphone an ein Ladegerät angeschlossen ist, wird der Energiesparmodus automatisch wieder deaktiviert.

Steuerung über Bewegungen

Auf einigen Smartphones können durch kurze Bewegungen nützliche Funktionen ausgelöst werden. Dies muss allerdings vom Gerät unterstützt werden, daher taucht der Menüpunkt *Gesten und Bewegungen* nicht auf allen Smartphones in den *Einstellungen* unter *System* auf.

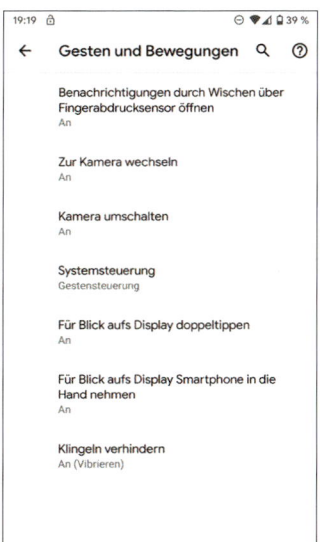

Einstellungen für Bewegungssteuerung.

- **Benachrichtigungen durch Wischen über Fingerabdrucksensor öffnen** – blendet die Benachrichtigungen ein, wenn man mit dem Finger von oben nach unten über den Fingerabdrucksensor streicht.

- **Zur Kamera wechseln** – startet die Kamera durch zweimaliges kurzes Drücken des Ein-/Ausschalters.

- **Kamera umschalten** – wechselt schnell zwischen Haupt- und Frontkamera, wenn man das Smartphone zweimal dreht, während die Kamera-App geöffnet ist.

- **Systemsteuerung** – Die neue Gestensteuerung bietet verschiedene Möglichkeiten zur Steuerung des Smartphones durch Wischgesten auf dem Bildschirm. Dabei wird ganz oder teilweise auf die drei klassischen Symbole Dreieck, Kreis und Quadrat am unteren Bildschirmrand verzichtet (siehe Kapitel 2).

- **Für Blick aufs Display doppeltippen** – Liegt das Smartphone bei ausgeschaltetem Bildschirm auf dem Tisch, tippen Sie kurz doppelt auf den Bildschirm. Ein Sperrbildschirm zeigt die aktuelle Uhrzeit und die Benachrichtigungen.

- **Für Blick aufs Display Smartphone in die Hand nehmen** – Stattdessen können Sie das Smartphone hochnehmen und in eine senkrechte Position bringen.

- **Klingeln verhindern** – Klingelt das Telefon in einem unpassenden Moment, drücken Sie den Ein-/Ausschalter und die Lauter-Taste gleichzeitig, um das Klingeln zu beenden, ohne den Anruf abzuweisen. In den *Einstellungen* können Sie festlegen, ob dabei auf Vibrieren umgeschaltet oder das Telefon stummgeschaltet wird.

Intelligente Speicherverwaltung

Tippen Sie in den Einstellungen auf *Speicher*, wird die aktuelle Speicherbelegung angezeigt. Hier sehen Sie auf einen Blick, welche Daten, Apps, Bilder, Videos usw. wie viel Speicher belegen. Weiter unten in der Liste sind auch die Datenmengen anderer Benutzer auf dem Smartphone zu sehen, soweit welche angelegt sind.

Tippen Sie oben auf *Speicherplatz freigeben*, werden Daten angezeigt, die typischerweise viel Platz benötigen und oft nicht mehr gebraucht werden, wie gesicherte Fotos und Videos, Downloads sowie selten verwendete Apps. Hier können Sie auswählen, welche Daten wirklich gelöscht werden sollen, und auf diese Weise viel Speicherplatz freigeben.

Aktivieren Sie den Schalter *Intelligenter Speicher*, werden Fotos und Videos, die auf Google Fotos gesichert wurden und älter als 90 Tage sind, automatisch gelöscht. Bedenken Sie dabei, dass die Bilder beim Hochladen auf Google Fotos standardmäßig auf 16 Megapixel reduziert werden. Falls die Kamera des Smartphones eine höhere Auflösung liefert und Sie einzelne Fotos in dieser Auflösung benötigen, sichern Sie diese zusätzlich auf anderem Wege.

Bei den Smartphones der Google-Pixel-Serie werden die Fotos immer in voller Auflösung auf Google Fotos gespeichert und der Speicherplatz dieser Fotos auch nicht auf das persönliche Kontingent angerechnet.

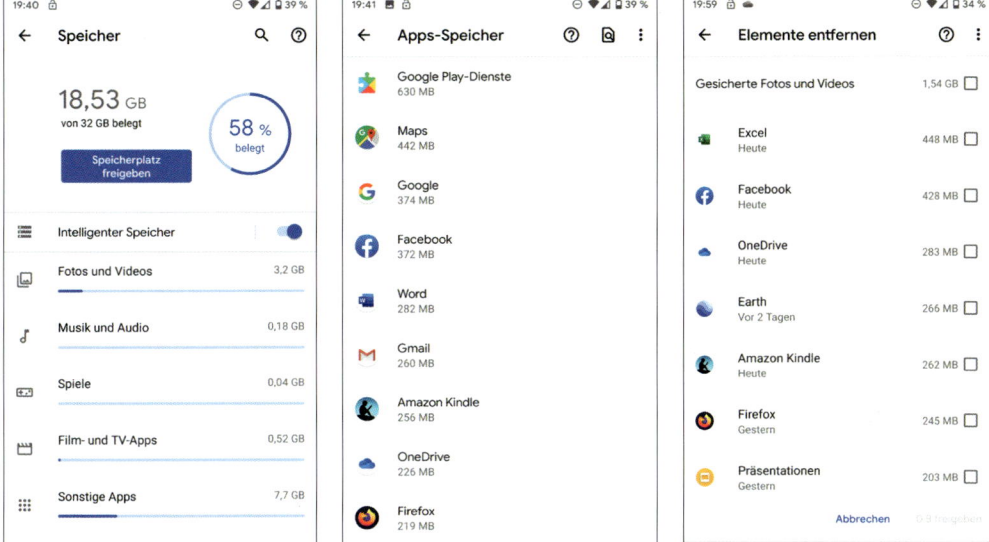

Speicherverbrauch der Daten auf dem Smartphone anzeigen und nicht benötigte Daten löschen.

Tippen Sie auf *Weitere Apps*, um eine Liste aller Apps, sortiert nach ihrem aktuellen Speicherbedarf, anzuzeigen. Tippen Sie hier auf eine App, sehen Sie detailliert, wie viel Speicher die App selbst benötigt und wie viel die zugehörigen Daten und der Cache. Hier können Sie Cache und Daten der App mit wenigen Klicks löschen.

> **Vorsicht beim Löschen von Daten**
>
> Hier werden in vielen Fällen persönliche Daten unwiderruflich gelöscht. Mit einem falschen Antippen löschen Sie z. B. alle eigenen Fotos auf dem Smartphone, heruntergeladene Musik oder E-Books. Im Gegensatz zum Löschen der Daten ist das Löschen des Cache bei den meisten Apps völlig ungefährlich.

Hier lassen sich viele Daten auf einmal löschen und damit großer Schaden anrichten. Da die Oberfläche nicht besonders übersichtlich ist, wird die App *Files von Google* (siehe Kapitel 8) integriert, falls sie installiert ist.

Beim ersten Versuch, Daten zu löschen, erscheint eine Frage, ob Sie dies mit der integrierten Funktion oder mit der Files-App erledigen möchten.

Speicherkarte

Viele Android-Smartphones bieten die Möglichkeit, eine Speicherkarte als echte Speichererweiterung zu nutzen, nicht nur als Ablageort für Fotos, Musik und App-Daten, wie dies in früheren Android-Versionen der Fall war. Sichern Sie dazu zunächst alle Daten von der Speicherkarte, da diese bei der Neuformatierung verloren gehen.

Tippen Sie dann in den *Einstellungen* unter *Speicher* auf die Speicherkarte, wählen Sie oben rechts im Menü die Option *Einstellungen* und auf dem nächsten Bildschirm *Als internen Speicher formatieren*.

Jetzt wird die Speicherkarte neu formatiert und kann als echte Speichererweiterung genutzt werden. Diese Speicherkarte ist jetzt in anderen Geräten nicht mehr lesbar, sie kann also nicht mehr zum Datenaustausch zwischen Smartphone und PC verwendet werden.

Das Smartphone mit dem PC verbinden

Moderne Android-Smartphones müssen nicht mehr mit dem PC verbunden werden, um Daten zu synchronisieren. Fast alle Daten lassen sich auch drahtlos über Cloud-Dienste austauschen. Die Synchronisation von Adressbuch und Kalender erfolgt automatisch über das Google-Konto.

Es gibt aber noch Fälle, in denen eine USB-Verbindung mit einem PC durchaus nützlich sein kann, z. B. um eine größere Musiksammlung vom PC auf das Smartphone zu bringen oder umgekehrt große Mengen von Fotos in Originalauflösung vom Smartphone auf den PC zu übertragen. Auch lassen sich Smartphones mit ihrer großen Speicherkapazität als tragbarer Datenspeicher statt eines USB-Sticks oder gar als Sicherungsmedium für persönliche Daten nutzen.

Vom PC aus hat man zwar ohne Spezialtools keinen Zugriff auf den internen Programmspeicher, aber auf das interne Datenlaufwerk sowie die Speicherkarte (wenn vorhanden) im Smartphone, die meistens größer ist als der interne Speicher.

Die meisten aktuellen Android-Smartphones haben einen Micro-USB- oder USB-Typ-C-Anschluss zur Verbindung mit dem PC, der auch zum Aufladen des Akkus genutzt wird.

1. Schließen Sie das Smartphone über ein USB-Kabel am PC an. Die meisten aktuellen Smartphones werden bei der Verbindung mit einem PC zunächst nur aufgeladen, ohne eine Datenverbindung herzustellen.

2. Ziehen Sie die Benachrichtigungsleiste herunter und tippen Sie auf die lautlose Benachrichtigung zur USB-Verbindung. Wählen Sie jetzt den Verwendungszweck der USB-Verbindung.

3. In den meisten Fällen empfiehlt sich der Verbindungsmodus *Dateiübertragung*, manchmal auch als *Mediengerät (MTP)* bezeichnet. In diesem Modus können Sie Fotos importieren, Dateien öffnen und auch digitale Medien zwischen PC und Smartphone synchronisieren.

 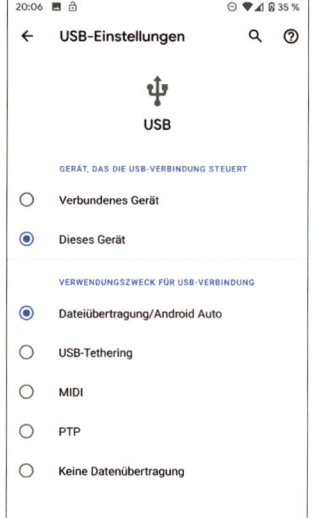 

USB-Verbindung zwischen Android-Smartphone und PC. Rechts: Auswahl beim Anschluss eines Smartphones an einen Windows-10-PC.

4. Im Modus *PTP* wird das Smartphone dagegen als Kamera erkannt, hier haben Sie nur Zugriff auf die Fotos, können allerdings mit einigen Fotoverwaltungsprogrammen vom PC direkt darauf zugreifen, ohne die Bilder erst auf die Festplatte übertragen zu müssen.

5. In der USB-Verbindungsbenachrichtigung auf dem Smartphone können Sie den Verbindungsmodus später noch umstellen.

6. Bei der ersten Verbindung mit dem PC werden bei einigen Smartphones spezielle Gerätetreiber installiert. Danach erscheint das Auswahlfenster *Wählen Sie eine Aktion für dieses Gerät aus*. Im Modus *Gerät zum Anzeigen der Dateien öffnen* erscheint das Smartphone als Laufwerk im Explorer, um Dateien zu kopieren.

Chrome Remote Desktop

Chrome Remote Desktop ist eine App von Google, mit der Sie Ihren PC vom Smartphone fernsteuern können. Auf dem PC ist dazu der Chrome-Browser erforderlich. Dort müssen Sie mit dem gleichen Google-Konto wie auf dem Smartphone angemeldet sein. Der Modus *Remote-*

Unterstützung funktioniert mit fremden PCs und anderen Google-Konten. Hier muss ein Sicherheitsschlüssel eingegeben werden, der kurz vorher auf dem entfernten Gerät automatisch generiert wird. Der angemeldete Benutzer dort muss die Freigabe bestätigen und kann die Verbindung auch jederzeit trennen.

1. Laden Sie über den Link *chrome.google.com/remotedesktop* im Chrome-Browser auf dem PC die App *Chrome Remote Desktop* aus dem Chrome Web Store herunter.

2. Starten Sie die App *Chrome Remote Desktop* anschließend über den Button *App starten* oder über den *Chrome App Launcher* auf dem Windows-Desktop.

3. Beim ersten Start müssen Sie der App die angefragten Zugriffsberechtigungen geben, da der Chrome-Browser sonst keine derartigen Zugriffe von außen zulassen würde.

4. Klicken Sie im *Chrome Remote Desktop*-Fenster im Bereich *Meine Computer* auf *Remote-Verbindungen aktivieren*. Nur beim ersten Mal muss noch ein Remote-Desktop-Host-Installationsprogramm heruntergeladen und ausgeführt werden.

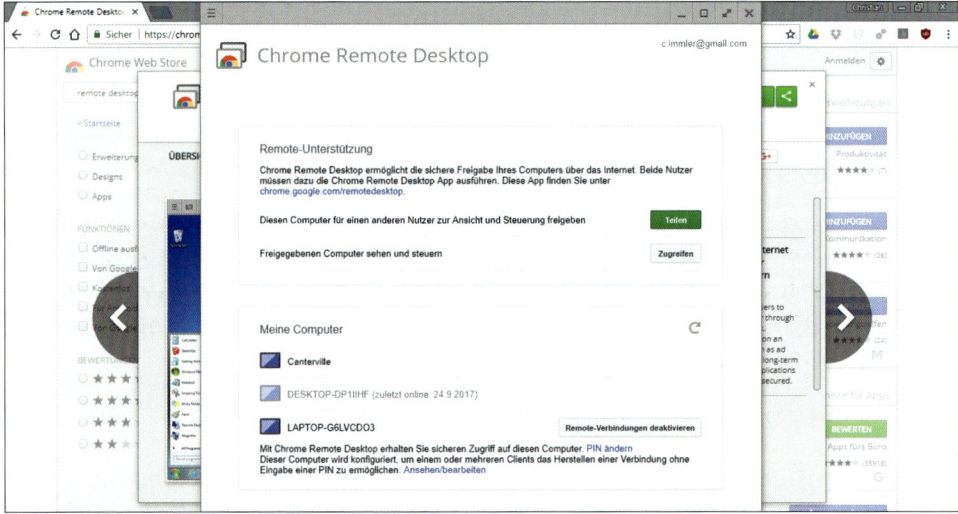

Chrome Remote Desktop auf dem PC.

5. Überprüfen Sie die Energieeinstellungen des PCs. Stellen Sie sicher, dass er nicht automatisch nach einer Inaktivitätszeit in einen Energiesparmodus schaltet. In diesem Fall wäre er aus der Ferne nicht erreichbar.

6. Starten Sie auf dem Smartphone die App *Chrome Remote Desktop*. In der Liste erscheinen Ihre Geräte, auf denen *Chrome Remote Desktop* installiert ist. Manchmal dauert es einen Moment, bis ein neuer PC hier auftaucht. Tippen Sie in solchen Fällen auf das *Aktualisieren*-Symbol oben rechts.

7. Jetzt erscheint der Desktop des PCs auf dem Smartphone-Bildschirm. Am besten halten Sie das Smartphone dazu quer. Hier können Sie mit einer Zweifingergeste zoomen. Die Symbole oben rechts schalten auf den Vollbildmodus und blenden eine Tastatur ein. Über das Menüsymbol oben rechts können Sie die Verbindung trennen. Über die Fernsteuerung haben Sie Zugriff auf den kompletten Desktop, nicht nur auf den Chrome-Browser. Auf dem ferngesteuerten PC können Sie jederzeit in die Fernsteuerung eingreifen.

Tipps zur Fernsteuerung eigener PCs

Nutzen Sie *Chrome Remote Desktop* auf eigenen PCs mit dem gleichen Google-Konto, können Sie den Verbindungsaufbau vereinfachen und unbeaufsichtigte Verbindungen zulassen. Im Bereich *Meine Computer* aktivieren Sie für Ihren PC die Remote-Verbindungen und legen eine eigene PIN für den Zugriff fest. Diese brauchen Sie auf dem Smartphone nur einzugeben und müssen dann die Remote-Verbindung nicht mehr eigens auf dem PC autorisieren. So können Sie auf einen eigenen PC, der woanders steht, zugreifen, ohne dass dort jemand etwas bestätigen muss.

Mit dem Notebook über das Smartphone ins Internet

Moderne Smartphones liefern zumindest in Großstädten mit guter HSPA- oder LTE-Versorgung Datenübertragungsraten, die mit DSL über Telefonkabel durchaus mithalten können. Da bietet es sich an, unterwegs das Smartphone als mobilen Internetzugang für das Notebook zu nutzen. Dieses Verfahren wird als Tethering bezeichnet, abgeleitet von dem englischen Wort für »anbinden«.

Tethering

Mobilfunkbetreiber sehen Tethering gar nicht gern, da es auf dem Smartphone auf einmal ein Vielfaches an Datenvolumen erzeugt. Am Anfang versuchte man, Tethering technisch zu verhindern, was aber allein über die SIM-Karte nur schwer möglich ist, da das Smartphone eine normale Internetverbindung aufbaut und der PC von außen nicht zu sehen ist. Einige US-amerikanische Netzbetreiber lesen den User-Agent-String des Browsers aus und verhindern damit Netzwerkdatenverkehr, der von PC-Browsern verursacht wird. Auch hierzulande kursieren Gerüchte, Mobilfunkanbieter wollten in Zukunft die Modemnutzung in den preisgünstigen Tarifen technisch unterbinden.

Bei den meisten günstigen Flatrate-Tarifen für Smartphones wird nach einigen Hundert MByte oder wenigen GByte – zum mobilen Surfen in einem Monat meist ausreichend –

auf unattraktive GPRS-Geschwindigkeit abgebremst. Per Tethering mit dem Notebook kann man dieses Datenvolumen schon nach wenigen Stunden erreichen. Für den Rest des Monats hat man dann keinen Spaß mehr an der Flatrate. Die teureren Datenflatrates für Surfsticks beinhalten deutlich mehr Übertragungsvolumen. Natürlich spricht nichts dagegen, eine solche SIM-Karte in ein Smartphone zu stecken und dieses für das Tethering zu nutzen. Allerdings haben die typischen Notebook-Surftarife meist höchst unattraktive Preise beim Telefonieren.

Smartphone als mobiler WLAN-Hotspot

Android bietet eine Möglichkeit, einen mobilen WLAN-Hotspot einzurichten. Sie können sich dann mit anderen Geräten wie Notebooks, Tablets, Spielkonsolen, E-Book-Readern per WLAN am Smartphone anmelden und die Mobilfunkverbindung des Smartphones als Internetzugang nutzen.

1. Tippen Sie in den *Einstellungen* unter *Netzwerk und Internet* auf *Hotspot und Tethering* oder halten Sie den Finger länger auf das Schnelleinstellungssymbol *Hotspot*.

2. Schalten Sie hier die Option *WLAN-Hotspot* ein. Ein Symbol in der Statusleiste markiert den aktiven WLAN-Hotspot. Er wird sofort auf den anderen Geräten als verfügbar angezeigt. Bedenken Sie jedoch, dass die Reichweite bei Weitem nicht so groß ist wie die eines klassischen WLAN-Routers. Außerdem verbraucht die Nutzung als WLAN-Hotspot sehr viel Strom des Smartphone-Akkus. Schließen Sie am besten das Smartphone die ganze Zeit ans Ladegerät an und beenden Sie den WLAN-Hotspot, sobald Sie ihn nicht mehr benötigen.

WLAN-Hotspot auf dem Smartphone einrichten.

3. Tippen Sie auf *WLAN-Hotspot*. Der Konfigurationsdialog zeigt den Namen des Hotspots sowie einen zufällig generierten Schlüssel an, der auf den Geräten eingegeben werden muss. Als Verschlüsselungsverfahren wird standardmäßig WPA2-Personal verwendet. Tippen Sie auf *Passwort des Hotspots*, um das automatisch generierte Passwort zu sehen, damit Sie es auf den anderen Geräten eingeben können. An dieser Stelle können Sie auch selbst ein Passwort festlegen und bei Bedarf das Frequenzband umstellen.

4. Tippen Sie auf das QR-Code-Symbol neben dem Namen des Hotspots. Hier erscheint ein QR-Code, den Sie mit einem anderen Smartphone oder Tablet nur noch zu scannen brauchen, um das Gerät mit diesem Hotspot zu verbinden. Außerdem wird auf dieser Seite auch das Passwort im Klartext angezeigt.

5. Jetzt können Sie sich mit anderen Geräten an diesem WLAN-Hotspot anmelden.

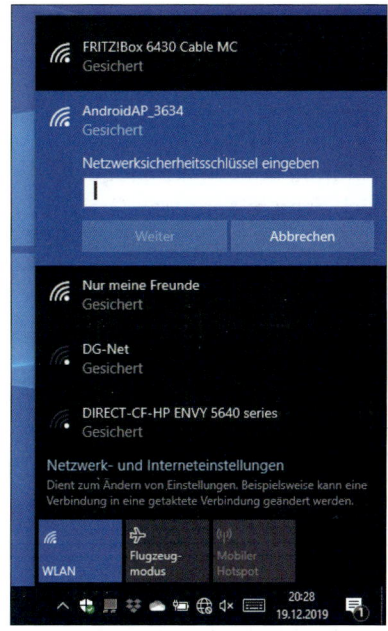

Mit einem PC am WLAN-Hotspot auf dem Smartphone anmelden.

Tethering per USB-Kabel

Anstatt über WLAN können Sie ein Notebook oder einen PC auch über ein USB-Kabel mit dem Smartphone verbinden, um die Internetverbindung zu nutzen. Dies funktioniert allerdings nur mit Windows-PCs und immer nur mit einem PC gleichzeitig.

> **Vorher ausprobieren!**
>
> Diese Art der Verbindung sollten Sie auf jeden Fall zu Hause auf dem Notebook einrichten, bevor Sie sie unterwegs nutzen, da das Notebook oftmals eine funktionierende Internetverbindung voraussetzt, um notwendige Treiber zu installieren, bevor das USB-Tethering verwendet werden kann.

1. Verbinden Sie das Smartphone über ein USB-Kabel mit dem PC und ziehen Sie die Benachrichtigungsleiste herunter.

2. Aktivieren Sie in der Systembenachrichtigung zur USB-Verbindung die Option *USB-Tethering*.

3. In einigen Fällen erscheint auf dem PC eine Meldung, dass Gerätetreiber installiert werden. Dazu wird die vorhandene Internetverbindung des PCs genutzt.

4. Trennen Sie nun die bestehende Internetverbindung des PCs. Nach kurzer Zeit nutzt Windows automatisch die neue Netzwerkverbindung über das Smartphone. Um sie wieder zu trennen, ziehen Sie einfach das USB-Kabel heraus. Auf dem Smartphone wird dann automatisch das USB-Tethering wieder deaktiviert.

Datenübertragung per Bluetooth

Bluetooth ist eine drahtlose Übertragungstechnik mit einer Reichweite von wenigen Metern, mit der Sie Daten zwischen verschiedenen Geräten übertragen können. Fast alle Smartphones unterschiedlichster Betriebssysteme und selbst ältere Handys unterstützen Bluetooth.

Per Bluetooth können Sie auch Daten auf PCs oder auf die Fotodruckautomaten in Drogerie- und Elektronikmärkten übertragen.

Daten zwischen zwei Smartphones übertragen

Da Bluetooth viel Strom frisst, empfiehlt es sich, es nur einzuschalten, wenn es wirklich benutzt wird. Ein Symbol in den Schnelleinstellungen ermöglicht es, Bluetooth jederzeit ein- und wieder auszuschalten. Halten Sie den Finger länger auf dieses Symbol, kommen Sie zu den Einstellungen.

Bei Bluetooth verwendet jedes Gerät einen eigenen Namen, mit dem es von anderen Geräten unterschieden werden kann. Damit sich die Geräte gegenseitig finden, müssen sie sichtbar geschaltet werden.

Android 10 regelt – wie alle aktuellen Android-Versionen – die Sichtbarkeit automatisch. Solange der Bildschirm mit den Bluetooth-Einstellungen geöffnet ist, ist das Smartphone für andere sichtbar.

1. Möchten Sie ein Foto oder eine andere Datei vom Smartphone per Bluetooth auf ein anderes Gerät übertragen, schalten Sie auf beiden Geräten Bluetooth ein und machen sie sichtbar (ab Android 5 automatisch geregelt).

2. Wählen Sie in der entsprechenden App das zu sendende Objekt, z. B. ein Foto, und tippen Sie auf das *Teilen*-Symbol. Wählen Sie in der Liste der Apps zum Teilen *Bluetooth*.

3. Jetzt erscheint eine Liste der sichtbaren Geräte in der Nähe. Legen Sie hier das Gerät fest, an das das Foto gesendet werden soll. Die Liste wird ständig automatisch aktualisiert.

4. Auf dem empfangenden Gerät müssen Sie die Annahme der Datei noch bestätigen. So wird verhindert, dass jemand unbemerkt per Bluetooth auf das eigene Smartphone zugreift.

5. Nach erfolgreicher Übertragung erscheint auf dem empfangenden Gerät eine Benachrichtigung, aus der heraus Sie die Datei direkt öffnen können.

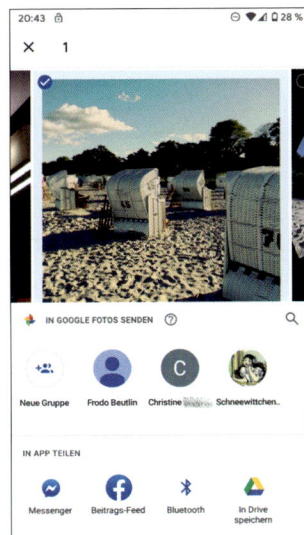 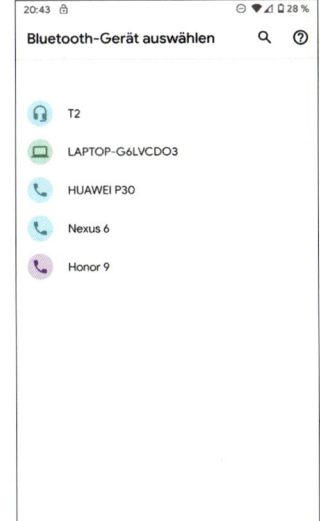 

Foto per Bluetooth übertragen. Rechts: empfangene Datei annehmen.

Bluetooth-Kopplung/Pairing

Nach wenigen Minuten oder beim Verlassen des Bluetooth-Einstellungen-Bildschirms werden die meisten Geräte aus Sicherheitsgründen automatisch wieder unsichtbar.

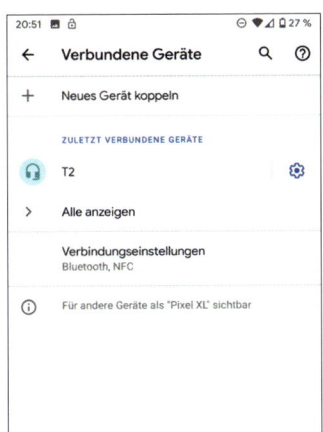 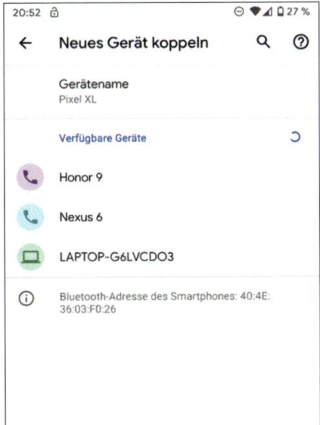 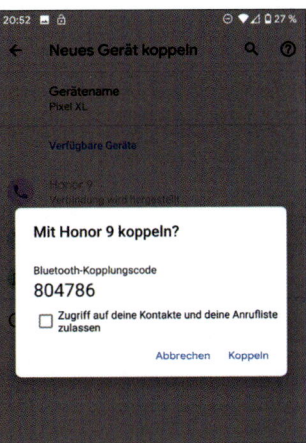

Bluetooth-Kopplung einrichten.

Um zu verhindern, dass vertrauenswürdige Geräte vor jeder Dateiübertragung wieder sichtbar geschaltet werden müssen, tippen Sie auf dem Bluetooth-Einstellungen-Bildschirm auf *Neues Gerät koppeln*. Wählen Sie aus der Liste das gewünschte Gerät aus und koppeln Sie es durch Antippen.

Diese Kopplung, auch als Pairing bezeichnet, muss auf beiden Geräten innerhalb kurzer Zeit noch bestätigt werden. Zur Identifikation wird ein sogenannter Kopplungscode auf beiden Geräten angezeigt, der auf älteren Android-Geräten sowie auf einigen anderen Betriebssystemen noch manuell eingegeben werden muss.

Möchten Sie das Smartphone mit einer Smartwatch oder einer Autofreisprecheinrichtung koppeln und zum Telefonieren nutzen, müssen Sie den Zugriff auf Kontakte und die Anrufliste für das andere Gerät zulassen.

Danach können Sie jederzeit eine Verbindung herstellen, auch wenn das andere Gerät nicht sichtbar ist. Bluetooth muss natürlich eingeschaltet sein, und der Empfang von Daten muss weiterhin bestätigt werden.

Daten zwischen Smartphone und PC übertragen

Auch ohne spezielle Synchronisierungssoftware können Sie per Bluetooth Daten vom Smartphone zum PC und umgekehrt übertragen.

Viele Notebooks haben bereits eine Bluetooth-Schnittstelle eingebaut. Andere PCs lassen sich leicht mit Bluetooth nachrüsten. Bluetooth-Adapter in USB-Stick-Bauart sind in großer Auswahl zu günstigen Preisen im Zubehörhandel erhältlich.

Bluetooth-Verbindungen werden nicht wie Netzwerkverbindungen von einem Gerät aus verwaltet. Hier muss an beiden beteiligten Geräten jemand sitzen. Auf dem einen Gerät wird die Datei verschickt, und auf dem anderen muss sie angenommen werden. Bluetooth-Übertragungen dauern deutlich länger als Datenübertragungen per WLAN oder Kabelverbindungen.

Bluetooth stellt eine einfache Möglichkeit dar, einzelne Fotos vom Smartphone auf fremde PCs zu senden, auf denen nicht dasselbe Google-Konto eingerichtet ist.

Bluetooth auf einem PC mit Windows 10 aktivieren

Schalten Sie über das Info-Center von Windows 10 oder über *Geräte/Bluetooth- und andere Geräte* in den *Einstellungen* die Option *Bluetooth* ein. Bluetooth wird damit aktiviert, der PC automatisch als sichtbar festgelegt und der Bluetooth-Gerätename angezeigt.

Mit einem Rechtsklick auf das Bluetooth-Symbol im Info-Center kommen Sie zu den Bluetooth-Einstellungen.

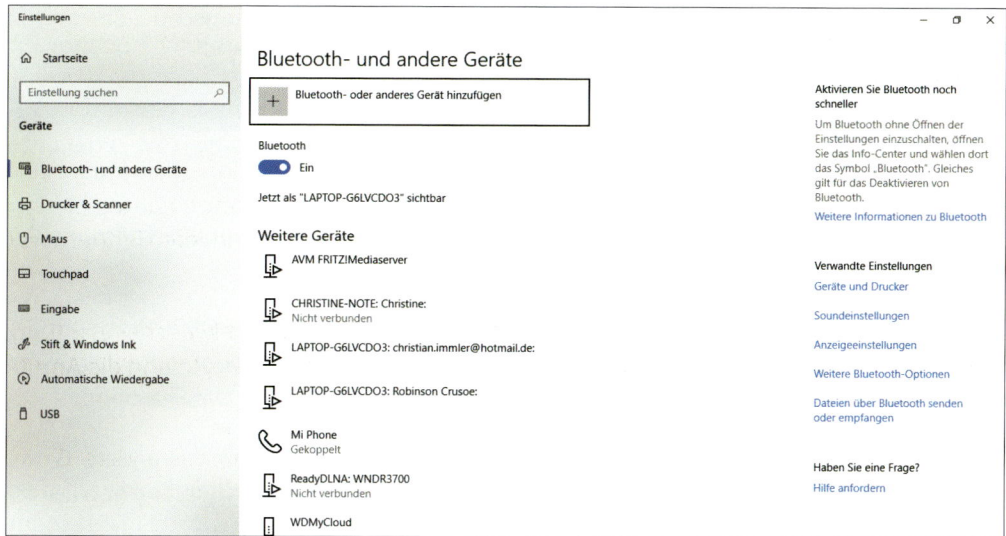

Bluetooth-Einstellungen in Windows 10.

Datei vom Smartphone auf einen Windows-PC senden

1. Um vom Smartphone Dateien auf einen Windows-PC senden zu können, müssen die Geräte gekoppelt werden. Klicken Sie dazu in den Bluetooth-Einstellungen auf dem PC auf *Bluetooth- oder anderes Gerät hinzufügen* und wählen Sie im nächsten Fenster die Option *Bluetooth*.

2. Danach erscheint eine Liste sichtbarer Bluetooth-Geräte in der Umgebung. Wählen Sie das gewünschte Gerät aus.

 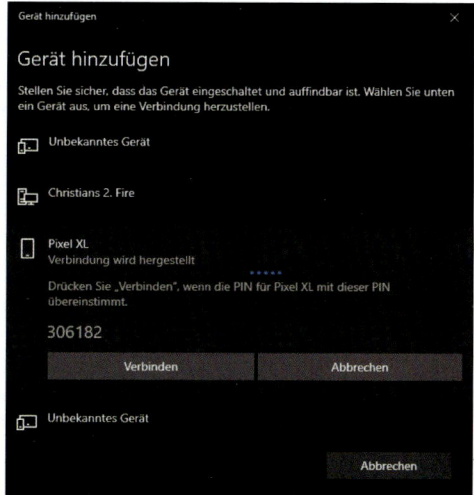

Bluetooth-Gerät koppeln.

3. Auf dem PC und auch auf dem Smartphone erscheint ein Kopplungscode. Bestätigen Sie auf beiden Geräten, dass es sich um den gleichen Code handelt.

4. Starten Sie auf dem Smartphone die gewünschte App, markieren Sie die zu übertragende Datei, z. B. ein Foto, tippen Sie auf das *Teilen*-Symbol und wählen Sie in der Liste *Bluetooth*.

5. Die Suche nach Bluetooth-Geräten in der Umgebung startet automatisch. Tippen Sie hier auf den PC, an den die Datei gesendet werden soll.

6. Auf dem PC erscheint eine Anfrage zur Zugriffsgenehmigung für OPP. Aktivieren Sie hier das Kästchen *Remote Gerät ... darf stets auf OPP-Dienst meines Computers zugreifen* und bestätigen mit *OK*. Damit darf dieses Smartphone in Zukunft Dateien ohne Bestätigung senden.

7. Bei jeder weiteren von diesem Smartphone gesendeten Datei erscheint zwar auf dem PC noch *Benachrichtigung über Datenübertragung*. Sie brauchen die Datei nicht eigens anzunehmen, da die Zugriffsgenehmigung erteilt wurde. Nach abgeschlossener Übertragung finden Sie die empfangene Datei im Verzeichnis *C:\Users\[Benutzername]\Documents\My Bluetooth*.

 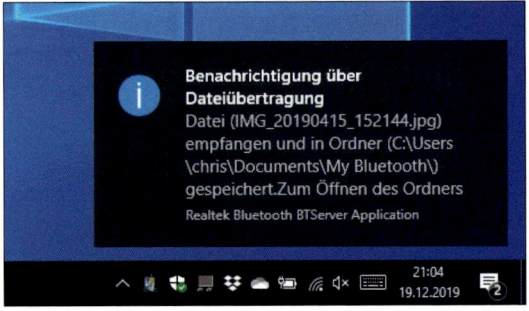 

Meldungen über eingehende Dateiübertragung auf dem PC.

Datei vom PC auf das Smartphone senden

Umgekehrt können Sie auch Dateien vom PC auf das Smartphone übertragen. Dafür müssen die Geräte nicht gekoppelt sein. Achten Sie dabei darauf, nur Dateitypen zu übertragen, mit denen Sie auf dem Smartphone auch etwas anfangen können, z. B. Fotos.

1. Schalten Sie auf dem Smartphone Bluetooth ein und lassen Sie den Einstellungen-Bildschirm geöffnet, damit das Smartphone sichtbar bleibt.

2. Suchen Sie auf dem PC die zu übertragende Datei im Explorer, klicken Sie mit der rechten Maustaste darauf und wählen Sie im Kontextmenü *Datei mit Bluetooth versenden*.

3. Ist das Smartphone bereits gekoppelt, wird es im Kontextmenü angezeigt und kann direkt ausgewählt werden.

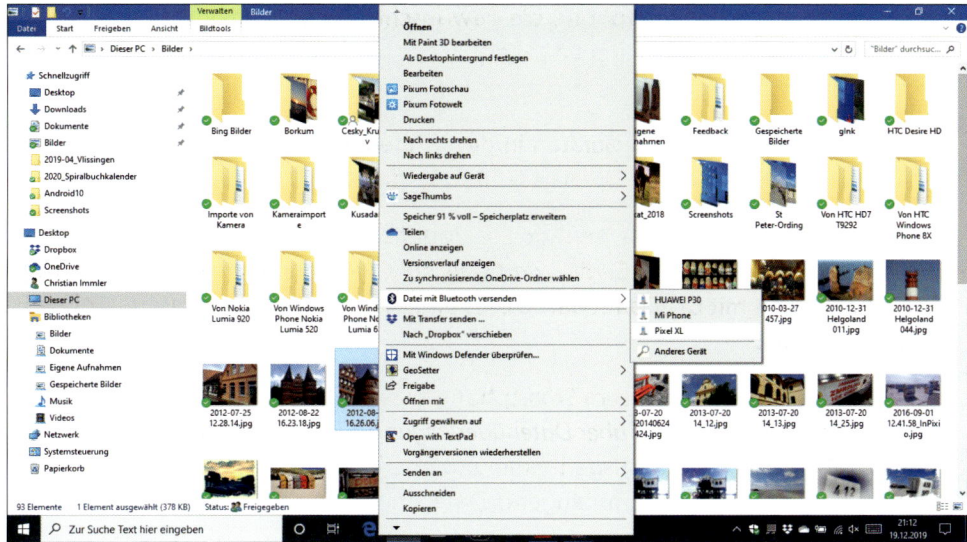

Foto aus dem Explorer an ein Bluetooth-Gerät senden.

4. Um die Datei an ein nicht gekoppeltes Gerät zu senden, wählen Sie *Anderes Gerät*. Wählen Sie in diesem Fall im nächsten Dialogfeld Ihr Smartphone aus und klicken Sie auf *OK*.

5. Auf dem Smartphone erscheint eine Benachrichtigung zur Datenübertragung, in der der Name des PCs sowie der Name der zu übertragenden Datei angezeigt werden. Tippen Sie hier auf *Akzeptieren*.

Drucken mit dem Smartphone

Die meisten WLAN-fähigen Drucker liefern bereits Apps mit, um auch vom Smartphone drahtlos drucken zu können, ohne dass ein PC laufen muss. Diese Apps erscheinen im *Teilen*-Dialog von Webbrowsern, Bildbetrachtern oder Office-Apps auf dem Smartphone.

Google Cloud Print bietet eine allgemeine Lösung, um jeden Drucker im Netzwerk oder an einem PC cloudfähig zu machen und von Smartphones darüber zu drucken.

1. Zur Einrichtung eines Druckers auf dem PC benötigen Sie den Chrome-Browser für Windows. Geben Sie in der Adresszeile *chrome://devices* ein.

2. Hier werden alle im Netzwerk erkannten Geräte angezeigt. Im Bereich *Klassische Drucker* können Sie die auf dem PC lokal installierten Drucker zu Google Cloud Print hinzufügen.

3. Auf der Seite *google.com/cloudprint* sehen Sie alle Ihre Drucker und Druckaufträge über Google Cloud Print. Hier können Sie Drucker verwalten und umbenennen.

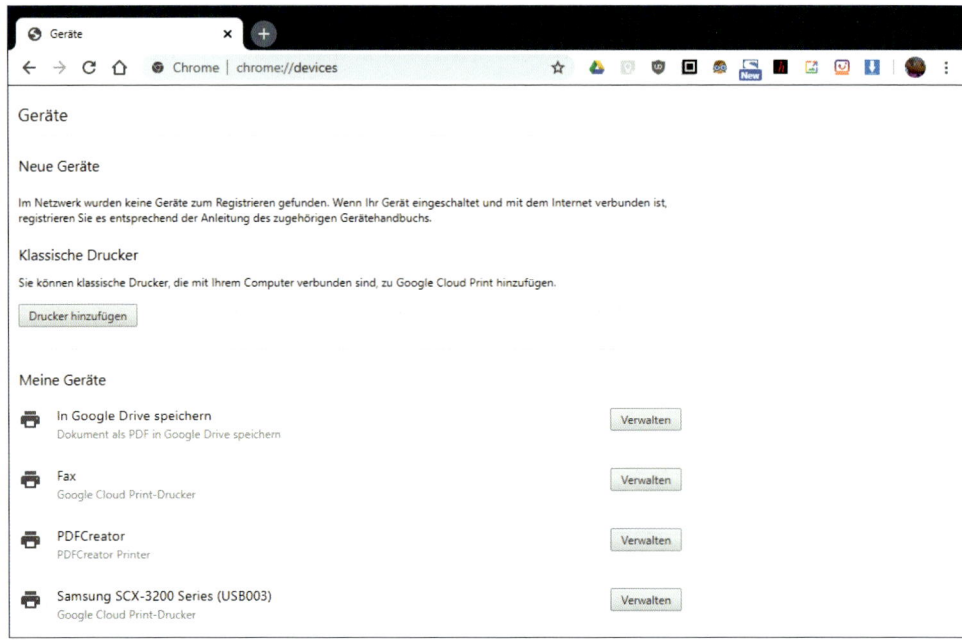

Eigene Drucker in Google Cloud Print.

4. Tippen Sie in einer unterstützten App auf dem Smartphone, zum Beispiel im Chrome-Browser oder Gmail, im Menü auf *Drucken* oder auf *Teilen* und dann auf *Drucken*.

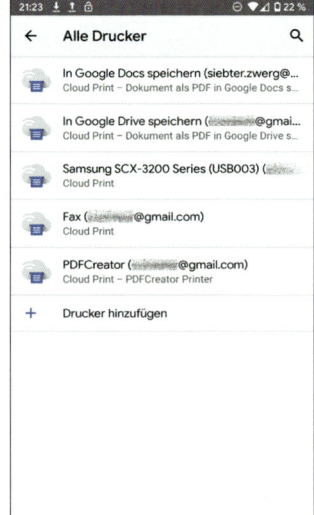
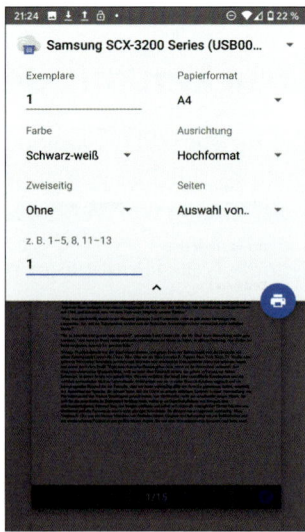

Drucken vom Smartphone.

5. Jetzt können Sie einen Cloud-Print-Drucker auswählen. Zusätzlich besteht die Möglichkeit, das Dokument als PDF auf dem Smartphone oder auf Google Drive zu speichern.

6. Je nach Drucker wählen Sie noch Papierformat, Ausrichtung, Farbe und andere Einstellungen. Tippen Sie dann auf das Druckersymbol, um das Dokument zu drucken.

Digital Wellbeing

Besonders in den USA scheint die sogenannte Handysucht zumindest in bestimmten Bevölkerungsschichten ein ernstes Problem zu sein. Die seit Android 9 Pie neue Einstellungskategorie *Digital Wellbeing*, die Nutzer dazu bewegen soll, das Smartphone auch mal aus der Hand zu legen, ist im US-amerikanischen Android bereits standardmäßig aktiv. In Deutschland läuft sie offiziell immer noch als Beta-Programm, ist aber komplett nutzbar.

Der Übersichtsbildschirm dieses Programms zur entspannten Smartphone-Nutzung erscheint in den *Einstellungen* unter *Digital Wellbeing & Jugendschutz*. Dieser Bildschirm zeigt, welche App wie lange genutzt wurde. Über das Dashboard können Sie Timer einrichten, die eine App nach Überschreitung einer bestimmten Nutzungszeit bis zum Ende des Tages pausieren. Natürlich haben Sie die Möglichkeit, die App jederzeit wieder freizuschalten.

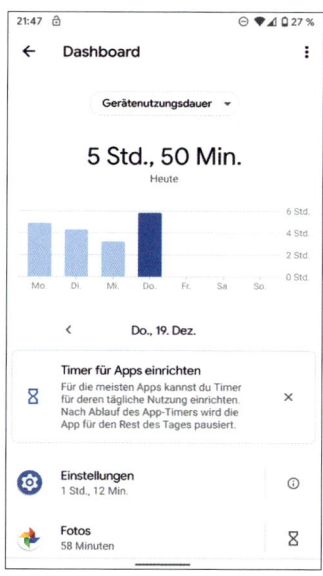

Einstellungen für Digital Wellbeing.

Digital Wellbeing soll nur eine Hilfestellung sein. Jeder darf selbst entscheiden, inwieweit er diese Funktion nutzen möchte.

Entspannungsmodus – nicht nur für die Augen

Der Entspannungsmodus schaltet den Bildschirm zu einer bestimmten Tageszeit auf Graustufen, was die Augen schont und den Benutzer dazu anhalten soll, das Smartphone wegzulegen und zu schlafen oder sich zumindest auszuruhen. Am nächsten Morgen schaltet sich der Graustufenmodus wieder ab. Weiterhin kann auch der Bitte-nicht-stören-Modus aktiviert werden, um den Nutzer vor Benachrichtigungen aller Art zu schützen. Nur der Wecker bleibt aktiv und darf den Nutzer aus seinem verdienten Schlaf reißen.

Der Entspannungsmodus in Digital Wellbeing.

Graustufen und Nachtlicht können auch jederzeit über Symbole in den Schnelleinstellungen manuell aktiviert werden.

Konzentrationsmodus – weniger Ablenkung durch das Smartphone

Bestimmte Apps lenken den Benutzer besonders ab und sorgen teilweise dafür, dass man kaum noch konzentriert arbeiten kann. Der neue Konzentrationsmodus pausiert mit einem Fingertipp, wenn man sich konzentrieren möchte, oder nach einem frei festlegbaren Zeitplan diejenigen Apps, die besonders ablenken. Dabei werden nicht nur Benachrichtigungen unterdrückt, sondern die Apps komplett pausiert. Sie können also auch nicht manuell gestartet werden, solange man sich nicht entschließt, eine Konzentrationspause einzulegen und sich bewusst ablenken zu lassen.

Der Konzentrationsmodus kann dazu als Symbol in die Schnelleinstellungen gezogen werden, um ihn jederzeit leicht zu erreichen. In den *Einstellungen* legen Sie die Apps fest, die besonders für Ablenkung sorgen.

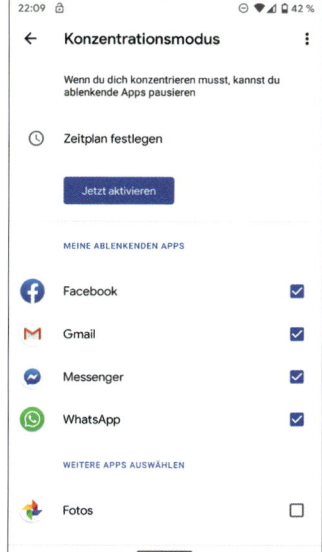
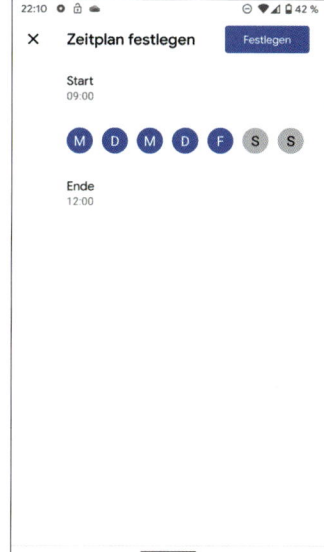

Der Konzentrationsmodus in Digital Wellbeing.

Familieneinstellungen – Family Link

Mit *Google Family Link* bringt Google Jugendschutzeinstellungen, Zeit- und App-Beschränkungen auf Android-Smartphones, ähnlich wie man es von Windows kennt.

Eltern können in den *Einstellungen* unter *Digital Wellbeing & Jugendschutz* die Smartphones ihrer Kinder einschränken, das Nutzungsverhalten innerhalb vorgegebener Grenzen kontrollieren und die Geräte orten.

Dazu müssen auf dem Smartphone des Elternteils wie auch dem des Kindes spezielle Family-Link-Apps nachinstalliert werden. Damit ist es möglich, bestimmte Apps zu sperren sowie Tageslimits zur Gerätenutzung und Schlafenszeiten festzulegen, in denen die Nutzung des Smartphones komplett untersagt wird.

In der App *Google Family Link für Eltern* richten Sie eine Familiengruppe ein, in der jedes Kind mit seinem Google-Konto eingetragen ist. Dann können Sie von Ihrem Smartphone aus die Gerätenutzung der Kinder kontrollieren, Filter für Webseiten und YouTube setzen und auch Tageslimits und Schlafenszeiten festlegen.

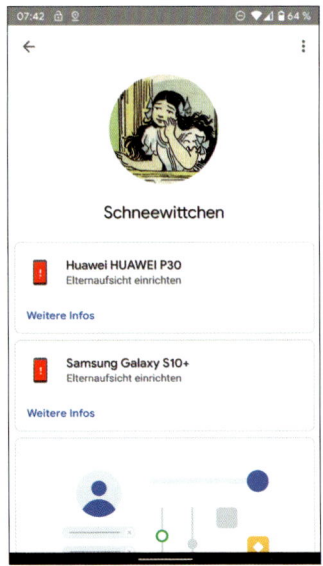
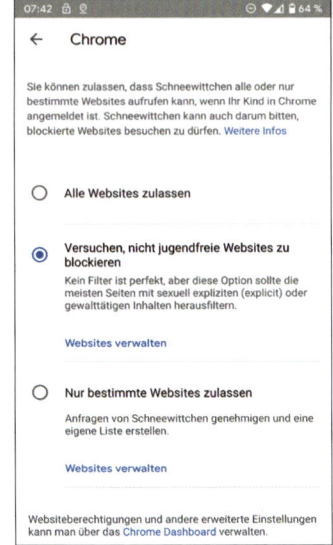
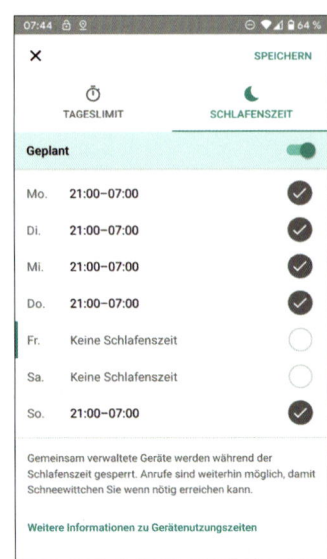

Einstellungen für ein Kind in Google Family Link für Eltern.

Auf den Smartphones der Kinder muss die App *Google Family Link für Kinder und Teenager* installiert sein, um die Geräteverwaltung durch die Eltern zu ermöglichen. In der App haben die Kinder jederzeit einen Überblick über die ihnen noch zur Verfügung stehende Nutzungsdauer und sehen auch auf einen Blick, was die Eltern sehen können, wie unter anderem Onlineaktivitäten oder den Gerätestandort.

Datensicherung

Android-Smartphones sichern App-Daten, Anruflisten und Geräteeinstellungen automatisch auf Google Drive, um sie auf einem neuen Smartphone oder bei der Neuinstallation einer App wieder zur Verfügung zu haben.

In den *Einstellungen* unter *Google/Sicherung* sehen Sie, welche Daten wann zuletzt gesichert wurden. Sollte die automatische Sicherung abgeschaltet sein, können Sie sie auch hier wieder aktivieren. Eine laufende Sicherung wird in den Benachrichtigungen angezeigt. Haben Sie mehrere Google-Konten auf dem Smartphone eingerichtet, tippen Sie auf das angezeigte Konto, um ein Konto für die Sicherung auszuwählen.

Die gleichen Einstellungen finden Sie auch unter *System/Erweitert/Sicherung*.

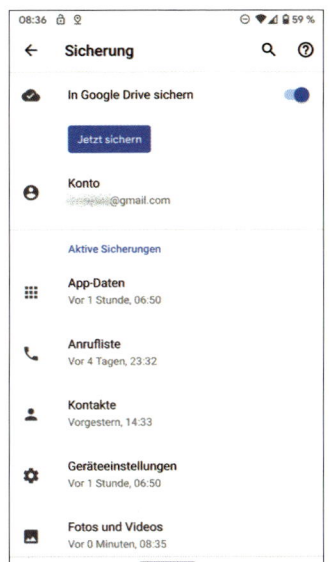
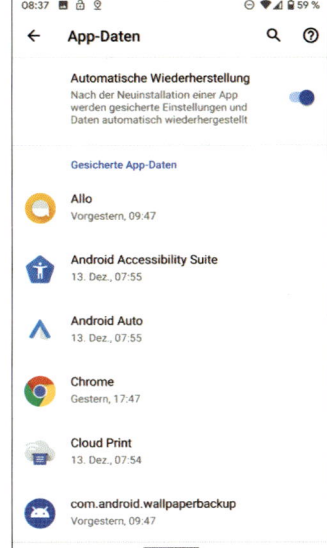
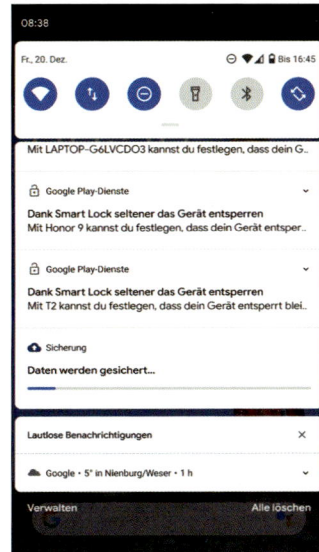

Eine Datensicherung durchführen.

Weiter unten in der Liste unter *Fotos und Videos* finden Sie die Einstellungen zur automatischen Sicherung von Fotos auf Google Fotos. Hier können Sie ein anderes Google-Konto auswählen als für die Sicherung der anderen App-Daten und Geräteeinstellungen.

Bevor Sie auf ein neues Smartphone umsteigen, tippen Sie einmal auf *Jetzt sichern*, um eine manuelle Sicherung anzustoßen. Damit können Sie sicherstellen, dass die Datensicherung auch aktuell ist. Schalten Sie in der Liste *App-Daten* die automatische Wiederherstellung ein, um nach der Neuinstallation einer App – auch auf einem anderen Smartphone – Ihre Daten und Einstellungen wieder zur Verfügung zu haben.

Ist eine App hier nicht aufgelistet, bedeutet das noch nicht, dass diese App keine Daten sichert. Einige Apps verwalten die Sicherung selbst. So sichert zum Beispiel WhatsApp alle Chats automatisch in regelmäßigen Abständen auf Google Drive. Die Einstellungen dazu finden Sie in den WhatsApp-Einstellungen unter *Chat/Chat-Backup*.

Alternative Benutzeroberflächen

Android bietet App-Entwicklern die Möglichkeit, komplett eigene Benutzeroberflächen – sogenannte Launcher – zu entwickeln, die den Startbildschirm mehr oder weniger stark verändern und zusätzliche Funktionen hinzufügen.

Einige namhafte Smartphone-Hersteller, unter anderem Samsung und Huawei, nutzen diese Möglichkeit und liefern ihre Geräte mit eigenen Benutzeroberflächen aus, die teilweise völlig anders aussehen als der Standard-Android-Launcher.

Standard-Launcher ändern

Ist ein alternativer Launcher installiert, wird automatisch eine Auswahlliste angeboten, wenn man das nächste Mal zum Startbildschirm wechselt. Tippen Sie darunter auf *Immer*, wird von nun an immer der gewählte Launcher gestartet. Um die Einstellung zu ändern oder zurückzusetzen, wählen Sie in den *Einstellungen Apps & Benachrichtigungen/Erweitert/Standard-Apps* und tippen dann auf *Start-App*. Wählen Sie hier wieder den gewünschten Standard-Launcher aus.

Microsoft Launcher

Microsoft hat mit dem *Microsoft Launcher* den Android-Startbildschirm komplett neu erfunden und liefert diverse Funktionen, die andere Launcher nicht kennen. Dieser Launcher ist vielen Benutzern durch die Werbeeinblendungen in Microsoft-Apps bekannt.

 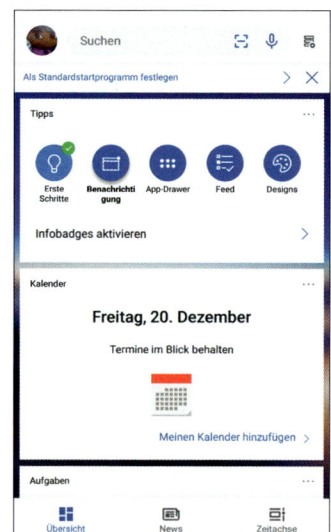 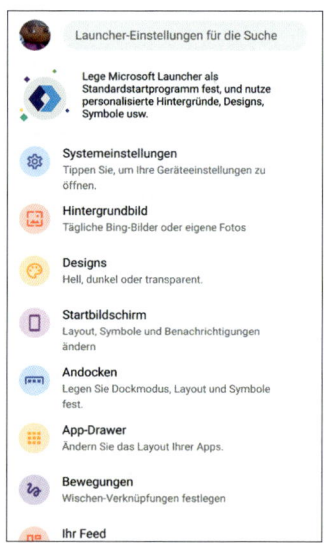

Übersicht, Startseite und Einstellungen des Microsoft Launchers.

Auf der Startseite zeigt der Microsoft Launcher wie der Standard-Launcher App-Symbole und Widgets an. Bei Bedarf lassen sich weitere Seiten anlegen. Links vom Startbildschirm befindet sich eine Seite, die die zuletzt kontaktierten Personen sowie häufig verwendete Apps anzeigt. Hier tauchen auch Anrufe, SMS und E-Mails auf. Im Suchfeld ist ein QR-Code-Scanner integriert.

Rechts vom Startbildschirm erscheint eine Seite, auf der häufig verwendete Apps automatisch angezeigt werden und so schnell wieder aufgerufen werden können.

Die Liste der Apps, die wie üblich über das Menüsymbol in der Mitte der Dockleiste aufgerufen wird, ist ähnlich wie bei Windows 10 in Gruppen nach Anfangsbuchstaben geordnet. Über die Leiste am rechten Bildschirmrand blättert man schnell durch die Liste.

Der Microsoft Launcher kann das tägliche Hintergrundbild von Bing automatisch herunterladen und als Hintergrund verwenden. Dabei empfiehlt es sich, diese Bilder nur über WLAN herunterzuladen, um Datenvolumen im Mobilfunktarif zu sparen.

Ausführliche Geräteinfos

Mit den betriebssystemeigenen Funktionen ist es nicht immer möglich, technische Details über das verwendete Smartphone herauszufinden. Die App *Mein Gerät* zeigt bis ins letzte Detail Hardwareausstattung, Betriebssystem, belegten und freien Speicher, Netzwerkverbindung, verfügbare Sensoren und diverse weitere technische Daten des Smartphones an.

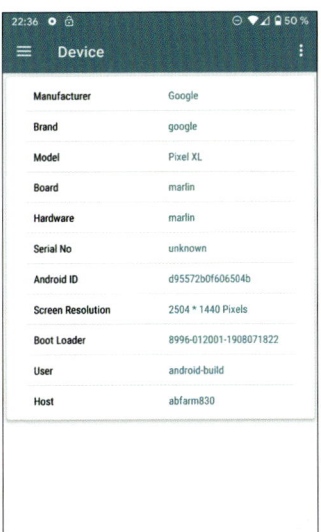

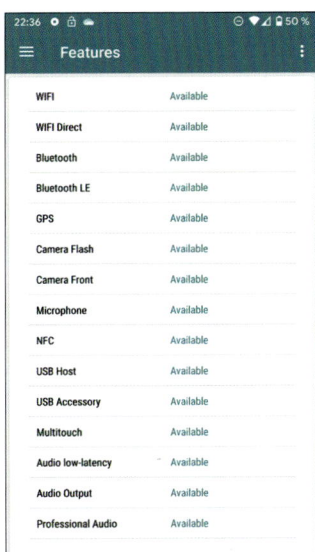

Alle technischen Daten des Smartphones in einer übersichtlichen App.

Der Gast auf einem Android-Smartphone

Smartphones sind sehr persönliche Geräte, die man besonders wegen der darauf befindlichen Informationen nur ungern aus der Hand gibt. Android verfügt über einen Gastmodus, in dem man Zugriff auf das Gerät und die installierten Apps, nicht aber auf die im Google-Konto gespeicherten Daten hat. Auch Fotos und andere auf der Speicherkarte oder im Gerätespeicher lokal gespeicherte Daten bleiben geschützt und stehen dem Gast nicht zur Verfügung.

In den *Einstellungen* unter *System/Erweitert/Mehrere Nutzer* sind der Standard-nutzer mit Namen und der Gast zu sehen. Über das Zahnradsymbol können Sie dem Gast das Telefonieren mit dem Smartphone erlauben oder verbieten und damit auch die Anrufliste freigeben. Auf E-Mails, SMS und Fotos des Ei-gentümers hat der Gast keinen Zugriff.

Um einen Gast anzumelden, tippen Sie auf das Benutzersymbol *Gast*. Die beiden Benut-zersymbole haben unterschiedliche Farben. Daran erkennen Sie auch jederzeit, welcher Benutzer angemeldet ist. Sie brauchen nur die Benachrichtigungsleiste doppelt herunter-zuziehen, um das Benutzersymbol zu sehen.

Außerdem ist der Gastbenutzer leicht dadurch zu unterscheiden, dass er das Standard-Hintergrundbild des Smartphone-Herstellers erhält, wenn Sie selbst bereits einen eigenen Hintergrund für den Startbildschirm festgelegt haben.

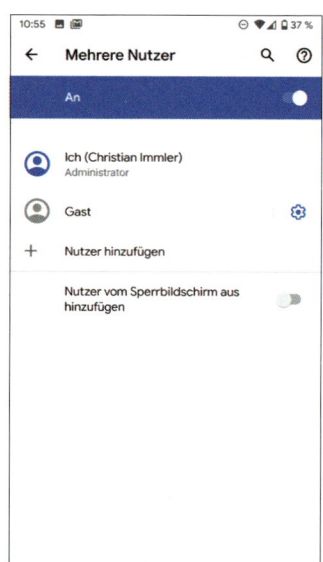

Einstellungen für den Gastnutzer, Gast auf dem Smartphone. und Benutzerumschaltung.

Als Eigentümer des Smartphones können Sie über das Gastsymbol ganz unten in den Schnelleinstellungen oder über den Benutzerauswahlbildschirm jederzeit die Daten der Gastsitzung löschen, um einem neuen Gast keinen Zugriff zu gewähren. Schalten Sie wie-der auf den Hauptbenutzer zurück, muss dieser das Sperrmuster, Passwort oder die PIN eingeben.

Smartphone zurücksetzen

Bei manchen Problemen ist es oft die einfachste Lösung, bestimmte Funktionen des Smartphones auf die Grundeinstellung zurückzusetzen und die betreffenden Dienste und Apps wieder neu einzurichten.

Android 10 bietet in den *Einstellungen* unter *System/Erweitert/Optionen zurücksetzen* verschiedene Möglichkeiten, einzelne Komponenten zurückzusetzen.

WLAN, mobile Daten, Bluetooth, App-Einstellungen oder alle Daten zurücksetzen.

WLAN, mobile Daten und Bluetooth zurücksetzen

Diese Methode setzt nur alle drahtlosen Netzwerkverbindungen zurück. Das bedeutet im Einzelnen:

- Alle bekannten WLAN-Netzwerke werden »vergessen« und müssen neu erkannt werden. Gespeicherte WLAN-Schlüssel werden gelöscht.

- Einstellungen zu Mobilfunknetzwerken werden gelöscht und müssen aus der SIM-Karte neu ausgelesen werden. Telefonieren funktioniert weiterhin, aber APN und andere Einstellungen zu mobilen Datenverbindungen müssen neu konfiguriert werden.

- Alle Bluetooth-Kopplungen werden gelöscht und Bluetooth-Einstellungen zurückgesetzt. Geräte müssen neu gekoppelt werden.

App-Einstellungen zurücksetzen

Diese Methode setzt alle Einstellungen zurück, die für Apps im System vorgenommen wurden. Die Apps selbst, die gespeicherten persönlichen Daten und die Einstellungen innerhalb der Apps bleiben erhalten. Berechtigungen von Apps und Einstellungen für Standard-Apps für bestimmte Aktionen werden auf den Auslieferungszustand zurückgesetzt, Einschränkungen für App-Benachrichtigungen und Hintergrunddaten sowie Zugriffsbeschränkungen werden aufgehoben.

Hard-Reset – auf Werkszustand zurücksetzen

Möchten Sie das Smartphone verkaufen, sollten Sie es vorher auf die Werkseinstellungen zurücksetzen, um sicherzugehen, dass alle Daten gelöscht sind. Umgekehrt sollte man ein gebraucht gekauftes Smartphone auch als Erstes auf die Werkseinstellungen zurücksetzen, um eventuell darauf gespeicherte bösartige Software zu beseitigen. Bei einem solchen Hard-Reset werden alle Daten im internen Gerätespeicher gelöscht. Die Daten auf der Speicherkarte bleiben erhalten.

MAC-Adresse

Wer ein Smartphone klaut, wird es natürlich auch auf die Werkseinstellungen zurücksetzen, um es dem Eigentümer schwerer zu machen, es zu orten und wiederzufinden. Über die unveränderbare MAC-Adresse ist es über die Mobilfunknetzbetreiber aber auch nach einem Hard-Reset noch auffindbar. Schreiben Sie sich deshalb rechtzeitig die MAC-Adresse auf. Üblicherweise finden Sie diese auch auf einem Aufkleber auf der Verpackung des Smartphones.

Vor dem endgültigen Zurücksetzen sehen Sie noch einmal eine Übersicht aller Konten, bei denen Sie mit dem Smartphone angemeldet sind. Die Verbindungen zu diesen Konten werden gelöscht, die Daten der Konten selbst bleiben in der Cloud erhalten. Tippen Sie ganz unten auf *Alle Daten löschen*. Jetzt müssen Sie noch einmal das Sperrmuster oder die PIN eingeben. Erst nachdem Sie anschließend auf *Alle Daten löschen* getippt haben, wird das Smartphone tatsächlich unwiderruflich zurückgesetzt.

KAPITEL 10

Die Sicherheitsproblematik bei Android

Onlinekriminelle greifen dort an, wo es sich lohnt – und das sind nicht mehr nur PCs. Daher ist es nicht verwunderlich, dass Android-Smartphones und -Tablets immer stärker in den Fokus der Malware-Autoren rücken, denn nur wenige Anwender haben eine Sicherheitslösung installiert. Das macht es den Tätern leicht, Angriffe mit relativ geringem Aufwand erfolgreich umzusetzen und persönliche Daten und wertvolle Firmeninformationen zu stehlen.

Die Angreifer setzen auf Varianten von Schadcode-Apps, die bereits in Umlauf waren, und manipulierte Kopien von eigentlich harmlosen Applikationen. Die Kriminellen versenden Kurznachrichten an teure Rufnummern und haben es auf persönliche Daten der Nutzer abgesehen, beispielsweise Kontakte und Telefonnummern, sowie das Anmelden bei kostenpflichtigen Diensten. So kann ein Angriff auf dem Smartphone sehr schnell viel teurer werden als ein Virus auf dem PC. In letzter Zeit hat sich die Anzahl gefährlicher Apps für Android nach Medienberichten um ein Vielfaches erhöht. Allerdings sind diese Berichte mit Vorsicht zu lesen, dort werden häufig schon Werbe-Apps, die Standortdaten auslesen, als gefährlich eingestuft.

Android macht es Malware-Autoren deutlich leichter als andere Plattformen, Schadcode zu verbreiten. Google bietet mit seinem Play Store zwar eine wichtige und von einem Großteil der Anwender auch vorrangig genutzte Quelle zur Installation von Apps. Hersteller können Apps aber auch über eigene Webseiten oder alternative Downloadportale anbieten.

Im Gegensatz zu anderen Plattformen ist auch eine Installation von Apps über einfache Downloadlinks im Browser, E-Mail-Anhänge, Speicherkarten oder per USB-Kabel vom PC möglich. Sicherheitskritische und bösartige Anwendungen können ungehindert ihren Weg auf die Geräte finden. Keine zentrale Qualitätskontrolle kann das verhindern oder solche Apps gar nachträglich von den Geräten entfernen.

Google prüft im Play Store hochgeladene Apps nicht automatisch auf technische Risiken, sondern erst dann, wenn ein konkreter Verdachtsfall vorliegt. Selbst wenn der Google Play

Store eine App sperrt, heißt das noch lange nicht, dass sie damit von allen Geräten dieser Welt verschwindet. Ein Android-Smartphone unterliegt also ähnlichen Sicherheitsrisiken wie ein PC, im Gegensatz zum iPhone und zum ehemaligen Windows Phone, deren Systeme deutlich geschlossener sind. Da jeder Gerätehersteller selbst für die Betriebssystem-Updates verantwortlich ist, kommt es hier teilweise zu erheblichen Verzögerungen beim Schließen kritischer Sicherheitslücken.

Stand der Sicherheitsupdates anzeigen

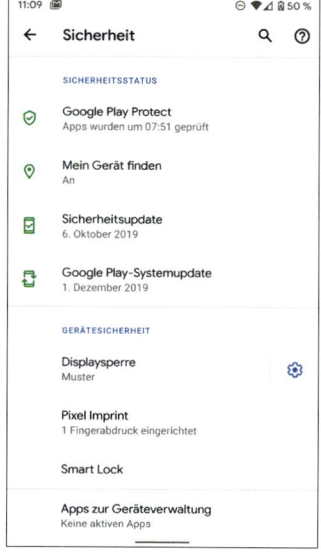

Android 10 zeigt in den *Einstellungen* unter *Sicherheit* das Datum der aktuellsten Sicherheitsupdates sowie des letzten *Google Play-Systemupdate* an. Auf diese Weise lässt sich der aktuelle Update-Stand bei neu aufgetauchten Sicherheitslücken feststellen, da nicht jedes kleine Update bereits eine höhere Versionsnummer zeigt. Google stellt etwa monatlich aktuelle Sicherheitsupdates für Android zur Verfügung. Zusätzlich sehen Sie auch, wann die letzte Überprüfung der Apps durch Google Play Protect stattfand und ob *Mein Gerät finden* aktiviert ist, um ein verloren gegangenes Smartphone zu orten.

Wichtige Sicherheitsdaten auf einen Blick in den Einstellungen.

Bestätigter Bootmodus

Android zeigt seit Version 7 während des Bootens eine Sicherheitswarnung an, falls die Firmware oder das Betriebssystem von der Werksversion abweicht. Wahrscheinlich wollen die Gerätehersteller damit nur den Entwicklern von CustomROMs Steine in den Weg legen. Eine bösartige App, die über eine Autostart-Funktion von Android nach jedem Bootvorgang startet, wird damit nicht unbedingt aufgedeckt.

Google Play Protect warnt vor gefährlichen Apps

Google Play Protect untersucht das Smartphone regelmäßig auf gefährliche Apps, da selbst bei Apps aus dem Google Play Store nicht auszuschließen ist, dass sie nach einiger Zeit bösartige Daten nachträglich herunterladen und ausführen, die bei der Einstellung und Überprüfung im Google Play Store noch nicht bekannt waren. Diese Überprüfung erfolgt automatisch bei jedem Update einer App aus dem Google Play Store, aber auch im Hintergrund für Apps aus anderen Quellen.

Google Play Protect wird über das Seitenmenü des Google Play Store aufge-rufen. Hier sehen Sie jederzeit den aktuellen Überprüfungsstatus. Achten Sie darauf, dass die Option *Apps mit Play Protect scannen* eingeschaltet ist. Damit wird das Smartphone automatisch auf bekannte gefährliche Apps überprüft. Um auch vor bisher unbekannten Apps besser geschützt zu werden, sollten Sie die Option *Erkennung schädlicher Apps verbessern* ebenfalls aktivieren.

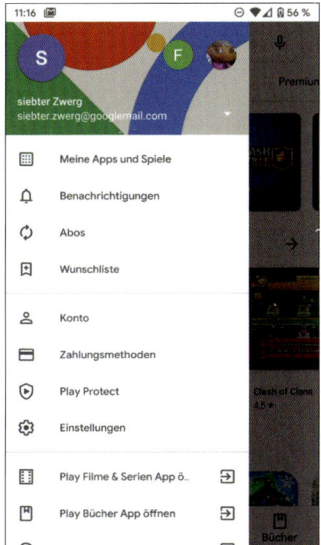
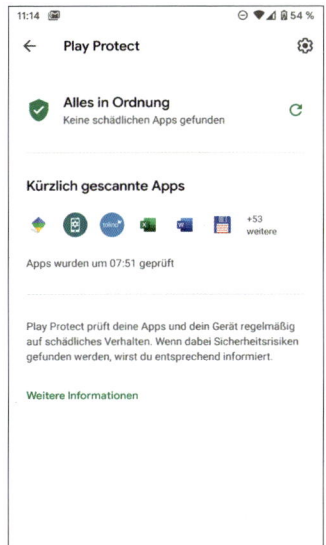

App-Überprüfung durch Google Play Protect.

Google-Kontoschutz

Google bietet dem Inhaber des Google-Kontos eine genaue Übersicht über angemeldete Geräte und eventuelle Vorkommnisse. Hier sollten Sie von Zeit zu Zeit prüfen, ob Ihnen unbekannte Unregelmäßigkeiten auftauchen.

Wählen Sie in den *Einstellungen* unter *Konten* Ihr Google-Konto und tippen Sie dann auf die Zeile *Google-Konto*. Hier sehen Sie die Übersicht über alle im Google-Konto gespeicherten Einstellungen und persönlichen Daten. Im Bereich *Privatsphärecheck* finden Sie angemeldete Geräte und die letzten An-meldungen mit Ihrem Konto.

Bei dieser Gelegenheit sollten Sie auch gleich andere dort angezeigte Sicherheitsereignisse überprüfen. Entfernen Sie das Google-Konto von Geräten, die Sie nicht benutzen, zum Bei-spiel von Smartphones, die Sie verschenkt oder verkauft haben. Selbst wenn alle Daten auf den Geräten gelöscht wurden, sind diese Geräte im Google-Konto weiterhin eingetragen und können unter Umständen wiederhergestellt werden.

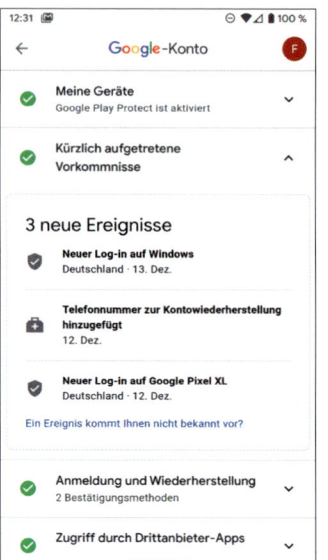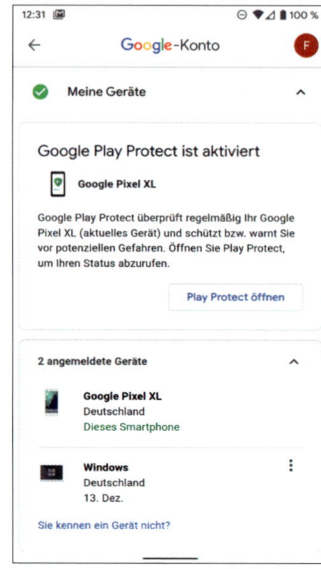

Kontoschutz bei Google.

Sollten Sie für ein älteres Programm früher einmal den Zugriff durch weniger sichere Apps im Google-Konto freigeschaltet haben, prüfen Sie, ob Sie diesen Zugriff noch brauchen, und schalten Sie ihn sonst ab.

Bei der Anmeldung eines neuen Gerätes am Google-Konto benachrichtigt Google Sie per E-Mail, damit Sie einen eventuellen Missbrauch Ihres Google-Kontos sofort bemerken würden. Bestätigen Sie in dieser Mail, die auf *myaccount.google.com* verlinkt, dass Sie es waren, der sich mit dem neuen Smartphone angemeldet hat.

Die größten Sicherheitsprobleme

- Das größte Sicherheitsproblem bei Smartphones sind die Nutzer und weniger die Technik. Installieren Sie nicht, ohne nachzudenken, irgendwelche Apps. Besonders kostenlose Apps, die Funktionen versprechen, die das Smartphone technisch gar nicht leisten kann, sind extrem verdächtig.

- Auch ein zweites Problem ist eher menschlich: Phishing in E-Mails und sozialen Netzen. Auf dem Smartphone sind gefälschte Links schwerer zu erkennen als in einem E-Mail-Programm auf dem PC. Lesen Sie E-Mails noch genauer. Besonders falsche Rechtschreibung und einfältiges Deutsch deuten auf Phishing hin.

- Ein weiteres Sicherheitsrisiko ist das Rooten des Smartphones. Viele Medien versprechen unbedarften Nutzern damit Wunder. Tatsächlich öffnen Sie durch Rooten alle sicherheitskritischen Bereiche des Smartphones und machen es damit deutlich anfälliger für Malware (siehe am Ende dieses Kapitels den Abschnitt »Android-Smartphones rooten«).

Stille SMS

Stille SMS sind SMS, die auf dem Smartphone nicht angezeigt werden und auch keine Benachrichtigung erscheinen lassen. Diese spezielle Art von SMS wird im großen Stil von Polizei, Zoll und Verfassungsschutz eingesetzt, um die Standorte von Smartphones zu ermitteln. Obwohl sie auf den Endgeräten nicht angezeigt werden, erscheinen diese stillen SMS natürlich in den Versandprotokollen der Mobilfunk-Provider, einschließlich Angaben zur Funkzelle, in der sie an das dort eingebuchte Handy zugestellt wurden. Die Behörden lassen sich diese Protokolle aushändigen und werten die Daten ihrer versendeten SMS entsprechend aus. Da die stillen SMS direkt mit dem Mobilfunkmodul des Smartphones kommunizieren, ohne Betriebssystemfunktionen zu nutzen, lassen sie sich auch mit externen Apps nicht anzeigen oder gar blockieren.

Phishing bei E-Mails und sozialen Netzen

Phishing ist eine kriminelle Methode, mit der Betrüger versuchen, an Passwörter und private Daten zu kommen. Dabei werden keine technischen Mittel eingesetzt, um Passwörter zu knacken, sondern man versucht, Benutzer geschickt zu überzeugen, ihre Passwörter freiwillig herauszugeben. Dazu bauen die Betrüger eigene Webseiten, die im Design echten Banken, Onlineshops oder sozialen Netzwerken sehr nahekommen.

Die Trickbetrüger verschicken Massenmails, in denen sie sich als Vertreter einer Bank oder eines Onlinedienstes ausgeben. Über einen Link in der E-Mail sollen die Benutzer auf eine Webseite gehen und dort ihre Benutzerdaten, Kontoinformationen, Passwörter und TANs eingeben. Diese werden natürlich nicht an die wirklichen Banken oder Onlineshops, sondern an den Betrüger übermittelt, der sie für seine Zwecke nutzt.

Bei etwas genauerem Hinsehen sind die Phishingmails und die betreffenden Webseiten meist leicht zu entlarven:

- Phishingmails sind fast immer in relativ schlechtem Deutsch formuliert. Kein professionelles Unternehmen würde derartige Texte verfassen.

- Üblicherweise wird eine anonyme oder gar keine Anrede verwendet. Professionelle Anbieter sprechen ihre Kunden mit Namen an.

- Weder eine Bank noch PayPal oder eBay fordern ihre Kunden auf, Zugangsdaten preiszugeben.

- Drohende Formulierungen zum Ablaufen einer zeitlichen Frist oder einer Kontosperrung werden von professionellen Anbietern nicht verwendet.

- Wird in einer E-Mail ausdrücklich darauf hingewiesen, einen Anhang zu öffnen, handelt es sich meistens um Malware. Vermeiden Sie in eigenen E-Mails daher solche Formulierungen.

- Oft hat die Absenderadresse nichts mit dem Inhalt der E-Mail zu tun. Seriöse Firmen versenden E-Mails immer mit ihrer Domain als Absender.

- Besonders auffällig ist, wenn fast gleichlautende E-Mails im Namen verschiedener bekannter Onlineshops in kurzem zeitlichem Abstand ankommen.

 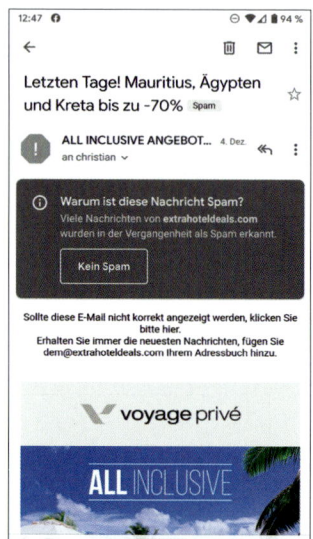 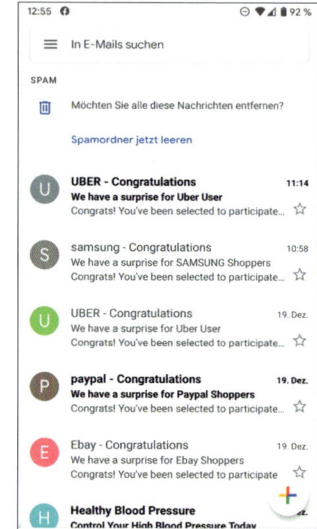

E-Mails mit typischen Spam-Merkmalen.

Leider ist Phishing auf dem Smartphone ein größeres Problem als auf dem PC, da man in den E-Mail-Apps nicht den Quelltext der Mail und oft nicht einmal die wirkliche E-Mail-Adresse des Empfängers sehen kann. Auch wird bei Links in HTML-Mails das tatsächliche Linkziel nicht angezeigt. Lassen Sie also besonders bei HTML-Mails erhöhte Vorsicht walten und achten Sie auf sauberes Deutsch, eine professionelle Anrede und mögliche drohende oder anderweitig verdächtige Formulierungen.

Tippen Sie bei verdächtigen E-Mails oben auf den kleinen Pfeil neben dem Empfängernamen, um Namen und E-Mail-Adressen von Absender und Empfänger zu sehen. Auch hier kann man bereits Verdacht schöpfen. Nicht alle Phishingmails werden von Gmail automatisch – wie die abgebildeten Beispiele – als Spam erkannt. Also Vorsicht!

Gestohlenes oder verlorenes Smartphone wiederfinden

Die Gefahr eines Virus ist bei Android sehr gering, wesentlich höher ist das Risiko, dass das neue Smartphone gestohlen wird oder man es einfach irgendwo liegen lässt. Sie können sich einigen Ärger sparen und die Chance erhöhen, das Gerät wiederzubekommen, wenn Sie rechtzeitig Vorsorge treffen.

- Schreiben Sie die Seriennummer und die IMEI des Smartphones auf. Diese brauchen Sie, um es im Notfall eindeutig zu identifizieren. Sie finden diese Angaben meistens auf dem Strichcode-Aufkleber auf der Schachtel sowie in den *Einstellungen* unter *System/Über das Telefon/IMEI*. Dual-SIM-Smartphones haben für jede SIM-Karte eine eigene IMEI.

- Schreiben Sie für ehrliche Finder Ihren Namen, die E-Mail-Adresse sowie eine Telefonnummer, unter der Sie auch ohne dieses Gerät erreichbar sind, auf den Sperrbildschirm. Android 10 bietet dazu in den *Einstellungen* unter *Display/Erweitert/Sperrbildschirmanzeige/Sperrbildschirmnachricht* eine Möglichkeit, einen persönlichen Text als Laufschrift auf dem Sperrbildschirm einzublenden, auch wenn eine Bildschirmsperre aktiv ist, der Finder das Gerät also nicht in Betrieb nehmen kann.

- Aktivieren Sie in den *Einstellungen* unter *Sicherheit* den Schalter *Mein Gerät finden*, um die Ortung über Google optimal nutzen zu können. Unter *Standort/Erweitert/Google Standortverlauf* sehen Sie die Zeitpunkte, wann und wo Ihre Geräte zum letzten Mal die Standorte gespeichert haben.

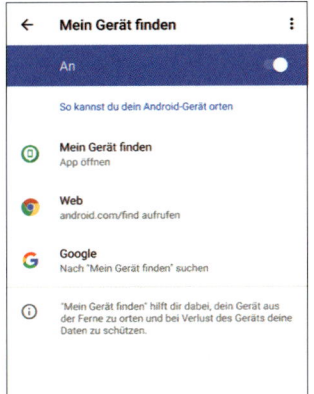
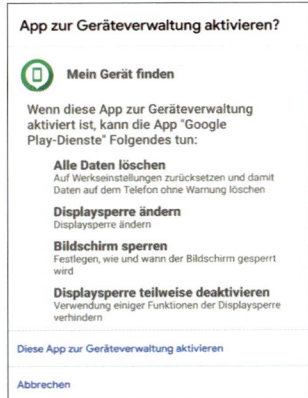

Sicherheitseinstellungen und App zur Geräteverwaltung aktivieren.

- Möchten Sie im äußersten Notfall das Smartphone aus der Ferne auf die Werkseinstellungen zurücksetzen, wenn Sie nicht mehr davon ausgehen können, es zurückzubekommen, müssen Sie auch noch Berechtigungen zur Geräteverwaltung für die App *Mein Gerät finden* zulassen. Diese Einstellung finden Sie in den *Einstellungen* unter *Apps & Benachrichtigungen/Erweitert/Spezieller App-Zugriff/Apps zur Geräteverwaltung*. Bedenken Sie dabei: Nach dem Zurücksetzen auf die Werkseinstellungen ist das Google-Konto auf dem Smartphone gelöscht und kann über Google nicht mehr geortet werden.

Mit der App *Mein Gerät finden* können Sie vom Smartphone aus Ihre anderen Android-Geräte finden, die mit demselben Google-Konto angemeldet sind. Über den Gastzugang in der App können Sie Freunden helfen, ihre Geräte zu finden. Hier melden Sie sich zeitweilig mit ei-

nem anderen Google-Konto an, das nur auf diese App, nicht aber auf die anderen Daten Zugriff hat.

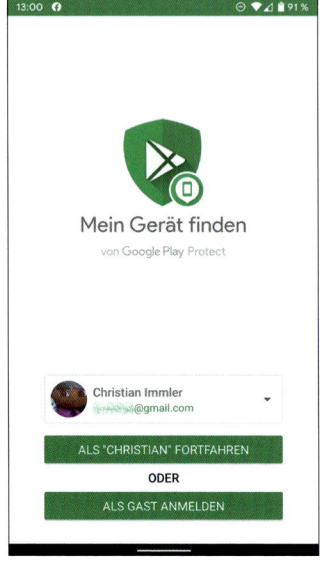 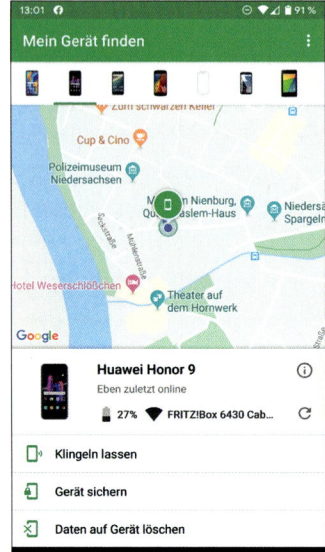 

Verlorenes Smartphone suchen.

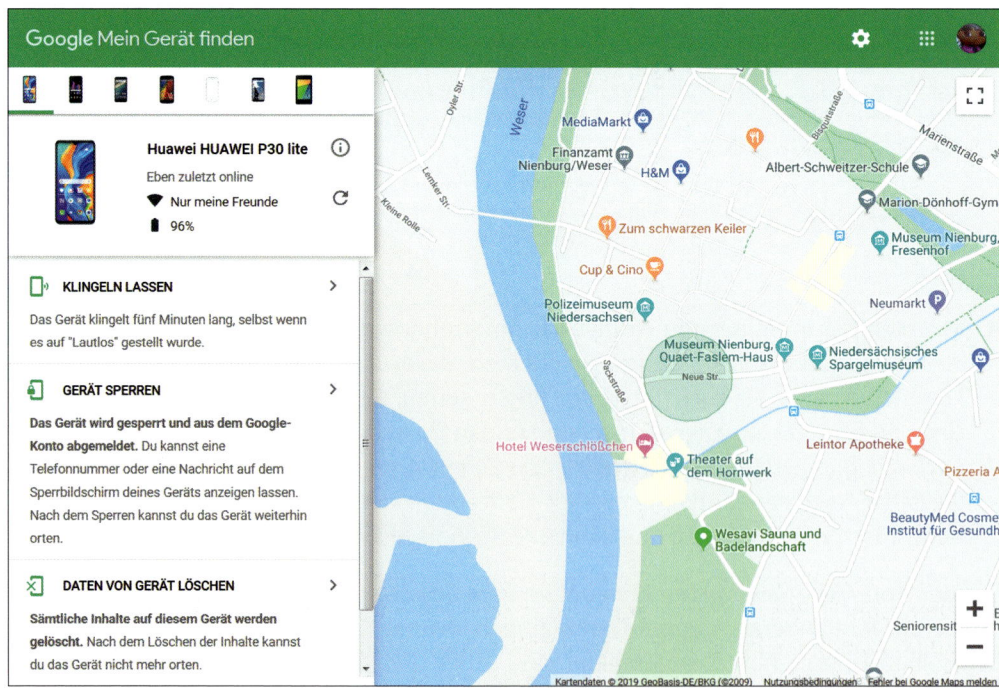

Smartphone über Google auf dem PC orten.

Auf der Seite *android.com/find* finden Sie nach der Anmeldung mit dem persönlichen Google-Konto auf dem PC alle Android-Geräte, die in diesem Google-Konto registriert sind. Mit einem Klick auf *Klingeln lassen* können Sie das Gerät klingeln lassen, um es zu finden, wenn Sie es irgendwo in der Nähe verlegt haben. Das funktioniert auch, wenn das Smartphone lautlos gestellt ist. Voraussetzung ist natürlich, dass das Gerät eine Internetverbindung hat. War das Gerät zuletzt in einem WLAN angemeldet, wird dies ebenfalls angezeigt, was auch ein Hinweis auf den letzten Standort sein kann.

Aus Sicherheitsgründen muss – auch wenn Sie am PC mit Ihrem Google-Konto angemeldet sind – das Passwort noch einmal eingegeben werden.

Android Smart Lock

Smart Lock ist eine Methode zum sicheren Zugriff auf ein Gerät, ohne jedes Mal ein Passwort oder ein Sperrmuster einzugeben. Zunächst muss eine PIN, ein Passwort oder ein Sperrmuster eingerichtet sein, da das Gerät sonst nicht gesperrt ist. Nur dann ist in den *Einstellungen* unter *Sicherheit* die Option *Smart Lock* aktiv.

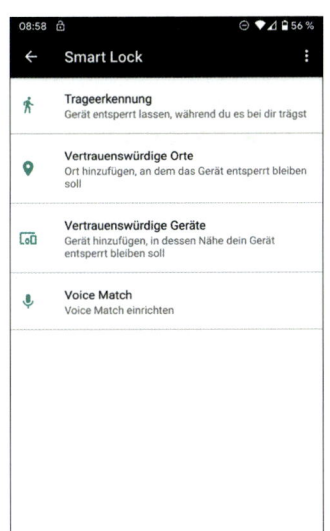

Die Trageerkennung in den Smart-Lock-Einstellungen.

Die Trageerkennung lässt das Smartphone automatisch entsperrt, solange es in der Hand gehalten oder in der Jacken- oder Hosentasche herumgetragen wird. Sowie Sie es aber irgendwo ablegen, wird es wieder automatisch gesperrt. Die Trageerkennung nutzt dazu die Daten der Bewegungs- und Lagesensoren. Allerdings kann die Trageerkennung nicht erkennen, wenn Sie das Gerät einer anderen Person in die Hand geben. Allerdings ist in diesen Fällen davon auszugehen, dass die andere Person das Smartphone auch benutzen darf – warum würden Sie es sonst weitergeben?

Vertrauenswürdige Orte

In Android Smart Lock können Orte festgelegt werden, an denen das Gerät automatisch entsperrt wird. Die Positionsbestimmung innerhalb von Gebäuden ist nur auf etwa 80 m genau. Daher werden manchmal falsche Hausnummern angezeigt, was Sie aber nicht weiter zu stören braucht. Smart Lock zeigt den Plus Code der gewählten Koordinaten an. Über diese Plus Codes ist jeder Punkt in Google Maps eindeutig zu finden.

Um Smart Lock zu aktivieren, verlassen Sie die *Einstellungen* und drücken einmal auf den Einschalter, um das Gerät zu sperren. Jedes Mal, wenn Sie an den Smart-Lock-Einstellungen etwas verändern, müssen Sie das Sperrmuster oder Passwort eingeben.

Voraussetzungen für Smart Lock

Damit Smart Lock funktioniert, muss in den *Einstellungen* unter *Standort* der Standortzugriff eingeschaltet sein. Weiterhin muss in den *Einstellungen* unter *Sicherheit/Erweitert/Trust Agents* der Schalter *Smart Lock (Google)* aktiviert sein.

Sie können auch an einem vertrauenswürdigen Ort das Smartphone jederzeit sperren, sodass es nur über die Eingabe von PIN, Passwort oder Sperrmuster wieder freigeschaltet werden kann. Schalten Sie dazu den Bildschirm kurz aus und wieder ein.

Links: vertrauenswürdigen Ort hinzufügen, Mitte: vertrauenswürdiges Gerät hinzufügen, rechts: Smart Lock Trust Agent einrichten.

Vertrauenswürdige Geräte

Hier können Sie jetzt z. B. vertrauenswürdige Bluetooth-Geräte wie Smartwatches, Kopfhörer oder einen per Bluetooth gekoppelten Laptop oder Lautsprecher hinzufügen. Geeignete Geräte zeigen auch eine Benachrichtigung, dass sie für Smart Lock verwendet werden können. Wenn eines dieser Geräte in der Nähe ist, entsperrt sich das Smartphone automatisch.

Entsperren über die eigene Stimme

Mit der Option *Voice Match* können Sie Ihr Smartphone entsperren, indem Sie *Ok Google* sprechen. Dabei können Sie das Gerät auf Ihre eigene Stimme trainieren, damit es möglichst nur auf Sie und nicht auf andere Personen reagiert.

App-Spam blockieren

Da nur noch sehr wenige Benutzer bereit sind, für Apps zu bezahlen, finanzieren viele Entwickler ihre Arbeit über Werbung, die in die Apps eingebaut wird. Allerdings reagieren Smartphone-Nutzer deutlich kritischer auf Werbung als typische Internetsurfer, die Werbebanner problemlos ignorieren können.

> ### Opt-out gegen Werbung
>
> Die Werbeanbieter AirPush, StartApp und LeadBolt mussten aus Datenschutzgründen Opt-out-Möglichkeiten anbieten. Im Google Play Store finden Sie offizielle Apps dieser Anbieter, mit denen Sie permanent dieser Form von Werbung widersprechen können. Das eigene Smartphone wird dann davor geschützt.
>
> Ignorieren Sie – wie immer – alle Negativkommentare zu den Opt-out-Apps im Google Play Store. Jede Opt-out-App arbeitet einwandfrei, blockiert aber natürlich nur die Werbung des jeweiligen Anbieters und nicht automatisch alle Werbeanzeigen auf dem Smartphone.

Google selbst bietet Entwicklern die Möglichkeit, über seinen eigenen Dienst AdMob Werbebanner in Apps einzublenden. Diese Art der Werbung wird noch von den meisten Nutzern akzeptiert, da sie wenig aufdringlich ist und die sonstige Nutzung außerhalb der betroffenen App nicht einschränkt. Es gibt mittlerweile aber auch deutlich aufdringlichere Werbeformen, die zusätzlich noch Informationen über das Gerät oder die Person sammeln, wie z. B. die Werbungen von AirPush und LeadBolt. Wurde eines dieser Systeme über eine darüber finanzierte App einmal gestartet, erscheinen immer wieder Werbeanzeigen in Form von Systembenachrichtigungen in der Benachrichtigungsleiste. Zieht der Benutzer diese nach unten, erscheint die Werbeanzeige. Diese Art von Werbung wird gern für zweifelhafte Dating- und Abodienste genutzt. Oftmals hat der Anzeigetext in der System-benachrichtigung nichts mit der später angezeigten Werbung zu tun. Zusätzlich können AirPush und LeadBolt neue Symbole auf dem Startbildschirm anlegen, die auf Webseiten führen, auf denen weitere Werbe-Apps heruntergeladen werden.

App-Benachrichtigungen abschalten

Viele Apps zeigen ständig Benachrichtigungen über ihren Systemzustand oder auch nur als Werbung für die kostenpflichtige Version an. Wenn derartige Benachrichtigungen überhandnehmen, können Sie sie für einzelne Apps abschalten.

Ziehen Sie die Benachrichtigungsleiste nach unten und tippen Sie auf *Verwalten*. Hier erscheint eine Liste der letzten Apps, die Benachrichtigungen angezeigt haben. Mit dem Auswahlfeld oben schalten Sie von den letzten auf die häufigsten Benachrichtigungen um.

Tippen Sie auf eine der Apps, erscheint ein Einstellungsbildschirm, auf dem Sie alle Benachrichtigungen dieser App nach Kategorien blockieren können, soweit die App dies unterstützt. Apps können dazu Kategorien für Benachrichtigungen festlegen. Für jede Kategorie können Sie selbst entscheiden, ob eine Benachrichtigung erscheinen soll.

Die Option *App-Benachrichtigungspunkt erlauben* ganz unten setzt ein zusätzliches Symbol an das Symbol der App auf dem Startbildschirm, um so auffällig auf eine vorhandene Benachrichtigung hinzuweisen.

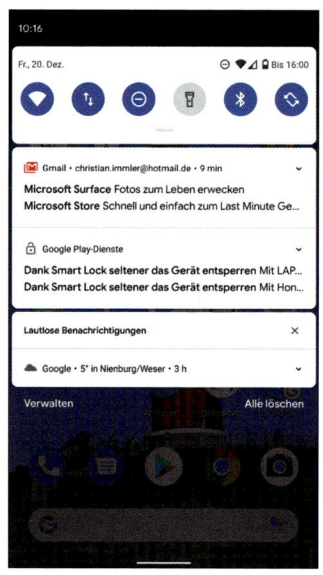 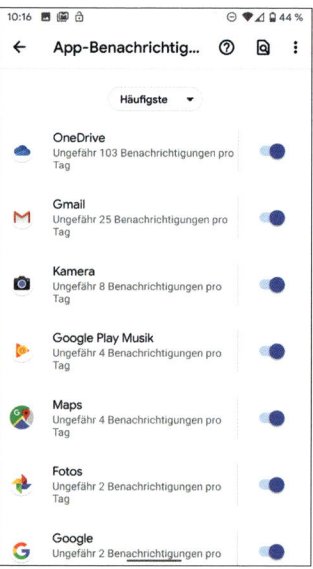 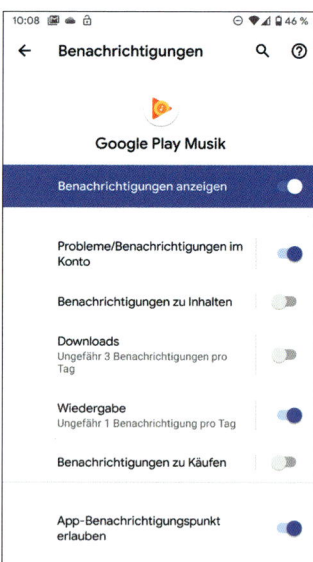

Benachrichtigungskategorien ein- oder ausschalten.

Diese Benachrichtigungseinstellungen finden Sie auch in den *Einstellungen* unter *Apps & Benachrichtigungen/Benachrichtigungen* für jede App.

370

Berechtigungen von Apps einschränken

In Android 6 Marshmallow war es erstmals möglich, bestimmte Berechtigungen von Apps nachträglich einzuschränken. Im Gegensatz zu CustomROMs wie z. B. LineageOS, die diese Funktionen schon länger enthalten, wobei das Einschränken von Berechtigungen häufig zu Abstürzen führt, werden im Standard-Android bei den Apps, die den Entwicklerrichtlinien entsprechen, nur die Berechtigungen zum Deaktivieren angeboten, ohne die die App auch noch läuft. Ob sie ohne die jeweiligen Berechtigungen noch sinnvolle Arbeit leistet, bleibt dem Nutzer überlassen. Alle Beschreibungen in diesem Buch gehen davon aus, dass alle von Apps angeforderten Berechtigungen gewährt wurden.

Speziell für Android 6 Marshmallow oder höher optimierte Apps zeigen bei der ersten Verwendung einer standardmäßig nicht gewährten Berechtigung eine Abfrage an, bei der Sie diese Berechtigung gewähren müssen, um die entsprechende Aktion der App ausführen zu können. Dies gilt in Android 10 gleichermaßen. Manche Apps fordern den Benutzer auch auf, die App-Einstellungen zu öffnen und dort die Berechtigungen einzeln zu gewähren.

Um Berechtigungen nachträglich zu verweigern, suchen Sie in den *Einstellungen* unter *Apps & Benachrichtigungen* die gewünschte App. Tippen Sie hier auf *Berechtigungen*. Dann werden die deaktivierbaren Berechtigungen dieser App angezeigt und können einzeln ausgeschaltet werden. Der Menüpunkt *Alle Berechtigungen* oben rechts zeigt alle von dieser App angeforderten Berechtigungen, auch die, die sich nicht abschalten lassen.

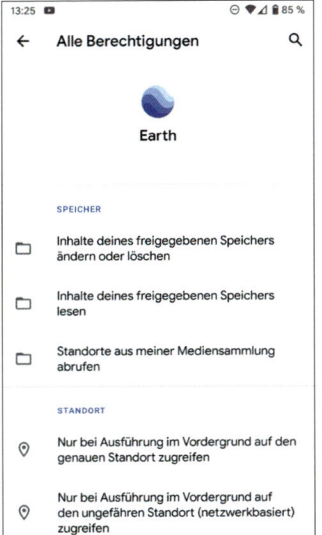 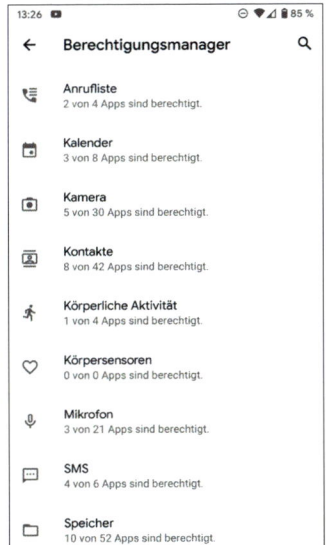 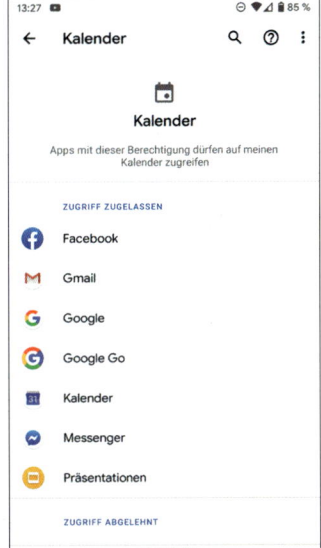

App-Berechtigungen in den App-Einstellungen anzeigen und verwalten.

371

Tippen Sie umgekehrt in den *Einstellungen* unter *Apps & Benachrichtigungen/Erweitert* auf *Berechtigungsmanager*, erhalten Sie einen Überblick, welche Berechtigungen von wie vielen installierten Apps angefordert werden. Tippen Sie auf eine angezeigte Berechtigung, werden die entsprechenden Apps aufgelistet. Hier können Sie einzelnen Apps die Berechtigung nachträglich entziehen oder auch gewähren, falls eine App nicht wie erwartet funktioniert.

Android-Smartphones rooten

Wem die Freiheit, die Android auf normalem Weg schon bietet, noch nicht reicht, kann sein Smartphone rooten. Da Android auf Linux basiert, geht es auch von einem normalerweise eingeschränkten Benutzerkonto aus, dem kritische Systemzugriffe verwehrt werden. Ein spezieller Benutzer *root* hat Zugriff auf das komplette System, was natürlich mit hohen Risiken verbunden ist.

Gefahren durch Rooten

Das Rooten an sich ist zwar mittlerweile weitgehend sicher, danach hat man aber volle Rechte auf dem System und kann durch Fehlbedienung oder bösartige Apps, die ohne Root-Zugriff nicht laufen, sein System eventuell unwiderruflich beschädigen. Im Gegensatz zu einem durch Fehlbedienung beschädigten Windows-PC lässt sich das Betriebssystem auf einem Android-Smartphone nicht einfach neu installieren. Es gibt auch keine Systemwiederherstellung und keine Rettungs-CD. Da beim Rooten alle Sicherheitsmechanismen außer Kraft gesetzt werden, kann angebliche Tuning-Software, die Prozessor oder Grafikchips übertaktet, diese auch tatsächlich hardwareseitig beschädigen oder gar zerstören. Ein Android-Gerät zu rooten, ist zwar nicht illegal, da im Gegensatz zu Jailbreaks auf dem iPhone keine Urheberrechte verletzt und auch keine bewusst gesetzten Sperren aufgebrochen werden. Die meisten Hersteller lehnen Garantieansprüche für gerootete Geräte aber grundsätzlich ab.

Gerootete Smartphones haben keine der Android-typischen Sicherheitsmechanismen mehr. Sie stehen Trojanern und anderer bösartiger Software völlig offen gegenüber. Einige Trojaner rooten bei ihrer Installation das Smartphone, um anschließend weitere Software nachzuinstallieren.

Android-Nutzer können mit besonderen – von den Geräteherstellern nicht autorisierten – Tools sich selbst den Root-Zugriff auf ihr Smartphone freischalten. Dabei wird der Benutzer *root* angelegt, der normalerweise gar nicht vorhanden ist, und die Systempartition im Dateisystem komplett mit Schreibzugriff gemountet, damit der Benutzer *root* dann auch schreibend auf alle Dateien zugreifen kann – was diesem Benutzer und allen Apps mit Root-Zugriff verständlicherweise auch zerstörerische Prozesse ermöglicht.

Im gerooteten Modus sind noch weit mehr Funktionen möglich, was auch Entwicklern einen großen Spielraum für spezielle Root-Apps bietet. So ist zum Beispiel das Übertakten des Prozessors nur mit Root-Berechtigung möglich, da bestimmte Schutzmechanismen des Systems übergangen werden müssen.

Zuerst brauchen Sie ein Rooting-Tool, das zu Ihrem Smartphone passt. Da das Rooten für die meisten »normalen« Nutzer wesentlich mehr Risiken als Vorteile bringt, empfehlen wir hier kein Rooting-Werkzeug.

Ein guter Ansatzpunkt zur Suche nach derartigen Tools ist das XDA-Developers-Forum *www.xda-developers.com*. Bei PC-basierten Rooting-Tools lesen Sie immer zuerst genau die mitgelieferte Anleitung. In den meisten Fällen muss das Smartphone über eine bestimmte Tastenkombination in den Recovery-Modus versetzt werden. Oft müssen auch die normalen USB-Sync-Treiber des Herstellers auf dem PC deinstalliert werden, bevor eine zum Rooting geeignete Verbindung zwischen Smartphone und PC mit Spezialtreibern aufgebaut werden kann. Selbstverständlich ist auch eine Datensicherung vor dem Rooten angebracht.

Sind Sie sich nicht sicher, ob Ihr Smartphone gerootet ist oder nicht, hilft die kostenlose App *Root Checker* weiter. Diese App überprüft das Smartphone auf mögliche Root-Zugriffe, ohne es selbst zu rooten oder irgendwelche anderen Veränderungen vorzunehmen. Damit der Test auf möglichen Root-Zugriff funktioniert, fragt die App wie jede App, die Root-Rechte benötigt, bei der Superuser-App nach. Hier muss eine entsprechende Anfrage bestätigt werden, um den Test durchzuführen.

> **TIPP:** Da das Rooten eine reine Softwaremaßnahme ist, lässt es sich in den meisten Fällen wieder rückgängig machen, solange Sie nicht im gerooteten Zustand ein anderes ROM installiert haben. Die Rooting-Tools verfügen fast alle auch über eine UnRoot-Funktion. Im Fall eines Garantieanspruchs kann ein Gerätehersteller aber durchaus erkennen, ob ein Fehler durch Rooten hervorgerufen wurde.

Androidify

Gerade die Apps, die manchen Nutzern als völlig sinnlos erscheinen, sind die, die anderen den meisten Spaß bereiten. Mit *Androidify* nimmt Google sich selbst auf den Arm und bietet Android-Fans die Möglichkeit, sich einen persönlichen Avatar im Android-Stil zu basteln, indem man das Android-Männchen nach eigenen Wünschen

umgestaltet. Dazu stehen verschiedene Kleidungsstücke und Frisuren zur Verfügung, auch die Figur selbst kann größer, kleiner, schlanker oder beleibter ausfallen.

Mit Androidify das eigene Android-Männchen erschaffen und mit Freunden teilen.

Das fertige Android-Männchen lässt sich über die auf dem Smartphone installierten Kommunikationswege weiterverteilen, als Bild in Google Fotos speichern oder als Avatar im eigenen Google-Konto nutzen. Außer über die App auf dem Smartphone kann man *Androidify* auch am PC über *www.androidify.com* nutzen.

In diesem Sinne, viel Spaß mit Ihrem Android-Smartphone!

Christian Immler und das Markt+Technik Team

Stichwortverzeichnis

2-Schaltflächen-Steuerung 65
3-Schaltflächen-Steuerung 65

A

Adressbuch 103
    auf PC bearbeiten 113
AirPush 369
Akku 79
    Bluetooth 342
    intelligent 332
    Laufzeit 25
    sparen 324, 330
    Update 22
Aktuelle-Apps-Taste 66
Android 18
    Benutzeroberfläche 57
    rooten 372
    Sicherheitsupdates 360
    Update 21
    Versionen 30
    Verteilung 32
Android One 33
Android Open Source Project 18
Annäherungssensor 88
Anonymes Browsen 161
Anruf 75, 83
    automatische SMS 92
    halten 89
    hinzufügen 89
Anrufer-ID und Spam 95
Anrufliste 84
APK-Datei 148
Apps 137, 279
    ältere Versionen installieren 152
    auf Startbildschirm 59
    Berechtigungen 139, 371
    deinstallieren 60, 144
    E-Mail 205

    entfernen 60
    installieren 139
    kaufen 141
    Ordner 61
    prüfen 360
    QR-Code 147
    unbekannte Quellen 148
App-Shortcuts 61, 106, 120
App-Übersicht 66
App-Wechsel 66
Augmented Reality 259

B

Back up & Sync 277
Bahnfahrplan 234
Barcode Scanner 146, 182
Bcc 192
Benachrichtigungen 36, 69
    blockieren 370
    Nicht stören 74
    pausieren 71
    verpasster Anruf 89
    Werbung 369
Benachrichtigungsleiste 69, 118
    E-Mail 190
    Musikplayer 280
    SMS 217
Benachrichtigungspunkt 89
Benutzeroberfläche 57
Betriebssystem-Update 21, 360
Bewegungssteuerung 333
Bildbearbeitung 261
Bildschirmdrehung 78, 127
Bildschirmhelligkeit 74
Bildschirmschoner 136
Bildschirmsperre 47, 68
Bildschirmtastatur 125
Bildschirm teilen 66

Bildschirm übertragen.................................. 330
Blitz.. 250
Bluetooth.. 74, 342
    Adapter 344
    Freisprecheinrichtung...................... 285
    Kopplung.. 343
    Lautsprecher 283
    Pairing.. 343
    Smart Lock 369
    Windows... 344
Browser 153
    Alternativen..................................... 181
    Chrome... 153
    Desktop-Darstellung........................ 159
    Firefox 181
    Lesezeichen 155
    Opera 185
    Seite senden 158
    Tabs.. 154
    Twitter.. 216
    übersetzen 311
Browserkennung 159

C

Cardboard 255
Cc... 192
Chat... 219
China-Smartphones 26
Chrome 153
    Datensparmodus.............................. 160
    Downloads.. 160
    Inkognito-Modus.............................. 161
    Tabs.. 154
    Teilen.. 158
    vereinfachte Ansicht........................ 157
Chrome Remote Desktop............................ 337
Cloud-Speicherdienste......................296, 297
Cookies.. 161
CSV-Datei... 114
Cursorsteuerung.. 131
CustomROM 18, 34, 360, 371

D

Dateimanager.. 293
Datenautomatik..97
Datenflatrate..............................97, 287, 340
Datenlimit 101
Datenschutz..103, 162
Datensicherung 352
Datensparmodus................................102, 160
Daten übernehmen.................................41, 42
Datenübertragung...................................... 336
    Bluetooth..................................342, 344
Datenverbrauch ermitteln 101
Datenverbrauch reduzieren 102
Datenvolumen................... 97, 160, 289, 339
    Musik.. 281
    Webradio 287
Datenwarnung 101
Datum..81
DB Navigator.......................................123, 234
Desktop-Version 159
Diebstahlschutz 364
Digitaler Bilderrahmen............................... 243
Digital Wellbeing 349
Direktnachricht 106
Direktwahl.. 106
Downloadportal 148, 359
DRM...282, 319
Dropbox 302
Drucken.. 347
Dual-SIM 39
Duden Universalwörterbuch...................... 317
Dunkelmodus 19, 328

E

E-Book 313
    DRM.. 319
    Google Play Bücher.......................... 314
    Tolino 318
    vorlesen.. 315
Einstellungen..80
    Datennutzung 101
    Datenschutz 162

Gast 355
Google-Konto 56
Google Play 141
Google Play Books 315
Kalender 122
Kamera 256
Kontakte 105
Seriennummer 365
Standort 365
suchen 326
Trust Agents 368
Vorschläge 80
WLAN 41
E-Mail 189
Anhang 193
App 195
beantworten 191
Betreffzeile 191
einrichten 195, 197
Konten verknüpfen 200
lesen 190
Mailserver 199
schreiben 191
Zertifikatsfehler 198
zurückstellen 202
Emojis 128
Energiesparmodus 79, 333
Entgangene Anrufe 89
Entspannungsmodus 350
EPUB 313, 316
Erinnerung 119
Ersteinrichtung 37
EU-Roaming-Verordnung 100
Excel 306

F

Facebook 207
einchecken 210
Einstellungen 212
Messenger 221
Messenger Lite 222
Status 208

Fahrplan 234, 236
Fair Use Policy 100
Farben umkehren 330
Fernsteuerung 337
Files von Google 294, 335
Fingerabdrucksensor 48, 334
Fingergesten 35
Firefox 181
Add-ons 183
als Standard-Browser 184
Sync 182
Firefox Klar 185
Flatrate 93, 97
Abrechnungszeitraum 102
Flickr 275, 276
Flugmodus 80, 331
Fotografieren 246
Foto-LED 78, 250
Fotos 243
Alben 268
Animation 271
App 243
Backup 277
Collage 271
Diashow 270
Film 271
Flickr 275
Instagram 274
Kontaktfoto 108
Nachtsicht 252
OneDrive 276
per E-Mail senden 193
scannen 264
Seitenverhältnis 250
suchen 245
teilen 267
von alten Handys 277
Fotoscanner 264
FRITZ!Box 96
Frontkamera 251

G

Gastnutzer 355
Geldautomaten finden 240
Geotagging 257
Geräteauswahl 23
Geräteortung 364
Geräteverwaltung 365
Gestensteuerung 64
GIFs 133
Glide Typing 130
Gmail 55, 189
    Filterregeln 203
Gmailify 200
GMX 195, 205
    POP3-Zugang 196
GO Contact Sync Mod 115
Google AdMob 369
Google Assistant 50, 121, 168, 225
    Sprachsteuerung 171
Google-Bildersuche 165
Google Cardboard 255
Google Chrome 153
Google Cloud Print 347
Google-Dienste 46
Google Discover 167
    Wetter 238
Google Docs 304
Google Drive 193, 294, 297
    ICS-Dateien 300
    Sicherung 42, 46
    Textverarbeitung 304
Google Duo 223
Google Earth 232
    Hintergrundbilder 322
Google Family Link 351
Google Fit 319
Google Fotos 195, 265, 267
    automatisch sichern 244
    Bildbearbeitung 259
    Hintergrundbild 323
Google Go 172

Google Kalender 115
    synchronisieren mit Windows-
      Kalender 123
    Thunderbird 124
Google-Konto 52
    anlegen 53
    Kontakte 104
    PC 55
    Play Store 138
Google-Kontoschutz 361
Google Lens 146, 165, 168, 258
Google Maps 225
    öffentliche Verkehrsmittel 228
    offline nutzen 230
    Plus Codes 227
    Routenplaner 228
    Verkehrslage 229
Google Messages 217
Google Notizen 307
Google Play Bücher 314
Google Play Musik 279
    Schnellmixe 280
Google Play Protect 360
Google Play Spiele 320
Google Play Store 52
    Alternativen 148
    E-Books 314
    Guthaben verdienen 142
    Musik 282
    PC-Version 143
    Updates 140
Google Street View 231, 233
    Cardboard 274
Google-Suche 163
    Umgebungssuche 163, 240
Google Tabellen 304
Google Übersetzer 309
Google Umfrage 142
G Pay 242
GPS 225
Graustufenmodus 330
Großbuchstaben 126

H

Hard-Reset 358
Hashtags 275
HDR-Fotos 249
Hintergrundbild 322
Homescreen 58
Home-Taste 65
Hotels finden 240
Hotspot 177
HTML5 181

I

iCalendar 120
ICE-Notfallkontakte 69, 110
ICS-Datei 120, 300
IMAP 195, 197, 199
IMEI 365
Inkognito-Modus 161
Instagram 274
Instant Messenger 219
Intelligente Antworten 73
Intelligenter Akku 332
Intelligente Textauswahl 158
Internet 153
Internetradio 287
Internetzugang einrichten 321
iOS 18

J

Jugendschutz 351

K

Kalender 69, 115
    Erinnerung 119
Kamera 246, 247
    Aufnahmemodi 258
    Bewegungssteuerung 334
    Einstellungen 256
    Fischauge 253
    Fokuseffekt 251
    HDR 249

    Hilfslinien 258
    Instagram 274
    Nachtsicht 252
    Panorama 252
    Photo Sphere 253
    Selbstauslöser 250
    Standort 257
    Text übersetzen 310
    Video aufnehmen 292
    Zoom 248
Klingeln verhindern 334
Klingelton 90, 109
Kontakte 103
    anrufen 85
    Anrufer in Adressbuch über-
        nehmen 107
    automatisch ergänzen 111
    doppelte 110
    E-Mail schreiben 192
    importieren 114
    sortieren 105
    verknüpfen 110
    von altem Handy übernehmen 115
Kontaktfoto 108
Kontaktlabel 109
Konzentrationsmodus 20, 350
Kopfhörer 283
Kugelpanorama 254
Kurzwahl 83, 85

L

Landkarte 225
Launcher 353
Lautlos 91
Lautsprecher 89, 283
LeadBolt 369
Lesezeichen 155
    Firefox 182
    Startbildschirm 156
    Widget 156
LineageOS 371

Lite-Modus.. 160
Live-Hintergründe..................................... 324
LTE..99

M

MAC-Adresse... 176
Mailbox 92, 93
Mailserver... 199
Malware 359
Material Design 31
Mein Gerät 355
Mein Gerät finden 365, 367
Messenger.. 219
MicroSD-Karte 37
Micro-SIM-Karte 38
Microsoft Launcher................................... 354
Microsoft Office... 305
Micro-USB-Ladegerät..................................38
Mikrofon 88
MMS 218
Mobilfunksymbol 79
Mobilfunktarife..97
Mozilla Lightning....................................... 124
Mozilla Thunderbird 124
MSN Wetter.. 239
Musik... 279
    Albumbilder 281
    Benachrichtigungsleiste 280
    Datenvolumen sparen........................ 281
    Equalizer 283
    erkennen... 288

N

Nachtlicht... 329
Nano-SIM-Karte..38
Netzausbau...98
Netzqualität...98
Nexus 23
Nicht-stören-Modus 74
    Event 78
    Regeln...77
Notebook 339

Notfallinformationen 68
Notfallkontakte 68, 110
Notizen.. 307
Notruf 23, 68

O

Öffi 237
Office.. 305
Offlinekarte.. 230
Offlinemodus...80
Ok Google 169
OneDrive 301
    Fotos.. 276
    Office-Dokumente 305
Onlinebanking.. 217
Onlinefotoalben... 265
Opera 185
Ortung.. 364
Outlook 114, 125, 199
Outlook.com 206

P

Pairing.. 344
Panoramaaufnahmen 272
Panoramafotos 252
Passwort 48, 54
PayPal... 142
PC-Verbindung 336
PDF 316
    E-Book.. 313
    erstellen 299
    scannen.. 299
Phishing...362, 363
Photo Sphere 253
Photo Sphere, Cardboard.......................... 255
PIN..39, 48
Pixel Imprint 48
Pixel-Smartphone 21, 23
Playground 259
Plus Codes...227, 368
POP3..195, 197
Positionsbestimmung.................................... 164

Premium-SMS 217
Prepaid-Guthabenkarte 141
PTP 337

Q

QR-Code... 145
    Apps installieren 146
    für Datenweitergabe 147
    Wikipedia 188
QRpedia 188
Querformat 78, 127

R

Radio 287
Rechner 313
Regionale Suche 163, 240
    Telefon-App 84
Restaurants finden 240
Roaming 100
Roamingkosten 178
Root Checker 373
Rooten 362, 372
    rückgängig machen 373
Routenplaner 228
    Deutsche Bahn 234
    Öffi 237
Rufnummernunterdrückung 95
Rufweiterleitung...92
Ruhemodus 75

S

Scannen 299
Schnelleinstellungen 73, 327
Schnellstartleiste 62
Selfies 251
Selfies seitenverkehrt................................. 258
Seriennummer 365
Sicherheit 103, 359
    Fingerabdruck..48
SIM-Karte..37, 38
    Kontakte..109, 115
Skype 223

Smart Lock 367, 368
Smartphone 17
    Dual-SIM 39
    Geräteauswahl...23
    wiederaufbereitet....................................26
Smiley 128
SMS 216
    bei unpassenden Anrufen....................92
    Premium-SMS 217
    stille 363
Snapchat 224
Snapseed 261
Sound Search... 288
Soziale Netzwerke 207
Spam 191
Speicherbelegung.. 334
Speichererweiterung 336
Speicherkarte.. 336
Speicherverwaltung 334
Sperrbildschirm...68
    Notfallinformationen 68
    Sicherheit 47
Sperrmuster..49
Spiele 320
Splitscreen-Modus 66
Spracheingabe 134
Sprachsteuerung 171
    Notizen 307
SSL... 199
Stadtplan 225
Standard-Browser... 184
Standort................................... 210, 329, 365
Standortdienste 84, 163, 329
Startbildschirm...57
    drehen 78
    Lesezeichen 156
    Ordner 61
    Schnellstartleiste 62
    Uhr 134
Statusleiste...73
Sticker 133
Stille SMS 363

Suche 163
   Fotos.. 165
   regional 163
   Spracheingabe 168
   Startbildschirm......................58
Synchronisieren 103

T

Tabellenkalkulation 304, 306
Tarif...97
Taschenlampe...............................78
Taschenrechner.......................... 313
Tastatur 125
   Cursorsteuerung................... 131
   einhändige Bedienung.......... 132
   Emojis 128
   Symbolleiste.......................... 130
   unverankert 132
   wischen 130
Tastaturdesign............................ 132
Tasten..63
Tastentöne 91
Telefon-App..................................83
   Klingeltöne 90
   Kurzwahl..................................85
Telefonbuch................................ 241
Telefonieren..................................82
   Anruf annehmen 86
   Anruf beenden 87
   ins Ausland........................... 223
   Skype..................................... 223
   WhatsApp.............................. 221
Telefonkonferenz...........................89
Telefonnummer 83
   eigene herausfinden 91
   hinzufügen............................ 106
   internationales Format......... 108
   speichern............................... 103
   suchen 83, 240
   unterdrücken 95
Telekom-HotSpot 179
Temporärdateien......................... 161

Termine 116
   Erinnerung 118
   Gäste einladen...................... 120
   importieren............................ 122
   suchen 118
   Wiederholung........................ 118
Terminkalender 115
Tethering 339, 341
Textauswahl................................ 157
Textverarbeitung....................304, 305
Thunderbird 124, 199
To-Do 308
Tolino 318
T-Online 195
Tonwahltastatur............................88
Total Commander........................ 295
Touchscreen 35
Trageerkennung 367
TuneIn Radio 287
Twitter 213

U

U-Bahn-Fahrplan......................... 236
Übersetzer................................... 309
Uhr 134, 135
   Nachtmodus.......................... 136
   Widget 134
Uhrzeit einstellen 81
Unerwünschte Anrufer blockieren 94
Unterbrechungen 74
Uptodown.............................151, 236
USB-Tethering.............................. 341
USB Typ-C.....................................37
USB-Verbindung 336

V

vCard... 113
VCF-Datei..................................... 113
Verlaufsliste 161
Video 289
   aufnehmen 292
   Probleme beim Abspielen................. 291

Zeitlupe 293
Zeitraffer 293
Visitenkarte 112
VLC Player 291
Voice Match 369
VR-Brille 255

W

Wähltasten 88
Wähltastentöne 91
Web.de 195, 206
    POP3-Zugang 196
Webradio 287
Wecker 134, 135
    Nicht stören 76
Weltzeituhr 135
Werbung 369
Werkseinstellungen 358
Wetter-Apps 238
    MSN 239
WhatsApp 103, 219
    Datensicherung 353
Widget 325
    Lesezeichen 156
    Uhr 134
Wi-Fi 41
Wifi Analyzer 176
Wikipedia 186, 317
    offizielle App 187
    QR-Code 188
Windows-Kalender 123

WLAN 41, 74, 173
    automatisch aktivieren 174
    Bahn 180
    Bahnhof 180
    Einstellungen 174
    Hotspot 177, 340
    im ICE 180
    öffentlich 177
    Sicherheit 175
    Signalstärke 74, 176
    Standortermittlung 164
    teilen 174
    Verschlüsselung 41
Word 305
Wortvorschläge 130
WPA2 176

Y

Yahoo! 206
YouTube 289
YouTube Music 286

Z

Zeitzone 81, 82
Zifferntastatur 83
Zoll 30
Zoom 36, 248
Zugangssperre 47
Zurücksetzen 357
Zurück-Taste 65